# OS ASTROS E O AMOR

Liz Greene

# OS ASTROS E O AMOR

Um Guia Astrológico Completo
Sobre Relacionamentos

*Tradução*
Mônica Joseph

Editora
**Pensamento**
SÃO PAULO

Título do original: *Astrology for Lovers*.

Copyright © 1980, 1986 Liz Greene.

Copyright da edição brasileira © 2021 Editora Pensamento-Cultrix Ltda.

2ª edição 2021.

Todos os direitos reservados. Nenhuma parte deste livro pode ser reproduzida ou usada de qualquer forma ou por qualquer meio, eletrônico ou mecânico, inclusive fotocópias, gravações ou sistema de armazenamento em banco de dados, sem permissão por escrito, exceto nos casos de trechos curtos citados em resenhas críticas ou artigos de revista.

A Editora Pensamento não se responsabiliza por eventuais mudanças ocorridas nos endereços convencionais ou eletrônicos citados neste livro.

**Editor:** Adilson Silva Ramachandra
**Gerente editorial:** Roseli de S. Ferraz
**Preparação de originais:** Maria Fernanda F. da Rosa Neves
**Gerente de produção editorial:** Indiara Faria Kayo
**Editoração eletrônica:** Join Bureau
**Revisão:** Luciana Soares da Silva

Dados Internacionais de Catalogação na Publicação (CIP)
(Câmara Brasileira do Livro, SP, Brasil)

Grenne, Liz
 Os astros e o amor: um guia astrológico completo sobre relacionamentos / Liz Grenne; tradução Mônica Joseph. – 2. ed. – São Paulo: Editora Pensamento Cultrix, 2021.

Título original: Astrology for Lovers
ISBN 978-65-87236-66-7

1. Amor 2. Autoconhecimento 3. Astrologia 4. Esoterismo 5. Relacionamentos I. Título.

21-56575 CDD-133.5

Índices para catálogo sistemático:
1. Astrologia 133.5
Aline Graziele Benitez – Bibliotecária – CRB-1/3129

Direitos de tradução para a língua portuguesa adquiridos com exclusividade pela
EDITORA PENSAMENTO-CULTRIX LTDA., que se reserva a
propriedade literária desta tradução.
Rua Dr. Mário Vicente, 368 – 04270-000 – São Paulo – SP – Fone: (11) 2066-9000
http://www.editorapensamento.com.br
E-mail: atendimento@editorapensamento.com.br
Foi feito o depósito legal.

As ilustrações deste livro foram reproduzidas dos livros *Poeticon Astronomicon*, de C. J. Hyginus (Veneza, 1485), e *De Magnis Coniunctionibus*, de Albumasar (Augsburgo, 1489), e foram reproduzidas por gentileza do Victoria and Albert Museum.

# SUMÁRIO

Prefácio à Edição Brasileira .................................................. 9

**Primeira parte:** OS SIGNOS SOLARES ............................................ 13
    1. Os signos solares ................................................... 14
    2. O que um horóscopo pode revelar (ou não) ........................... 18
    3. Sobre espelhos... ................................................... 24
    4. O Sol, o Ascendente e outras coisas... ............................. 38

TABELA DE ASCENDENTES .......................................................... 45

**Segunda parte:** OS ELEMENTOS FOGO E TERRA –
                      **Imaginação** *versus* **Realidade** ........................ 87
    5. O elemento Fogo .................................................... 88
        Áries ............................................................ 99
       Leão ............................................................. 121
       Sagitário ........................................................ 145

6. O elemento Terra .................................................................. 166
    Touro ........................................................................ 175
    Virgem ...................................................................... 195
    Capricórnio ................................................................. 217

7. Algumas palavrinhas a mais... ................................................. 239

**Terceira parte:** OS ELEMENTOS AR E ÁGUA –
**Verdade** *versus* **Harmonia** ................................................. 249

8. O elemento Ar .................................................................. 250
    Gêmeos ...................................................................... 260
    Libra ....................................................................... 284
    Aquário ..................................................................... 307

9. O elemento Água ................................................................ 328
    Câncer ...................................................................... 339
    Escorpião ................................................................... 360
    Peixes ...................................................................... 384

10. Outras palavrinhas a mais... .................................................. 407

11. Conclusão .................................................................... 413

# PREFÁCIO À EDIÇÃO BRASILEIRA

Foi uma alegria participar do processo de reedição deste clássico de Liz Greene. Num momento em que o mundo vive incertezas e polarizações, agravado por situações mundiais extremas, que exigem de nós um grande senso de colaboração e capacidade para o diálogo, ter novamente acesso ao conteúdo deste livro é muito significativo, uma vez que ele se propõe a apontar caminhos para o autoconhecimento que, por sua vez, reflete externamente na harmonização dos relacionamentos.

*Os Astros e o Amor* é bem mais que um livro sobre compatibilidade entre namorados e relacionamentos amorosos em geral. Antes disso, é um guia bem detalhado sobre as características particulares que compõem cada um dos doze signos do zodíaco, em seus aspectos conscientes e inconscientes, com exemplos práticos, em linguagem simples e direta, que podem ser rapidamente compreendidos mesmo pelo leitor sem conhecimento prévio de astrologia.

Encontrar-se nas descrições que a autora faz dos signos é uma experiência muito curiosa. Lembro-me da primeira vez que li este livro e fui diretamente à indicação do meu signo natal: como era possível me ver tão nitidamente naquela descrição? Parecia que a autora me conhecia muito mais do que eu mesma!

A cada explicação, ia me dando conta de que eu tinha aquelas características atribuídas ao signo solar e que, nos relacionamentos, eu realmente agia da forma que Liz descrevia. Ainda que eu quisesse manter um comportamento diferente, mais próximo do socialmente aprendido (e, sobretudo, mais próximo do esperado para uma mulher), eu não conseguia sustentar essas posturas por muito tempo e acabava me decepcionando ou sofrendo.

Entender a engrenagem dos astros que nos torna únicos e, portanto, com comportamentos e percepções tão diversas enriquece a visão que temos de nós mesmos, abre caminho para aceitações importantes e gera mudanças – que são verdadeiros resgates da nossa própria natureza.

É maravilhoso sentir-se bem em sua própria pele. E compreender mais a fundo como funcionamos permite nos apropriarmos dos traços pessoais com lealdade ao si mesmo e a sua essência. Para mim, foi importante encontrar no livro de forma nomeada aquilo que eu apenas pressentia, mas que ainda não tinha linguagem para traduzir nem compreender, de maneira que o livro trouxe uma enorme contribuição.

Seguramente isso aconteceu com outras pessoas também, e talvez seja esse o motivo de o livro ser um *best-seller* mundial, traduzido para muitos idiomas, e ainda hoje ser um estudo atemporal. É verdade que hoje avançamos nas questões de igualdade de gênero, problematizamos mais os desequilíbrios nas convivências e talvez, diante de alguns exemplos práticos que a autora faz, tenhamos que nos relembrar que esta é uma obra originalmente publicada nos anos 1980, período no qual não tínhamos o entendimento que temos hoje sobre as relações em contextos mais amplos. E, mesmo assim, as análises oferecidas pela autora de forma alguma invalidam o soberbo estudo astrológico desta que é uma obra de referência em seu gênero. Portanto, não importa a cultura, a socialização ou o momento histórico, a astrologia ilustra precisamente como a natureza humana opera em qualquer contexto relacional e pode nos dar pistas valiosas para desenvolvermos convivências mais harmoniosas.

Uma bela surpresa desta obra é sua proximidade com a teoria dos tipos psicológicos de C. G. Jung. É perfeitamente possível estabelecer essa correspondência ao ler a distribuição dos signos por seus elementos. Os signos de fogo são descritos junto aos signos de terra, acompanhando a interação entre os tipos psicológicos *Intuição e Sensação*, e os signos de ar junto aos de água, equivalendo aos tipos *Pensamento e Sentimento*, sugerindo uma relação de complementariedade nesse agrupamento.

De fato, no encadeamento da ordem do zodíaco, existe uma sequência alternada de signos masculinos e femininos (fogo-terra-ar-água, e assim sucessivamente), e aquilo que excede em um signo é logo corrigido no signo seguinte, confirmando a lógica da união do cinturão zodiacal pela ação dos contrários.

Da mesma forma, Jung organiza os tipos psicológicos por sua atração pelos contrários, e em cada dupla um tipo representa a sombra do outro. Todo o potencial contido na sombra só é passível de realização de forma indireta, por meio da projeção em outra pessoa, e é essa a "mágica" da atração inconsciente que nos direciona àquela determinada pessoa dentre tantas outras.

O potencial oculto e não desenvolvido, por estar inacessível nas profundezas do inconsciente, é estimulado a se apresentar quando nos deparamos com o contraponto que a complementariedade oferece. Por exemplo, uma pessoa do signo de Ar pode ser emocionalmente distante, precisar de momentos de criatividade sozinha e talvez se ocupe com várias atividades interessantes ao mesmo tempo; ao se relacionar com uma pessoa de água, começa a perceber o valor da presença, do foco em assuntos importantes e na expressão das emoções, podendo desenvolver intencionalmente, a partir do relacionamento, esses atributos que não estavam disponíveis à consciência num primeiro momento.

Pode ser também que essas características opostas gerem tensões por serem tão diferentes, mas o afeto que se estabelece torna possível o exercício da alteridade. E é assim, reconhecendo que a natureza produz pessoas tão diversas, que podemos aceitar que o outro tenha suas próprias características e seus pontos de vista sem que isso represente uma ameaça para nós. Ao contrário, as diferenças são bem-vindas pois complementam um ao outro oferecendo aquilo que individualmente não possuem, favorecendo a expressão integral de cada um ao mesmo tempo que cria uma sinergia de produtividade e realização.

Um exemplo para ilustrar essa lógica seria o casal Brad Pitt (Sagitário) e Angelina Jolie (Gêmeos) que não reúne os elementos necessários para gerar a tensão e a alteridade. De fato, apesar de apaixonados, não permaneceram juntos. Outro exemplo seria o casal Barack (Leão) e Michelle Obama (Capricórnio), que são extremamente realizadores de modo individual, além de muito potentes juntos.

Essa dinâmica também se justifica nos princípios da equivalência e da constância da energia, aplicadas à autorregulação psíquica. Jung diz no livro *Psicologia do Inconsciente* (in *Obras Completas*, vol. VII/1):

> *Estou mais do que convencido de que o caminho da vida só continua onde está o fluxo natural. Mas nenhuma energia é produzida onde não houver tensão entre contrários; por isso, é preciso encontrar o oposto da atitude consciente. (...) Visto do ponto de vista unilateral da atitude consciente, a sombra é uma parte inferior da personalidade. Por isso, é reprimida; e devido a uma intensa resistência. Mas o que é reprimido tem que se tornar consciente para que se produza a tensão entre os contrários, sem o que a continuação do movimento é impossível. A consciência está em cima, digamos assim, e a sombra embaixo. E como o que está em cima sempre tende para baixo, e o quente para o frio, assim todo consciente procura, talvez sem perceber, o seu oposto inconsciente, sem o qual está condenado à estagnação, à obstrução ou à petrificação. É no oposto que se acende a chama da vida.*

Se o mapa natal é um microcosmo que se relaciona com a mecânica celeste do macrocosmo, e se o Universo está em constante expansão, considerar as relações como fonte de expansão individual e coletiva é especialmente restaurador. E esse é o mérito de Liz Greene nesta obra. Afinal, é olhando para o céu que o homem vem se orientando desde tempos imemoriais, pois são as estrelas da noite que inspiram a continuidade das jornadas e que nos apontam novos caminhos a seguir.

Que este estudo traga a você um lugar de reconhecimento a partir da sua carta astrológica e lhe permita alcançar as estrelas mais inspiradoras ao amor.

Verbenna Yin, verão de 2021

Primeira Parte

# OS SIGNOS SOLARES

# 1
# OS SIGNOS SOLARES

Por que nos preocupamos tanto com coisas tão complicadas, tortuosas e problemáticas como relacionamentos? Por que nos esforçamos tanto para aprender algo sobre "cuidar de", "dar a", "tirar de", proteger, "brigar com" e amar seres humanos? Esses são questionamentos que o cineasta Woody Allen faz no filme *Annie Hall* e que ele mesmo responde com uma anedota:

– Meu irmão enlouqueceu. Ele pensa que é uma galinha.
– Por que você não o interna?
– Ora, porque eu preciso dos ovos.
*Relacionamentos se parecem muito com isso.*

Ainda hoje, é moda em alguns círculos sociais abandonar os antigos valores que nossos pais e avós nos legaram. Isso porque, para essas pessoas, é óbvio que esses valores não funcionaram – os casamentos de antigamente não eram melhores do que os de agora. Sem dúvida, havia menos divórcios, com duas pessoas vivendo sob o mesmo teto e interpretando seus papéis em silêncio "até que a morte as separe". Porém, carregadas de inimizade e veneno, acabavam provocando conflitos psicológicos em seus filhos. Mesmo que você não "acredite" em psicologia, é uma triste evidência que a família moderna esteja necessitada de um novo alento se quiser continuar a existir. É só dar uma olhada nas estatísticas de divórcios.

Hoje, além de enfrentarmos a crise econômica, os perigos de uma destruição nuclear, a crise de energia, a superpopulação e a desvalorização do planeta Terra, o perigo que correm os animais (e os humanos) e todos os pesadelos desse tipo que pesavam sobre o fim do século XX e o início do que a astrologia chama de Era de Aquário, temos de acrescentar o grande problema das relações humanas.

Isso pode ter motivos variados, dependendo do ponto de vista de cada um. Uns dizem que é falta de moral, outros, que falta a velha disciplina dos nossos pais e avós, ou que não se acredita mais em Deus e na Igreja Católica. Os problemas de relacionamento também são atribuídos à repressão sexual, ao capitalismo, ao comunismo ou a qualquer outro bode expiatório ao qual se possa creditar a responsabilidade por nossos próprios insucessos. Em uma época de tecnologia avançada, em que, pela primeira vez, milhões de pessoas podem se dar ao luxo do lazer, outras estão desesperadas para entender por que tudo é tão sem sentido e por que se sentem tão sozinhas que acabam se voltando para ensinamentos e crenças antigos sem nem conseguir chegar às suas origens.

Aos poucos, mas cada vez mais, aquilo que era guardado cuidadosamente pela cúpula da religião ortodoxa hoje nos é revelado pelo que conhecemos como estudos esotéricos. A palavra "esotérico" significa "o que está dentro", "no interior de". "Esotérico" pode referir-se a uma série de coisas: do Maharishi e da Meditação Transcendental até as Crianças do Templo de Deus, na Guiana. Estudos esotéricos englobam desde o ridículo até o sublime. Podem trilhar os caminhos dos sábios da Antiguidade e o que já foi ensinado em matéria de alquimia, magia, filosofia hermética e cabala. Podem explorar mistérios do Triângulo das Bermudas, fenômenos parapsicológicos, sonhos, visões e diferentes estados da consciência, mas também sonhos pré-cognitivos, sincronicidade, telepatia, clarividência e, em psicologia profunda, o estudo da alma humana. E podem versar sobre astrologia.

Pode a astrologia – conhecida de todos nós pelas tolas mas irresistíveis colunas diárias no jornal em que Madame Fulana de Tal diz que a quarta-feira vai ser um péssimo dia – contribuir de alguma maneira para o dilema humano de viver em um planeta superpovoado no qual temos que nos acotovelar todos os dias com estranhos (e suas almas)?

Ainda hoje, tem havido muitos clamores contra a astrologia, principalmente vindos das universidades e daqueles que se dedicam a estudos científicos, talvez assustados com a sua popularidade (afinal, se existe algum mistério sobre a vida que a ciência oficial não pode explicar, que mundo é esse em que vivemos?). Mas não importa com que força se proclame que a astrologia é um amontoado de superstições medievais sem sentido, o número de seus seguidores aumenta a cada dia.

Houve um tempo em que todo mundo lia diariamente sua coluninha de horóscopo no jornal, mordendo os lábios e receando, no íntimo, que a quarta-feira fosse mesmo um péssimo dia, e suspirando de alívio ao constatar que nada de mau acontecera na tal quarta-feira. (Irresistível essa droga. Afinal, toca fundo em todo ser humano – é seu passatempo preferido – ler sobre si mesmo.) Mas ninguém ousaria admitir, especialmente uma pessoa racional como você, que possa existir algo por trás disso. Ainda bem que houve alguns homens respeitáveis, como Sir Isaac Newton e o professor Carl Jung, que se aprofundaram nela. Mas a maioria das pessoas, caso leia um livro de astrologia, logo coloca nele uma capa marrom, para não ser considerado um excêntrico. É melhor ser apanhado lendo a revista *Playboy*!

Então, um francês persistente chamado Michel Gauquelin apareceu e decidiu que iria acabar de uma vez por todas com as ridículas pretensões da astrologia. Lançou-se em um enorme projeto, com estatísticas baseadas em milhares de horóscopos de pessoas de diversas profissões, para ver se o resultado mostraria alguma correlação entre os corpos celestes que orbitam o espaço e as nossas miseráveis vidas humanas. Assim, horrorizado e perplexo, o sr. Gauquelin, em vez de constatar a vacuidade da astrologia, provou que ela funcionava de verdade.

Depois das descobertas do sr. Gauquelin (devidamente publicadas em vários livros muito impressionantes) a astrologia passou a merecer algum respeito por parte dos quadros acadêmicos. Começou a se infiltrar em lugares onde nunca se poderia imaginá-la, tais como universidades e consultórios psiquiátricos. Também foi usada pelos governos americano e israelense, e talvez por outros mais, nas indústrias e no comércio, para empregar pessoal categorizado; e por médicos para auxiliar nos diagnósticos. Por fim, a astrologia vem sendo usada para o verdadeiro propósito pelo qual existe: para que cada um aprenda a se conhecer e não atribua seus próprios problemas e dificuldades aos outros.

Na entrada do templo do Oráculo de Delfos, havia duas inscrições: "Nada em excesso" e "Conhece-te a ti mesmo". A primeira sentença é bem mais sutil do que parece. Ela não propõe somente refrear um comportamento excessivo. Significa igualmente não ser unilateral, isto é, não enfatizar em demasia determinada maneira de encarar a vida e as pessoas – uma tendência que todos compartilhamos. E a astrologia tem muito a dizer sobre isso, pois, conhecendo seu próprio perfil astrológico, você pode rapidamente constatar até que ponto sua visão de realidade é distorcida.

A segunda sentença é fácil de compreender, porém mais difícil de ser apreendida. Para qualquer viagem, seja ao interior ou ao exterior, temos necessidade de mapas. Há diversos mapas para viagens ao exterior. Para dentro, não. A astrologia é um mapa para o nosso interior.

Se você pensa realmente que a solução dos problemas de relacionamento estão "lá fora", na sociedade, olhe mais uma vez. Ela pode estar dentro de nós, na maneira de lidarmos com nossa perspectiva e com nossa falta de conhecimento sobre nós mesmos. Como podemos esperar um bom relacionamento com o outro se nem sequer sabemos quem somos?

E, se você acha que a astrologia é um meio muito obscuro de tentar mergulhar no comportamento e nas motivações das pessoas, continue lendo.

# 2

# O QUE UM HORÓSCOPO PODE REVELAR (OU NÃO)

Comecemos do princípio. Por favor, esqueça a coluna de horóscopo do jornal ou aquele *post* genérico sobre signos. Já sei que era isso que você imaginava que a astrologia fosse. Só que isso significaria afirmar que todo o mundo da música, desde Beethoven até a Música das esferas de Pitágoras, pode ser enquadrado num *jingle* publicitário de dez notas. Para compreender a astrologia, primeiro temos de conhecer suas raízes e seu significado.

O simbolismo da astrologia é uma tentativa de fotografar – de forma mais pictórica que conceitual – as energias básicas da vida e dos seres humanos, e isso é muito antigo. Tão antigo que nem conhecemos suas origens. Sabemos que os antigos egípcios, os babilônios, os sumérios, os caldeus, os indianos e os chineses praticaram alguma forma de astrologia. Pesquisas revelaram que existem semelhanças entre o "estudo das estrelas" em todas as civilizações antigas, mesmo não havendo nenhuma ligação entre elas. E sabemos que essa incrivelmente antiga fotografia das forças da vida ainda está tão viva e fascinante como há cinco mil anos.

Mas por que usar uma linguagem pictórica? Essa é uma boa pergunta, uma vez que vivemos em uma era científica na qual somos ensinados a ser racionais e a dar respostas conceituais a qualquer enigma da vida. Mas a ciência está mal equipada para explicar muitos dos mistérios da vida, exatamente porque esses mistérios não são racionais. Eles podem ser compreendidos, sentidos, intuídos, imaginados, entrevistos através da linguagem das imagens, da metáfora, da parábola, do símbolo e do mito. Mas tentar defini-los em sentenças simples, como em um questionário com respostas de múltipla escolha num teste de QI, é terrivelmente ridículo.

Será que depois de todas as explicações sobre o processo biológico de concepção e de nascimento sabemos mais a respeito da origem da vida? Conseguimos captar o mistério da morte? E o que sabemos sobre a eletricidade, dominada para nosso conforto e conveniência? O que é ela? Na verdade, nem sabemos o que é "matéria". Na Física Quântica, uma das disciplinas científicas mais sofisticadas do século XX, começou-se a observar que, em toda experiência científica com partículas subatômicas, tanto o cientista quanto o experimento são afetados pela experiência. Isso significa que – por mais espantoso que possa parecer – a "objetividade" da matéria é relativa, uma vez que se liga intimamente à psique do cientista. No final das contas, a matéria é tão misteriosa quanto o espírito. Talvez seja uma boa ideia ter um pouco de humildade nesta era tão arrogante e reconhecer que não sabemos muita coisa a respeito do universo em que vivemos. A natureza é muito ciumenta com seus mistérios. Quando achamos que conseguimos explicá-los, ela produz algo que desorienta o intelecto mais sofisticado. Como a astrologia.

A astrologia nos faz perder o rumo porque funciona. Mas o que é, de fato, um horóscopo?

O que ele *não* é, na verdade, é uma simples adivinhação do futuro, por exemplo, se o encontro com aquele moreno alto na próxima semana vai acontecer. Vamos começar com algumas definições. Um mapa ou horóscopo de nascimento é um mapa do céu – mais precisamente do sistema solar – em um exato momento e local. É um mapa puro e simples, que mostra as posições dos oito planetas conhecidos, do Sol e da Lua em relação ao horizonte e ao meridiano da Terra. Do ponto de vista astronômico, o cálculo do horóscopo requer noções precisas de astronomia, e isso não pode ser refutado.

O zodíaco é um círculo ou uma faixa por onde o Sol faz sua trajetória aparente ao redor da Terra. Sim, nós sabemos perfeitamente que o Sol não gira em torno da Terra. Mas a esse movimento *aparente* e à sua trajetória chamamos eclíptica. A astrologia divide esse círculo, a eclíptica, em doze fatias iguais. O ano astrológico começa por volta de 20 de março, na ocorrência do equinócio vernal ou da primavera.* Aí começa o signo solar de Áries. Seu signo de nascimento ou signo solar é a parte do zodíaco na qual o sol está passando durante os trinta dias do seu signo.

E aí terminam as colunas do horóscopo de jornal. Se você nasceu em 18 de abril, é de Áries. Se nasceu no dia 4 de setembro, é de Virgem. Mas isso é só o começo. Nós esquecemos a Lua e os oito planetas. Eles também são muito importantes e fazem parte do horóscopo. Então o astrólogo calcula a posição desses corpos celestes em relação à faixa do zodíaco. Por fim, ele precisa saber a hora do nascimento para calcular qual signo zodiacal está se elevando (ou ascendendo) no horizonte leste naquele exato momento. Pronto, temos o horóscopo. Mas o que ele pode nos dizer?

Muitas coisas. Em poucas palavras, o horóscopo é um mapa da psique do indivíduo. É uma espécie de esboço, um modelo das energias e dos potenciais que constituem uma pessoa. Calculado precisamente segundo a hora e o local de nascimento, é um desenho único, ao contrário do horóscopo de jornal. Até gêmeos idênticos, que nascem com uma diferença mínima de tempo, têm mapas diferentes, já que de quatro em quatro minutos o arranjo celeste se altera de maneira significativa.

É interessante notar que antigamente poucas pessoas sabiam a hora exata de seu nascimento. Ela não era anotada. Muitas vezes, quando o astrólogo perguntava ao cliente a hora de seu nascimento, recebia como resposta: "Deve ter sido por volta da hora do almoço" ou "O carteiro tinha

---

* O Ano Novo astrológico começa por volta de 20 de março tanto no Hemisfério Sul quanto no Hemisfério Norte. No entanto, no Hemisfério Sul o início do Ano Novo coincide com o equinócio de outono. (N. da T.)

acabado de passar". Hoje, isso deixou de ser uma realidade, uma vez que os hospitais, bem como os registros de nascimento, mantêm um registro da hora exata dos nascimentos.

O horóscopo mapeia os potenciais do indivíduo. A palavra-chave é "potencial". É potencial da mesma maneira que uma semente de maçã vai produzir potencialmente uma macieira. A semente contém um ciclo completo dentro dela: semente, muda, planta pequena, árvore, flor, fruta, semente. Mas, se você a colocar na palma da mão, ela será apenas uma semente. Muita coisa pode acontecer a uma semente: nutrida, fertilizada, regada constantemente e com luz solar suficiente, ela se tornará uma árvore esplêndida; negligenciada, pode produzir nada ou quase nada. É aí que entra em ação o livre-arbítrio. Todos somos contemplados com certos "potenciais". O que fazemos com eles é problema nosso. Temos a opção de nos tornar uma bela árvore florida ou então um péssimo exemplar que nunca frutificará. E o jardineiro não é ninguém senão nós mesmos.

Muitas pessoas temem a astrologia, pois acreditam que ela pretende predizer o futuro, o destino. Em tempos idos, durante a Idade Média e a Renascença, ela fazia exatamente isso. Mas, assim como a medicina, a astrologia evoluiu. Ao contrário dos orientais, nós do Ocidente não gostamos de admitir a existência de algum outro fator moldando nossa vida além de nós mesmos. As ciências sociais admitem que existe certa influência do ambiente. A psicologia acha que é a infância que nos forma. Mas, no geral, nós queremos acreditar que somos livres para fazer nossas escolhas e tomar nossas decisões. Só admitimos restrições à nossa liberdade pessoal se ela ocorrer de maneira reconhecidamente aceitável, como o mau tempo ou um "desastre natural", conforme é descrito nas apólices de seguro. Nós chamamos isso de acidentes. E, caso aconteça alguma coisa que foge ao nosso controle, reclamamos muito, sobretudo quando se trata de uma outra pessoa: a criança que cresce fugindo dos nossos planos originais, o marido que nos abandona, a mulher que decide não ser mais submissa e adorável, a mãe que se intromete em nossos assuntos, o chefe que não gosta do nosso trabalho. Não vemos essas desagradáveis intromissões como destino; as vemos apenas como chateações creditadas à estupidez dos outros – e fazemos o possível para eliminar sua causa, que naturalmente é culpa de outra pessoa.

Mas será mesmo culpa de outra pessoa? E nossa liberdade, onde fica? A astrologia faz uma pequena sugestão. E muitos poetas, filósofos e psicólogos, em diversas línguas ao longo dos séculos, deram o mesmo conselho. Nas palavras de Rainer Maria Rilke:

*O que está em nós está à nossa volta.*

Lembre-se dessa frase. Ela é essencial para entender não só a astrologia, mas também os relacionamentos. Na verdade, podemos ir mais longe e afirmar que ela é essencial para entender a vida. A trama interior que constitui uma pessoa – emoções, comportamentos, desejos, fantasias, sonhos, conflitos, amores, ódios, talentos – é como um ímã ou um diapasão, que ressoa na tonalidade em que é tocado, atraindo para si objetos que são constituídos da mesma espécie de substância. Carl Jung formula esse pensamento de outra maneira. Ele diz:

*A vida de um homem é um aspecto do si-mesmo.*

Ou seja, o que acontece em sua vida pessoal – desconsiderando eventos coletivos envolvendo raças e nações – é de alguma forma um reflexo, uma fotografia simbólica de algo que está dentro de você.

Agora você entende por que os gregos gravaram o "Conhece-te a ti mesmo" no templo de Delfos. Muita gente acha esse aforismo muito incômodo. Ele significa que temos de nos responsabilizar por tudo aquilo que nos acontece, que temos de ser cocriadores na criação de nossos mundos. Mas é tão mais fácil e gostoso culpar os outros pelo que acontece de negativo e nos gabar dos acontecimentos positivos...

Somente uma criança pode esperar que a vida seja tão fácil. Uma pessoa sábia aceita o que lhe é dado e faz com que o resto se torne aquilo que ela deseja.

O horóscopo (ou mapa astral) descreve a natureza interior de uma pessoa. E a vida transcorre de acordo com esse mágico processo de atração mútua (não se assuste com essa palavra – a lei da atração universal também é um dos princípios básicos da magia; toda a vida é mágica). Quanto menos conhecemos nossa trama interior, mais reféns nos tornamos dela. Continuaremos atraindo coisas para nossa vida, para o bem ou para o mal, tendo conhecimento disso ou não. Quanto mais atentos (ou conscientes) formos, mais escolha teremos. Talvez não consigamos mudar nossa substância básica. Lembremo-nos da semente da maçã. Ela não pode, de repente, decidir ser lentilha quando crescer. Mas as macieiras podem produzir uma variação incrível de maçãs.

Esse é o significado de destino em astrologia. Não se trata de nenhum "Velhinho" nas nuvens punindo pecadores e recompensando justos. Nada de demônios escondidos nas trevas aguardando para dar o veredicto, como as Três Parcas na antiga mitologia grega, que decidiam o tempo de vida de uma pessoa na Terra pelo tamanho do fio que fiavam. Só nós mesmos – nosso Eu, nosso mais profundo e interior ser – é quem ditamos nosso Destino. Quanto de nosso Eu nós realmente conhecemos e quanto ainda nos permanece desconhecido, oculto, inconsciente?

# 3

# SOBRE ESPELHOS...

Quem já acompanhou um julgamento polêmico, no qual algumas pessoas prestam depoimento sobre um determinado fato, saberá que, se pedirmos a doze testemunhas para descreverem um acidente em uma estrada, elas irão descrever doze acidentes diferentes. Elas não estão mentindo ou exagerando deliberadamente. Isso mostra apenas que cada ponto de vista é subjetivo. A objetividade de uma pessoa racional é também subjetiva, pois ela deixa de enxergar aspectos não racionais que a deixariam perplexa se tivesse de reconhecê-los. Enfim, nós vemos a vida e as outras pessoas através de nossos próprios olhos, e estes, como um prisma, veem tudo do ponto de vista de nossas personalidades.

Isso parece muito simples. Mas é surpreendente como pessoas se tornam reativas quando são confrontadas com essa realidade tão básica e fundamental: "O quê? Falta de objetividade? Meu ponto de vista é objetivo. Eu sei que é. Eu sei que ele é certo porque é meu!".

É fácil achar graça na visão distorcida da vida, da realidade e dos relacionamentos que os outros sustentam. Mas não é nada engraçado quando temos que questionar nossa objetividade. Será que estou enxergando de forma correta? Será que meu marido está me escondendo alguma coisa quando não me dá carinho? Será que minha namorada quer mesmo me acorrentar e me possuir? Será que o mundo não está reconhecendo meus talentos?

Voltemos à astrologia. A carta ou o mapa natal é um mapa do indivíduo. O mapa descreve o temperamento, o perfil psicológico, a paisagem interior do nativo. É vivendo que se adquire a experiência, mas a vida que conhecemos se desenrola com base nas cores da nossa própria natureza, dos nossos impulsos, necessidades e valores. Mas você pode argumentar que o ponto de vista de uma pessoa está baseado em sua experiência de vida, não o contrário. Dizer o contrário incomoda muito, pois implica dizer que somos responsáveis por nossa vida. Sim, em certo sentido é assim, ou pelo menos somos responsáveis pela compreensão do que acontece, do que acontece a mim e não a você. Porque, se tomamos como base a astrologia, o horóscopo do nascimento postula um temperamento inerente, uma natureza subjetiva *a priori*. Nascemos assim. Ninguém nos fez como somos. E nós criamos nossa realidade ou a interpretamos de acordo com esse ponto de vista apriorístico.

Exemplo: tive uma vez um cliente capricorniano que exibia todas as características típicas desse signo complexo e difícil de ser compreendido. Isso porque ele não era um simples Capricórnio; seu Ascendente também era Capricórnio, o que tornava esse signo particularmente forte nele. Na primeira meia hora da consulta, ele se queixou com amargor de como a vida o tratava mal. Isso veio em resposta ao meu comentário de que Capricórnio tem uma tendência a ser cauteloso e desconfiado demais nas relações humanas.

"Mas", disse ele, "tenho boas razões para não confiar em ninguém. As pessoas sempre acabam te deixando na mão. Sempre estão querendo se aproveitar de você. Sou apenas mais esperto atacando primeiro, tirando vantagem antes que outro filho da mãe possa me usar."

"Você alguma vez tentou uma outra forma de aproximação?", perguntei educadamente. "Digamos, esperando que a melhor parte da outra pessoa se mostre? Digamos, confiando? Confiança faz milagres, você sabe. Se você aceita de fato uma pessoa, muitas vezes misteriosamente trará à tona o que há de mais confiável nela."

"Ridículo!", respondeu o cético e pragmático Capricórnio. "Eu via meu pai abusar e tirar proveito de minha mãe. Todo mundo é igual."

Você já pode imaginar o que acontecia. Meu cliente, sempre tomando atitudes pouco amistosas com as pessoas, acabava irritando-as. Ninguém gosta de ser considerado um grande filho da mãe antes de ter a chance de abrir a boca. Ele irritava tanto as pessoas que elas decidiram lhe dar um pouco do seu próprio remédio. Já que ele só pensava em usá-las, elas achavam que ele também só prestava mesmo para ser usado. Assim elas o usaram, ele se revoltou com essa frustrante experiência e acusou outras pessoas e a vida por algo que havia presenciado em sua infância e, como muitos de nós, achou que, assim, definia a verdadeira natureza da vida. Esse é um trágico exemplo, bastante comum, de como nossas atitudes podem influir no tratamento que os outros nos dão, de acordo com nossa maneira de ver as coisas.

As pessoas se perguntam por que os sagitarianos têm tanta sorte. Trata-se do mesmo fenômeno. Sagitário é um signo de fogo, e os signos de fogo têm uma espécie de confiança inata na vida. Eles são como crianças já crescidas que ainda brincam num parquinho infantil e, se alguma coisa vai mal, ora, no fim vai dar tudo certo. Alguma coisa vai acontecer para me tirar disso. A vida não vai me derrubar. Tem de haver uma lição nisso, um significado. Resultado?

Algo inevitável *acontece* e tira o sagitariano da sinuca. Não que ele tenha recebido um presente dos deuses, mas algo inato brotou dele: ele acredita na vida, e a vida lhe retribui. Pelo fato de ele achar que está numa grande sorveteria, sempre aparece alguém para lhe oferecer um sorvete. E se o sorvete cai no chão, ele não acha que foi por causa dos maus pensamentos das outras pessoas que isso aconteceu. Acha que foi só má sorte e que ela vai passar. O que você diz em relação a isso?

Esses dois exemplos ilustram um ponto profundamente importante. O ponto central da astrologia é aprender algo sobre o que você é, pois, se você não tem uma ideia do que está se passando dentro de si, vai continuar usando amuletos para (dizem) atrair pessoas e situações com a mesma ressonância que você. Mas se você se conhece, talvez tenha algo a dizer a esse respeito. Senão, você está fadado ao pior, não por culpa das estrelas, mas por si mesmo. Lembre-se de Shakespeare, que em uma de suas peças diz: "A culpa, querido Brutus, não está nas estrelas, mas em nós mesmos".

Vamos pegar qualquer configuração astral, qualquer signo. Existem facetas de cada signo que podem ser entrevistas como se estivessem numa vitrine. Podemos ler a respeito de suas qualidades em qualquer jornal. Qualquer pessoa familiarizada com essa espécie de astrologia reconhece, por exemplo, um típico Leão, que é caloroso, confiante, magnânimo, gosta de receber e de estar no centro das atenções. Ou então alguém de Virgem, tão limpinho, ordeiro, organizado, eficiente, que nunca é pego desprevenido. Ou o típico Câncer, sensível, imaginativo, instável, flexível, mutável como a Lua, enfim, um caleidoscópio, alguém sempre em busca de segurança. Ou o agressivo, efervescente Áries, sempre pronto para um desafio, louco por uma disputa.

Mas por trás de todo signo existe também um segredo. Tudo o que projeta luz projeta sombra. E raramente se fala sobre esse lado obscuro de cada signo, porque ele é muito embaraçoso. Mas, se você ficar fazendo de conta de que não percebe a força desse lado sombrio, tal como a correnteza das marés, ele poderá levá-lo para alto-mar. De repente você fica de mau humor ou se relaciona com pessoas que nada têm a ver com você, isso porque seu comportamento inconsciente o levou a agir assim, provocando uma série de reações além do seu controle. É bom querer saber algo a respeito dessa sombra que o segue sempre, *especialmente* se você acha que possui muita luz.

Passemos rapidamente pelo zodíaco e falemos a respeito do lado *sombra* de cada signo. Falaremos mais detalhadamente sobre eles quando chegarmos a cada signo e seus elementos. Mas aqui vão alguns pontos básicos.

Você se lembra do decidido, agressivo e bravo Áries? Quem diria que por trás da fachada luminosa, confiante e impetuosa se esconde uma natureza indecisa e uma terrível capacidade de perceber se as pessoas gostam dele? Não é absolutamente a imagem que ele gosta de projetar de si mesmo, mas isso o prende, como uma sombra atada a seus pés. Algumas vezes podemos vê-lo supercompensando isso, pois essa indecisão e essa dependência da aprovação dos outros o incomodam e o deixam muito sem jeito. Então, o líder Áries pode se tornar um comandado, porque ele não responde por si quando as trombetas soam e a luta se inicia.

E o estável, calmo e confiável Touro? Ele é o tal, sempre razoável e paciente, o burro de carga que tira o peso das costas dos outros para carregá-lo sem reclamar. Gentil, pacífico, vai levando a vida. Quem poderia adivinhar que existe no Touro um lado apaixonado, desarrazoado, exigente, possessivo, que secretamente provoca as crises que ele tanto detesta e o impelem para mudanças e crises caóticas, que ele gostaria de evitar a qualquer custo? O Touro adora a estabilidade e detesta as mudanças, mas seu lado secreto, destrutivo e teatral continua tentando levar a peça a um clímax violento. Essa sensação de forças contrárias dentro dele o deixa tão mal consigo mesmo que muitas vezes ele exagera na paciência e larga tudo, só para evitá-la. Sabe de quem ele gosta menos? Das pessoas que tumultuam demais os conflitos emocionais e complicam terrivelmente as coisas; porém, justamente essas pessoas de quem ele não gosta é que vivem dentro dele.

Vejamos Gêmeos: racional, esperto, inteligente, intelectual, calculista, cerebral. Você nunca irá flagrá-lo acreditando cegamente em nada. O geminiano gosta de conceitos claros e estruturas lógicas. Pode ser abstrato, mas é racional. Interlocutor brilhante, crítico acirrado, jornalista bem-dotado, mantém-se de maneira escrupulosa dentro da lógica da situação. Mas por trás desse brilhante intelecto existe um ser ingênuo, crédulo e tão confuso, que acredita em qualquer coisa, que distorce a verdade para provar sua intuição, que exagera os fatos para ilustrar de forma dramática suas conexões. Preste atenção em um geminiano quando ele conta uma história. No começo, ele se atém estritamente aos fatos. Depois, começa a exagerá-los um pouco aqui outro tanto ali. Logo, você percebe que ele está querendo acreditar em alguma coisa, então começam as histórias de fantasmas, as experiências psíquicas, as misteriosas e significativas coincidências da vida. O repórter tornou-se um romancista. Como essa sua tendência o incomoda terrivelmente, ele se torna um crítico pungente de tudo o que não seja intelectual e limita seus assuntos às conversas mais banais possíveis.

E Câncer? Afável, sensível, mutável... Já o mencionamos antes; fluido, instável como a água (que é o elemento a que pertence o signo), carinhoso, atencioso, provedor. E o outro lado? Calculista, claro. São exatamente esses cancerianos sensíveis e desinteressados que conseguem enormes pensões alimentares, guardam suas reservas em cofres secretos, manipulam dinheiro e situações materiais a seu bel-prazer e que podem, quando necessário, usar pessoas ou manipular interesses em seu próprio proveito, tudo para proteger a si mesmos. Esse aspecto de Câncer é tão perturbador ao gentil e carinhoso canceriano, que ele se revoltará violentamente contra pessoas mais cínicas e mais duras que ele. Câncer detesta os insensíveis e calculistas. Mas sua sombra secreta vive dentro deles.

Ah, Leão! Rei dos animais e do zodíaco. Individualista, autoconfiante, consciente de si. Leão, o ator, o herói, o cavaleiro do corcel branco, o príncipe encantado disposto a salvar a donzela em perigo, bem como defender os fracos e oprimidos. Leão acredita em si mesmo e em seu maravilhoso destino, imbuído da fina nobreza da aristocracia. É claro que ele é egocêntrico, afinal, o universo gira em torno dele e todo mundo o toma como exemplo. Seu lado consciente provavelmente pensa assim. Mas seu lado obscuro, sua sombra secreta, não sente o mesmo. Observe um leonino bem de perto e verá que ele não faz nada sem a aprovação e o amor dos outros. Autoconfiança? Quase não existe nele. Ele é apenas uma pequena engrenagem numa grande máquina, um anônimo na multidão, uma gota no oceano. E enquanto fica em desesperada busca de compensações, querendo ser a pessoa mais maravilhosa que existe, tenta terrivelmente se libertar desse maldito e desconfortável sentimento de sua própria vulgaridade. Ele acredita ser o seu próprio herói mitológico, mas uma voz secreta sussurra: "Não há exceção para ninguém". Uma espécie de comunismo psíquico.

Vamos dar uma olhada em Virgem, signo tido como preciso, ordeiro e limpo, em pensamento e na prática. Em geral, reconhecemos dois tipos de virginianos: os que vivem limpando suas casas limpíssimas e bem planejadas (isso acontece mais quando Virgem está no Ascendente) e os naturalmente desleixados, mas com memória de arquivo. Para esses, objetos podem até passar despercebidos, mas recordações, fatos e o último livro, não. Trata-se do admirável virginiano, que, tal qual um escoteiro, nunca é apanhado desprevenido. E qual é o outro lado de Virgem? A imprecisão e o caos. Rígido e diligente na aparência, virginianos adoram secretamente a dispersão e o caos. Sensíveis demais, defendem-se do seu lado secreto e sombrio tentando organizar a vida de modo que nada escape ao seu olhar. A preguiça e a indolência, o deixar-se levar pela correnteza, o sonhar acordado: isso é tão incômodo que muitos virginianos podem se tornar obsessivos, guardando blusas azuis do lado esquerdo da prateleira e amarelas do lado direito, porque, se as azuis passassem para o lado direito, as forças do caos poderiam entrar em erupção.

Por aí você pode ter uma ideia do que estamos dizendo: cada signo é secretamente o seu oposto. Você vai reconhecer as características de um libriano em um ariano, de um escorpiano criador de casos em um taurino, a credulidade de um sagitariano em um geminiano, a manipulação de um capricorniano em um canceriano, a sociabilidade aquariana num leonino e a desintegração do pisciano num virginiano. Há muito mais a dizer sobre essa secreta corrente oculta. Mas, para concluir esse ponto, continuemos a demonstrar os últimos seis signos.

O libriano pode ser considerado um desafortunado por sua agressividade inconsciente, por ser rude justamente quando está tentando ser polido. O escorpiano pode ser perseguido pelo materialismo e pela tenacidade de Touro, quando ele está tentando entender o significado de uma nova experiência. O sagitariano pode ser afligido por um inoportuno acesso de ceticismo no momento em que está para se iluminar. O capricorniano pode ficar com os nervos à flor da pele e ter bruscas mudanças de humor justamente quando mais precisa manter a cabeça fria. O aquariano pode se perder no meio da autoglorificação enquanto faz um discurso sobre os direitos humanos. E o pisciano é capaz de se surpreender falando um monte de besteiras enquanto tenta ser compreensivo, compassivo e companheiro.

Todas as pessoas têm um lado sombrio e um lado luminoso. Se aplicarmos a astrologia para entender os mais belos sonhos de alguém, seus desejos e sua maneira natural de se expressar, teremos também de usá-la para descobrir os aspectos mais infantis e difíceis que causam problemas ao nativo em momentos críticos. Isso nos leva ao mais importante conceito deste livro: o que não reconhecemos em nós tendemos a projetar nos outros. Por isso, podemos amá-los ou odiá-los, persegui-los e fazer de suas vidas um inferno; ou sentir uma enorme compaixão e não medir esforços para ajudá-los e protegê-los. Mas, no fundo, tudo é muito subjetivo. Nós realmente não sabemos – a não ser que o relacionamento já tenha passado da maravilhosa fase da lua de mel – se a pessoa que admiramos é de fato o que parece ser ou se estamos apaixonados por aquela parte escondida de nós mesmos. O romancista latino-americano Alejo Carpentier diz:

> *Ninguém ama ninguém.*
> *As pessoas se amam através dos outros.*

Mesmo sendo uma afirmação bastante cínica, ela se aplica a um bom número de relacionamentos que começam com a fúria de um vulcão mas que se apagam de repente, quando o outro "muda" de maneira misteriosa. O outro não mudou nem um pouco. A imagem que fizemos se desintegrou, e a pessoa real apareceu. Com isso, podemos reagir de muitas formas, dependendo de quão profundamente nos conhecemos. Na maioria das vezes, nos sentimos abandonados e traídos, como se a pessoa amada tivesse pecado ao não corresponder à imagem que fazíamos dela – que na verdade é uma parte da nossa própria psique a ser aceita.

Em psicologia, esse processo misterioso e muito comum é conhecido como projeção. Lembre-se dessa palavra, pois não existe um único ser humano andando por aí que não projete uma sombrinha dele mesmo sobre os outros. E, enquanto fizermos isso, não estaremos nos relacionando com as pessoas, mas vivendo uma fantasia que, inevitavelmente, como todos os bons filmes ou contos de fadas, terminam em um choque de realidade com um desconhecido à nossa frente.

Voltemos à astrologia. Para conhecer um pouco mais sobre seu mapa de nascimento, consulte a tabela de Ascendentes que está disponível no próximo capítulo. Considere se havia "horário de verão" no período e deduza uma hora do seu horário de nascimento. Então, procure o Ascendente. Você terá apenas um cálculo aproximado. Para um mapa perfeito, você tem de calcular corretamente seu Ascendente com a ajuda de um *software* de astrologia ou de um astrólogo. Mas, no momento, a tabela deste livro poderá ajudá-lo.

O Ascendente é um dos fatores mais importantes no mapa de uma pessoa. A maioria de nós sabe seu signo solar: um símbolo da pessoa que nos esforçamos para ser, os tipos de atributos que temos de adquirir, o mito individual que vivenciamos. O Ascendente, o signo que se levanta a leste no horizonte no momento em que nascemos, testemunha sobre outras coisas. Ele mostra como nos expressamos e como vemos a vida, mas também como os outros nos veem. Uma analogia do Sol e do Ascendente pode ser encontrada na mitologia. O Sol é o herói do mito, o indivíduo à procura de si mesmo. O Ascendente é a trajetória pessoal do herói, que, com o tempo, irá conduzi-lo à autorrealização e ao sentido da própria existência. Você acha que "sentido" é uma palavra misteriosa? Victor Frankl, um psiquiatra que escreveu sobre prisioneiros judeus nos campos de concentração, fez uma observação muito importante. Ele pontua que, apesar das crueldades e torturas a que foram submetidos os prisioneiros judeus, aqueles que conseguiram sobreviver ao holocausto tinham a inata convicção de que suas vidas possuíam algum sentido. Os que sucumbiram, acreditavam que sua vida não tinha sentido algum, que eram apenas destroços flutuando ao acaso no oceano da vida. O sentido tem muito a ver não só com a felicidade pessoal como também com a sobrevivência em si.

Assim, o Ascendente descreve não somente como um indivíduo se expressa, mas como pode começar a encontrar sentido para sua vida. Às vezes o Ascendente representa uma área de dificuldade, algo muito problemático de entender ou expressar em nós mesmos, mas para o qual somos sempre atraídos.

Vamos dar um exemplo: homem, 35 anos, com Sol em Aquário. Trata-se de um aquariano típico (talvez com Mercúrio e Vênus também em Aquário, a Lua em Libra ou em outro signo de ar que enfatize o temperamento aéreo). Aquário: racional, lógico, profundamente preocupado em encontrar a verdade. Interessado por pessoas, mas sem demonstrar interesse pelo indivíduo em si. É controlado e muitas vezes ignorante em relação às emoções palpitantes ocultas nele mesmo e naqueles que o cercam. Justo, honesto e muito íntegro. Ansioso por ser "bom" ou "altruísta". Idealista. Racional. Um pensador, um cientista, um acadêmico, um engenheiro, um psicólogo. Entretanto, como todos nós, nosso aquariano é duas pessoas: sombra e luz. Consideremos que esse aquariano de Sol tenha ascendente em Escorpião. Como a água e o óleo, Escorpião e Aquário não se misturam.

Meu cliente aquariano nunca conseguiu compreender por que, a despeito de todos os seus esforços para levar a vida de maneira lógica, ele sempre se via enredado em relações turbulentas e de forte caráter emotivo. Ele também nunca entendeu por que sempre atraía um certo tipo de mulher: intensa, instável, possessiva, exigente, profundamente emocional. Na verdade, o tipo de mulher que poderia ser representado pelo seu Ascendente. Ele "projetava" essa parte de sua natureza para fora de si e isso continuava vindo ao seu encontro em todos os seus casos amorosos. Ele não sabia lidar com isso, mas também não conseguia evitar. O que fazer?

Questionei, então, se ele já havia sentido fortes e obsessivas emoções, ao que respondeu que não: "Sou sempre racional". Perguntei: "Você alguma vez sentiu ciúmes?". "Jamais", respondeu. "Detesto a sensação de posse. São as mulheres que sempre tentam me possuir."

Ocorreu que tive a oportunidade de observar esse homem extremamente inteligente em ação. Também consegui conversar sobre o seu padrão de relacionamento com uma de suas muitas namoradas. "Ciumento?", perguntei. "Meu Deus, e como!", respondeu ela. "Mas não abertamente. Ele nunca diria: 'Você não pode almoçar com fulano' ou 'Por que você ficou tanto tempo conversando com aquele homem?', mas ele cria esse tipo de clima, o que me deixa nervosa, querendo estrangulá-lo. Ele realmente envenena o ar, como uma nuvem negra. E me pune dessa maneira quando flerto com alguém. Depois, desaparece por alguns dias. Nossa relação esfria e, se eu pergunto por que, ele diz que não sabe do que estou falando. Acho que ele não sabe. Mas como pode não saber?"

Na verdade, como ele pode não conhecer os próprios sentimentos? Sim, os aquarianos são mestres na arte de ignorar a atmosfera que criam e os próprios sentimentos. Qualquer um o sente, menos os aquarianos. Com uma vida intelectual muito intensa, eles ficam ingenuamente surpresos e feridos quando são acusados de frieza e rancor.

Se levarmos em consideração o Ascendente Escorpião desse nosso amigo, vamos ver que ele tem muitas qualidades de Escorpião. O problema é que ele não se conscientiza dessas qualidades, porque elas não correspondem à imagem que ele faz de si mesmo. Afinal, é mais fácil acusar os outros do que tentar reconciliar os valores opostos de dois signos tão diametralmente opostos.

Mas, se olharmos para o Ascendente como a trajetória de vida, deveremos considerar Escorpião, um signo de água e, portanto, pertencente ao reino das emoções e relações humanas. Trata-se de um signo sexual no sentido de levar ao conflito e à união dos opostos, ou seja, do masculino e do feminino. É um signo primitivo: seus valores não são os da *intelligentsia* acadêmica, mas de uma vida natural básica: o que eu amo é meu, e mantenho distância daquilo de que não gosto. E, se você me ferir, eu também firo você, para você sentir como dói.

Escorpião é um signo de imensa profundidade e interioridade. Sua jornada através do escuro pântano da sexualidade e das emoções humanas passa pela intensa disputa entre duas pessoas que tentam transpor o véu de ilusões e fantasias, a fim de se unirem como indivíduos e experimentarem a transformação que advém da abdicação do poder de um sobre o outro. É uma jornada que lida com o inconsciente, com o que está escondido, com o motivo secreto por trás da máscara do comportamento. Mexe com os segredos da alma.

Meu amigo aquariano ficou chocado quando eu lhe mostrei que suas dificuldades de relacionamento, constantes em sua vida, eram significativas.

Não se tratava de mero acaso ou acidente. Nem era má sorte ou neurose. Já tinha visto isso muitas vezes nos Ascendentes em Escorpião. Mas será que ele não poderia dar uma pequena abertura ao seu Ascendente, correr o risco de explorar sua vida emocional e tentar encontrar o significado desses padrões de relacionamento?

O Ascendente nos encaminha para aquilo que mais temos de aprender e que nos abrirá novas perspectivas de vida. Isso dá muito trabalho e leva tempo. Mas essa é a maneira de aplicar a astrologia como a verdadeira ferramenta que ela é. O horóscopo pode revelar aspectos significativos de nós mesmos, em qual parte da nossa jornada nos encontramos, a razão pela qual estamos aqui, por que encontramos certas pessoas e nos relacionamos com elas. Do ponto de vista astrológico, não existem acidentes ou acasos. Como escreveu Ralph Waldo Emerson:

> *O segredo do mundo é o laço que liga a pessoa ao acontecimento. O espírito contém o acontecimento por vir... o acontecimento é a marca da sua forma... O homem verá seu caráter impresso nos acontecimentos que parecem vir ao seu encontro, mas que na verdade brotam dele e o acompanham.*

Agora nosso propósito deve estar bem claro: o mapa natal revela a personalidade, e personalidade é destino. Nossas relações são também o nosso destino, pois refletem para nós nossa própria personalidade. Nós nos apaixonamos por nós mesmos por intermédio dos outros porque queremos amar o que está incompleto em nós mesmos. Notamos isso claramente quando comparamos duas cartas natais. Aquilo que está bloqueado, difícil de ver ou de expressar em um mapa estará refletido no outro. Talvez os antigos alquimistas dissessem: uma maravilhosa oportunidade de desenvolvimento, de tornar-se você mesmo por meio da experiência do outro. Mas o que fazemos nós? Nós sabotamos essa possibilidade. Nós nos dissociamos dos eventos – brigamos, ferimos, nos desentendemos – e atribuímos a culpa ao outro. Gritamos com nosso parceiro como se não tivéssemos nada a ver com o que está acontecendo. A fala a seguir costuma ocorrer no final de um casamento:

> "É CLARO QUE FOI TUDO culpa dele. Eu fiz tudo o que podia. Cedia o tempo todo, sem nunca receber nada em troca. Oh, como me sacrifiquei! Canalha... é tudo culpa dele! Ele fugiu com outra depois de eu ter cuidado dele todos esses anos!".

Podemos nos reconhecer nesses cenários, eles são clássicos. Há inúmeras outras cenas, todas refletindo o ponto de vista da pessoa que fere e da pessoa ferida. Você já ouviu e viu isso mil vezes. E o que fazemos?

Alguém perguntou a Jung como ele ajudava os pacientes que se encontravam em dificuldades, aqueles que estavam mais perdidos. Ele respondeu: "Eu ouço". Comece a ouvir a si mesmo. Quem você está acusando? Você já ouviu essa fala antes? De sua mãe? De seu pai? Trata-se do outro ou de você mesmo?

Questões fáceis de propor, mas difíceis de responder. Qualquer revisão de uma projeção psicológica leva à descoberta de algo que absolutamente você não quer ver. Às vezes fazemos isso também com coisas positivas, como: "Todos são mais bonitos, espertos, têm mais sucesso do que eu". "Oh, ele (ou ela) tem tudo!" Verdade? Isso é tão equivocado quanto acusar todo mundo, e destrutivo, porque nutre toda sorte de ressentimentos inconscientes.

Ah, sim, você pensou que ia ser tudo muito divertido e fácil. Pode ser. A astrologia também tem seu humor e mostra seu lado mais divertido quando você aprende a reconhecer os signos e seus hábitos. Isso também faz parte da vida: desenvolvemos um senso de ironia e talvez alguma habilidade de rir de nós mesmos. Mas se quer saber onde o Sol brilha de fato, em você e nos outros, tem de estar preparado também para ver a sombra.

Tudo neste nosso estranho mundo existe aos pares. A astrologia também sabe disso. Tudo tem seu oposto, e, às vezes, só o fato de aceitarmos esses opostos em nós mesmos faz milagres. Sim, é normal ser amável e briguento, gentil e insaciável, inteligente e estúpido. Sim, todos temos um pouco do masculino e do feminino em nós. Uma das grandes lições da astrologia é a tolerância – com os outros e com nós mesmos.

Você se lembra da passagem da Bíblia que diz: "Ama a teu próximo como a ti mesmo"? É certo que o bom cristão e o filantropo convicto tentarão com todas as forças amar seu próximo. Qualquer pessoa que quer ser amada faz isso. Mas nós esquecemos o "como a ti mesmo", delicadamente posto no fim da passagem. Quantos dentre nós realmente amam a si mesmos?

# 4

# O SOL, O ASCENDENTE E OUTRAS COISAS...

Quando as pessoas perguntam "Qual é o seu signo?", elas querem saber sob qual signo você nasceu, ou seja, qual era o signo do zodíaco pelo qual o Sol estava passando no dia do seu nascimento. O Sol leva mais ou menos um mês para atravessar um signo. É evidente que todos nós sabemos (salvo os membros da Sociedade da Terra Plana) que é a Terra girando ao redor do Sol, e não o Sol ao redor da Terra, que possibilita o fenômeno do nascer e do pôr do sol, assim como a impressão de que ele atravessa o céu. Os gregos, observando a glória do eterno Sol movendo-se através do firmamento, deram-lhe o nome de Febo e o consideravam um deus em sua carruagem de ouro puxada por cavalos brancos como a neve ao atravessar a abóbada celeste. Em nossa era científica, explicamos em termos astronômicos o que antes era um mistério. A astrologia não é tão destituída de sofisticação a ponto de não reconhecer o verdadeiro fenômeno astronômico que existe por trás do curso do Sol. Mas, de um ponto de vista simbólico, é o Sol que cruza o firmamento, seguindo o círculo do zodíaco.

Então, se você nasceu no dia 1º de junho, você é de Gêmeos, porque o Sol estava atravessando, nesse dia, o setor do zodíaco a que chamamos de Gêmeos. Se nasceu no dia 14 de novembro, você é de Escorpião. E se nasceu num dos dias que ficam na fronteira entre dois signos, como os dias 23 de dezembro ou 21 de maio, você é uma "cúspide". A uma pessoa nascida na cúspide de dois signos pode-se dizer que pertence um pouco a cada um dos signos. Mas, mesmo assim, será um ou outro. Às vezes é necessário fazer cálculos exatíssimos para determinar precisamente a que signo você pertence, porque o Sol pode ter passado de um para o outro bem no momento de seu nascimento. Mas, de modo geral, podemos usar o seguinte calendário:

>Nascidos entre 21 de março e 20 de abril – **Áries**
>Nascidos entre 21 de abril e 20 de maio – **Touro**
>Nascidos entre 21 de maio e 20 de junho – **Gêmeos**
>Nascidos entre 21 de junho e 21 de julho – **Câncer**
>Nascidos entre 22 de julho e 22 de agosto – **Leão**
>Nascidos entre 23 de agosto e 22 de setembro – **Virgem**
>Nascidos entre 23 de setembro e 22 de outubro – **Libra**
>Nascidos entre 23 de outubro e 21 de novembro – **Escorpião**
>Nascidos entre 22 de novembro e 21 de dezembro – **Sagitário**
>Nascidos entre 22 de dezembro e 20 de janeiro – **Capricórnio**
>Nascidos entre 21 de janeiro e 19 de fevereiro – **Aquário**
>Nascidos entre 20 de fevereiro e 20 de março – **Peixes**

Já mencionamos anteriormente que o signo solar, bem como qualquer outra colocação em astrologia, representa um potencial, não um fato. A confusão começa quando você lê seu horóscopo no jornal, porque, se você nasceu sob o signo de Áries não quer dizer que tenha de se comportar como um ariano típico, ou seja, agressivo, impulsivo, egocêntrico, heroico – tudo o que caracteriza um belo Dom Quixote. Isso significa que aquilo que é inato em você é representado por Áries. Mas você pode encontrar dificuldades para expressar as características de Áries, porque tudo o que está à sua volta, inclusive as pessoas, não o permitiriam, ou porque você não gosta de pensar em si mesmo dessa maneira, ou simplesmente porque você nunca teve a chance de fazê-lo. É nesse ponto que a astrologia se torna complexa e tão importante. Se você já soubesse tudo o que ela pode lhe dizer, qual seria sua utilidade? Delineando nossas potencialidades e retratando a direção natural que instintivamente seguimos, ela pode nos ajudar muito a descobrir aquela nossa personalidade secreta e frustrada que nunca pôde se manifestar. Algumas pessoas têm muita sorte, ou muita iniciativa, ou muita saúde (não há muitas desse tipo) para saber quem são e não ter medo de mostrar ao mundo sua personalidade. A maioria de nós usa mil cortinas de fumaça e um bocado de insegurança para mascarar-se. Alguns de nós odiamos a nós mesmos do jeito que somos porque fomos criados e educados para acreditar que temos de ser diferentes, pelos pais, pela Igreja, pelas escolas ou por pressão da sociedade, como podemos ver em revistas, na televisão, em filmes ou em outros meios de comunicação.

Assim, quando você ler a descrição de seu signo ou do signo de alguém de quem você gosta, não diga nunca: "Ah! Ele nunca se comporta dessa maneira". Reflita um pouco. Alguns padrões de comportamento não precisam ser evidentes, mas pense, reflita bem sobre o que o motiva ou o que motiva o ser amado. Quão honesto você é consigo mesmo?

E mais. Um horóscopo correto é um mapa de todo o sistema solar. Ele não considera apenas o signo no qual passava o Sol no momento do seu nascimento, mas também onde se encontravam a Lua, Mercúrio, Vênus, Marte, Júpiter, Saturno, Urano, Netuno e Plutão.

Agora você precisa de um bom astrólogo ou de capacidade suficiente para desenhar e calcular seu próprio mapa, achando o lugar exato de cada corpo celeste no momento de seu nascimento. Todos eles têm significado. O Sol é o mais importante deles, pois descreve sua essência básica, a pessoa que você – consciente ou inconscientemente – está tentando se tornar. Os outros planetas descrevem necessidades e condutas diferentes, tais como sua maneira de se comunicar e se relacionar com os outros e onde se encontram seus temores secretos. Mas o Sol é o mais importante, porque ele simboliza sua necessidade de ser você mesmo.

Existe um outro ponto igualmente importante no horóscopo que vamos considerar, pois mesmo num livro como este, em que não podemos explorar todas as técnicas de calcular um horóscopo e interpretá-lo, gostaríamos de poder oferecer mais do que apenas o signo solar. Depois você pode ter acesso a muitos bons livros que lhe ensinarão como calcular corretamente sua carta natal, ou pode pedir a alguém que conheça o assunto para fazê-lo. Mas, antes, queremos reforçar a importância do Ascendente, que é conhecido também como signo Ascendente.

Como vimos, o Ascendente é o signo que estava no horizonte leste do local de seu nascimento na hora em que você nasceu. Então, para traçar uma carta correta, você precisa da hora certa do seu nascimento, bem como do dia, do mês e do ano. Você também precisa saber o lugar em que nasceu, pois vai ter de achar a latitude e a longitude exatas para um cálculo correto. O zodíaco faz uma revolução inteira em 24 horas. Se você fizer uma fotografia de determinado momento, digamos, o do seu nascimento, então você terá um dos doze signos levantando-se a leste, outro se pondo no oeste, um culminando no zênite e um quarto, embaixo, no nadir. O mais importante deles é o que está se levantando no leste, pois esse é tradicionalmente o ponto do nascimento do Sol, do emergir da vida, da aurora de um novo dia, do reencontro do Sol com a Terra depois de uma longa noite.

Como dissemos, o Ascendente é um ponto muito importante no horóscopo. Ele mostra como você se manifesta e se expressa para o mundo. De muitas maneiras, nas pessoas, o Ascendente é mais evidente do que o Sol.

PONTO OESTE ascendente ou signo ascendente ← → PONTE LESTE

Você tem de conhecer uma pessoa por um bom tempo para saber como o signo solar se manifesta nela; mas se você conhece alguém numa festa, você vai ver o Ascendente. É como a porta de entrada de uma casa. Não importa o que se passa dentro dela: a primeira coisa que você vê é a porta. Algumas portas estão abertas, são hospitaleiras, convidativas, pintadas em cores agradáveis; outras, silenciosas, fechadas, com uma pequena fresta para que aquele que lá dentro vive possa primeiro ver quem está batendo para depois o deixar entrar. Algumas portas são largas e grandiosas, como entradas de palácios. Outras são pequenas e escondidas, discretas. Na verdade, a porta não é um indício do que se passa no interior da casa. Existem casas nas quais você nunca notaria aquela pequenina porta, mas cujo interior é lindo. Outras são imponentes vistas por fora, mas o interior é pequeno e fechado. Nunca julgue uma casa pela porta da frente. Mas a porta mostra como a pessoa quer que você a veja. É assim que funciona o signo Ascendente.

Para descobrir com precisão seu signo Ascendente, o grau exato do signo em que ele se encontra, é necessário fazer alguns cálculos matemáticos que incluem a hora média de Greenwich, a latitude e a longitude do local de nascimento e uma série de outras coisas que não vão interessá-lo no momento. Compilamos uma tabela para simplificar sua vida. É uma tabela de Ascendentes bem simples (ver p. 41). Se você a usar corretamente, terá uma ideia bem aproximada do signo e do grau do seu Ascendente.

Mais uma vez devo enfatizar que é só uma ideia geral, um esboço. Não posso lhe fornecer seu Ascendente exato, porque fatores como horário de verão durante a guerra ou para economia de energia elétrica, ou então as pequenas diferenças temporais entre cidades que estão na mesma área de horário padrão não o permitem. Assim sendo, tenha sempre em mente que o resultado não é cem por cento correto, e, se no cálculo você chegou a um signo Ascendente bem nos seus últimos graus, pode ser que seu signo Ascendente seja o seguinte. Encontre, portanto, seu signo na tabela de Ascendentes e veja como ele funciona de forma geral. Você perceberá também como os signos do Sol e do Ascendente algumas vezes combinam; outras, não.

Por exemplo: tomemos uma pessoa nascida ao meio-dia do dia 4 de setembro. Sabemos que seu Sol está em Virgem. Agora, pegue a tabela. Você verá que ela é feita para cada três dias. Por sorte, temos aqui o dia 4 de setembro. Se a pessoa tivesse nascido no dia 3, pegaríamos o dia mais próximo, o 4. Então, dia 4 de setembro, ao meio-dia, 27 graus de Escorpião é o que estava no Ascendente. Essa pessoa é então de Virgem, com o ascendente em Escorpião.

O que isso quer dizer? Quer dizer que sua essência será Virgem. Veja como a pessoa se sente em relação ao que falamos sobre Virgem na página 191. Mas a maneira como ela se mostra aos outros será Escorpião. Algumas vezes, as pessoas verão somente seu lado Escorpião. Vão apontar a falta das qualidades mais frias e racionais de seu signo solar. Talvez a própria pessoa também perceba, se refletir um pouco, que esses dois signos combinam bem. São ambos calados e introvertidos. Nenhum deles traz o coração à mostra; mas Escorpião é um signo altamente emocional, enquanto Virgem é muito mais controlado e racional. Uma colisão. As supersensíveis reações de Escorpião podem aparecer antes que o Sol de Virgem tenha uma chance de dominar a situação. Essa é a pessoa que está sempre dizendo: "Me desculpe, eu só reagi rápido demais" ou "Eu gostaria de não ser tão sensível e emocional!". É Virgem julgando Escorpião. Todos nós nos julgamos dessa mesma maneira.

Vamos ver agora uma pessoa que nasceu no dia 12 de dezembro às 9 horas da manhã. Você verá que o Ascendente dado para as 9 horas da manhã desse dia situa-se em 13 graus de Capricórnio. Assim sendo, esse sagitariano volátil, fogoso, fluido, amante de aventuras, tem uma pequena e insignificante porta de entrada para tão nobre casa. O interior ama a liberdade, mas o que se vê exteriormente em uma pessoa com ascendente em Capricórnio é que ela é muito contida e refreada.

O lado bom disso é que a exuberância fogosa é controlada e disciplinada, temperada com senso de responsabilidade. Mas às vezes a pessoa se sente constrangida, como se nunca pudesse manter as rédeas inteiramente soltas.

Então, é assim que funciona. Você deve ler as duas seções para ver se combinam ou não. No relacionamento, as pessoas muitas vezes se sentem atraídas por parceiros cujo Ascendente é o signo solar delas. Na astrologia tradicional isso indica um forte laço entre duas pessoas. Algumas pessoas não gostam de seus signos Ascendentes e se irritam com pessoas que tenham o mesmo signo solar que elas. Elas não gostam de si mesmas e ficam irritadas quando outros as lembram disso. É interessante fazer um estudo entre as pessoas com quem você convive para ver como os signos solares e os Ascendentes se cruzam entre eles.

Nenhuma pessoa tem um só lado. Todos nós temos muitas faces, muitas máscaras, muitas vozes, muitas necessidades. Alguns se encontram, se ajudam e se harmonizam; outros chocam-se violentamente. Procure se conhecer. Isso não significa somente conhecer os aspectos que você aprecia em si mesmo ou suas atitudes e crenças evidentes; significa também conhecer seu lado sombrio, secreto, seu lado socialmente inadaptado, que você esconde dos outros, o lado fraco do qual você se envergonha, seus desejos e aspirações mais secretos, que fazem parte de você, e são tão necessários quanto seus aspectos mais aceitáveis. Por isso, procure seu Ascendente com cuidado. Esse casamento entre Sol e Ascendente é como um casamento entre duas pessoas. Em alguns pontos elas se encontram, em outros, há o maior desencontro. Mas elas fizeram um acordo a fim de achar um caminho para se harmonizar, algumas vezes com sacrifícios de ambas as partes. O mesmo se dá com as diferentes partes de nós mesmos.

# TABELA DE ASCENDENTES

## 1º de janeiro

| HORAS | | | HORAS | | |
|---|---|---|---|---|---|
| 1 | 21° | Libra | 13 | 13° | Touro |
| 2 | 12° | Escorpião | 14 | 3° | Gêmeos |
| 3 | 14° | Escorpião | 15 | 19° | Gêmeos |
| 4 | 26° | Escorpião | 16 | 4° | Câncer |
| 5 | 8° | Sagitário | 17 | 17° | Câncer |
| 6 | 21° | Sagitário | 18 | 29° | Câncer |
| 7 | 4° | Capricórnio | 19 | 10° | Leão |
| 8 | 19° | Capricórnio | 20 | 22° | Leão |
| 9 | 7° | Aquário | 21 | 3° | Virgem |
| 10 | 28° | Aquário | 22 | 16° | Virgem |
| 11 | 23° | Peixes | 23 | 28° | Virgem |
| 12 | 19° | Áries | 24 | 10° | Libra |

## 4 de janeiro

| HORAS | | | HORAS | | |
|---|---|---|---|---|---|
| 1 | 23° | Libra | 13 | 17° | Touro |
| 2 | 5° | Escorpião | 14 | 6° | Gêmeos |
| 3 | 16° | Escorpião | 15 | 22° | Gêmeos |
| 4 | 28° | Escorpião | 16 | 6° | Câncer |
| 5 | 11° | Sagitário | 17 | 19° | Câncer |
| 6 | 23° | Sagitário | 18 | 1° | Leão |
| 7 | 7° | Capricórnio | 19 | 13° | Leão |
| 8 | 22° | Capricórnio | 20 | 24° | Leão |
| 9 | 11° | Aquário | 21 | 6° | Virgem |
| 10 | 3° | Peixes | 22 | 18° | Virgem |
| 11 | 29° | Peixes | 23 | 29° | Virgem |
| 12 | 25° | Áries | 24 | 12° | Libra |

## 7 de janeiro

| HORAS | | | HORAS | | |
|---|---|---|---|---|---|
| 1 | 25° | Libra | 13 | 22° | Touro |
| 2 | 7° | Escorpião | 14 | 9° | Gêmeos |
| 3 | 18° | Escorpião | 15 | 25° | Gêmeos |
| 4 | 29° | Escorpião | 16 | 9° | Câncer |
| 5 | 12° | Sagitário | 17 | 21° | Câncer |
| 6 | 26° | Sagitário | 18 | 3° | Leão |
| 7 | 10° | Capricórnio | 19 | 15° | Leão |
| 8 | 25° | Capricórnio | 20 | 26° | Leão |
| 9 | 15° | Aquário | 21 | 8° | Virgem |
| 10 | 7° | Peixes | 22 | 20° | Virgem |
| 11 | 4° | Áries | 23 | 2° | Libra |
| 12 | 29° | Áries | 24 | 14° | Libra |

## 10 de janeiro

| HORAS | | | HORAS | | |
|---|---|---|---|---|---|
| 1 | 28° | Libra | 13 | 25° | Touro |
| 2 | 9° | Escorpião | 14 | 12° | Gêmeos |
| 3 | 21° | Escorpião | 15 | 28° | Gêmeos |
| 4 | 3° | Sagitário | 16 | 11° | Câncer |
| 5 | 15° | Sagitário | 17 | 23° | Câncer |
| 6 | 28° | Sagitário | 18 | 5° | Leão |
| 7 | 13° | Capricórnio | 19 | 17° | Leão |
| 8 | 29° | Capricórnio | 20 | 29° | Leão |
| 9 | 20° | Aquário | 21 | 11° | Virgem |
| 10 | 14° | Peixes | 22 | 23° | Virgem |
| 11 | 9° | Áries | 23 | 4° | Libra |
| 12 | 3° | Touro | 24 | 16° | Libra |

## 13 de janeiro

| HORAS | | | HORAS | | |
|---|---|---|---|---|---|
| 1 | 29° | Libra | 13 | 29° | Touro |
| 2 | 12° | Escorpião | 14 | 15° | Gêmeos |
| 3 | 24° | Escorpião | 15 | 29° | Gêmeos |
| 4 | 5° | Sagitário | 16 | 13° | Câncer |
| 5 | 18° | Sagitário | 17 | 26° | Câncer |
| 6 | 1° | Capricórnio | 18 | 8° | Leão |
| 7 | 16° | Capricórnio | 19 | 19° | Leão |
| 8 | 3° | Aquário | 20 | 1° | Virgem |
| 9 | 23° | Aquário | 21 | 13° | Virgem |
| 10 | 18° | Peixes | 22 | 24° | Virgem |
| 11 | 14° | Áries | 23 | 7° | Libra |
| 12 | 8° | Touro | 24 | 18° | Libra |

## 16 de janeiro

| HORAS | | | HORAS | | |
|---|---|---|---|---|---|
| 1 | 2° | Escorpião | 13 | 2° | Gêmeos |
| 2 | 14° | Escorpião | 14 | 18° | Gêmeos |
| 3 | 26° | Escorpião | 15 | 3° | Câncer |
| 4 | 8° | Sagitário | 16 | 16° | Câncer |
| 5 | 20° | Sagitário | 17 | 28° | Câncer |
| 6 | 3° | Capricórnio | 18 | 10° | Leão |
| 7 | 19° | Capricórnio | 19 | 22° | Leão |
| 8 | 7° | Aquário | 20 | 3° | Virgem |
| 9 | 28° | Aquário | 21 | 15° | Virgem |
| 10 | 23° | Peixes | 22 | 27° | Virgem |
| 11 | 19° | Áries | 23 | 9° | Libra |
| 12 | 13° | Touro | 24 | 21° | Libra |

## 19 de janeiro

| HORAS | | | HORAS | | |
|---|---|---|---|---|---|
| 1 | 5° | Escorpião | 13 | 6° | Gêmeos |
| 2 | 16° | Escorpião | 14 | 21° | Gêmeos |
| 3 | 28° | Escorpião | 15 | 6° | Câncer |
| 4 | 10° | Sagitário | 16 | 18° | Câncer |
| 5 | 23° | Sagitário | 17 | 1° | Leão |
| 6 | 7° | Capricórnio | 18 | 13° | Leão |
| 7 | 22° | Capricórnio | 19 | 24° | Leão |
| 8 | 11° | Aquário | 20 | 6° | Virgem |
| 9 | 3° | Peixes | 21 | 18° | Virgem |
| 10 | 29° | Peixes | 22 | 29° | Virgem |
| 11 | 24° | Áries | 23 | 12° | Libra |
| 12 | 17° | Touro | 24 | 23° | Libra |

## 22 de janeiro

| HORAS | | | HORAS | | |
|---|---|---|---|---|---|
| 1 | 7° | Escorpião | 13 | 9° | Gêmeos |
| 2 | 19° | Escorpião | 14 | 24° | Gêmeos |
| 3 | 29° | Escorpião | 15 | 8° | Câncer |
| 4 | 13° | Sagitário | 16 | 21° | Câncer |
| 5 | 26° | Sagitário | 17 | 3° | Leão |
| 6 | 10° | Capricórnio | 18 | 15° | Leão |
| 7 | 25° | Capricórnio | 19 | 26° | Leão |
| 8 | 15° | Aquário | 20 | 8° | Virgem |
| 9 | 8° | Peixes | 21 | 20° | Virgem |
| 10 | 4° | Áries | 22 | 1° | Libra |
| 11 | 28° | Áries | 23 | 13° | Libra |
| 12 | 20° | Touro | 24 | 25° | Libra |

## 25 de janeiro

| HORAS | | | HORAS | | |
|---|---|---|---|---|---|
| 1 | 9° | Escorpião | 13 | 12° | Gêmeos |
| 2 | 21° | Escorpião | 14 | 28° | Gêmeos |
| 3 | 3° | Sagitário | 15 | 11° | Câncer |
| 4 | 15° | Sagitário | 16 | 23° | Câncer |
| 5 | 28° | Sagitário | 17 | 5° | Leão |
| 6 | 13° | Capricórnio | 18 | 17° | Leão |
| 7 | 29° | Capricórnio | 19 | 29° | Leão |
| 8 | 19° | Aquário | 20 | 10° | Virgem |
| 9 | 13° | Peixes | 21 | 22° | Virgem |
| 10 | 8° | Áries | 22 | 4° | Libra |
| 11 | 3° | Touro | 23 | 16° | Libra |
| 12 | 24° | Touro | 24 | 28° | Libra |

## 28 de janeiro

| HORAS | | | HORAS | | |
|---|---|---|---|---|---|
| 1 | 12° | Escorpião | 13 | 15° | Gêmeos |
| 2 | 24° | Escorpião | 14 | 29° | Gêmeos |
| 3 | 5° | Sagitário | 15 | 13° | Câncer |
| 4 | 18° | Sagitário | 16 | 26° | Câncer |
| 5 | 1° | Capricórnio | 17 | 7° | Leão |
| 6 | 16° | Capricórnio | 18 | 19° | Leão |
| 7 | 3° | Aquário | 19 | 1° | Virgem |
| 8 | 23° | Aquário | 20 | 13° | Virgem |
| 9 | 17° | Peixes | 21 | 24° | Virgem |
| 10 | 14° | Áries | 22 | 7° | Libra |
| 11 | 8° | Touro | 23 | 18° | Libra |
| 12 | 28° | Touro | 24 | 29° | Libra |

## 31 de janeiro

| HORAS | | | HORAS | | |
|---|---|---|---|---|---|
| 1 | 14° | Escorpião | 13 | 18° | Gêmeos |
| 2 | 26° | Escorpião | 14 | 3° | Câncer |
| 3 | 8° | Sagitário | 15 | 16° | Câncer |
| 4 | 20° | Sagitário | 16 | 28° | Câncer |
| 5 | 3° | Capricórnio | 17 | 10° | Leão |
| 6 | 19° | Capricórnio | 18 | 22° | Leão |
| 7 | 7° | Aquário | 19 | 3° | Virgem |
| 8 | 28° | Aquário | 20 | 15° | Virgem |
| 9 | 23° | Peixes | 21 | 27° | Virgem |
| 10 | 19° | Áries | 22 | 9° | Libra |
| 11 | 13° | Touro | 23 | 21° | Libra |
| 12 | 2° | Gêmeos | 24 | 2° | Escorpião |

## 3 de fevereiro

| HORAS | | | HORAS | | |
|---|---|---|---|---|---|
| 1 | 16° | Escorpião | 13 | 21° | Gêmeos |
| 2 | 28° | Escorpião | 14 | 6° | Câncer |
| 3 | 10° | Sagitário | 15 | 18° | Câncer |
| 4 | 22° | Sagitário | 16 | 1° | Leão |
| 5 | 6° | Capricórnio | 17 | 13° | Leão |
| 6 | 22° | Capricórnio | 18 | 24° | Leão |
| 7 | 11° | Aquário | 19 | 6° | Virgem |
| 8 | 3° | Peixes | 20 | 18° | Virgem |
| 9 | 29° | Peixes | 21 | 29° | Virgem |
| 10 | 23° | Áries | 22 | 12° | Libra |
| 11 | 16° | Touro | 23 | 23° | Libra |
| 12 | 6° | Gêmeos | 24 | 5° | Escorpião |

### 6 de fevereiro

| HORAS | | | HORAS | | |
|---|---|---|---|---|---|
| 1 | 18° | Escorpião | 13 | 24° | Gêmeos |
| 2 | 29° | Escorpião | 14 | 8° | Câncer |
| 3 | 12° | Sagitário | 15 | 21° | Câncer |
| 4 | 26° | Sagitário | 16 | 3° | Leão |
| 5 | 9° | Capricórnio | 17 | 15° | Leão |
| 6 | 25° | Capricórnio | 18 | 26° | Leão |
| 7 | 14° | Aquário | 19 | 8° | Virgem |
| 8 | 6° | Peixes | 20 | 20° | Virgem |
| 9 | 2° | Áries | 21 | 2° | Libra |
| 10 | 28° | Áries | 22 | 14° | Libra |
| 11 | 20° | Touro | 23 | 26° | Libra |
| 12 | 9° | Gêmeos | 24 | 7° | Escorpião |

### 9 de fevereiro

| HORAS | | | HORAS | | |
|---|---|---|---|---|---|
| 1 | 21° | Escorpião | 13 | 27° | Gêmeos |
| 2 | 3° | Sagitário | 14 | 10° | Câncer |
| 3 | 14° | Sagitário | 15 | 23° | Câncer |
| 4 | 28° | Sagitário | 16 | 5° | Leão |
| 5 | 12° | Capricórnio | 17 | 17° | Leão |
| 6 | 29° | Capricórnio | 18 | 29° | Leão |
| 7 | 18° | Aquário | 19 | 11° | Virgem |
| 8 | 12° | Peixes | 20 | 23° | Virgem |
| 9 | 8° | Áries | 21 | 4° | Libra |
| 10 | 3° | Touro | 22 | 16° | Libra |
| 11 | 24° | Touro | 23 | 28° | Libra |
| 12 | 12° | Gêmeos | 24 | 9° | Escorpião |

### 12 de fevereiro

| HORAS | | | HORAS | | |
|---|---|---|---|---|---|
| 1 | 23° | Escorpião | 13 | 29° | Gêmeos |
| 2 | 5° | Sagitário | 14 | 13° | Câncer |
| 3 | 17° | Sagitário | 15 | 26° | Câncer |
| 4 | 1° | Capricórnio | 16 | 8° | Leão |
| 5 | 15° | Capricórnio | 17 | 19° | Leão |
| 6 | 2° | Aquário | 18 | 1° | Virgem |
| 7 | 23° | Aquário | 19 | 13° | Virgem |
| 8 | 17° | Peixes | 20 | 24° | Virgem |
| 9 | 14° | Áries | 21 | 7° | Libra |
| 10 | 8° | Touro | 22 | 18° | Libra |
| 11 | 28° | Touro | 23 | 29° | Libra |
| 12 | 15° | Gêmeos | 24 | 12° | Escorpião |

## 15 de fevereiro

| HORAS | | | HORAS | | |
|---|---|---|---|---|---|
| 1 | 25° | Escorpião | 13 | 3° | Câncer |
| 2 | 7° | Sagitário | 14 | 16° | Câncer |
| 3 | 20° | Sagitário | 15 | 28° | Câncer |
| 4 | 3° | Capricórnio | 16 | 10° | Leão |
| 5 | 18° | Capricórnio | 17 | 22° | Leão |
| 6 | 5° | Aquário | 18 | 3° | Virgem |
| 7 | 28° | Aquário | 19 | 15° | Virgem |
| 8 | 23° | Peixes | 20 | 27° | Virgem |
| 9 | 17° | Áries | 21 | 9° | Libra |
| 10 | 11° | Touro | 22 | 21° | Libra |
| 11 | 2° | Gêmeos | 23 | 2° | Escorpião |
| 12 | 18° | Gêmeos | 24 | 14° | Escorpião |

## 18 de fevereiro

| HORAS | | | HORAS | | |
|---|---|---|---|---|---|
| 1 | 27° | Escorpião | 13 | 6° | Câncer |
| 2 | 10° | Sagitário | 14 | 18° | Câncer |
| 3 | 22° | Sagitário | 15 | 1° | Leão |
| 4 | 6° | Capricórnio | 16 | 13° | Leão |
| 5 | 21° | Capricórnio | 17 | 24° | Leão |
| 6 | 9° | Aquário | 18 | 6° | Virgem |
| 7 | 1° | Peixes | 19 | 18° | Virgem |
| 8 | 27° | Peixes | 20 | 29° | Virgem |
| 9 | 23° | Áries | 21 | 12° | Libra |
| 10 | 16° | Touro | 22 | 23° | Libra |
| 11 | 6° | Gêmeos | 23 | 5° | Escorpião |
| 12 | 21° | Gêmeos | 24 | 17° | Escorpião |

## 21 de fevereiro

| HORAS | | | HORAS | | |
|---|---|---|---|---|---|
| 1 | 29° | Escorpião | 13 | 8° | Câncer |
| 2 | 12° | Sagitário | 14 | 22° | Câncer |
| 3 | 25° | Sagitário | 15 | 2° | Leão |
| 4 | 9° | Capricórnio | 16 | 13° | Leão |
| 5 | 24° | Capricórnio | 17 | 26° | Leão |
| 6 | 14° | Aquário | 18 | 8° | Virgem |
| 7 | 6° | Peixes | 19 | 20° | Virgem |
| 8 | 2° | Áries | 20 | 1° | Libra |
| 9 | 28° | Áries | 21 | 13° | Libra |
| 10 | 20° | Touro | 22 | 24° | Libra |
| 11 | 9° | Gêmeos | 23 | 6° | Escorpião |
| 12 | 24° | Gêmeos | 24 | 18° | Escorpião |

## 24 de fevereiro

| HORAS | | | HORAS | | |
|---|---|---|---|---|---|
| 1 | 3° | Sagitário | 13 | 10° | Câncer |
| 2 | 14° | Sagitário | 14 | 23° | Câncer |
| 3 | 27° | Sagitário | 15 | 5° | Leão |
| 4 | 12° | Capricórnio | 16 | 17° | Leão |
| 5 | 28° | Capricórnio | 17 | 29° | Leão |
| 6 | 16° | Aquário | 18 | 10° | Virgem |
| 7 | 10° | Peixes | 19 | 22° | Virgem |
| 8 | 9° | Áries | 20 | 4° | Libra |
| 9 | 5° | Touro | 21 | 16° | Libra |
| 10 | 27° | Touro | 22 | 28° | Libra |
| 11 | 12° | Gêmeos | 23 | 9° | Escorpião |
| 12 | 27° | Gêmeos | 24 | 21° | Escorpião |

## 27 de fevereiro

| HORAS | | | HORAS | | |
|---|---|---|---|---|---|
| 1 | 5° | Sagitário | 13 | 13° | Câncer |
| 2 | 17° | Sagitário | 14 | 26° | Câncer |
| 3 | 1° | Capricórnio | 15 | 7° | Leão |
| 4 | 15° | Capricórnio | 16 | 19° | Leão |
| 5 | 2° | Aquário | 17 | 1° | Virgem |
| 6 | 22° | Aquário | 18 | 13° | Virgem |
| 7 | 16° | Peixes | 19 | 24° | Virgem |
| 8 | 12° | Áries | 20 | 7° | Libra |
| 9 | 7° | Touro | 21 | 18° | Libra |
| 10 | 28° | Touro | 22 | 29° | Libra |
| 11 | 15° | Gêmeos | 23 | 12° | Escorpião |
| 12 | 29° | Gêmeos | 24 | 24° | Escorpião |

## 2 de março

| HORAS | | | HORAS | | |
|---|---|---|---|---|---|
| 1 | 7° | Sagitário | 13 | 16° | Câncer |
| 2 | 20° | Sagitário | 14 | 28° | Câncer |
| 3 | 3° | Capricórnio | 15 | 10° | Leão |
| 4 | 18° | Capricórnio | 16 | 22° | Leão |
| 5 | 5° | Aquário | 17 | 3° | Virgem |
| 6 | 26° | Aquário | 18 | 15° | Virgem |
| 7 | 21° | Peixes | 19 | 27° | Virgem |
| 8 | 17° | Áries | 20 | 9° | Libra |
| 9 | 11° | Touro | 21 | 21° | Libra |
| 10 | 2° | Gêmeos | 22 | 2° | Escorpião |
| 11 | 18° | Gêmeos | 23 | 14° | Escorpião |
| 12 | 2° | Câncer | 24 | 26° | Escorpião |

## 5 de março

| HORAS | | | HORAS | | |
|---|---|---|---|---|---|
| 1 | 9° | Sagitário | 13 | 18° | Câncer |
| 2 | 22° | Sagitário | 14 | 29° | Câncer |
| 3 | 6° | Capricórnio | 15 | 12° | Leão |
| 4 | 22° | Capricórnio | 16 | 24° | Leão |
| 5 | 9° | Aquário | 17 | 5° | Virgem |
| 6 | 1° | Peixes | 18 | 18° | Virgem |
| 7 | 27° | Peixes | 19 | 29° | Virgem |
| 8 | 23° | Áries | 20 | 11° | Libra |
| 9 | 16° | Touro | 21 | 23° | Libra |
| 10 | 4° | Gêmeos | 22 | 5° | Escorpião |
| 11 | 21° | Gêmeos | 23 | 16° | Escorpião |
| 12 | 6° | Câncer | 24 | 28° | Escorpião |

## 8 de março

| HORAS | | | HORAS | | |
|---|---|---|---|---|---|
| 1 | 12° | Sagitário | 13 | 20° | Câncer |
| 2 | 25° | Sagitário | 14 | 2° | Leão |
| 3 | 9° | Capricórnio | 15 | 14° | Leão |
| 4 | 24° | Capricórnio | 16 | 26° | Leão |
| 5 | 14° | Aquário | 17 | 8° | Virgem |
| 6 | 6° | Peixes | 18 | 19° | Virgem |
| 7 | 2° | Áries | 19 | 1° | Libra |
| 8 | 28° | Áries | 20 | 13° | Libra |
| 9 | 20° | Touro | 21 | 25° | Libra |
| 10 | 8° | Gêmeos | 22 | 7° | Escorpião |
| 11 | 24° | Gêmeos | 23 | 18° | Escorpião |
| 12 | 8° | Câncer | 24 | 29° | Escorpião |

## 11 de março

| HORAS | | | HORAS | | |
|---|---|---|---|---|---|
| 1 | 14° | Sagitário | 13 | 23° | Câncer |
| 2 | 27° | Sagitário | 14 | 5° | Leão |
| 3 | 12° | Capricórnio | 15 | 16° | Leão |
| 4 | 28° | Capricórnio | 16 | 29° | Leão |
| 5 | 18° | Aquário | 17 | 10° | Virgem |
| 6 | 12° | Peixes | 18 | 22° | Virgem |
| 7 | 6° | Áries | 19 | 4° | Libra |
| 8 | 2° | Touro | 20 | 16° | Libra |
| 9 | 24° | Touro | 21 | 28° | Libra |
| 10 | 11° | Gêmeos | 22 | 9° | Escorpião |
| 11 | 27° | Gêmeos | 23 | 21° | Escorpião |
| 12 | 10° | Câncer | 24 | 3° | Sagitário |

## 14 de março

| HORAS | | | HORAS | | |
|---|---|---|---|---|---|
| 1 | 17° | Sagitário | 13 | 25° | Câncer |
| 2 | 29° | Sagitário | 14 | 7° | Leão |
| 3 | 15° | Capricórnio | 15 | 19° | Leão |
| 4 | 2° | Aquário | 16 | 29° | Leão |
| 5 | 21° | Aquário | 17 | 13° | Virgem |
| 6 | 15° | Peixes | 18 | 24° | Virgem |
| 7 | 12° | Áries | 19 | 7° | Libra |
| 8 | 7° | Touro | 20 | 18° | Libra |
| 9 | 27° | Touro | 21 | 29° | Libra |
| 10 | 14° | Gêmeos | 22 | 12° | Escorpião |
| 11 | 29° | Gêmeos | 23 | 24° | Escorpião |
| 12 | 13° | Câncer | 24 | 5° | Sagitário |

## 17 de março

| HORAS | | | HORAS | | |
|---|---|---|---|---|---|
| 1 | 19° | Sagitário | 13 | 28° | Câncer |
| 2 | 2° | Capricórnio | 14 | 10° | Leão |
| 3 | 18° | Capricórnio | 15 | 21° | Leão |
| 4 | 5° | Aquário | 16 | 3° | Virgem |
| 5 | 26° | Aquário | 17 | 15° | Virgem |
| 6 | 21° | Peixes | 18 | 26° | Virgem |
| 7 | 17° | Áries | 19 | 8° | Libra |
| 8 | 11° | Touro | 20 | 20° | Libra |
| 9 | 1° | Gêmeos | 21 | 2° | Escorpião |
| 10 | 17° | Gêmeos | 22 | 14° | Escorpião |
| 11 | 2° | Câncer | 23 | 26° | Escorpião |
| 12 | 15° | Câncer | 24 | 8° | Sagitário |

## 20 de março

| HORAS | | | HORAS | | |
|---|---|---|---|---|---|
| 1 | 21° | Sagitário | 13 | 29° | Câncer |
| 2 | 5° | Capricórnio | 14 | 12° | Leão |
| 3 | 21° | Capricórnio | 15 | 23° | Leão |
| 4 | 8° | Aquário | 16 | 5° | Virgem |
| 5 | 1° | Peixes | 17 | 17° | Virgem |
| 6 | 27° | Peixes | 18 | 29° | Virgem |
| 7 | 22° | Áries | 19 | 11° | Libra |
| 8 | 16° | Touro | 20 | 23° | Libra |
| 9 | 4° | Gêmeos | 21 | 5° | Escorpião |
| 10 | 20° | Gêmeos | 22 | 16° | Escorpião |
| 11 | 5° | Câncer | 23 | 28° | Escorpião |
| 12 | 18° | Câncer | 24 | 10° | Sagitário |

## 23 de março

| HORAS | | | HORAS | | |
|---|---|---|---|---|---|
| 1 | 24° | Sagitário | 13 | 2° | Leão |
| 2 | 8° | Capricórnio | 14 | 14° | Leão |
| 3 | 24° | Capricórnio | 15 | 26° | Leão |
| 4 | 12° | Aquário | 16 | 8° | Virgem |
| 5 | 5° | Peixes | 17 | 19° | Virgem |
| 6 | 1° | Áries | 18 | 1° | Libra |
| 7 | 26° | Áries | 19 | 13° | Libra |
| 8 | 19° | Touro | 20 | 24° | Libra |
| 9 | 8° | Gêmeos | 21 | 7° | Escorpião |
| 10 | 23° | Gêmeos | 22 | 18° | Escorpião |
| 11 | 7° | Câncer | 23 | 29° | Escorpião |
| 12 | 20° | Câncer | 24 | 12° | Sagitário |

## 26 de março

| HORAS | | | HORAS | | |
|---|---|---|---|---|---|
| 1 | 27° | Sagitário | 13 | 4° | Leão |
| 2 | 12° | Capricórnio | 14 | 16° | Leão |
| 3 | 28° | Capricórnio | 15 | 28° | Leão |
| 4 | 17° | Aquário | 16 | 10° | Virgem |
| 5 | 10° | Peixes | 17 | 22° | Virgem |
| 6 | 6° | Áries | 18 | 4° | Libra |
| 7 | 2° | Touro | 19 | 16° | Libra |
| 8 | 23° | Touro | 20 | 28° | Libra |
| 9 | 11° | Gêmeos | 21 | 9° | Escorpião |
| 10 | 26° | Gêmeos | 22 | 21° | Escorpião |
| 11 | 10° | Câncer | 23 | 3° | Sagitário |
| 12 | 23° | Câncer | 24 | 15° | Sagitário |

## 29 de março

| HORAS | | | HORAS | | |
|---|---|---|---|---|---|
| 1 | 29° | Sagitário | 13 | 7° | Leão |
| 2 | 15° | Capricórnio | 14 | 19° | Leão |
| 3 | 2° | Aquário | 15 | 29° | Leão |
| 4 | 21° | Aquário | 16 | 13° | Virgem |
| 5 | 15° | Peixes | 17 | 24° | Virgem |
| 6 | 12° | Áries | 18 | 6° | Libra |
| 7 | 7° | Touro | 19 | 18° | Libra |
| 8 | 27° | Touro | 20 | 29° | Libra |
| 9 | 14° | Gêmeos | 21 | 12° | Escorpião |
| 10 | 29° | Gêmeos | 22 | 23° | Escorpião |
| 11 | 13° | Câncer | 23 | 5° | Sagitário |
| 12 | 25° | Câncer | 24 | 18° | Sagitário |

## 1º de abril

| HORAS | | | HORAS | | |
|---|---|---|---|---|---|
| 1 | 2° | Capricórnio | 13 | 10° | Leão |
| 2 | 18° | Capricórnio | 14 | 21° | Leão |
| 3 | 5° | Aquário | 15 | 3° | Virgem |
| 4 | 26° | Aquário | 16 | 14° | Virgem |
| 5 | 21° | Peixes | 17 | 26° | Virgem |
| 6 | 17° | Áries | 18 | 8° | Libra |
| 7 | 11° | Touro | 19 | 20° | Libra |
| 8 | 1° | Gêmeos | 20 | 2° | Escorpião |
| 9 | 17° | Gêmeos | 21 | 14° | Escorpião |
| 10 | 2° | Câncer | 22 | 25° | Escorpião |
| 11 | 15° | Câncer | 23 | 8° | Sagitário |
| 12 | 27° | Câncer | 24 | 20° | Sagitário |

## 4 de abril

| HORAS | | | HORAS | | |
|---|---|---|---|---|---|
| 1 | 5° | Capricórnio | 13 | 12° | Leão |
| 2 | 21° | Capricórnio | 14 | 23° | Leão |
| 3 | 9° | Aquário | 15 | 5° | Virgem |
| 4 | 1° | Peixes | 16 | 17° | Virgem |
| 5 | 26° | Peixes | 17 | 29° | Virgem |
| 6 | 21° | Áries | 18 | 11° | Libra |
| 7 | 14° | Touro | 19 | 23° | Libra |
| 8 | 4° | Gêmeos | 20 | 4° | Escorpião |
| 9 | 20° | Gêmeos | 21 | 15° | Escorpião |
| 10 | 5° | Câncer | 22 | 28° | Escorpião |
| 11 | 17° | Câncer | 23 | 10° | Sagitário |
| 12 | 29° | Câncer | 24 | 22° | Sagitário |

## 7 de abril

| HORAS | | | HORAS | | |
|---|---|---|---|---|---|
| 1 | 8° | Capricórnio | 13 | 14° | Leão |
| 2 | 24° | Capricórnio | 14 | 26° | Leão |
| 3 | 12° | Aquário | 15 | 8° | Virgem |
| 4 | 5° | Peixes | 16 | 19° | Virgem |
| 5 | 1° | Áries | 17 | 1° | Libra |
| 6 | 26° | Áries | 18 | 13° | Libra |
| 7 | 19° | Touro | 19 | 25° | Libra |
| 8 | 8° | Gêmeos | 20 | 6° | Escorpião |
| 9 | 23° | Gêmeos | 21 | 18° | Escorpião |
| 10 | 7° | Câncer | 22 | 29° | Escorpião |
| 11 | 20° | Câncer | 23 | 12° | Sagitário |
| 12 | 2° | Leão | 24 | 25° | Sagitário |

## 10 de abril

| HORAS | | | HORAS | | |
|---|---|---|---|---|---|
| 1 | 11° | Capricórnio | 13 | 16° | Leão |
| 2 | 28° | Capricórnio | 14 | 28° | Leão |
| 3 | 17° | Aquário | 15 | 9° | Virgem |
| 4 | 10° | Peixes | 16 | 22° | Virgem |
| 5 | 6° | Áries | 17 | 3° | Libra |
| 6 | 2° | Touro | 18 | 15° | Libra |
| 7 | 23° | Touro | 19 | 27° | Libra |
| 8 | 11° | Gêmeos | 20 | 9° | Escorpião |
| 9 | 26° | Gêmeos | 21 | 21° | Escorpião |
| 10 | 10° | Câncer | 22 | 3° | Sagitário |
| 11 | 23° | Câncer | 23 | 14° | Sagitário |
| 12 | 4° | Leão | 24 | 27° | Sagitário |

## 13 de abril

| HORAS | | | HORAS | | |
|---|---|---|---|---|---|
| 1 | 14° | Capricórnio | 13 | 19° | Leão |
| 2 | 29° | Capricórnio | 14 | 29° | Leão |
| 3 | 21° | Aquário | 15 | 12° | Virgem |
| 4 | 15° | Peixes | 16 | 24° | Virgem |
| 5 | 12° | Áries | 17 | 6° | Libra |
| 6 | 7° | Touro | 18 | 18° | Libra |
| 7 | 27° | Touro | 19 | 29° | Libra |
| 8 | 14° | Gêmeos | 20 | 12° | Escorpião |
| 9 | 29° | Gêmeos | 21 | 23° | Escorpião |
| 10 | 13° | Câncer | 22 | 5° | Sagitário |
| 11 | 25° | Câncer | 23 | 17° | Sagitário |
| 12 | 7° | Leão | 24 | 1° | Capricórnio |

## 16 de abril

| HORAS | | | HORAS | | |
|---|---|---|---|---|---|
| 1 | 17° | Capricórnio | 13 | 21° | Leão |
| 2 | 4° | Aquário | 14 | 3° | Virgem |
| 3 | 26° | Aquário | 15 | 14° | Virgem |
| 4 | 20° | Peixes | 16 | 26° | Virgem |
| 5 | 16° | Áries | 17 | 8° | Libra |
| 6 | 10° | Touro | 18 | 20° | Libra |
| 7 | 1° | Gêmeos | 19 | 2° | Escorpião |
| 8 | 17° | Gêmeos | 20 | 13° | Escorpião |
| 9 | 1° | Câncer | 21 | 25° | Escorpião |
| 10 | 15° | Câncer | 22 | 7° | Sagitário |
| 11 | 27° | Câncer | 23 | 20° | Sagitário |
| 12 | 9° | Leão | 24 | 3° | Capricórnio |

## 19 de abril

| HORAS | | | HORAS | | |
|---|---|---|---|---|---|
| 1 | 20° | Capricórnio | 13 | 23° | Leão |
| 2 | 8° | Aquário | 14 | 14° | Virgem |
| 3 | 29° | Aquário | 15 | 17° | Virgem |
| 4 | 25° | Peixes | 16 | 29° | Virgem |
| 5 | 21° | Áries | 17 | 11° | Libra |
| 6 | 14° | Touro | 18 | 23° | Libra |
| 7 | 4° | Gêmeos | 19 | 4° | Escorpião |
| 8 | 20° | Gêmeos | 20 | 15° | Escorpião |
| 9 | 5° | Câncer | 21 | 28° | Escorpião |
| 10 | 17° | Câncer | 22 | 10° | Sagitário |
| 11 | 29° | Câncer | 23 | 22° | Sagitário |
| 12 | 11° | Leão | 24 | 10° | Capricórnio |

## 22 de abril

| HORAS | | | HORAS | | |
|---|---|---|---|---|---|
| 1 | 24° | Capricórnio | 13 | 26° | Leão |
| 2 | 14° | Aquário | 14 | 7° | Virgem |
| 3 | 5° | Peixes | 15 | 19° | Virgem |
| 4 | 1° | Áries | 16 | 1° | Libra |
| 5 | 26° | Áries | 17 | 13° | Libra |
| 6 | 19° | Touro | 18 | 24° | Libra |
| 7 | 8° | Gêmeos | 19 | 6° | Escorpião |
| 8 | 23° | Gêmeos | 20 | 18° | Escorpião |
| 9 | 7° | Câncer | 21 | 29° | Escorpião |
| 10 | 20° | Câncer | 22 | 13° | Sagitário |
| 11 | 2° | Leão | 23 | 25° | Sagitário |
| 12 | 14° | Leão | 24 | 9° | Capricórnio |

## 25 de abril

| HORAS | | | HORAS | | |
|---|---|---|---|---|---|
| 1 | 7° | Capricórnio | 13 | 28° | Leão |
| 2 | 17° | Aquário | 14 | 9° | Virgem |
| 3 | 10° | Peixes | 15 | 21° | Virgem |
| 4 | 6° | Áries | 16 | 3° | Libra |
| 5 | 2° | Touro | 17 | 15° | Libra |
| 6 | 23° | Touro | 18 | 27° | Libra |
| 7 | 11° | Gêmeos | 19 | 9° | Escorpião |
| 8 | 26° | Gêmeos | 20 | 20° | Escorpião |
| 9 | 10° | Câncer | 21 | 3° | Sagitário |
| 10 | 22° | Câncer | 22 | 14° | Sagitário |
| 11 | 4° | Leão | 23 | 27° | Sagitário |
| 12 | 16° | Leão | 24 | 12° | Capricórnio |

## 28 de abril

| HORAS | | | HORAS | | |
|---|---|---|---|---|---|
| 1 | 2° | Aquário | 13 | 29° | Leão |
| 2 | 21° | Aquário | 14 | 12° | Virgem |
| 3 | 15° | Peixes | 15 | 24° | Virgem |
| 4 | 10° | Áries | 16 | 6° | Libra |
| 5 | 5° | Touro | 17 | 18° | Libra |
| 6 | 27° | Touro | 18 | 29° | Libra |
| 7 | 14° | Gêmeos | 19 | 11° | Escorpião |
| 8 | 29° | Gêmeos | 20 | 23° | Escorpião |
| 9 | 12° | Câncer | 21 | 5° | Sagitário |
| 10 | 25° | Câncer | 22 | 17° | Sagitário |
| 11 | 7° | Leão | 23 | 29° | Sagitário |
| 12 | 19° | Leão | 24 | 15° | Capricórnio |

## 1º de maio

| HORAS | | | HORAS | | |
|---|---|---|---|---|---|
| 1 | 4° | Aquário | 13 | 3° | Virgem |
| 2 | 24° | Aquário | 14 | 14° | Virgem |
| 3 | 19° | Peixes | 15 | 26° | Virgem |
| 4 | 16° | Áries | 16 | 8° | Libra |
| 5 | 10° | Touro | 17 | 20° | Libra |
| 6 | 29° | Touro | 18 | 2° | Escorpião |
| 7 | 17° | Gêmeos | 19 | 13° | Escorpião |
| 8 | 1° | Câncer | 20 | 25° | Escorpião |
| 9 | 15° | Câncer | 21 | 7° | Sagitário |
| 10 | 27° | Câncer | 22 | 19° | Sagitário |
| 11 | 9° | Leão | 23 | 3° | Capricórnio |
| 12 | 21° | Leão | 24 | 18° | Capricórnio |

## 4 de maio

| HORAS | | | HORAS | | |
|---|---|---|---|---|---|
| 1 | 8° | Aquário | 13 | 4° | Virgem |
| 2 | 29° | Aquário | 14 | 17° | Virgem |
| 3 | 25° | Peixes | 15 | 28° | Virgem |
| 4 | 21° | Áries | 16 | 10° | Libra |
| 5 | 14° | Touro | 17 | 22° | Libra |
| 6 | 3° | Gêmeos | 18 | 4° | Escorpião |
| 7 | 20° | Gêmeos | 19 | 15° | Escorpião |
| 8 | 5° | Câncer | 20 | 27° | Escorpião |
| 9 | 17° | Câncer | 21 | 9° | Sagitário |
| 10 | 29° | Câncer | 22 | 21° | Sagitário |
| 11 | 11° | Leão | 23 | 5° | Capricórnio |
| 12 | 23° | Leão | 24 | 21° | Capricórnio |

## 7 de maio

| HORAS | | | HORAS | | |
|---|---|---|---|---|---|
| 1 | 21° | Aquário | 13 | 7° | Virgem |
| 2 | 5° | Peixes | 14 | 18° | Virgem |
| 3 | 1° | Áries | 15 | 1° | Libra |
| 4 | 26° | Áries | 16 | 13° | Libra |
| 5 | 19° | Touro | 17 | 24° | Libra |
| 6 | 7° | Gêmeos | 18 | 6° | Escorpião |
| 7 | 23° | Gêmeos | 19 | 18° | Escorpião |
| 8 | 7° | Câncer | 20 | 29° | Escorpião |
| 9 | 20° | Câncer | 21 | 12° | Sagitário |
| 10 | 1° | Leão | 22 | 25° | Sagitário |
| 11 | 13° | Leão | 23 | 9° | Capricórnio |
| 12 | 25° | Leão | 24 | 24° | Capricórnio |

## 10 de maio

| HORAS | | | HORAS | | |
|---|---|---|---|---|---|
| 1 | 16° | Aquário | 13 | 9° | Virgem |
| 2 | 9° | Peixes | 14 | 21° | Virgem |
| 3 | 4° | Áries | 15 | 3° | Libra |
| 4 | 29° | Áries | 16 | 15° | Libra |
| 5 | 23° | Touro | 17 | 27° | Libra |
| 6 | 10° | Gêmeos | 18 | 9° | Escorpião |
| 7 | 26° | Gêmeos | 19 | 20° | Escorpião |
| 8 | 10° | Câncer | 20 | 2° | Sagitário |
| 9 | 22° | Câncer | 21 | 14° | Sagitário |
| 10 | 4° | Leão | 22 | 27° | Sagitário |
| 11 | 16° | Leão | 23 | 11° | Capricórnio |
| 12 | 27° | Leão | 24 | 28° | Capricórnio |

## 13 de maio

| HORAS | | | HORAS | | |
|---|---|---|---|---|---|
| 1 | 20° | Aquário | 13 | 12° | Virgem |
| 2 | 14° | Peixes | 14 | 24° | Virgem |
| 3 | 10° | Áries | 15 | 6° | Libra |
| 4 | 5° | Touro | 16 | 18° | Libra |
| 5 | 26° | Touro | 17 | 29° | Libra |
| 6 | 13° | Gêmeos | 18 | 11° | Escorpião |
| 7 | 29° | Gêmeos | 19 | 22° | Escorpião |
| 8 | 12° | Câncer | 20 | 5° | Sagitário |
| 9 | 25° | Câncer | 21 | 17° | Sagitário |
| 10 | 7° | Leão | 22 | 29° | Sagitário |
| 11 | 18° | Leão | 23 | 15° | Capricórnio |
| 12 | 29° | Leão | 24 | 2° | Aquário |

## 16 de maio

| HORAS | | | HORAS | | |
|---|---|---|---|---|---|
| 1 | 24° | Aquário | 13 | 14° | Virgem |
| 2 | 19° | Peixes | 14 | 25° | Virgem |
| 3 | 16° | Áries | 15 | 7° | Libra |
| 4 | 10° | Touro | 16 | 19° | Libra |
| 5 | 29° | Touro | 17 | 2° | Escorpião |
| 6 | 16° | Gêmeos | 18 | 13° | Escorpião |
| 7 | 1° | Câncer | 19 | 25° | Escorpião |
| 8 | 14° | Câncer | 20 | 7° | Sagitário |
| 9 | 27° | Câncer | 21 | 19° | Sagitário |
| 10 | 9° | Leão | 22 | 2° | Capricórnio |
| 11 | 20° | Leão | 23 | 18° | Capricórnio |
| 12 | 2° | Virgem | 24 | 5° | Aquário |

## 19 de maio

| HORAS | | | HORAS | | |
|---|---|---|---|---|---|
| 1 | 29° | Aquário | 13 | 16° | Virgem |
| 2 | 25° | Peixes | 14 | 28° | Virgem |
| 3 | 21° | Áries | 15 | 10° | Libra |
| 4 | 14° | Touro | 16 | 22° | Libra |
| 5 | 3° | Gêmeos | 17 | 4° | Escorpião |
| 6 | 19° | Gêmeos | 18 | 15° | Escorpião |
| 7 | 4° | Câncer | 19 | 27° | Escorpião |
| 8 | 17° | Câncer | 20 | 9° | Sagitário |
| 9 | 29° | Câncer | 21 | 21° | Sagitário |
| 10 | 11° | Leão | 22 | 5° | Capricórnio |
| 11 | 22° | Leão | 23 | 21° | Capricórnio |
| 12 | 4° | Virgem | 24 | 9° | Aquário |

## 22 de maio

| HORAS | | | HORAS | | |
|---|---|---|---|---|---|
| 1 | 5° | Peixes | 13 | 18° | Virgem |
| 2 | 29° | Peixes | 14 | 1° | Libra |
| 3 | 25° | Áries | 15 | 13° | Libra |
| 4 | 18° | Touro | 16 | 24° | Libra |
| 5 | 7° | Gêmeos | 17 | 5° | Escorpião |
| 6 | 22° | Gêmeos | 18 | 18° | Escorpião |
| 7 | 6° | Câncer | 19 | 29° | Escorpião |
| 8 | 20° | Câncer | 20 | 12° | Sagitário |
| 9 | 1° | Leão | 21 | 25° | Sagitário |
| 10 | 13° | Leão | 22 | 9° | Capricórnio |
| 11 | 25° | Leão | 23 | 24° | Capricórnio |
| 12 | 7° | Virgem | 24 | 14° | Aquário |

## 25 de maio

| HORAS | | | HORAS | | |
|---|---|---|---|---|---|
| 1 | 8° | Peixes | 13 | 21° | Virgem |
| 2 | 4° | Áries | 14 | 3° | Libra |
| 3 | 29° | Áries | 15 | 15° | Libra |
| 4 | 22° | Touro | 16 | 27° | Libra |
| 5 | 10° | Gêmeos | 17 | 9° | Escorpião |
| 6 | 25° | Gêmeos | 18 | 20° | Escorpião |
| 7 | 9° | Câncer | 19 | 2° | Sagitário |
| 8 | 22° | Câncer | 20 | 14° | Sagitário |
| 9 | 4° | Leão | 21 | 27° | Sagitário |
| 10 | 16° | Leão | 22 | 11° | Capricórnio |
| 11 | 27° | Leão | 23 | 28° | Capricórnio |
| 12 | 9° | Virgem | 24 | 17° | Aquário |

## 28 de maio

| HORAS | | | HORAS | | |
|---|---|---|---|---|---|
| 1 | 14° | Peixes | 13 | 23 | Virgem |
| 2 | 10° | Áries | 14 | 6° | Libra |
| 3 | 5° | Touro | 15 | 17° | Libra |
| 4 | 26° | Touro | 16 | 29° | Libra |
| 5 | 13° | Gêmeos | 17 | 10° | Escorpião |
| 6 | 29° | Gêmeos | 18 | 22° | Escorpião |
| 7 | 11° | Câncer | 19 | 4° | Sagitário |
| 8 | 24° | Câncer | 20 | 17° | Sagitário |
| 9 | 6° | Leão | 21 | 29° | Sagitário |
| 10 | 18° | Leão | 22 | 14° | Capricórnio |
| 11 | 29° | Leão | 23 | 2° | Aquário |
| 12 | 12° | Virgem | 24 | 21° | Aquário |

## 31 de maio

| HORAS | | | HORAS | | |
|---|---|---|---|---|---|
| 1 | 19° | Peixes | 13 | 25° | Virgem |
| 2 | 16° | Áries | 14 | 7° | Libra |
| 3 | 10° | Touro | 15 | 19° | Libra |
| 4 | 29° | Touro | 16 | 2° | Escorpião |
| 5 | 16° | Gêmeos | 17 | 13° | Escorpião |
| 6 | 1° | Câncer | 18 | 24° | Escorpião |
| 7 | 14° | Câncer | 19 | 7° | Sagitário |
| 8 | 27° | Câncer | 20 | 19° | Sagitário |
| 9 | 8° | Leão | 21 | 2° | Capricórnio |
| 10 | 20° | Leão | 22 | 18° | Capricórnio |
| 11 | 2° | Virgem | 23 | 5° | Aquário |
| 12 | 13° | Virgem | 24 | 26° | Aquário |

## 3 de junho

| HORAS | | | HORAS | | |
|---|---|---|---|---|---|
| 1 | 25° | Peixes | 13 | 28° | Virgem |
| 2 | 19° | Áries | 14 | 10° | Libra |
| 3 | 13° | Touro | 15 | 22° | Libra |
| 4 | 3° | Gêmeos | 16 | 3° | Escorpião |
| 5 | 19° | Gêmeos | 17 | 15° | Escorpião |
| 6 | 4° | Câncer | 18 | 27° | Escorpião |
| 7 | 17° | Câncer | 19 | 9° | Sagitário |
| 8 | 29° | Câncer | 20 | 21° | Sagitário |
| 9 | 11° | Leão | 21 | 5° | Capricórnio |
| 10 | 22° | Leão | 22 | 21° | Capricórnio |
| 11 | 4° | Virgem | 23 | 8° | Aquário |
| 12 | 16° | Virgem | 24 | 1° | Peixes |

## 6 de junho

| HORAS | | | HORAS | | |
|---|---|---|---|---|---|
| 1 | 29° | Peixes | 13 | 1° | Libra |
| 2 | 25° | Áries | 14 | 13° | Libra |
| 3 | 17° | Touro | 15 | 24° | Libra |
| 4 | 7° | Gêmeos | 16 | 5° | Escorpião |
| 5 | 22° | Gêmeos | 17 | 18° | Escorpião |
| 6 | 6° | Câncer | 18 | 29° | Escorpião |
| 7 | 19° | Câncer | 19 | 11° | Sagitário |
| 8 | 1° | Leão | 20 | 24° | Sagitário |
| 9 | 13° | Leão | 21 | 8° | Capricórnio |
| 10 | 25° | Leão | 22 | 23° | Capricórnio |
| 11 | 7° | Virgem | 23 | 12° | Aquário |
| 12 | 18° | Virgem | 24 | 5° | Peixes |

## 9 de junho

| HORAS | | | HORAS | | |
|---|---|---|---|---|---|
| 1 | 4° | Áries | 13 | 3° | Libra |
| 2 | 29° | Áries | 14 | 14° | Libra |
| 3 | 22° | Touro | 15 | 27° | Libra |
| 4 | 10° | Gêmeos | 16 | 8° | Escorpião |
| 5 | 25° | Gêmeos | 17 | 20° | Escorpião |
| 6 | 9° | Câncer | 18 | 2° | Sagitário |
| 7 | 21° | Câncer | 19 | 14° | Sagitário |
| 8 | 4° | Leão | 20 | 27° | Sagitário |
| 9 | 16° | Leão | 21 | 11° | Capricórnio |
| 10 | 27° | Leão | 22 | 28° | Capricórnio |
| 11 | 9° | Virgem | 23 | 17° | Aquário |
| 12 | 21° | Virgem | 24 | 10° | Peixes |

## 12 de junho

| HORAS | | | HORAS | | |
|---|---|---|---|---|---|
| 1 | 10° | Áries | 13 | 5° | Libra |
| 2 | 3° | Touro | 14 | 17° | Libra |
| 3 | 26° | Touro | 15 | 29° | Libra |
| 4 | 13° | Gêmeos | 16 | 10° | Escorpião |
| 5 | 28° | Gêmeos | 17 | 22° | Escorpião |
| 6 | 11° | Câncer | 18 | 4° | Sagitário |
| 7 | 24° | Câncer | 19 | 16° | Sagitário |
| 8 | 6° | Leão | 20 | 29° | Sagitário |
| 9 | 18° | Leão | 21 | 14° | Capricórnio |
| 10 | 29° | Leão | 22 | 29° | Capricórnio |
| 11 | 11° | Virgem | 23 | 21° | Aquário |
| 12 | 23° | Virgem | 24 | 15° | Peixes |

## 15 de junho

| HORAS | | | HORAS | | |
|---|---|---|---|---|---|
| 1 | 14° | Áries | 13 | 7° | Libra |
| 2 | 8° | Touro | 14 | 19° | Libra |
| 3 | 29° | Touro | 15 | 1° | Escorpião |
| 4 | 16° | Gêmeos | 16 | 12° | Escorpião |
| 5 | 29° | Gêmeos | 17 | 24° | Escorpião |
| 6 | 13° | Câncer | 18 | 6° | Sagitário |
| 7 | 26° | Câncer | 19 | 19° | Sagitário |
| 8 | 8° | Leão | 20 | 2° | Capricórnio |
| 9 | 20° | Leão | 21 | 17° | Capricórnio |
| 10 | 2° | Virgem | 22 | 4° | Aquário |
| 11 | 13° | Virgem | 23 | 26° | Aquário |
| 12 | 25° | Virgem | 24 | 20° | Peixes |

## 18 de junho

| HORAS | | | HORAS | | |
|---|---|---|---|---|---|
| 1 | 19° | Áries | 13 | 10° | Libra |
| 2 | 13° | Touro | 14 | 22° | Libra |
| 3 | 3° | Gêmeos | 15 | 3° | Escorpião |
| 4 | 19° | Gêmeos | 16 | 15° | Escorpião |
| 5 | 3° | Câncer | 17 | 27° | Escorpião |
| 6 | 17° | Câncer | 18 | 8° | Sagitário |
| 7 | 28° | Câncer | 19 | 21° | Sagitário |
| 8 | 10° | Leão | 20 | 5° | Capricórnio |
| 9 | 22° | Leão | 21 | 20° | Capricórnio |
| 10 | 4° | Virgem | 22 | 8° | Aquário |
| 11 | 16° | Virgem | 23 | 29° | Aquário |
| 12 | 28° | Virgem | 24 | 25° | Peixes |

## 21 de junho

| HORAS | | | HORAS | | |
|---|---|---|---|---|---|
| 1 | 25° | Áries | 13 | 12° | Libra |
| 2 | 17° | Touro | 14 | 24° | Libra |
| 3 | 7° | Gêmeos | 15 | 5° | Escorpião |
| 4 | 22° | Gêmeos | 16 | 18° | Escorpião |
| 5 | 6° | Câncer | 17 | 29° | Escorpião |
| 6 | 19° | Câncer | 18 | 11° | Sagitário |
| 7 | 1° | Leão | 19 | 24° | Sagitário |
| 8 | 13° | Leão | 20 | 8° | Capricórnio |
| 9 | 25° | Leão | 21 | 23° | Capricórnio |
| 10 | 6° | Virgem | 22 | 12° | Aquário |
| 11 | 18° | Virgem | 23 | 5° | Peixes |
| 12 | 1° | Libra | 24 | 1° | Áries |

## 24 de junho

| HORAS | | | HORAS | | |
|---|---|---|---|---|---|
| 1 | 29° | Áries | 13 | 14° | Libra |
| 2 | 22° | Touro | 14 | 26° | Libra |
| 3 | 10° | Gêmeos | 15 | 8° | Escorpião |
| 4 | 25° | Gêmeos | 16 | 19° | Escorpião |
| 5 | 9° | Câncer | 17 | 1° | Sagitário |
| 6 | 21° | Câncer | 18 | 14° | Sagitário |
| 7 | 4° | Leão | 19 | 26° | Sagitário |
| 8 | 16° | Leão | 20 | 11° | Capricórnio |
| 9 | 27° | Leão | 21 | 27° | Capricórnio |
| 10 | 8° | Virgem | 22 | 16° | Aquário |
| 11 | 20° | Virgem | 23 | 10° | Peixes |
| 12 | 2° | Libra | 24 | 5° | Áries |

## 27 de junho

| HORAS | | | HORAS | | |
|---|---|---|---|---|---|
| 1 | 3° | Touro | 13 | 17° | Libra |
| 2 | 25° | Touro | 14 | 28° | Libra |
| 3 | 12° | Gêmeos | 15 | 10° | Escorpião |
| 4 | 28° | Gêmeos | 16 | 22° | Escorpião |
| 5 | 11° | Câncer | 17 | 4° | Sagitário |
| 6 | 24° | Câncer | 18 | 16° | Sagitário |
| 7 | 6° | Leão | 19 | 29° | Sagitário |
| 8 | 18° | Leão | 20 | 14° | Capricórnio |
| 9 | 29° | Leão | 21 | 29° | Capricórnio |
| 10 | 11° | Virgem | 22 | 21° | Aquário |
| 11 | 23° | Virgem | 23 | 14° | Peixes |
| 12 | 5° | Libra | 24 | 10° | Áries |

## 30 de junho

| HORAS | | | HORAS | | |
|---|---|---|---|---|---|
| 1 | 8° | Touro | 13 | 19° | Libra |
| 2 | 29° | Touro | 14 | 1° | Escorpião |
| 3 | 16° | Gêmeos | 15 | 12° | Escorpião |
| 4 | 29° | Gêmeos | 16 | 24° | Escorpião |
| 5 | 13° | Câncer | 17 | 6° | Sagitário |
| 6 | 26° | Câncer | 18 | 18° | Sagitário |
| 7 | 8° | Leão | 19 | 1° | Capricórnio |
| 8 | 20° | Leão | 20 | 17° | Capricórnio |
| 9 | 2° | Virgem | 21 | 4° | Aquário |
| 10 | 13° | Virgem | 22 | 24° | Aquário |
| 11 | 25° | Virgem | 23 | 19° | Peixes |
| 12 | 7° | Libra | 24 | 16° | Áries |

## 3 de julho

| HORAS | | | HORAS | | |
|---|---|---|---|---|---|
| 1 | 13° | Touro | 13 | 22° | Libra |
| 2 | 2° | Gêmeos | 14 | 3° | Escorpião |
| 3 | 18° | Gêmeos | 15 | 15° | Escorpião |
| 4 | 3° | Câncer | 16 | 27° | Escorpião |
| 5 | 17° | Câncer | 17 | 8° | Sagitário |
| 6 | 28° | Câncer | 18 | 21° | Sagitário |
| 7 | 10° | Leão | 19 | 5° | Capricórnio |
| 8 | 22° | Leão | 20 | 20° | Capricórnio |
| 9 | 3° | Virgem | 21 | 8° | Aquário |
| 10 | 16° | Virgem | 22 | 29° | Aquário |
| 11 | 28° | Virgem | 23 | 25° | Peixes |
| 12 | 9° | Libra | 24 | 21° | Áries |

## 6 de julho

| HORAS | | | HORAS | | |
|---|---|---|---|---|---|
| 1 | 17° | Touro | 13 | 24° | Libra |
| 2 | 6° | Gêmeos | 14 | 4° | Escorpião |
| 3 | 22° | Gêmeos | 15 | 17° | Escorpião |
| 4 | 6° | Câncer | 16 | 29° | Escorpião |
| 5 | 19° | Câncer | 17 | 11° | Sagitário |
| 6 | 1° | Leão | 18 | 24° | Sagitário |
| 7 | 13° | Leão | 19 | 8° | Capricórnio |
| 8 | 25° | Leão | 20 | 23° | Capricórnio |
| 9 | 6° | Virgem | 21 | 12° | Aquário |
| 10 | 18° | Virgem | 22 | 5° | Peixes |
| 11 | 29° | Virgem | 23 | 1° | Áries |
| 12 | 12° | Libra | 24 | 26° | Áries |

## 9 de julho

| HORAS | | | HORAS | | |
|---|---|---|---|---|---|
| 1 | 22° | Touro | 13 | 26° | Libra |
| 2 | 9° | Gêmeos | 14 | 8° | Escorpião |
| 3 | 25° | Gêmeos | 15 | 19° | Escorpião |
| 4 | 9° | Câncer | 16 | 2° | Sagitário |
| 5 | 21° | Câncer | 17 | 14° | Sagitário |
| 6 | 3° | Leão | 18 | 26° | Sagitário |
| 7 | 15° | Leão | 19 | 11° | Capricórnio |
| 8 | 26° | Leão | 20 | 27° | Capricórnio |
| 9 | 8° | Virgem | 21 | 17° | Aquário |
| 10 | 20° | Virgem | 22 | 8° | Peixes |
| 11 | 2° | Libra | 23 | 5° | Áries |
| 12 | 14° | Libra | 24 | 29° | Áries |

## 12 de julho

| HORAS | | | HORAS | | |
|---|---|---|---|---|---|
| 1 | 24° | Touro | 13 | 28° | Libra |
| 2 | 12° | Gêmeos | 14 | 10° | Escorpião |
| 3 | 28° | Gêmeos | 15 | 21° | Escorpião |
| 4 | 11° | Câncer | 16 | 3° | Sagitário |
| 5 | 23° | Câncer | 17 | 16° | Sagitário |
| 6 | 6° | Leão | 18 | 29° | Sagitário |
| 7 | 17° | Leão | 19 | 14° | Capricórnio |
| 8 | 29° | Leão | 20 | 29° | Capricórnio |
| 9 | 11° | Virgem | 21 | 20° | Aquário |
| 10 | 23° | Virgem | 22 | 14° | Peixes |
| 11 | 5° | Libra | 23 | 10° | Áries |
| 12 | 17° | Libra | 24 | 5° | Touro |

## 15 de julho

| HORAS | | | HORAS | | |
|---|---|---|---|---|---|
| 1 | 28° | Touro | 13 | 1° | Escorpião |
| 2 | 15° | Gêmeos | 14 | 12° | Escorpião |
| 3 | 29° | Gêmeos | 15 | 24° | Escorpião |
| 4 | 13° | Câncer | 16 | 6° | Sagitário |
| 5 | 26° | Câncer | 17 | 18° | Sagitário |
| 6 | 8° | Leão | 18 | 1° | Capricórnio |
| 7 | 20° | Leão | 19 | 16° | Capricórnio |
| 8 | 1° | Virgem | 20 | 4° | Aquário |
| 9 | 13° | Virgem | 21 | 24° | Aquário |
| 10 | 25° | Virgem | 22 | 19° | Peixes |
| 11 | 7° | Libra | 23 | 16° | Áries |
| 12 | 19° | Libra | 24 | 10° | Touro |

## 18 de julho

| HORAS | | | HORAS | | |
|---|---|---|---|---|---|
| 1 | 2° | Gêmeos | 13 | 3° | Escorpião |
| 2 | 18° | Gêmeos | 14 | 15° | Escorpião |
| 3 | 3° | Câncer | 15 | 27° | Escorpião |
| 4 | 16° | Câncer | 16 | 8° | Sagitário |
| 5 | 28° | Câncer | 17 | 21° | Sagitário |
| 6 | 10° | Leão | 18 | 4° | Capricórnio |
| 7 | 22° | Leão | 19 | 20° | Capricórnio |
| 8 | 3° | Virgem | 20 | 8° | Aquário |
| 9 | 15° | Virgem | 21 | 29° | Aquário |
| 10 | 27° | Virgem | 22 | 25° | Peixes |
| 11 | 10° | Libra | 23 | 19° | Áries |
| 12 | 21° | Libra | 24 | 13° | Touro |

## 21 de julho

| HORAS | | | HORAS | | |
|---|---|---|---|---|---|
| 1 | 6° | Gêmeos | 13 | 5° | Escorpião |
| 2 | 21° | Gêmeos | 14 | 17° | Escorpião |
| 3 | 6° | Câncer | 15 | 29° | Escorpião |
| 4 | 18° | Câncer | 16 | 11° | Sagitário |
| 5 | 1° | Leão | 17 | 24° | Sagitário |
| 6 | 13° | Leão | 18 | 7° | Capricórnio |
| 7 | 24° | Leão | 19 | 23° | Capricórnio |
| 8 | 6° | Virgem | 20 | 12° | Aquário |
| 9 | 18° | Virgem | 21 | 3° | Peixes |
| 10 | 29° | Virgem | 22 | 29° | Peixes |
| 11 | 12° | Libra | 23 | 25° | Áries |
| 12 | 23° | Libra | 24 | 17° | Touro |

## 24 de julho

| HORAS | | | HORAS | | |
|---|---|---|---|---|---|
| 1 | 9° | Gêmeos | 13 | 8° | Escorpião |
| 2 | 24° | Gêmeos | 14 | 19° | Escorpião |
| 3 | 8° | Câncer | 15 | 1° | Sagitário |
| 4 | 21° | Câncer | 16 | 13° | Sagitário |
| 5 | 3° | Leão | 17 | 26° | Sagitário |
| 6 | 15° | Leão | 18 | 11° | Capricórnio |
| 7 | 26° | Leão | 19 | 27° | Capricórnio |
| 8 | 8° | Virgem | 20 | 16° | Aquário |
| 9 | 20° | Virgem | 21 | 8° | Peixes |
| 10 | 2° | Libra | 22 | 4° | Áries |
| 11 | 14° | Libra | 23 | 29° | Áries |
| 12 | 26° | Libra | 24 | 22° | Touro |

## 27 de julho

| HORAS | | | HORAS | | |
|---|---|---|---|---|---|
| 1 | 12° | Gêmeos | 13 | 9° | Escorpião |
| 2 | 27° | Gêmeos | 14 | 21° | Escorpião |
| 3 | 11° | Câncer | 15 | 3° | Sagitário |
| 4 | 23° | Câncer | 16 | 16° | Sagitário |
| 5 | 5° | Leão | 17 | 29° | Sagitário |
| 6 | 17° | Leão | 18 | 13° | Capricórnio |
| 7 | 29° | Leão | 19 | 29° | Capricórnio |
| 8 | 11° | Virgem | 20 | 20° | Aquário |
| 9 | 23° | Virgem | 21 | 14° | Peixes |
| 10 | 5° | Libra | 22 | 10° | Áries |
| 11 | 16° | Libra | 23 | 5° | Touro |
| 12 | 28° | Libra | 24 | 26° | Touro |

## 30 de julho

| HORAS | | | HORAS | | |
|---|---|---|---|---|---|
| 1 | 15° | Gêmeos | 13 | 12° | Escorpião |
| 2 | 29° | Gêmeos | 14 | 24° | Escorpião |
| 3 | 13° | Câncer | 15 | 5° | Sagitário |
| 4 | 26° | Câncer | 16 | 18° | Sagitário |
| 5 | 7° | Leão | 17 | 1° | Capricórnio |
| 6 | 19° | Leão | 18 | 16° | Capricórnio |
| 7 | 1° | Virgem | 19 | 3° | Aquário |
| 8 | 13° | Virgem | 20 | 24° | Aquário |
| 9 | 24° | Virgem | 21 | 19° | Peixes |
| 10 | 7° | Libra | 22 | 15° | Áries |
| 11 | 18° | Libra | 23 | 8° | Touro |
| 12 | 1° | Escorpião | 24 | 29° | Touro |

## 2 de agosto

| HORAS | | | HORAS | | |
|---|---|---|---|---|---|
| 1 | 18° | Gêmeos | 13 | 15° | Escorpião |
| 2 | 3° | Câncer | 14 | 26° | Escorpião |
| 3 | 16° | Câncer | 15 | 8° | Sagitário |
| 4 | 28° | Câncer | 16 | 21° | Sagitário |
| 5 | 10° | Leão | 17 | 4° | Capricórnio |
| 6 | 22° | Leão | 18 | 20° | Capricórnio |
| 7 | 3° | Virgem | 19 | 7° | Aquário |
| 8 | 15° | Virgem | 20 | 29° | Aquário |
| 9 | 27° | Virgem | 21 | 25° | Peixes |
| 10 | 9° | Libra | 22 | 19° | Áries |
| 11 | 21° | Libra | 23 | 13° | Touro |
| 12 | 3° | Escorpião | 24 | 3° | Gêmeos |

## 5 de agosto

| HORAS | | | HORAS | | |
|---|---|---|---|---|---|
| 1 | 21° | Gêmeos | 13 | 17° | Escorpião |
| 2 | 6° | Câncer | 14 | 28° | Escorpião |
| 3 | 18° | Câncer | 15 | 11° | Sagitário |
| 4 | 1° | Leão | 16 | 23° | Sagitário |
| 5 | 13° | Leão | 17 | 7° | Capricórnio |
| 6 | 24° | Leão | 18 | 22° | Capricórnio |
| 7 | 6° | Virgem | 19 | 11° | Aquário |
| 8 | 18° | Virgem | 20 | 3° | Peixes |
| 9 | 29° | Virgem | 21 | 29° | Peixes |
| 10 | 12° | Libra | 22 | 25° | Áries |
| 11 | 23° | Libra | 23 | 17° | Touro |
| 12 | 5° | Escorpião | 24 | 7° | Gêmeos |

## 8 de agosto

| HORAS | | | HORAS | | |
|---|---|---|---|---|---|
| 1 | 24° | Gêmeos | 13 | 19° | Escorpião |
| 2 | 8° | Câncer | 14 | 1° | Sagitário |
| 3 | 20° | Câncer | 15 | 13° | Sagitário |
| 4 | 3° | Leão | 16 | 26° | Sagitário |
| 5 | 15° | Leão | 17 | 10° | Capricórnio |
| 6 | 26° | Leão | 18 | 26° | Capricórnio |
| 7 | 8° | Virgem | 19 | 15° | Aquário |
| 8 | 20° | Virgem | 20 | 8° | Peixes |
| 9 | 2° | Libra | 21 | 4° | Áries |
| 10 | 14° | Libra | 22 | 29° | Áries |
| 11 | 26° | Libra | 23 | 22° | Touro |
| 12 | 7° | Escorpião | 24 | 10° | Gêmeos |

## 11 de agosto

| HORAS | | | HORAS | | |
|---|---|---|---|---|---|
| 1 | 27° | Gêmeos | 13 | 21° | Escorpião |
| 2 | 10° | Câncer | 14 | 3° | Sagitário |
| 3 | 23° | Câncer | 15 | 15° | Sagitário |
| 4 | 5° | Leão | 16 | 28° | Sagitário |
| 5 | 17° | Leão | 17 | 13° | Capricórnio |
| 6 | 29° | Leão | 18 | 29° | Capricórnio |
| 7 | 11° | Virgem | 19 | 20° | Aquário |
| 8 | 22° | Virgem | 20 | 14° | Peixes |
| 9 | 4° | Libra | 21 | 10° | Áries |
| 10 | 16° | Libra | 22 | 4° | Touro |
| 11 | 28° | Libra | 23 | 26° | Touro |
| 12 | 10° | Escorpião | 24 | 13° | Gêmeos |

### 14 de agosto

| HORAS | | | HORAS | | |
|---|---|---|---|---|---|
| 1 | 29° | Gêmeos | 13 | 24° | Escorpião |
| 2 | 13° | Câncer | 14 | 5° | Sagitário |
| 3 | 26° | Câncer | 15 | 18° | Sagitário |
| 4 | 7° | Leão | 16 | 1° | Capricórnio |
| 5 | 19° | Leão | 17 | 16° | Capricórnio |
| 6 | 1° | Virgem | 18 | 3° | Aquário |
| 7 | 13° | Virgem | 19 | 24° | Aquário |
| 8 | 24° | Virgem | 20 | 19° | Peixes |
| 9 | 7° | Libra | 21 | 15° | Áries |
| 10 | 18° | Libra | 22 | 8° | Touro |
| 11 | 29° | Libra | 23 | 28° | Touro |
| 12 | 12° | Escorpião | 24 | 16° | Gêmeos |

### 17 de agosto

| HORAS | | | HORAS | | |
|---|---|---|---|---|---|
| 1 | 2° | Câncer | 13 | 26° | Escorpião |
| 2 | 16° | Câncer | 14 | 8° | Sagitário |
| 3 | 28° | Câncer | 15 | 21° | Sagitário |
| 4 | 10° | Leão | 16 | 4° | Capricórnio |
| 5 | 22° | Leão | 17 | 19° | Capricórnio |
| 6 | 3° | Virgem | 18 | 7° | Aquário |
| 7 | 15° | Virgem | 19 | 28° | Aquário |
| 8 | 27° | Virgem | 20 | 23° | Peixes |
| 9 | 9° | Libra | 21 | 19° | Áries |
| 10 | 21° | Libra | 22 | 13° | Touro |
| 11 | 2° | Escorpião | 23 | 2° | Gêmeos |
| 12 | 14° | Escorpião | 24 | 19° | Gêmeos |

### 20 de agosto

| HORAS | | | HORAS | | |
|---|---|---|---|---|---|
| 1 | 6° | Câncer | 13 | 28° | Escorpião |
| 2 | 18° | Câncer | 14 | 11° | Sagitário |
| 3 | 29° | Câncer | 15 | 23° | Sagitário |
| 4 | 12° | Leão | 16 | 7° | Capricórnio |
| 5 | 24° | Leão | 17 | 22° | Capricórnio |
| 6 | 6° | Virgem | 18 | 11° | Aquário |
| 7 | 18° | Virgem | 19 | 3° | Peixes |
| 8 | 29° | Virgem | 20 | 29° | Peixes |
| 9 | 11° | Libra | 21 | 25° | Áries |
| 10 | 23° | Libra | 22 | 17° | Touro |
| 11 | 5° | Escorpião | 23 | 7° | Gêmeos |
| 12 | 16° | Escorpião | 24 | 22° | Gêmeos |

## 23 de agosto

| HORAS | | | HORAS | | |
|---|---|---|---|---|---|
| 1 | 8° | Câncer | 13 | 1° | Sagitário |
| 2 | 20° | Câncer | 14 | 13° | Sagitário |
| 3 | 2° | Leão | 15 | 26° | Sagitário |
| 4 | 15° | Leão | 16 | 10° | Capricórnio |
| 5 | 26° | Leão | 17 | 25° | Capricórnio |
| 6 | 8° | Virgem | 18 | 15° | Aquário |
| 7 | 20° | Virgem | 19 | 8° | Peixes |
| 8 | 1° | Libra | 20 | 4° | Áries |
| 9 | 13° | Libra | 21 | 29° | Áries |
| 10 | 25° | Libra | 22 | 22° | Touro |
| 11 | 7° | Escorpião | 23 | 9° | Gêmeos |
| 12 | 18° | Escorpião | 24 | 25° | Gêmeos |

## 26 de agosto

| HORAS | | | HORAS | | |
|---|---|---|---|---|---|
| 1 | 10° | Câncer | 13 | 3° | Escorpião |
| 2 | 23° | Câncer | 14 | 15° | Sagitário |
| 3 | 5° | Leão | 15 | 28° | Sagitário |
| 4 | 16° | Leão | 16 | 13° | Capricórnio |
| 5 | 29° | Leão | 17 | 29° | Capricórnio |
| 6 | 10° | Virgem | 18 | 20° | Aquário |
| 7 | 22° | Virgem | 19 | 14° | Peixes |
| 8 | 4° | Libra | 20 | 9° | Áries |
| 9 | 16° | Libra | 21 | 3° | Touro |
| 10 | 28° | Libra | 22 | 26° | Touro |
| 11 | 9° | Escorpião | 23 | 12° | Gêmeos |
| 12 | 21° | Escorpião | 24 | 28° | Gêmeos |

## 29 de agosto

| HORAS | | | HORAS | | |
|---|---|---|---|---|---|
| 1 | 13° | Câncer | 13 | 5° | Sagitário |
| 2 | 26° | Câncer | 14 | 18° | Sagitário |
| 3 | 7° | Leão | 15 | 1° | Capricórnio |
| 4 | 19° | Leão | 16 | 16° | Capricórnio |
| 5 | 1° | Virgem | 17 | 3° | Aquário |
| 6 | 13° | Virgem | 18 | 23° | Aquário |
| 7 | 24° | Virgem | 19 | 17° | Peixes |
| 8 | 7° | Libra | 20 | 14° | Áries |
| 9 | 18° | Libra | 21 | 8° | Touro |
| 10 | 29° | Libra | 22 | 29° | Touro |
| 11 | 12° | Escorpião | 23 | 16° | Gêmeos |
| 12 | 24° | Escorpião | 24 | 29° | Gêmeos |

## 1º de setembro

| HORAS | | | HORAS | | |
|---|---|---|---|---|---|
| 1 | 16° | Câncer | 13 | 8° | Sagitário |
| 2 | 28° | Câncer | 14 | 21° | Sagitário |
| 3 | 10° | Leão | 15 | 4° | Capricórnio |
| 4 | 21° | Leão | 16 | 19° | Capricórnio |
| 5 | 3° | Virgem | 17 | 7° | Aquário |
| 6 | 15° | Virgem | 18 | 28° | Aquário |
| 7 | 27° | Virgem | 19 | 23° | Peixes |
| 8 | 8° | Libra | 20 | 19° | Áries |
| 9 | 21° | Libra | 21 | 13° | Touro |
| 10 | 2° | Escorpião | 22 | 2° | Gêmeos |
| 11 | 14° | Escorpião | 23 | 19° | Gêmeos |
| 12 | 26° | Escorpião | 24 | 3° | Câncer |

## 4 de setembro

| HORAS | | | HORAS | | |
|---|---|---|---|---|---|
| 1 | 18° | Câncer | 13 | 10° | Sagitário |
| 2 | 29° | Câncer | 14 | 23° | Sagitário |
| 3 | 12° | Leão | 15 | 6° | Capricórnio |
| 4 | 24° | Leão | 16 | 22° | Capricórnio |
| 5 | 5° | Virgem | 17 | 11° | Aquário |
| 6 | 17° | Virgem | 18 | 3° | Peixes |
| 7 | 29° | Virgem | 19 | 29° | Peixes |
| 8 | 11° | Libra | 20 | 24° | Áries |
| 9 | 23° | Libra | 21 | 17° | Touro |
| 10 | 5° | Escorpião | 22 | 6° | Gêmeos |
| 11 | 16° | Escorpião | 23 | 22° | Gêmeos |
| 12 | 28° | Escorpião | 24 | 6° | Câncer |

## 7 de setembro

| HORAS | | | HORAS | | |
|---|---|---|---|---|---|
| 1 | 20° | Câncer | 13 | 12° | Sagitário |
| 2 | 3° | Leão | 14 | 26° | Sagitário |
| 3 | 15° | Leão | 15 | 10° | Capricórnio |
| 4 | 26° | Leão | 16 | 25° | Capricórnio |
| 5 | 8° | Virgem | 17 | 15° | Aquário |
| 6 | 19° | Virgem | 18 | 8° | Peixes |
| 7 | 1° | Libra | 19 | 4° | Áries |
| 8 | 13° | Libra | 20 | 28° | Áries |
| 9 | 25° | Libra | 21 | 20° | Touro |
| 10 | 7° | Escorpião | 22 | 9° | Gêmeos |
| 11 | 18° | Escorpião | 23 | 25° | Gêmeos |
| 12 | 29° | Escorpião | 24 | 9° | Câncer |

## 10 de setembro

| HORAS | | | HORAS | | |
|---|---|---|---|---|---|
| 1 | 23° | Câncer | 13 | 15° | Sagitário |
| 2 | 5° | Leão | 14 | 28° | Sagitário |
| 3 | 16° | Leão | 15 | 13° | Capricórnio |
| 4 | 28° | Leão | 16 | 29° | Capricórnio |
| 5 | 10° | Virgem | 17 | 19° | Aquário |
| 6 | 22° | Virgem | 18 | 13° | Peixes |
| 7 | 4° | Libra | 19 | 8° | Áries |
| 8 | 16° | Libra | 20 | 3° | Touro |
| 9 | 28° | Libra | 21 | 24° | Touro |
| 10 | 9° | Escorpião | 22 | 12° | Gêmeos |
| 11 | 21° | Escorpião | 23 | 28° | Gêmeos |
| 12 | 3° | Sagitário | 24 | 11° | Câncer |

## 13 de setembro

| HORAS | | | HORAS | | |
|---|---|---|---|---|---|
| 1 | 26° | Câncer | 13 | 18° | Sagitário |
| 2 | 7° | Leão | 14 | 1° | Capricórnio |
| 3 | 19° | Leão | 15 | 16° | Capricórnio |
| 4 | 29° | Leão | 16 | 3° | Aquário |
| 5 | 13° | Virgem | 17 | 23° | Aquário |
| 6 | 24° | Virgem | 18 | 17° | Peixes |
| 7 | 6° | Libra | 19 | 14° | Áries |
| 8 | 18° | Libra | 20 | 8° | Touro |
| 9 | 29° | Libra | 21 | 28° | Touro |
| 10 | 12° | Escorpião | 22 | 15° | Gêmeos |
| 11 | 23° | Escorpião | 23 | 29° | Gêmeos |
| 12 | 5° | Sagitário | 24 | 13° | Câncer |

## 16 de setembro

| HORAS | | | HORAS | | |
|---|---|---|---|---|---|
| 1 | 28° | Câncer | 13 | 20° | Sagitário |
| 2 | 10° | Leão | 14 | 3° | Capricórnio |
| 3 | 21° | Leão | 15 | 19° | Capricórnio |
| 4 | 3° | Virgem | 16 | 7° | Aquário |
| 5 | 14° | Virgem | 17 | 28° | Aquário |
| 6 | 26° | Virgem | 18 | 23° | Peixes |
| 7 | 8° | Libra | 19 | 18° | Áries |
| 8 | 20° | Libra | 20 | 13° | Touro |
| 9 | 2° | Escorpião | 21 | 2° | Gêmeos |
| 10 | 14° | Escorpião | 22 | 18° | Gêmeos |
| 11 | 25° | Escorpião | 23 | 3° | Câncer |
| 12 | 8° | Sagitário | 24 | 16° | Câncer |

## 19 de setembro

| HORAS | | | HORAS | | |
|---|---|---|---|---|---|
| 1 | 29° | Câncer | 13 | 22° | Sagitário |
| 2 | 12° | Leão | 14 | 6° | Capricórnio |
| 3 | 23° | Leão | 15 | 22° | Capricórnio |
| 4 | 5° | Virgem | 16 | 11° | Aquário |
| 5 | 17° | Virgem | 17 | 3° | Peixes |
| 6 | 29° | Virgem | 18 | 29° | Peixes |
| 7 | 11° | Libra | 19 | 23° | Áries |
| 8 | 23° | Libra | 20 | 16° | Touro |
| 9 | 4° | Escorpião | 21 | 6° | Gêmeos |
| 10 | 16° | Escorpião | 22 | 21° | Gêmeos |
| 11 | 27° | Escorpião | 23 | 6° | Câncer |
| 12 | 10° | Sagitário | 24 | 18° | Câncer |

## 22 de setembro

| HORAS | | | HORAS | | |
|---|---|---|---|---|---|
| 1 | 2° | Leão | 13 | 26° | Sagitário |
| 2 | 14° | Leão | 14 | 9° | Capricórnio |
| 3 | 26° | Leão | 15 | 25° | Capricórnio |
| 4 | 8° | Virgem | 16 | 14° | Aquário |
| 5 | 19° | Virgem | 17 | 7° | Peixes |
| 6 | 1° | Libra | 18 | 2° | Áries |
| 7 | 14° | Libra | 19 | 28° | Áries |
| 8 | 25° | Libra | 20 | 20° | Touro |
| 9 | 7° | Escorpião | 21 | 9° | Gêmeos |
| 10 | 18° | Escorpião | 22 | 24° | Gêmeos |
| 11 | 29° | Escorpião | 23 | 8° | Câncer |
| 12 | 12° | Sagitário | 24 | 21° | Câncer |

## 25 de setembro

| HORAS | | | HORAS | | |
|---|---|---|---|---|---|
| 1 | 4° | Leão | 13 | 28° | Sagitário |
| 2 | 16° | Leão | 14 | 13° | Capricórnio |
| 3 | 28° | Leão | 15 | 29° | Capricórnio |
| 4 | 10° | Virgem | 16 | 18° | Aquário |
| 5 | 22° | Virgem | 17 | 12° | Peixes |
| 6 | 3° | Libra | 18 | 8° | Áries |
| 7 | 15° | Libra | 19 | 3° | Touro |
| 8 | 27° | Libra | 20 | 24° | Touro |
| 9 | 9° | Escorpião | 21 | 12° | Gêmeos |
| 10 | 21° | Escorpião | 22 | 28° | Gêmeos |
| 11 | 3° | Sagitário | 23 | 11° | Câncer |
| 12 | 15° | Sagitário | 24 | 23° | Câncer |

## 28 de setembro

| HORAS | | | HORAS | | |
|---|---|---|---|---|---|
| 1 | 7° | Leão | 13 | 1° | Capricórnio |
| 2 | 19° | Leão | 14 | 16° | Capricórnio |
| 3 | 29° | Leão | 15 | 3° | Aquário |
| 4 | 12° | Virgem | 16 | 23° | Aquário |
| 5 | 24° | Virgem | 17 | 17° | Peixes |
| 6 | 6° | Libra | 18 | 14° | Áries |
| 7 | 18° | Libra | 19 | 8° | Touro |
| 8 | 29° | Libra | 20 | 28° | Touro |
| 9 | 12° | Escorpião | 21 | 15° | Gêmeos |
| 10 | 23° | Escorpião | 22 | 29° | Gêmeos |
| 11 | 5° | Sagitário | 23 | 13° | Câncer |
| 12 | 18° | Sagitário | 24 | 26° | Câncer |

## 1º de outubro

| HORAS | | | HORAS | | |
|---|---|---|---|---|---|
| 1 | 9° | Leão | 13 | 3° | Capricórnio |
| 2 | 21° | Leão | 14 | 18° | Capricórnio |
| 3 | 3° | Virgem | 15 | 5° | Aquário |
| 4 | 14° | Virgem | 16 | 27° | Aquário |
| 5 | 26° | Virgem | 17 | 23° | Peixes |
| 6 | 8° | Libra | 18 | 17° | Áries |
| 7 | 20° | Libra | 19 | 11° | Touro |
| 8 | 2° | Escorpião | 20 | 2° | Gêmeos |
| 9 | 13° | Escorpião | 21 | 18° | Gêmeos |
| 10 | 25° | Escorpião | 22 | 3° | Câncer |
| 11 | 7° | Sagitário | 23 | 16° | Câncer |
| 12 | 20° | Sagitário | 24 | 28° | Câncer |

## 4 de outubro

| HORAS | | | HORAS | | |
|---|---|---|---|---|---|
| 1 | 11° | Leão | 13 | 6° | Capricórnio |
| 2 | 23° | Leão | 14 | 21° | Capricórnio |
| 3 | 5° | Virgem | 15 | 9° | Aquário |
| 4 | 17° | Virgem | 16 | 1° | Peixes |
| 5 | 29° | Virgem | 17 | 27° | Peixes |
| 6 | 11° | Libra | 18 | 23° | Áries |
| 7 | 23° | Libra | 19 | 16° | Touro |
| 8 | 4° | Escorpião | 20 | 6° | Gêmeos |
| 9 | 16° | Escorpião | 21 | 21° | Gêmeos |
| 10 | 27° | Escorpião | 22 | 6° | Câncer |
| 11 | 10° | Sagitário | 23 | 18° | Câncer |
| 12 | 22° | Sagitário | 24 | 1° | Leão |

## 7 de outubro

| HORAS | | | HORAS | | |
|---|---|---|---|---|---|
| 1 | 14° | Leão | 13 | 9° | Capricórnio |
| 2 | 26° | Leão | 14 | 24° | Capricórnio |
| 3 | 8° | Virgem | 15 | 14° | Aquário |
| 4 | 19° | Virgem | 16 | 6° | Peixes |
| 5 | 1° | Libra | 17 | 2° | Áries |
| 6 | 13° | Libra | 18 | 28° | Áries |
| 7 | 25° | Libra | 19 | 20° | Touro |
| 8 | 6° | Escorpião | 20 | 9° | Gêmeos |
| 9 | 18° | Escorpião | 21 | 24° | Gêmeos |
| 10 | 29° | Escorpião | 22 | 8° | Câncer |
| 11 | 12° | Sagitário | 23 | 20° | Câncer |
| 12 | 25° | Sagitário | 24 | 3° | Leão |

## 10 de outubro

| HORAS | | | HORAS | | |
|---|---|---|---|---|---|
| 1 | 16° | Leão | 13 | 12° | Capricórnio |
| 2 | 28° | Leão | 14 | 28° | Capricórnio |
| 3 | 10° | Virgem | 15 | 18° | Aquário |
| 4 | 21° | Virgem | 16 | 12° | Peixes |
| 5 | 3° | Libra | 17 | 8° | Áries |
| 6 | 15° | Libra | 18 | 3° | Touro |
| 7 | 27° | Libra | 19 | 24° | Touro |
| 8 | 9° | Escorpião | 20 | 12° | Gêmeos |
| 9 | 21° | Escorpião | 21 | 27° | Gêmeos |
| 10 | 3° | Sagitário | 22 | 10° | Câncer |
| 11 | 14° | Sagitário | 23 | 23° | Câncer |
| 12 | 27° | Sagitário | 24 | 5° | Leão |

## 13 de outubro

| HORAS | | | HORAS | | |
|---|---|---|---|---|---|
| 1 | 19° | Leão | 13 | 15° | Capricórnio |
| 2 | 29° | Leão | 14 | 2° | Aquário |
| 3 | 12° | Virgem | 15 | 23° | Aquário |
| 4 | 24° | Virgem | 16 | 17° | Peixes |
| 5 | 6° | Libra | 17 | 12° | Áries |
| 6 | 18° | Libra | 18 | 8° | Touro |
| 7 | 29° | Libra | 19 | 28° | Touro |
| 8 | 11° | Escorpião | 20 | 15° | Gêmeos |
| 9 | 23° | Escorpião | 21 | 29° | Gêmeos |
| 10 | 5° | Sagitário | 22 | 13° | Câncer |
| 11 | 17° | Sagitário | 23 | 26° | Câncer |
| 12 | 1° | Capricórnio | 24 | 7° | Leão |

### 16 de outubro

| HORAS | | | HORAS | | |
|---|---|---|---|---|---|
| 1 | 21° | Leão | 13 | 18° | Capricórnio |
| 2 | 3° | Virgem | 14 | 5° | Aquário |
| 3 | 14° | Virgem | 15 | 26° | Aquário |
| 4 | 26° | Virgem | 16 | 22° | Peixes |
| 5 | 8° | Libra | 17 | 17° | Áries |
| 6 | 20° | Libra | 18 | 11° | Touro |
| 7 | 2° | Escorpião | 19 | 2° | Gêmeos |
| 8 | 13° | Escorpião | 20 | 18° | Gêmeos |
| 9 | 25° | Escorpião | 21 | 2° | Câncer |
| 10 | 7° | Sagitário | 22 | 16° | Câncer |
| 11 | 19° | Sagitário | 23 | 28° | Câncer |
| 12 | 3° | Capricórnio | 24 | 10° | Leão |

### 19 de outubro

| HORAS | | | HORAS | | |
|---|---|---|---|---|---|
| 1 | 23° | Leão | 13 | 21° | Capricórnio |
| 2 | 5° | Virgem | 14 | 9° | Aquário |
| 3 | 17° | Virgem | 15 | 1° | Peixes |
| 4 | 29° | Virgem | 16 | 27° | Peixes |
| 5 | 11° | Libra | 17 | 23° | Áries |
| 6 | 22° | Libra | 18 | 16° | Touro |
| 7 | 4° | Escorpião | 19 | 6° | Gêmeos |
| 8 | 15° | Escorpião | 20 | 21° | Gêmeos |
| 9 | 27° | Escorpião | 21 | 6° | Câncer |
| 10 | 9° | Sagitário | 22 | 18° | Câncer |
| 11 | 22° | Sagitário | 23 | 29° | Câncer |
| 12 | 6° | Capricórnio | 24 | 12° | Leão |

### 22 de outubro

| HORAS | | | HORAS | | |
|---|---|---|---|---|---|
| 1 | 26° | Leão | 13 | 24° | Capricórnio |
| 2 | 7° | Virgem | 14 | 14° | Aquário |
| 3 | 19° | Virgem | 15 | 6° | Peixes |
| 4 | 1° | Libra | 16 | 2° | Áries |
| 5 | 13° | Libra | 17 | 28° | Áries |
| 6 | 24° | Libra | 18 | 20° | Touro |
| 7 | 6° | Escorpião | 19 | 8° | Gêmeos |
| 8 | 18° | Escorpião | 20 | 24° | Gêmeos |
| 9 | 29° | Escorpião | 21 | 8° | Câncer |
| 10 | 11° | Sagitário | 22 | 20° | Câncer |
| 11 | 25° | Sagitário | 23 | 2° | Leão |
| 12 | 9° | Capricórnio | 24 | 14° | Leão |

## 25 de outubro

| HORAS | | | HORAS | | |
|---|---|---|---|---|---|
| 1 | 28° | Leão | 13 | 28° | Capricórnio |
| 2 | 9° | Virgem | 14 | 18° | Aquário |
| 3 | 21° | Virgem | 15 | 12° | Peixes |
| 4 | 3° | Libra | 16 | 7° | Áries |
| 5 | 15° | Libra | 17 | 15° | Touro |
| 6 | 27° | Libra | 18 | 24° | Touro |
| 7 | 9° | Escorpião | 19 | 12° | Gêmeos |
| 8 | 20° | Escorpião | 20 | 27° | Gêmeos |
| 9 | 2° | Sagitário | 21 | 10° | Câncer |
| 10 | 14° | Sagitário | 22 | 23° | Câncer |
| 11 | 27° | Sagitário | 23 | 4° | Leão |
| 12 | 12° | Capricórnio | 24 | 16° | Leão |

## 28 de outubro

| HORAS | | | HORAS | | |
|---|---|---|---|---|---|
| 1 | 29° | Leão | 13 | 2° | Aquário |
| 2 | 12° | Virgem | 14 | 21° | Aquário |
| 3 | 24° | Virgem | 15 | 16° | Peixes |
| 4 | 6° | Libra | 16 | 12° | Áries |
| 5 | 18° | Libra | 17 | 7° | Touro |
| 6 | 29° | Libra | 18 | 27° | Touro |
| 7 | 11° | Escorpião | 19 | 14° | Gêmeos |
| 8 | 22° | Escorpião | 20 | 29° | Gêmeos |
| 9 | 5° | Sagitário | 21 | 13° | Câncer |
| 10 | 17° | Sagitário | 22 | 25° | Câncer |
| 11 | 29° | Sagitário | 23 | 7° | Leão |
| 12 | 15° | Capricórnio | 24 | 19° | Leão |

## 31 de outubro

| HORAS | | | HORAS | | |
|---|---|---|---|---|---|
| 1 | 2° | Virgem | 13 | 5° | Aquário |
| 2 | 14° | Virgem | 14 | 26° | Aquário |
| 3 | 25° | Virgem | 15 | 21° | Peixes |
| 4 | 7° | Libra | 16 | 17° | Áries |
| 5 | 19° | Libra | 17 | 11° | Touro |
| 6 | 2° | Escorpião | 18 | 1° | Gêmeos |
| 7 | 13° | Escorpião | 19 | 18° | Gêmeos |
| 8 | 25° | Escorpião | 20 | 2° | Câncer |
| 9 | 7° | Sagitário | 21 | 15° | Câncer |
| 10 | 19° | Sagitário | 22 | 27° | Câncer |
| 11 | 2° | Capricórnio | 23 | 10° | Leão |
| 12 | 18° | Capricórnio | 24 | 22° | Leão |

## 3 de novembro

| HORAS | | | HORAS | | |
|---|---|---|---|---|---|
| 1 | 4° | Virgem | 13 | 9° | Aquário |
| 2 | 17° | Virgem | 14 | 1° | Peixes |
| 3 | 29° | Virgem | 15 | 27° | Peixes |
| 4 | 10° | Libra | 16 | 22° | Áries |
| 5 | 22° | Libra | 17 | 16° | Touro |
| 6 | 4° | Escorpião | 18 | 4° | Gêmeos |
| 7 | 15° | Escorpião | 19 | 20° | Gêmeos |
| 8 | 27° | Escorpião | 20 | 5° | Câncer |
| 9 | 9° | Sagitário | 21 | 17° | Câncer |
| 10 | 21° | Sagitário | 22 | 29° | Câncer |
| 11 | 5° | Capricórnio | 23 | 12° | Leão |
| 12 | 21° | Capricórnio | 24 | 23° | Leão |

## 6 de novembro

| HORAS | | | HORAS | | |
|---|---|---|---|---|---|
| 1 | 7° | Virgem | 13 | 14° | Aquário |
| 2 | 19° | Virgem | 14 | 6° | Peixes |
| 3 | 1° | Libra | 15 | 1° | Áries |
| 4 | 13° | Libra | 16 | 27° | Áries |
| 5 | 24° | Libra | 17 | 20° | Touro |
| 6 | 6° | Escorpião | 18 | 8° | Gêmeos |
| 7 | 18° | Escorpião | 19 | 24° | Gêmeos |
| 8 | 29° | Escorpião | 20 | 8° | Câncer |
| 9 | 12° | Sagitário | 21 | 20° | Câncer |
| 10 | 25° | Sagitário | 22 | 2° | Leão |
| 11 | 8° | Capricórnio | 23 | 14° | Leão |
| 12 | 24° | Capricórnio | 24 | 26° | Leão |

## 9 de novembro

| HORAS | | | HORAS | | |
|---|---|---|---|---|---|
| 1 | 9° | Virgem | 13 | 17° | Aquário |
| 2 | 21° | Virgem | 14 | 10° | Peixes |
| 3 | 3° | Libra | 15 | 6° | Áries |
| 4 | 15° | Libra | 16 | 2° | Touro |
| 5 | 27° | Libra | 17 | 23° | Touro |
| 6 | 9° | Escorpião | 18 | 1° | Gêmeos |
| 7 | 20° | Escorpião | 19 | 26° | Gêmeos |
| 8 | 2° | Sagitário | 20 | 10° | Câncer |
| 9 | 14° | Sagitário | 21 | 23° | Câncer |
| 10 | 27° | Sagitário | 22 | 4° | Leão |
| 11 | 11° | Capricórnio | 23 | 16° | Leão |
| 12 | 28° | Capricórnio | 24 | 28° | Leão |

### 12 de novembro

| HORAS | | | HORAS | | |
|---|---|---|---|---|---|
| 1 | 12° | Virgem | 13 | 21° | Aquário |
| 2 | 24° | Virgem | 14 | 15° | Peixes |
| 3 | 5° | Libra | 15 | 12° | Áries |
| 4 | 17° | Libra | 16 | 7° | Touro |
| 5 | 29° | Libra | 17 | 27° | Touro |
| 6 | 11° | Escorpião | 18 | 14° | Gêmeos |
| 7 | 22° | Escorpião | 19 | 29° | Gêmeos |
| 8 | 5° | Sagitário | 20 | 13° | Câncer |
| 9 | 17° | Sagitário | 21 | 25° | Câncer |
| 10 | 29° | Sagitário | 22 | 7° | Leão |
| 11 | 15° | Capricórnio | 23 | 19° | Leão |
| 12 | 2° | Aquário | 24 | 29° | Leão |

### 15 de novembro

| HORAS | | | HORAS | | |
|---|---|---|---|---|---|
| 1 | 14° | Virgem | 13 | 26° | Aquário |
| 2 | 26° | Virgem | 14 | 21° | Peixes |
| 3 | 7° | Libra | 15 | 17° | Áries |
| 4 | 19° | Libra | 16 | 11° | Touro |
| 5 | 2° | Escorpião | 17 | 1° | Gêmeos |
| 6 | 13° | Escorpião | 18 | 17° | Gêmeos |
| 7 | 24° | Escorpião | 19 | 2° | Câncer |
| 8 | 7° | Sagitário | 20 | 15° | Câncer |
| 9 | 19° | Sagitário | 21 | 27° | Câncer |
| 10 | 2° | Capricórnio | 22 | 9° | Leão |
| 11 | 18° | Capricórnio | 23 | 21° | Leão |
| 12 | 5° | Aquário | 24 | 3° | Virgem |

### 18 de novembro

| HORAS | | | HORAS | | |
|---|---|---|---|---|---|
| 1 | 16° | Virgem | 13 | 1° | Peixes |
| 2 | 28° | Virgem | 14 | 27° | Peixes |
| 3 | 10° | Libra | 15 | 22° | Áries |
| 4 | 22° | Libra | 16 | 15° | Touro |
| 5 | 4° | Escorpião | 17 | 4° | Gêmeos |
| 6 | 15° | Escorpião | 18 | 20° | Gêmeos |
| 7 | 27° | Escorpião | 19 | 5° | Câncer |
| 8 | 9° | Sagitário | 20 | 17° | Câncer |
| 9 | 21° | Sagitário | 21 | 29° | Câncer |
| 10 | 5° | Capricórnio | 22 | 12° | Leão |
| 11 | 20° | Capricórnio | 23 | 23° | Leão |
| 12 | 9° | Aquário | 24 | 5° | Virgem |

## 21 de novembro

| HORAS | | | HORAS | | |
|---|---|---|---|---|---|
| 1 | 18° | Virgem | 13 | 5° | Peixes |
| 2 | 1° | Libra | 14 | 1° | Áries |
| 3 | 13° | Libra | 15 | 26° | Áries |
| 4 | 24° | Libra | 16 | 19° | Touro |
| 5 | 6° | Escorpião | 17 | 8° | Gêmeos |
| 6 | 18° | Escorpião | 18 | 23° | Gêmeos |
| 7 | 29° | Escorpião | 19 | 7° | Câncer |
| 8 | 11° | Sagitário | 20 | 20° | Câncer |
| 9 | 24° | Sagitário | 21 | 2° | Leão |
| 10 | 8° | Capricórnio | 22 | 14° | Leão |
| 11 | 24° | Capricórnio | 23 | 26° | Leão |
| 12 | 12° | Aquário | 24 | 8° | Virgem |

## 24 de novembro

| HORAS | | | HORAS | | |
|---|---|---|---|---|---|
| 1 | 21° | Virgem | 13 | 10° | Peixes |
| 2 | 3° | Libra | 14 | 6° | Áries |
| 3 | 15° | Libra | 15 | 2° | Touro |
| 4 | 27° | Libra | 16 | 23° | Touro |
| 5 | 9° | Escorpião | 17 | 11° | Gêmeos |
| 6 | 20° | Escorpião | 18 | 27° | Gêmeos |
| 7 | 2° | Sagitário | 19 | 10° | Câncer |
| 8 | 14° | Sagitário | 20 | 23° | Câncer |
| 9 | 27° | Sagitário | 21 | 4° | Leão |
| 10 | 11° | Capricórnio | 22 | 16° | Leão |
| 11 | 27° | Capricórnio | 23 | 28° | Leão |
| 12 | 17° | Aquário | 24 | 10° | Virgem |

## 27 de novembro

| HORAS | | | HORAS | | |
|---|---|---|---|---|---|
| 1 | 23° | Virgem | 13 | 15° | Peixes |
| 2 | 5° | Libra | 14 | 12° | Áries |
| 3 | 17° | Libra | 15 | 7° | Touro |
| 4 | 29° | Libra | 16 | 27° | Touro |
| 5 | 10° | Escorpião | 17 | 14° | Gêmeos |
| 6 | 22° | Escorpião | 18 | 29° | Gêmeos |
| 7 | 4° | Sagitário | 19 | 13° | Câncer |
| 8 | 16° | Sagitário | 20 | 25° | Câncer |
| 9 | 29° | Sagitário | 21 | 7° | Leão |
| 10 | 14° | Capricórnio | 22 | 19° | Leão |
| 11 | 29° | Capricórnio | 23 | 29° | Leão |
| 12 | 21° | Aquário | 24 | 12° | Virgem |

## 30 de novembro

| HORAS | | | HORAS | | |
|---|---|---|---|---|---|
| 1 | 25° | Virgem | 13 | 21° | Peixes |
| 2 | 7° | Libra | 14 | 17° | Áries |
| 3 | 19° | Libra | 15 | 11° | Touro |
| 4 | 1° | Escorpião | 16 | 1° | Gêmeos |
| 5 | 12° | Escorpião | 17 | 17° | Gêmeos |
| 6 | 24° | Escorpião | 18 | 2° | Câncer |
| 7 | 6° | Sagitário | 19 | 15° | Câncer |
| 8 | 19° | Sagitário | 20 | 27° | Câncer |
| 9 | 2° | Capricórnio | 21 | 9° | Leão |
| 10 | 17° | Capricórnio | 22 | 21° | Leão |
| 11 | 4° | Aquário | 23 | 3° | Virgem |
| 12 | 26° | Aquário | 24 | 14° | Virgem |

## 3 de dezembro

| HORAS | | | HORAS | | |
|---|---|---|---|---|---|
| 1 | 28° | Virgem | 13 | 25° | Peixes |
| 2 | 10° | Libra | 14 | 21° | Áries |
| 3 | 22° | Libra | 15 | 14° | Touro |
| 4 | 3° | Escorpião | 16 | 4° | Gêmeos |
| 5 | 15° | Escorpião | 17 | 20° | Gêmeos |
| 6 | 27° | Escorpião | 18 | 5° | Câncer |
| 7 | 9° | Sagitário | 19 | 17° | Câncer |
| 8 | 21° | Sagitário | 20 | 29° | Câncer |
| 9 | 5° | Capricórnio | 21 | 11° | Leão |
| 10 | 20° | Capricórnio | 22 | 23° | Leão |
| 11 | 8° | Aquário | 23 | 5° | Virgem |
| 12 | 1° | Peixes | 24 | 17° | Virgem |

## 6 de dezembro

| HORAS | | | HORAS | | |
|---|---|---|---|---|---|
| 1 | 1° | Libra | 13 | 1° | Áries |
| 2 | 12° | Libra | 14 | 26° | Áries |
| 3 | 24° | Libra | 15 | 19° | Touro |
| 4 | 5° | Escorpião | 16 | 8° | Gêmeos |
| 5 | 17° | Escorpião | 17 | 23° | Gêmeos |
| 6 | 29° | Escorpião | 18 | 7° | Câncer |
| 7 | 11° | Sagitário | 19 | 20° | Câncer |
| 8 | 24° | Sagitário | 20 | 2° | Leão |
| 9 | 8° | Capricórnio | 21 | 14° | Leão |
| 10 | 23° | Capricórnio | 22 | 26° | Leão |
| 11 | 12° | Aquário | 23 | 7° | Virgem |
| 12 | 5° | Peixes | 24 | 18° | Virgem |

## 9 de dezembro

| HORAS | | HORAS | |
|---|---|---|---|
| 1 | 2° Libra | 13 | 6° Áries |
| 2 | 14° Libra | 14 | 2° Touro |
| 3 | 26° Libra | 15 | 23° Touro |
| 4 | 8° Escorpião | 16 | 11° Gêmeos |
| 5 | 20° Escorpião | 17 | 26° Gêmeos |
| 6 | 1° Sagitário | 18 | 10° Câncer |
| 7 | 14° Sagitário | 19 | 23° Câncer |
| 8 | 26° Sagitário | 20 | 4° Leão |
| 9 | 11° Capricórnio | 21 | 16° Leão |
| 10 | 27° Capricórnio | 22 | 28° Leão |
| 11 | 16° Aquário | 23 | 9° Virgem |
| 12 | 10° Peixes | 24 | 21° Virgem |

## 12 de dezembro

| HORAS | | HORAS | |
|---|---|---|---|
| 1 | 5° Libra | 13 | 11° Áries |
| 2 | 17° Libra | 14 | 6° Touro |
| 3 | 28° Libra | 15 | 27° Touro |
| 4 | 10° Escorpião | 16 | 14° Gêmeos |
| 5 | 22° Escorpião | 17 | 29° Gêmeos |
| 6 | 4° Sagitário | 18 | 13° Câncer |
| 7 | 16° Sagitário | 19 | 25° Câncer |
| 8 | 29° Sagitário | 20 | 7° Leão |
| 9 | 14° Capricórnio | 21 | 19° Leão |
| 10 | 29° Capricórnio | 22 | 29° Leão |
| 11 | 21° Aquário | 23 | 12° Virgem |
| 12 | 15° Peixes | 24 | 24° Virgem |

## 15 de dezembro

| HORAS | | HORAS | |
|---|---|---|---|
| 1 | 7° Libra | 13 | 16° Áries |
| 2 | 19° Libra | 14 | 10° Touro |
| 3 | 1° Escorpião | 15 | 1° Gêmeos |
| 4 | 12° Escorpião | 16 | 17° Gêmeos |
| 5 | 24° Escorpião | 17 | 1° Câncer |
| 6 | 6° Sagitário | 18 | 15° Câncer |
| 7 | 18° Sagitário | 19 | 27° Câncer |
| 8 | 1° Capricórnio | 20 | 9° Leão |
| 9 | 17° Capricórnio | 21 | 21° Leão |
| 10 | 4° Aquário | 22 | 3° Virgem |
| 11 | 24° Aquário | 23 | 14° Virgem |
| 12 | 19° Peixes | 24 | 26° Virgem |

### 18 de dezembro

| HORAS | | | HORAS | | |
|---|---|---|---|---|---|
| 1 | 9° | Libra | 13 | 21° | Áries |
| 2 | 21° | Libra | 14 | 14° | Touro |
| 3 | 3° | Escorpião | 15 | 4° | Gêmeos |
| 4 | 15° | Escorpião | 16 | 20° | Gêmeos |
| 5 | 27° | Escorpião | 17 | 5° | Câncer |
| 6 | 8° | Sagitário | 18 | 17° | Câncer |
| 7 | 21° | Sagitário | 19 | 29° | Câncer |
| 8 | 5° | Capricórnio | 20 | 11° | Leão |
| 9 | 20° | Capricórnio | 21 | 23° | Leão |
| 10 | 8° | Aquário | 22 | 4° | Virgem |
| 11 | 29° | Aquário | 23 | 17° | Virgem |
| 12 | 25° | Peixes | 24 | 29° | Virgem |

### 21 de dezembro

| HORAS | | | HORAS | | |
|---|---|---|---|---|---|
| 1 | 12° | Libra | 13 | 26° | Áries |
| 2 | 23° | Libra | 14 | 19° | Touro |
| 3 | 5° | Escorpião | 15 | 7° | Gêmeos |
| 4 | 17° | Escorpião | 16 | 23° | Gêmeos |
| 5 | 29° | Escorpião | 17 | 7° | Câncer |
| 6 | 11° | Sagitário | 18 | 20° | Câncer |
| 7 | 24° | Sagitário | 19 | 2° | Leão |
| 8 | 8° | Capricórnio | 20 | 13° | Leão |
| 9 | 23° | Capricórnio | 21 | 25° | Leão |
| 10 | 12° | Aquário | 22 | 7° | Virgem |
| 11 | 5° | Peixes | 23 | 19° | Virgem |
| 12 | 1° | Áries | 24 | 1° | Libra |

### 24 de dezembro

| HORAS | | | HORAS | | |
|---|---|---|---|---|---|
| 1 | 14° | Libra | 13 | 2° | Touro |
| 2 | 26° | Libra | 14 | 23° | Touro |
| 3 | 8° | Escorpião | 15 | 10° | Gêmeos |
| 4 | 19° | Escorpião | 16 | 26° | Gêmeos |
| 5 | 1° | Sagitário | 17 | 10° | Câncer |
| 6 | 14° | Sagitário | 18 | 22° | Câncer |
| 7 | 26° | Sagitário | 19 | 4° | Leão |
| 8 | 11° | Capricórnio | 20 | 16° | Leão |
| 9 | 27° | Capricórnio | 21 | 28° | Leão |
| 10 | 16° | Aquário | 22 | 9° | Virgem |
| 11 | 9° | Peixes | 23 | 21° | Virgem |
| 12 | 5° | Áries | 24 | 3° | Libra |

## 27 de dezembro

| HORAS | | | HORAS | | |
|---|---|---|---|---|---|
| 1 | 17° | Libra | 13 | 5° | Touro |
| 2 | 28° | Libra | 14 | 26° | Touro |
| 3 | 10° | Escorpião | 15 | 13° | Gêmeos |
| 4 | 22° | Escorpião | 16 | 29° | Gêmeos |
| 5 | 4° | Sagitário | 17 | 12° | Câncer |
| 6 | 16° | Sagitário | 18 | 25° | Câncer |
| 7 | 29° | Sagitário | 19 | 6° | Leão |
| 8 | 14° | Capricórnio | 20 | 18° | Leão |
| 9 | 29° | Capricórnio | 21 | 29° | Leão |
| 10 | 20° | Aquário | 22 | 12° | Virgem |
| 11 | 14° | Peixes | 23 | 24° | Virgem |
| 12 | 10° | Áries | 24 | 6° | Libra |

## 30 de dezembro

| HORAS | | | HORAS | | |
|---|---|---|---|---|---|
| 1 | 19° | Libra | 13 | 10° | Touro |
| 2 | 1° | Escorpião | 14 | 29° | Touro |
| 3 | 12° | Escorpião | 15 | 16° | Gêmeos |
| 4 | 24° | Escorpião | 16 | 1° | Câncer |
| 5 | 6° | Sagitário | 17 | 14° | Câncer |
| 6 | 19° | Sagitário | 18 | 27° | Câncer |
| 7 | 1° | Capricórnio | 19 | 9° | Leão |
| 8 | 17° | Capricórnio | 20 | 20° | Leão |
| 9 | 4° | Aquário | 21 | 2° | Virgem |
| 10 | 24° | Aquário | 22 | 13° | Virgem |
| 11 | 19° | Peixes | 23 | 26° | Virgem |
| 12 | 16° | Áries | 24 | 7° | Libra |

Segunda Parte

# OS ELEMENTOS FOGO E TERRA

Imaginação *versus* Realidade

# 5

# O ELEMENTO FOGO

*Podemos aceitar o desagradável mais
facilmente do que o inconsequente.*
GOETHE

O ciclo zodiacal começa com o fogo, a dádiva que Prometeu roubou dos deuses para ofertar aos homens a fim de que pudessem ter esperança e a possibilidade de crescimento e desenvolvimento. Mas se quisermos dar um sentido a esses especiais signos de fogo – Áries, Leão e Sagitário – e ao seu muitas vezes incompreensível, mas sempre dramático, comportamento na vida e nos relacionamentos, temos, como em todo o simbolismo zodiacal, que pensar por um momento no fogo em si. Partindo das inúmeras formas que o fogo pode tomar, podemos fazer dois comentários gerais. Primeiro, o fogo traz luz à escuridão. Segundo, o fogo não pode ser enquadrado em um padrão, tamanho ou forma. Ele é inconstante e imprevisível, assim como as pessoas que pertencem ao elemento astrológico Fogo.

Você pode encontrar descrições de pessoas dos signos de fogo em um bom livro ou em perfis sérios sobre astrologia na internet: calorosas, extrovertidas, egocêntricas, dramáticas e alegres. Os signos de fogo parecem ter mais coragem que os outros. Ninguém consegue ultrapassar um ariano em audácia; ninguém bate um leonino em personalidade e impacto; ninguém viaja, como um sagitariano, quilômetros e quilômetros pelo simples prazer da aventura da viagem. Mas o que é que dá o toque final às pessoas de fogo? Todas essas lindas descrições não servem para muita coisa se você tiver de se relacionar com um desses temperamentos ardentes e estiver sujeito às suas mais exageradas idiossincrasias. Como essas pessoas ígneas enxergam a vida? E o que elas realmente esperam de um amante, de um companheiro ou de um amigo?

Uma dica que pode ajudar: para as pessoas dos signos de fogo a vida é um infinito mar de possibilidades. Enquanto houver oportunidades a explorar, portas abertas, novos caminhos e um futuro onde tudo pode acontecer, o indivíduo que pertence a um dos signos de fogo estará razoavelmente contente, se é que se pode aplicar a palavra "contentamento" a essa psique incansável e inconstante. Mas, assim que você lhe tira as possibilidades, fecha as portas, planeja seu futuro terminantemente e remove aquele jeitinho que ele dá nas coisas – e que faz o mundo girar –, o indivíduo dos signos de fogo entra em pânico. Você acaba de privá-lo daquele algo mais que o alimenta, ou seja, a habilidade de conceber de forma criativa as possibilidades imprevistas, e, assim que você faz isso, você o perde. Algumas pessoas precisam de segurança mais do que de qualquer outra coisa no mundo, mas não as dos signos de fogo, que, embora gostem de desfrutar de alguma segurança, quando a têm em demasia, sentem-se como se tivessem sido enterrados na areia. Sufocam.

Nunca deixe de falar com as pessoas de fogo a respeito da realidade e de responsabilidades. Elas a veem perfeitamente bem, obrigado, só que não é a sua realidade. O mundo "real" para alguém dos signos de fogo é secretamente aquele mundo de fantasia que deveria ter findado quando o último livro de contos de fadas foi jogado no lixo e a verdadeira face do Papai Noel foi mostrada nua e crua. Olhe dentro da secreta realidade dos signos de fogo e estará dentro de um mundo de puro romance, de puro mito. As pessoas desses signos mitificam tudo: pessoas, profissões, situações, enfim, elas mesmas. Para os signos de fogo o mundo inteiro é um palco, e ninguém desempenha seu papel com igual desenvoltura.

Você já deve ter notado essa propensão desses signos de transformar uma pulga num elefante. Não foi apenas uma desavença, foi um Holocausto. Não foi só um bom filme, foi Maravilhoso, Brilhante, Arrasador. É difícil resistir a esse entusiasmo esmagador, contagiante; o mesmo se aplica à sua cólera. Os signos de fogo em geral exageram em seu comportamento, dramatizam-no, mesmo quando estão sozinhos. Não são apenas crianças mimadas tentando chamar a atenção; eles necessitam dessa fantasia, dessa injeção de cores vivas para insuflar na triste e banal estrutura que o mundo insiste em chamar de realidade. Não estão interessados na visão pragmática da vida. Tire das pessoas de fogo as fantasias e visões de como a vida poderia ser, e você estará aleijando-as. É sério mesmo. Se existe algo sagrado para os signos de fogo são os seus sonhos.

Você pode achá-los um pouco egocêntricos e insensíveis. De certo modo eles são, nos detalhes da realidade terrestre, digamos, mas isso não é insensibilidade. Forçar uma pessoa de fogo a concentrar sua enorme e globalizante visão do mundo sobre algo tão material e banal como um fato corriqueiro é traumatizá-la. Quando se detém um pouco mais num detalhe, ela tem a impressão de que pode ter perdido alguma coisa. Ela quer se aprofundar em uma pintura de tal maneira que possa senti-la, apreender seu colorido e colocá-la em um só contexto junto com todas aquelas outras impressões que coleciona a respeito da vida, sem ter que ficar analisando-as por muito tempo. É por isso que tantas dessas pessoas de fogo são ardentes e incansáveis viajantes. Elas querem sentir o gosto do mundo, da vida, dos fatos, das culturas, dos povos.

O futuro é o que há de mais fascinante para uma pessoa de fogo. O passado é um romance que um outro escreveu; o presente é relevante apenas como uma porta para uma enorme rede de futuros possíveis. Quando confrontadas com as incessantes e monótonas solicitações do mundo material, as pessoas de fogo muitas vezes podem deixar a proverbial batata quente cair, fugindo do problema. Isso muitas vezes as faz serem acusadas de irresponsabilidade e frieza, mas não é bem assim. O que acontece é que elas não suportam ser aprisionadas.

Alguns comentários significativos sobre os signos de fogo antes de fazermos uma análise individual de cada um. É melhor você ter uma visão clara desse tipo, pois eles não são capazes de se explicar a você tão bem como seus irmãos dos elementos Terra, Água e Ar. Afinal, nos contos de fadas, os cavaleiros montados em seus cavalos brancos nunca têm de dar explicações.

Aqui está o maravilhoso dom que algumas pessoas dos signos de fogo têm: um mágico pressentimento. Você já teve oportunidade de avaliar uma pessoa de fogo ao tomar conhecimento de uma situação? Elas raramente analisam seus componentes, ou, se o fizerem, será apenas uma palavrinha para se justificar perante uma importuna pessoa de terra que não acredita em pressentimentos. Mas o indivíduo de fogo parece ser capaz de uma percepção instantânea de tudo o que está subentendido e chega a uma conclusão que parece ter surgido de estalo em sua cabeça. E raramente sabe como ou por quê. Tem excelente faro, que muitas vezes se choca com os fatos aparentes de uma situação, mas ele sempre está certo, infalivelmente. Você pode mesmo chamar esse misterioso sexto sentido de algo mágico. O que acontece é que ele usa certas funções da psique além dos sentidos e do intelecto racional para tomar conhecimento das situações. Que outras funções, você pode perguntar, e qualquer pessoa de fogo poderá responder: intuição.

Essa é a razão pela qual os indivíduos de fogo parecem ter tanta sorte. São os que vencem as corridas e as apostas; investem na única ação que está valorizando quando a Bolsa está em baixa; montam uma companhia cujo produto se esgota em dois anos; enxergam através das lentes embaçadas do futuro e desenham moda, escrevem livros, fazem filmes, que são mais uma profecia do que uma reflexão sobre o presente. E o que acontece quando algo não dá certo, os negócios não vão bem e têm de pedir concordata, os papéis da Bolsa se desvalorizam e sua meta não é alcançada? Não importa. De alguma maneira, a solução vai aparecer. As pessoas dos signos de fogo têm uma indestrutível, inextinguível fé no futuro. Se você as encontrar mal, no fundo do poço, não se impressione, tudo vai melhorar um dia, de alguma maneira. E o que espanta é que melhora mesmo, a menos que elas tenham se deixado fisgar por um companheiro que conseguiu apagar todos os seus sonhos e as convenceu de que felicidade é aquele cheque de todo fim de mês, aquela casinha na praia, dois ou três filhos, um ou cinco cachorros e os sogros convidados para jantar todos os domingos. Se você encontrar alguma pessoa de fogo vivendo assim, pegue seu lenço. Não há nada mais triste do que um cavaleiro de armadura tentando cortar grama no subúrbio.

Ah!, como são românticos esses indivíduos de fogo! Eles parecem até perfeitos demais, mágicos demais, heroicos demais. Como resistir a eles? Pouca gente consegue. E eles não têm nenhum defeito?

Você se lembra do que dissemos sobre cada elemento ter um lado secreto e obscuro? Bem, aqui estão os defeitos secretos das pessoas de fogo. Uma pequena cena irá revelar melhor:

TERRA: Meu bem, você se lembrou de pagar a conta do celular?

FOGO: Conta do celular? Ah, sim, claro. Não, eu esqueci. Desculpe. Estava escrevendo o esboço de um novo romance.

*Uma semana depois:*

TERRA: Meu bem, você se lembrou de pagar a conta do celular?

FOGO: Conta do celular? *(Começando a mostrar sinais de irritação.)* Sim, meu bem. Olha, estou tentando me concentrar neste capítulo, que não vai nada bem.

TERRA: Eu perguntei no mínimo doze vezes. A companhia vai cortar nossa conta se você não pagar.

FOGO *(sentindo-se culpado, pois detesta ser acusado de irresponsável)*: Se você parar de me cobrar talvez eu possa me lembrar de pagá-la.

*(Tradução: Dê um tempo, não fique me cobrando.)*

TERRA: Você não se lembraria. Se eu não insistisse, nunca faria nada, não teríamos telefone, seríamos despejados da casa em que moramos, não teríamos nada para comer, as crianças não teriam roupas...

FOGO *(perdendo a paciência)*: Quer parar com isso? Você acabou com a minha concentração; hoje não vou conseguir escrever mais nada. Por que você me enche com essas mesquinharias? Tudo vai ser pago.

TERRA *(com ares de mártir)*: Sou a única a fazer algo neste nosso relacionamento. Eu cozinho, limpo, pago as contas, e você só fica sentado, olhando pela janela e sonhando. Por que você não arruma um emprego decente?

FOGO *(mais tarde, para a amante)*: Ela não me entende. Ela acaba com a minha criatividade.

TERRA *(mais tarde, para o advogado)*: Eu quero a casa, 5 mil por mês de pensão alimentícia e o carro. Afinal, preciso cuidar da minha vida.

Podemos resumir as dificuldades dos signos de fogo da seguinte forma: o elemento Fogo tem problemas no dia a dia. A despeito de sua maravilhosa aparência, de sua intuição, de seu arrojo e de seu discernimento, infelizmente, para os indivíduos de fogo, o mundo está cheio de objetos e de pessoas estúpidas e conservadoras. O mundo, para muitas pessoas dos signos de fogo, parece ter uma capacidade especial de contrariá-las. Ou elas o conquistam em grande estilo ou se enfurnam em seu estranho mundo de fantasias. Essas frustrações podem tomar diversas formas, como: burocracia, leis de trânsito, impostos, contas a pagar, multas, a necessidade de ganhar a vida e o problema de se alimentar, se vestir e cuidar do corpo, antigo fardo que, afinal de contas, é feito da substância deste mundo.

Assim, nossos amigos dos signos de fogo, mesmo alcançando sucesso total em qualquer empresa que trabalhe com especulação e com a realização de ideias criativas, mesmo que fujam da rotina e não se atenham a detalhes, muitas vezes esquecem as chaves do carro ou a pasta de documentos ao sair de casa, não passam por uma rua sem violar as leis de trânsito – isso se o carro pegar. Esse tipo de experiência é que leva muitos signos de fogo à síndrome do "gênio incompreendido". Mas, na verdade, não é a sociedade que está criando o problema, mesmo que na maioria das vezes seja muito conservadora, por demais imperturbável e pelo menos vinte a cinquenta anos atrasada em relação à visão intuitiva dos indivíduos de fogo. É o secreto, desconhecido, inconsciente mundo dos sentidos, da própria matéria, que impõe ao fogo seu maior problema, muitas vezes seu próprio corpo.

Conheço muitos indivíduos de fogo que têm profunda aversão por seus corpos. Esse sentimento pode começar com o desgosto pela própria aparência. E aqui a fantasia dos signos de fogo é mais evidente, pois seu corpo, pelos padrões normais, pode até ser muito bonito. Trata-se de algo relacionado à carne propriamente dita – não mais associada a imagens glamorosas e vaporosas como aquelas vistas por entre um véu –, destituída de seus símbolos; corpo que fica doente, que envelhece, que produz pelos e verrugas, suor e celulite, que é um mistério e um terror. Por aí podemos concluir por que muitas pessoas dos signos de fogo são hipocondríacas. Você estaria certo se as imaginasse assim. Não se trata dos pobres virginianos que só se preocupam com a possibilidade de doenças e germes, o que é outro assunto. As pessoas dos signos de fogo se assustam com seu próprio corpo porque ele lhes parece um inimigo, um intruso, algo no qual elas se sentem aprisionadas, como sardinha em lata. Alguns indivíduos de fogo podem até admitir depois de algumas doses de uísque, se você perguntar com jeito, que não gostam de estar dentro de um corpo que os confina, os restringe, e que, de certa forma, é muito pequeno. São espíritos alegres, folgazões, obrigados a carregar consigo esse fardo incômodo que é suportável só em grande atividade, mas terrível quando forçado à estagnação. Muitos maníacos a respeito da saúde, fanáticos por regimes alimentares, doutores em macrobiótica e massagens são pessoas dos signos de fogo que tentam lidar, embora de maneira exagerada, com esse desconhecido e fascinante mundo dos sentidos.

Isso nos leva ao ponto mais importante e que vai interessá-lo, caso você tenha algum envolvimento amoroso com alguém do trígono de fogo: sua vida sexual. Mesmo correndo o risco de ser alvo de uma bomba dos meus leitores dos signos de fogo, devo dizer que o temperamento de fogo, mais que qualquer outro, é o mais propenso a sentir inadequação sexual. Eu disse *sentir*, o que nada tem a ver com o ato em si, pois muitas dessas pessoas têm tal obsessão pelo sexo que, se houvesse alguma competição desse tipo, elas certamente ganhariam todos os troféus. Trata-se de um sentimento secreto, vago, incômodo de que se é um fracasso sexual, e isso provém dessa falta de entendimento sobre seus corpos. Se você não procurar conhecer bem seu corpo, sua sexualidade continuará sendo um mistério, e muitas vezes você se sentirá como se seu corpo estivesse fazendo o que bem entende e você não tivesse nenhuma interferência sobre isso. Outra coisa engraçada a respeito dos signos de fogo é que, por estarem tão enraizados no mundo da fantasia, seu corpo se torna inseguro, evidenciando frustrações emocionais, ressentimentos, medo e raiva, que podem ser detectados no que chamamos educadamente de "problemas sexuais". Na verdade, esses problemas não são sexuais, mas têm a ver com a frágil relação das pessoas de fogo com o plano terrestre. Mas elas podem se vingar, destruindo relações.

Como já foi dito, os signos de fogo vivem em um mundo de fantasia. Na melhor das hipóteses, os objetos são aborrecidos e, na pior, amedrontadores; eles têm que ter algum significado, ser cobertos de sedução ou possuir conotações românticas; em outras palavras, para os signos de fogo os objetos tornam-se apenas símbolos. Apreciar o corpo e as sensações físicas é difícil sem uma fantasia apropriada. Assim, o elemento fantasia num relacionamento romântico pode se tornar muito forte para os signos de fogo. Por fantasia queremos dizer antecipação, visualização, expectativa, necessidade de estímulos eróticos, sejam eles verbais, visuais ou imaginários. Ninguém gosta mais de clube de nudismo, de cinema pornô, de fotografias pornográficas ou de roupas íntimas pretas como os signos de fogo. Esse elemento fantasia é muitas vezes tão forte que ele se torna até mais importante que o ato sexual em si. Isso soa estranho? Não para os signos de fogo. Para eles, sexo é algo tão importante para a cabeça quanto o é para o corpo.

Está bem, dirá você. Fantasias eróticas são normais, vivemos em uma era esclarecida; ou pelo menos acreditamos viver. Mas o problema vem com a escolha que os signos de fogo fazem de seus parceiros. Vamos entrar em detalhes mais adiante. No momento basta dizer que os signos de fogo, como grupo, se atraem pelo elemento Terra, o mais direto, o mais pé no chão, o mais sensual e o menos propenso a fantasias entre os elementos astrológicos. O que acontece então? O coitado do indivíduo de fogo muitas vezes sente que há algo errado com ele, pois sua parceira já está saindo de seu caloroso abraço e se recostando languidamente enquanto ele está inutilmente tentando criar a atmosfera de Mata Hari encontrando Clint Eastwood num bordel de Berlim à luz de velas, tendo como fundo musical Marlene Dietrich cantando músicas da Gestapo.

A maneira prosaica de encarar o sexo das pessoas dos signos de terra consegue fazer o indivíduo de fogo ficar sem graça. Ele (ou ela) se sente como se tivesse a obrigação de uma *"performance top"*, o que é uma expectativa desastrosa. Esperar dos signos de fogo qualquer espécie de *performance* de terra, seja ela sexual ou de qualquer outra espécie, é levar o caso a um desastre total. Caso não estejam conectados ao seu mundo de fantasia, os signos de fogo se tornam no momento impotentes ou frígidos, e isso decorre da dificuldade que têm para entender suas sensações. Mas se falhar, são bem capazes de culpar o parceiro, porque é muito desagradável colocar a culpa em si mesmos, e o ressentimento pode ser descarregado de várias formas, tais como:

"Não sou máquina para você ligar a cada segunda quinta-feira do mês", ou então "Esta noite não, amor, estou com muita dor de cabeça" ou "Tive um dia terrível no escritório hoje" etc...

Há também o "Nossa vida sexual está tão monótona, falta-lhe aquele algo mais". Esse "roteiro" envolve tanto casais unidos, com suas roupas de baixo extravagantes e que vão ver *stripteases* juntos, como os casais menos unidos, que tentam substituir essas fantásticas possibilidades por um casamento aberto, troca de casais, amantes etc. As pessoas de fogo têm mais prazer? Sem chance! Não existe nada mais desagradável do que ter de bancar o tempo todo o papel de Dom Juan ou de Dona Juana em qualquer situação de conquista que apareça.

O traço mais comum da humanidade é a supercompensação, que se exterioriza muitas vezes nos signos de fogo em suas tentativas de realizar proezas sexuais, materiais ou até atléticas. A diferença entre um campeão esportivo de fogo e um de terra, mesmo que pareçam iguais a um observador desatento, é que o ginasta de terra gosta das sensações e compete porque se sente bem; o ginasta de fogo anseia ganhar, não porque o ato seja tão interessante, mas pela expectativa e pelas recordações que advirão.

Para os signos de fogo, as ligações românticas começam como um conto de fadas e terminam como uma gaiola. Isso não é nada engraçado, pois a propensão à falta de segurança em relacionamentos pode levá-los a uma enorme solidão e a um profundo sentimento de fracasso. E, para complicar um pouco mais, eles sempre acham muito difícil expressar suas necessidades, em parte porque as fantasias são difíceis de traduzir em palavras, em parte porque, mesmo que pudessem, os tipos menos expressivos têm o hábito de suprimi-las. Como canta Mick Jagger: "O que pode um pobre cara fazer a não ser entrar para uma banda de *rock-and-roll*?".

Os signos de fogo são muito propensos a violentas paixões físicas, que eles chamam de amor. Essa infeliz peça teatral em geral termina com a triste revelação de que, à noite, todos os gatos são pardos. Eles podem tornar-se cínicos e brutais, mascarando seu enorme romantismo e idealismo em uma procura incansável por sua alma gêmea – alguém que secretamente vai entender seus medos e conduzi-los sem pedir explicações, alguém que consiga transformar sua pequena chama interior em uma enorme explosão criativa, alguém que consiga contê-los sem aprisioná-los. Tais pessoas existem? Parece que não. Só na imaginação, pois nenhum amante, por mais vigoroso e enérgico que seja, consegue variar o cenário a cada noite. Mais cedo ou mais tarde, os signos de fogo têm de aprender a equilibrar suas visões interiores, sua imaginação com algum realismo e gosto pelas coisas terrenas. O presente pode ser tão interessante quanto o passado e o futuro. Os fatos podem ser tão excitantes quanto as possibilidades; mas equilibrar não quer dizer mudar. Qualquer um que pense poder transformar uma pessoa de fogo em uma criatura doméstica poderá sair terrivelmente queimado.

# ÁRIES

Vamos iniciar nossa descrição de Áries com uma pequena cena para ilustrar algumas das qualidades do primeiro signo de fogo. Essa cena será intitulada "Síndrome do cavaleiro andante". Ela pode ser encontrada tanto no homem quanto na mulher arianos. No caso de uma ariana, a cena poderá se chamar "Síndrome de Joana D'Arc".

ÁRIES (*ao amigo*): Notei que você está fumando. Acho que você sabe que isso vai te matar, te dar um câncer no pulmão, problemas cardíacos, arteriosclerose, enfisema...

AMIGO: Obrigado, já li tudo sobre tabagismo e prefiro fumar. Mas, voltando aos livros sobre os quais você estava perguntando...

ÁRIES: Espere aí... Você leu mesmo alguma coisa sobre isso? Não quero ser chato, mas é para seu próprio bem. Quero dizer, estou realmente preocupado com isso. Toda vez que pego um trem ou um metrô e vejo aquela gente toda fumando... Montei um grupo no meu bairro que se chama Comitê do Combate ao Tabagismo. Estamos fazendo uma pequena manifestação pacífica diante de todas as tabacarias do bairro. Acho que, se pressionarmos bastante, conseguiremos enfiar a mensagem na cabeça deles.

AMIGO *(acendendo outro cigarro, chateado)*: Já passou alguma vez pela sua cabeça que as pessoas poderiam gostar de escolher se querem ou não fumar? Sabe, nós somos adultos.

ÁRIES: Mas eu sei o que é melhor para todos. Você diz que é adulto, que pode escolher, mas você realmente leu sobre tabagismo?

O assunto pode ser o fumo ou qualquer outro de interesse público. Dê ao ariano uma missão, uma causa, uma batalha em que possa trucidar o inimigo, um demônio a ser desafiado, e eis que surge a velha armadura, limpa e polida para qualquer caso de emergência. Nós não sabemos se Joana D'Arc era realmente ariana ou não. A data de seu nascimento se perdeu, mas sua convicção, sua coragem, sua bravura, seu fanatismo, sua visão, sua devoção à causa da nação francesa e à defesa dos oprimidos – muito importante este último – a fazem bem ariana. Você reparou na ênfase dada a oprimidos. É que um ariano nunca se sente inteiramente no seu direito se não há um oprimido para defender.

Se vivêssemos em uma sociedade utópica, Áries ficaria sem lugar, pois ele vive pela batalha. E grandes batalhas requerem grandes ideais. Lembre-se de que Áries é um signo de fogo e que todos os signos de fogo tendem a mitificar a vida. O idealismo justifica a batalha, revela a coragem do guerreiro, sublinha seu gênio em ações rápidas: é o escudo, a defesa dos fracos e oprimidos, dos abandonados. Joana D'Arc dificilmente teria se tornado a figura mitológica que é se não tivesse um pobre, negligenciado e deserdado rei para defender. Foi isso o que imprimiu à sua causa um significado. Devolver ao reino o rei perdido, o retorno da justiça. Isso tudo soa um tanto "velozes e furiosos" para uma vida comum, não? Não importa; arianos não acreditam em uma vida comum. Mesmo que não haja reis perdidos para fazer subir ao trono (se bem que nunca se sabe), o ariano sempre consegue achar um papel de benfeitor social para atuar, em qualquer forma de vida ou expressão humana desdenhada, subestimada, negligenciada – ou qualquer causa perdida. Áries é o inimigo natural da coletivização, pois a coletivização destrói o mito e elimina todo o drama do opressor e do oprimido.

O espírito cavalheiresco é decididamente uma das qualidades de Áries. Não que ele não seja sofisticado. Algumas das mais cultas, brilhantes, e bem informadas figuras públicas são arianas. Mas, no fundo, na alma do ariano a época do amor cortês ainda subsiste. Ele ainda procura a Ordem dos Cavaleiros, a Távola Redonda da qual possa fazer parte e que possa declará-lo um Real e Fiel Cavaleiro para se lançar na aventura do salvamento da donzela em perigo. Você pode notar que os arianos são muito preocupados com donzelas em perigo. Grande parte do lado bom do relacionamento com um ariano consiste exatamente nessa parte cavalheiresca de salvamento. Depois, claro, o cavaleiro monta em seu cavalo e sai cavalgando para longe. Cavaleiros nunca ficam em seus lares, trocando os fusíveis queimados do castelo. Eles precisam de aventura, senão ficam pálidos e apáticos, além de angustiados. E os arianos precisam de aventura, seja fazendo dinheiro, dirigindo uma escola ou desenvolvendo qualquer nova ideia que possa sacudir ou alterar o mundo que os rodeia, mas tem de haver aventura. Contentamento, serenidade e monotonia dá a eles indigestão psíquica.

O planeta regente de Áries é Marte, o mitológico deus da guerra e da paixão. Todas as suas qualidades, quando você lê em fontes como a *Ilíada*, remetem a Áries exagerado. Ele é corajoso até a temeridade, e sua coragem se mistura com um traço liberal de charme pessoal (por trás do pano, digo que coragem é mais um traço de Escorpião, a face escura de Marte).

Lendo a história da civilização, quando chegamos às descrições da época da cavalaria, uma das passagens mais interessantes é a Guerra dos Cem Anos. A fina flor da cavalaria francesa perdeu batalhas desastrosas em Crécy, Poitiers e Agincourt. Todos se portaram como arianos. Não havia disciplina nas fileiras francesas, em grande parte porque cada cavaleiro estava tão imbuído de sua própria honra e de sua bravura que não podia receber ordens de um superior. Brigavam constantemente entre si, pois não havia espírito de cooperação: todo cavaleiro era um nobre e todo nobre, um autocrata. Colocavam sobre si armaduras pesadíssimas e estandartes, a ponto de, se um cavaleiro caísse de seu cavalo, não poderia voltar a montá-lo sem a ajuda de um par de escudeiros – ou de um guindaste, que ainda não havia sido inventado. Você percebeu os traços arianos? Sem dúvida os ingleses, bem mais disciplinados mas sem tanto colorido, acabaram com eles, se bem que não com todos. Muitas vezes essa qualidade chamada temeridade leva alguns anos até ser temperada pela realidade da vida. Áries leva muito tempo para crescer. São necessários alguns tombos feios e algumas brigas com outros cabeças-duras para ensiná-los que nem tudo pode acontecer naquele minuto de acordo com a sua própria e única visão criativa.

Áries se portará sempre honradamente, seja com um amigo, seja com um inimigo; será generoso e leal com os amigos e, se bem que fulminantemente desdenhoso, raramente se inclinará ao revanchismo ou a um comportamento mesquinho para com seus inimigos. Tem uma tendência para fazer alguns inimigos, não só porque é impetuoso e impulsivo, mas porque inspira um certo ciúme nas pessoas, pois, de alguma maneira, ele é maior do que a vida. Tende a se mitificar e a agir de acordo com essa mitificação. Há também um forte traço de impaciência, no limite da arrogância. Áries não suporta tolices, atrasos, insubordinação, lentidão, estupidez e indiretas; enfim, não suporta nada com boa vontade, mas, sim, com nobreza.

Como todos os signos de fogo, Áries é no fundo uma criança, o que quer dizer que às vezes ele pode ser infantil; outras, uma criança corajosa, de bom coração. Pode ficar muito nervoso e de cabeça quente por alguma coisa que uma alma menos preocupada deixaria de lado ou nem veria. Não importa sua idade, de 6 a 80 anos, ele sempre conseguirá se atirar ao trabalho ou a seu projeto com muito entusiasmo e energia. Muitos arianos têm tanta energia que você se cansa só de olhar para eles. Trabalham em 18 projetos ao mesmo tempo, todos bem atuais, como se tivessem tomado uma pílula invisível que lhes permitisse ficar sem comer, dormir, descansar ou pensar na vida. Essa qualidade de energia dinâmica é uma das características mais evidentes de Áries. Essa e o fato de estar sempre com pressa, mesmo sem motivo algum. Ele corre da sala para a cozinha porque tem necessidade de movimento, de cor e de vida à sua volta, pois se entedia rapidamente. Quando isso acontece, você passa a conhecer o Áries rabugento, irritado, grosseiro e genioso – que pode ser bastante assustador. Já tentou confrontar Marte em um campo de batalha? Mas é bom lembrar que os gestos de Áries são estilizados e muito dramáticos. Todo aquele fogo, a fumaça e a explosão são como birra de uma criança mimada; se estivesse de fato zangado, ele não explodiria tanto; na surdina ele destruiria tudo o que estivesse em seu caminho. Mas temperamento é só isso – temperamento. Quando passa dos limites, explode e fim, não fica nenhum rancor. Ele é cortês e distraído demais para guardar rancor. Afinal, não era tão importante assim, pensa.

Tive um cliente ariano que me falou em uma sessão sobre a sua infância. Contou que, quando queria que a mãe comprasse algo que desejava, um brinquedo ou um doce, por exemplo, e ela recusava, tinha uma tática infalível: fazia uma cena ali no meio da rua, bem na frente da loja. Não era uma cena barulhenta, como as crianças fazem, porque ele não era qualquer criança. Anunciou em voz de arauto: "Vou prender a respiração até ficar azul" – e fizera isso mesmo, ali na calçada, onde todo mundo tivera de parar e rodeá-lo para ver o que estava acontecendo com aquela pobre criança. A mãe nunca esperou o filho ficar azul e, sem dúvida, não conhecia anatomia ou o fato de que, se a criança ficasse inconsciente e caísse, voltaria a respirar normalmente. Ela apenas comprava o brinquedo ou o doce, certamente intimidada pelo pequeno deus da guerra.

Pensamos que essas coisas terminam na infância, mas esse meu cliente ariano mostrou, infelizmente, que, embora a natureza da teimosia tenha mudado (quem acreditaria numa pessoa de 45 anos dizendo que ia prender a respiração até ficar azul?), as táticas continuavam. Ele mantinha seus familiares atemorizados. Em geral, os arianos conseguem que todo mundo faça o que eles querem, e seus métodos não são nada sutis. Não fazem chantagem emocional, como Câncer; nem longas preparações estratégicas com planos e pressões financeiras como Capricórnio; nem as gentis e diplomáticas habilidades políticas com espírito colaborativo de Libra. Não, Áries é bem direto. "Faça isso", e se você não fizer lá vem o mau humor – pode ser uma porta batida, uma noite de silêncio congelante, um sermão, ou alguns pratos estilhaçados.

Podemos analisar um ariano ou uma ariana a partir de sua obstinação. Ele é inquestionavelmente desatento para o fato de que as outras pessoas podem querer dar um rumo diferente aos acontecimentos, pois é difícil para ele compreender um compromisso e cooperar. Quando algo lhe parece certo, briga por isso a ferro e fogo, como se soubesse o que é a verdade. Áries é dogmático e não nota opiniões divergentes a não ser que você as grite. Então, ele fica ferido por você pensar que ele é egoísta ou egocêntrico. Na verdade, ele não é mais egoísta que os outros, às vezes, é até menos, pois tende a ser generoso com erros. É também presa fácil de uma história triste, sendo possível tirar proveito dele facilmente, pois não é muito astuto em julgar o caráter das pessoas. Ele não suspeita dos outros e vai sempre pensar o melhor deles, até ter uma surpresa desagradável. Deslealdade, intriga e maldade de qualquer espécie de fato o desorientam e o machucam – o que ocorre, pois, vivendo em seu mundinho de ideais, tende a esquecer fatos e situações reais. Ele não vê as coisas como elas são, mas como poderiam ou deveriam ser. Mesmo quando todo mundo está cansado, desanimado ou apático demais para tomar uma atitude, Áries vai à luta sozinho se for preciso (ele gosta de companhia, mas pode ir só) combater o dragão. E não pede recompensa pelo feito, talvez um pequeno aplauso, um gesto de aprovação, nada mais.

Tentar conviver com um ariano pode ser difícil se você for do tipo que gosta do *status quo*, onde tudo permanece como está, imutável. Áries tem necessidade de ação, algo em que colocar sua energia, que o estimule e ofereça novas oportunidades. Um ariano não trabalha bem subordinado a chefes mandões. Ele tem necessidade de um alvo, de um desafio e de muita liberdade pessoal para dar andamento a seus projetos, sem interferências.

Existe também um tipo de Áries que desmente tudo isso, do mesmo modo que pode suprimir suas qualidades naturais. É o ariano paciente, indulgente e dócil, guiado por uma esposa ou um marido poderosos, ou dominado por um poderoso patrão. É quando todo seu fogo se volta para dentro e o consome. Um sintoma muito comum quando a raiva é interiorizada é a dor de cabeça. Você não pode esperar que o deus da guerra fique feliz regando gerânios na sacada de uma casa. Ele vai despedaçar seu coração ou fazer da vida daqueles que o rodeiam um inferno.

Nem todos os arianos têm a disposição física do deus Marte, mas muitos apreciam os esportes e as competições esportivas. É onde encontram o espírito de competição e vitória, o que pode se dar também no plano intelectual. Muitos arianos parecem ter essa qualidade de energia dinâmica no plano mental e, quer sejam estudantes, filósofos, profetas, artistas ou líderes religiosos de qualquer espécie, você fica imediatamente impressionado com a vivacidade de suas mentes. Eles adoram desafios mentais, problemas difíceis de resolver, textos impenetráveis que os façam batalhar. Não pense que todos os arianos usam armaduras físicas e montam cavalos. Alguns o fazem muito discretamente; mas observe o brilho da couraça de aço em algum lugar, e então irá encontrá-lo.

Como Leão e Sagitário, Áries tem problemas para enfrentar as situações concretas. Alguns arianos são muito desajeitados ao lidar com coisas mundanas, como alimentação, dinheiro, impostos. Alguns são protegidos por um exército de secretárias, agentes, empregadas etc., e assim parecem ser modelos de eficiência. Mas, na verdade, sozinhos, tendem a fazer uma confusão infernal em seu mundo material. Alguns até se arranjam bem, mas conhecem suas limitações. Para Áries, tudo é possível. É claro que nem tudo é possível, mas se você disser isso a um ariano ele vai achar que você é um covarde sem imaginação, e vai querer provar que pode ser feito. Vai se meter em muitas encrencas para ganhar a parada e conseguir o impossível, tudo ao mesmo tempo.

Um dos problemas mais perigosos do ariano é que ele se desilude e se amargura facilmente, pois sua realidade está tão saturada de valores cavalheirescos que se vê muitas vezes atacado e ferido por pessoas que se recusam a reconhecê-los. Dessa forma, não se compromete de bom grado com as pessoas ou com a vida e, se está infeliz, tem planos loucos demais ou até mesmo impossíveis, pode ficar num estado deplorável. Antes de qualquer coisa, é preciso aprender a ver as pessoas e deixá-las ser como são, sem interferência. Conquistar os infiéis não funcionou no século XIII e certamente não vai funcionar no século XXI. É importante para um ariano aprender a se equilibrar, a encontrar o meio-termo entre a sua nobre visão de como o mundo deveria ser e suas limitações, não apenas as próprias, mas as do tempo em que vivemos. Se conseguir esse equilíbrio, Áries limitará suas ambições o suficiente para que se tornem realizáveis, sem se entregar àquele desespero de causa que acometia os cavaleiros medievais quando não conseguiam conquistar a Terra Santa.

Estranha criatura esse nosso carneiro de fogo. É capaz de pensamentos profundos e considerável ternura, mas, sem aviso prévio, pode outra vez se empenhar em batalhas imaginárias. A vida não é nem um pouco entediante com um ariano. Se não houver uma crise, ele criará uma. Irá atormentar pessoas e abalar situações estáveis, estagnadas, até a grande explosão final. É claro que quase sempre ele se afastará antes para não se queimar. O ariano pode ser impertinente, desestabilizando tudo o que está bem colocado, determinado e seguro porque gosta de fazer o papel de advogado do Diabo e não se incomoda que todos se aborreçam com ele por causa disso. Afinal, isso gera alguma ação, e ação, para Áries, é sinônimo de vida.

## O MITO

Dois mitos sintetizam Áries: um da Antiguidade, da Grécia; o outro, Medieval, continua inspirando filmes, séries e romances. Vamos começar falando do segundo: o fora da lei da floresta de Sherwood, Robin Hood.

Robin Hood é uma perfeita personalidade do tipo Áries. Antes de mais nada trata-se de um fora da lei, o que de certa maneira representa o ariano, que gosta de mudanças e de progresso. Muitas vezes, enfrenta a autoridade estabelecida, literalmente ou como um expoente de novas ideias. Os defensores da sociedade quase nunca gostam de indivíduos de Áries, pois eles criam problemas, deixando-os sempre alerta. Robin Hood, autonomeado campeão dos oprimidos, dos pobres e inimigo da autoridade estabelecida e corrupta, representa bem o nosso Cavaleiro.

Temos também de considerar o bando de Alegres Companheiros que sempre o acompanham. Robin Hood não é um bandido obscuro e sombrio que se esgueira por pequenos atalhos; ele aproveita bem a situação. Essa é também uma qualidade de Áries, um signo de fogo que sabe se divertir. A vida para ele é fantástica, sobretudo quando há perigo. Quanto maior o perigo, mais tempero a vida tem. Achamos que os arianos são motoristas rápidos, meio imprudentes. Muitos o são. A ideia é enfrentar a batalha sorrindo.

Todo o cenário no qual o mito de Robin Hood está mergulhado é também muito ariano. Há um rei bom – Ricardo Coração de Leão – que está longe, partiu numa Cruzada para retomar a Cidade Santa dos infiéis. Existe um irmão mais novo, mau e invejoso – o rei João – que usurpou o direito de Ricardo ao trono. Há os pobres oprimidos e os ricos e arrogantes senhores. Há outra figura má e corrupta na condição de arquétipo eterno, o xerife de Nottingham, que representa uma autoridade falida, sem piedade, uma estrutura de classes sem direitos. Você pode imaginar por que todo esse mito é tão representativo de Áries. Até a amada Lady Mariana se enquadra bem no sonho ariano. Ela tem de ser salva. Muitos arianos interpretam Robin Hood de alguma maneira em sua vida, descaradamente roubando o inimigo opressor para socorrer os menos favorecidos pela sorte, e, claro, no fim da história, o bom rei Ricardo volta. Mas neste conto lindo existe um pequeno equívoco, também ariano: o rei Ricardo não é um rei particularmente bom. Mas isso não importa ao ariano, pois muitas vezes ele esquece a qualidade da causa ou da pessoa que está defendendo. Joana D'Arc nem percebeu que o Delfim, Carlos VII de França, não merecia o sacrifício de ela ter sido queimada por sua causa; o que vale é a fantasia.

Vejamos agora o outro mito de Áries. É sobre Jasão e os Argonautas e a retomada do Velocino de Ouro. E tem de ser um velocino de ouro, pois o carneiro (o velocino) é o símbolo de Áries. Você pode interpretar essa busca como a meta final de Áries, seja ela a realização de sua própria individualidade, o término de sua investigação, o salvamento da donzela ou seja lá o que for, não importa. Jasão, como verdadeiro ariano, ouve falar do fantástico carneiro e fica maravilhado ao saber da impossibilidade de achá-lo, o que apenas o encoraja. Reúne então seu bando de Alegres Companheiros – os Argonautas – e chega à Cólquida, onde está escondido o velocino. Depois de passar por muitas aventuras e perigos, ele o toma para si.

O mito de Jasão não tem um final feliz, mas esclarece um pouco os perigos que um ariano tem de enfrentar em sua busca. Jasão é um tipo de ariano fracassado, e sua derrota é decorrente do tratamento que deu a uma mulher: Medeia.

Para conseguir chegar ao Velocino de Ouro, Jasão contou com a ajuda de uma princesa feiticeira, Medeia, filha do rei da Cólquida, que se apaixonou perdidamente por ele. Ele era tão intrépido, heroico, bravo, corajoso e nobre que Medeia se dispôs a sacrificar a vida do irmão para ajudá-lo, de tão apaixonada que estava. Tudo ia bem, até a volta, quando o Velocino de Ouro sobe à cabeça de Jasão e ele começa a comportar-se mais como um estúpido carneiro do que como um velo dourado. Então, ele tenta trocar Medeia por uma princesa mais jovem e bela. Este é o problema do ariano: uma vez atingida sua meta, ele muitas vezes esquece a ajuda que recebeu ao longo do percurso ou fica aborrecido e se afasta.

Tal atitude é muito frequente nos relacionamentos de Áries. Só que Medeia não é mulher que se deixe pôr de lado dessa maneira. Ela provavelmente é de Escorpião. Em vez de deixar o caminho livre para a nova favorita, ela trucida os dois filhos que teve com Jasão, envenena a jovem noiva com um manto embebido em um líquido mortífero e foge numa carruagem puxada por dragões alados. A sorte começa a abandonar Jasão.

Pode-se dizer que ele subestimou e negligenciou o poder e o valor de uma mulher, o que fazem muitos arianos. Para eles, o mundo é povoado por heróis e nobres causas, e eles podem frequentemente negligenciar o poder da gentileza, da paciência, da simpatia, do compromisso, da compreensão e da concórdia. As mulheres de Áries também são assim. Lembre-se de que Joana D'Arc insistia em vestir roupas de homem. Assim, nosso herói Jasão chega a um amargo fim não porque deixou de conquistar o Velocino de Ouro, mas porque não levou em consideração nada além de seus desejos, fantasias e valores, recebendo em troca uma bela vingança.

Ambos os mitos revelam as necessidades e os motivos mais profundos da natureza do ariano. Há a necessidade de uma meta – sem meta a vida do ariano não tem sentido – que pode ser de longo ou curto prazo, mas tem de haver uma meta. Há a necessidade de uma busca, seja ela uma viagem cheia de perigos, cujo fim seja um cobiçado e quase impossível prêmio, ou uma batalha em que corre muitos perigos, mas defende os ideais e as fantasias que lhe deram vida. Áries é um signo de novas ideias e de mudanças – e a necessidade de promover mudanças, olhar para o futuro e conquistar o inimigo está fortemente enraizada nesse signo.

Podemos considerar os 12 signos do zodíaco como um ciclo que descreve a roda da vida, começando com Áries e terminando com Peixes. Áries, o primeiro signo, o da primavera mítica, é símbolo de uma nova vida depois do frio e tenebroso inverno. Toda a natureza proclama a primavera com uma explosão de vida e de cor, algumas vezes precipitada, outras, arrojada, outras, ainda, prematura, mas como um sinal de que tudo renasce. Não importa quão escuro, limitador ou deprimente tenha sido o inverno, ele sempre termina na primavera. O mundo inteiro responde à nova esperança e à nova vida dessa estação. Para Áries, a primavera é constante, um permanente desafio às agruras do inverno, um constante esforço para trazer nova vida à terra congelada. No entanto, mesmo impaciente, irascível e desajeitado, o cavaleiro em sua armadura brilhante torna possível à vida progredir, mudar e crescer. De certo modo, ele tem de ser um pouco cruel, tem de forçar a situação ou ser insensível para fazê-lo e, quem sabe, em tempos mais sóbrios ainda por vir, quando tivermos esquecido os cavaleiros, a cavalaria e o amor cortês, quando tivermos aprendido a manter nosso compromisso, a voz de Áries será um pouco mais ouvida.

## A SOMBRA

Sim, os cavaleiros montados em seus cavalos brancos têm sombras, e você pode esperar que da armadura brilhante sobre a qual o Sol incide se produza igualmente uma sombra bem escura. Por terem uma realidade muito colorida, criada por sua visão mitológica interior, todos os signos de fogo têm sombras pesadas e terrenas. O que muito se aplica a Áries. Duas palavras para descrever a sombra de Áries: indolência e mesquinhez.

Essa indolência não é perceptível quando ele passa por você dentro de sua armadura brilhante, na velocidade de um relâmpago. Não se costuma pensar em Áries como uma pessoa preguiçosa, o que ele de fato não é. Não lhe falta energia física ou dinamismo, mas por ser inclinado à fantasia – com todas as lindas imagens de cavalaria, de amor cortês e a glória das caçadas – o ariano pode manter outra faceta da vida medieval: uma atitude de nobreza em relação ao mundo. Por estar no mais alto grau na hierarquia social (mesmo que financeiramente arruinada) a nobreza acredita que tem de ser servida pelos menos favorecidos.

Isso corresponde a um sonho secreto de muitos arianos: ter um patrono rico. Esse sonho não é o mesmo que o apego de Touro aos prazeres materiais ou que a passividade de Peixes, que requer sólido apoio. Áries pode acreditar tanto em seu próprio sonho, em seu talento, em sua missão messiânica, que fica na expectativa de que almas menos talentosas lhes forneçam os meios materiais para atingir suas metas. Mesmo Joana D'Arc, ao chegar ao castelo de Vaucouleurs, pediu um cavalo, armadura, uma companhia de combatentes, um valete, um escudeiro e algumas roupas bonitas para se apresentar diante do rei.

A expectativa de que os outros resolvam para eles as questões de subsistência é um grande problema para muitos arianos. É por isso que muitos arianos criativos, dotados e idealistas, com real talento, não chegam a nada. Ainda estão esperando pelo patrono rico, acreditando que o mundo lhes deve algo pelos seus dons, e quando isso não acontece podem ficar bravos e irritados, como se a vida os tivesse ofendido. Não que o ariano seja avesso ao trabalho; ele pode trabalhar mais, ser mais devotado e até mais obsessivo do que qualquer outro signo, só que o trabalho tem de ser o que ele escolheu. E todos os detalhes materiais têm de estar resolvidos antes de sua chegada. Ele não quer ser incomodado com isso.

É bastante comum ver o homem de Áries tomando atitudes como essas em seus relacionamentos pessoais. Áries tem tendência a ser duro com secretárias, empregados, mensageiros, balconistas. É muito impaciente, irritável e fica aborrecido quando algo não é feito imediatamente, com rapidez e perfeição. Nem se lembra de que, se tentasse fazer pessoalmente o que pede, faria uma grande bagunça. Ele nem tentaria fazer. Ele é Especial, ele é o Cavaleiro. Cavaleiros não ficam polindo suas armaduras, nem dando de comer a seus cavalos. Para isso existem as outras pessoas. Sim, senhor, o Cavaleiro pode ser muito insolente se você o pega em casa. Sua galanteria, bravura e nobreza ocultam essa faceta e lhe permitem esconder a pessoa maçante que ele pode se tornar se encontrar um pontinho de ferrugem em sua armadura.

Isso nos leva à segunda palavra que define a sombra de Áries: a mesquinhez. Talvez meticulosidade coubesse melhor. É o tal pontinho de ferrugem, pois ele não está conectado ao plano terrestre e pode se tornar obsessivo, adquirindo características que esperaríamos daquele que é tradicionalmente o Rei da Meticulosidade: Virgem. Mas essa marca do ariano é diferente da necessidade de ordem, de organização e de ritual de Virgem. Áries não quer a ordem. Ordem é um conceito que não lhe interessa, uma vez que seu universo é preenchido primeiro com a sua própria figura. Ordem é um ajustamento de muitas partes dentro de um todo. Para Áries, só existe uma parte – ele – e o todo, no qual estão contidos ele e suas fantasias. Não, Áries é meticuloso em outro sentido. O que for feito para ele tem de ser perfeito, sem manchas, sem defeitos e sem demora. O famoso mau gênio ariano pode ser provocado se algo não foi bem feito. Áries não tem paciência com serviço malfeito.

Ele pode até empreender uma Cruzada por isso. Se uma camisa volta da lavanderia com o colarinho malpassado, isso significa uma campanha pública e muitas longas conversas e reclamações com a lavanderia do bairro. Se o ponto da carne não está a seu gosto ou as batatas fritas estão engorduradas, o restaurante inteiro se torna um campo de batalha, porque o idealismo delirante passa a dominar: "Pensem nos outros pobres fregueses, na moderna sociedade de consumo", "é tudo culpa do governo, e...". Bem, você já entendeu. A menor fagulha pode explodir com fúria incontida nesse pobre cérebro, pois pequenos problemas sempre parecem a Áries grandes problemas simbólicos. A razão disso é o fato de que, aparentemente, ele vê tudo de forma simbólica. O que quer que aconteça não é só incidente ou um acidente isolado; é sintomático de algo maior. Assim, a ruguinha no colarinho da camisa é um sintoma do relaxamento com que as pessoas hoje em dia fazem seu trabalho, e as batatas engorduradas também são sintomáticas dos baixos salários e das más práticas de contratação de pessoal, do governo, que, aliás, ele não tolera, e assim por diante. Então você preferiria que ele tivesse de fato partido numa Cruzada para conquistar a Terra Santa e o deixasse em paz.

Dom Quixote é um personagem que tem em si muito da sombra de Áries. Ele combate moinhos de vento. Esse traço peculiar do Cavaleiro de Armadura Brilhante é muito desconcertante, uma vez que em geral Áries é grande em tudo – coração, carteira, fantasia – e, no entanto, pode explodir por ninharias. Essas ninharias são em geral assuntos materiais, pequenos detalhes triviais, que fazem qualquer signo de terra sorrir e continuar vivendo normalmente.

Um conselho a ser dado à sombra de Áries: relaxe e vá levando a vida, pois o mundo é habitado também por outras pessoas importantes. O ariano que fica guardando suas ideias criativas como o virginiano guarda sua virgindade pode ficar muito desapontado com a vida, pois o patrono rico pode existir apenas em sua ardente imaginação. Pode ser que ele mesmo tenha de sair para ganhar seus proventos, dedicando-se a trabalhos ou atividades que não sejam do seu agrado. E o ariano que espera que tudo seja feito imediata e perfeitamente talvez tenha de reconhecer que outras pessoas têm outro tipo de vida, outras necessidades, outros sonhos e talvez outros interesses além dele, e sobretudo, como ele, não são perfeitas. A impetuosa sombra de Áries deve ser temperada com o pão e o sal da paciência e um pouco da gentil tolerância. Relaxe um pouco para que a enorme armadura não lhe pese muito; e se você não maltratar tanto seu cavalo, a ponto de quase o matar de cansaço quando sai para uma Cruzada, ele poderá ajudá-lo quando você mais precisa. Áries pode aprender uma lição com os arqueiros do rei Henrique V em Agincourt. Eles tiveram paciência, tolerância, humildade e disciplina, e venceram.

## Áries e o amor

Áries apaixonado é aquilo que naturalmente seria de esperar. No amor cortês, cavaleiros com armaduras brilhantes não amam pouco ou pela metade. No entanto, muitas vezes, amam mais o brilhante ideal do que a princesa de carne e osso, que pode estar com calor e sem graça, sentada, assistindo a uma luta sangrenta organizada em sua honra.

Para Áries, a metade da alegria do amor está na conquista. Pode-se até dizer que para muitos arianos o amor é antes a luta pela conquista do que a vitória ou a posse. Você já viu tapeçarias medievais com temas de caçada? Você vê todas as facetas da caçada: o toque da trombeta, os cachorros, os belos cavalos, as damas com seus chapéus elegantes... mas nunca a presa. Que coisa mais enfadonha e banal! Uma vez apreendido, o animal é servido à mesa ou pendurado na parede como troféu. Alcançado o sucesso, o caçador já começa a pensar na próxima caçada.

Alguns arianos seguem à risca esse modelo em seus relacionamentos amorosos; por isso é uma boa ideia ser um pouco relutante diante da perseguição de um cavaleiro ariano. Você precisa saber jogar o jogo. O amor cortês é um notável ritual estilizado de relacionamentos humanos. O lindo jovem cavaleiro sempre se apaixona por uma dama inacessível. As acessíveis já estão em sua vida, é claro – pode até ser sua esposa –, mas elas não contam. Aquilo que ele não pode ter é o que verdadeiramente ama e adora. Ele escreve poemas para ela, pinta miniaturas, canta baladas de trovadores, transforma-se em um pobre menestrel para que ela possa lhe atirar uma rosa de seu balcão. Ele pena e se aflige, contempla a lua sem cessar e passa muito tempo vagando pelas florestas numa espécie de triste e langorosa melancolia; usa as cores dela nos torneios e oferece sua vida para realizar façanhas perigosíssimas em sua homenagem. Eventualmente, espera-se que a dama seja conquistada, mas nunca se ouviu falar do que acontece depois.

Não que o ariano seja incapaz de ser leal e fiel, ou de manter um relacionamento constante. Ele apenas tem a tendência a ficar nervoso se a relação nunca muda ou lhe traz algum desafio ou conflito. Conhecendo a personalidade ariana, extremamente masculina, pode parecer que o parceiro ideal seria alguém passivo, frágil e submisso. Não é verdade. Há muitos casais nessas condições, mas o relacionamento não dura muito. Áries sofrerá muito em um relacionamento amoroso em que domina por completo. Assim, almas submissas, cuidado!

Áries, assim como os dois outros signos de fogo, Leão e Sagitário, é um romântico. Os aspectos prosaicos do amor não lhe interessam. Assar peixinhos numa lareira só se a lareira ficar num chalezinho nos Alpes, cercado por tanta neve que a equipe de salvamento só possa chegar depois de três dias, ou a não ser que o peixe tenha sido capturado pelo casal correndo enorme risco, tendo de nadar furiosamente até a praia, segurando o peixe com os dentes depois que o iate naufragou. No momento em que a vida cai na rotina, Áries, homem ou mulher, começa a bocejar. Por aí podemos pensar que é uma tarefa impossível manter um clima de constante animação e estímulo para um companheiro ariano. Isso não quer dizer que você tenha de inventar novidades; quer dizer que você tem de tomar o cuidado de não domesticar seu desejo de animação, de mudanças e de desafios, sejam eles físicos ou mentais. Isso quer dizer que você deve continuar levando sua própria vida com seus próprios interesses, de modo que ele ou ela nunca sintam que você é dele ou dela, ou que o seja de modo completo e exclusivo. É aí que a relação começa a se deteriorar.

De qualquer maneira, você não vai se entediar, a não ser que o seu ariano seja um daqueles bem reprimidos que voltaram toda a sua energia e seu dinamismo contra eles mesmos. Áries nunca entedia, nem o Áries machucado e introvertido; até sua neurose é interessante. Se você está procurando um companheiro impassível, tranquilo e satisfeito, fique longe de Áries; o seu forte não é a satisfação, é o desafio. Tente um Touro ou um Câncer, senão você pode sair chamuscado.

## O Homem de Áries

O homem de Áries é o cavaleiro original e também o típico machão: é preciso dar-lhe um bom chega pra lá para lembrá-lo de que sua proteção e interferência podem não ser bem-vindas. Ele precisa, praticamente, ser virado do avesso para entender que você pode cuidar de si mesma.

Existem mulheres que não querem fazer isso ou são tão espertas que conseguem fazê-lo de maneira discreta, sem arranhar o frágil ego ariano. Não há dúvida de que o ego ariano é uma casca de ovo. Ele é um homem com H maiúsculo, o macho alfa, e acha que tem a obrigação de conservar essa imagem mesmo quando não se sente assim. Os cavaleiros também se cansam, se abalam, se ferem e ficam vulneráveis, mas não se ouve falar nisso. Ninguém jamais descreveu Sir Lancelot com uma terrível dor de cabeça e precisando de consolo. Assim, o homem de Áries muitas vezes ultrapassa seus próprios limites ao tentar manter a imagem do homem ideal. Ajudaria muito se ele relaxasse um pouco e reconhecesse que também é humano. Mas o ariano tem grande dificuldade em reconhecer sua própria humanidade por estar tão envolvido com o mundo dos mitos.

O homem de Áries é capaz de alternar grandes gestos de generosidade, cheios de poesia e difíceis de serem superados, com uma cruel insensibilidade e desprezo pelos sentimentos alheios. Quando está de mau humor, ele nem percebe como fere os mais sensíveis que ele; e quando está bem, espera que todos à sua volta acreditem tão piamente no que está fazendo, que deveriam abandonar suas próprias metas e fantasias. Se você acredita nos sonhos dele, ele vai ser seu melhor amigo e vai defendê-lo e protegê-lo literalmente até a morte.

O que mais faz um ariano sofrer é o estranho sentimento de que a deusa que ele idolatra, a princesa que adora, é uma tênue e vaga figura bem atrás de seu ombro esquerdo. Se você tentar lhe dizer que é humana, que é uma pessoa, talvez ele não entenda. Áries tem a propensão a idealizar a mulher. O Eterno Feminino é para ele quase uma realidade, e ele o ama quase tanto quanto o deseja; mas as qualidades pessoais e individuais de uma mulher nem sempre são tão notadas. Em geral, ele gosta do que considera uma mulher feminina e tende a se estereotipar no papel do macho alfa. É difícil trazê-lo de volta à terra para que o contorno real de duas pessoas emerja do mito. E às vezes – se ele é um tipo extremo de signo de fogo –, se o contorno real da parceira o perturbar demais, pode até lançar-se em outra conquista. É mais fácil estar apaixonado por uma imagem do que por uma mulher real, pois é preciso se relacionar como indivíduo, e isso significa agir com calma, ter consideração, sentimento, saber se adaptar. Já dissemos que Áries não é muito dado a adaptações.

Com Áries não há falta de paixão, tampouco falta de romance. Ele não é do tipo "sábado sim, sábado não, às dez e meia". Áries pode ser um Don Juan ou um Casanova, mas certamente não é um apaixonado do cotidiano. Você tem de gostar de seu romantismo e participar dele. Realismo demais mata seu fogo e a rotina estraçalha o seu espírito.

Áries gosta de emocionar suas mulheres. Isso pode se dar de forma prática e física, ou de maneira sutil e intelectual. Adora brincar de Pigmaleão – transforma, cria e convence com suas ideias, estimula seu intelecto. Muitos arianos adoram pensar que começam com o barro sem forma e moldam uma deusa. Sem dúvida, Pigmaleão era de Áries. Repito: se você for uma feminista ferrenha, isso pode ser desagradável. Se você está bem consigo mesma e não precisa provar nada a ninguém, pode até ser divertido, encantador, tocante, mas mesmo assim chato. O problema de ser o objeto dos cuidados de Pigmaleão é que enquanto você mantém a forma que ele esculpiu está tudo certo; mas se você acrescenta um ornamento ou detalhe que não estava em seu projeto original, o ariano pode ficar ofendido, ferido e até se sentir ameaçado.

A verdade é que Áries é um signo muito vulnerável quando se trata do relacionamento com mulheres. Clint Eastwood dirigiu e interpretou um filme chamado *De Qualquer Jeito, Mas Livre*; como todos os seus heróis, Clint Eastwood representa o machão original, duro mas sensível, forte mas poético, capaz de surrar bandidos, mas ser terno com senhoras idosas e cachorrinhos e capaz de sentir o perfume das flores. Está completamente abobalhado e entregue aos encantos de uma vigarista disfarçada de donzela em perigo. Ela parece tão frágil, desprotegida, tão oprimida, tão insultada! O que ela quer mesmo é dinheiro e um rápido adeus. Seu olhar de enganado e ofendido no fim do filme é o clássico olhar ariano. Sua falta de visão e a cega persistência em tomar a imagem ideal pela verdadeira mulher é que o fazem responsável por essa deplorável situação. É por ser tão vulnerável às mulheres que ele algumas vezes se torna grosseiro com elas. Esse é um paradoxo bem peculiar dos signos de fogo e, em particular, de Áries.

Por outro lado, o homem de Áries tem uma suprema qualidade que deve ser sempre enfatizada: ele adora mudanças, e isso inclui mudar a si mesmo. Apesar da tendência à arrogância, petulância e imprudência, ele jamais é complacente. Isso quer dizer que, se consegue entender que o relacionamento é algo que cresce e se transforma, que exige perspicácia e atenção, ficará feliz em abraçar a causa. E então você pode tirar todo o proveito do melhor lado do Cavaleiro Andante de Armadura Brilhante. E é exatamente dele que estamos precisando nos dias de hoje.

## A MULHER DE ÁRIES

Ser uma mulher de Áries não é a coisa mais fácil em um mundo que manda Joana D'Arc para a fogueira, pois a atitude que imperava no tempo de Joana ainda não passou. Quando lemos os julgamentos e depoimentos de seus contemporâneos sobre ela, descobrimos algo realmente surpreendente: o que na verdade indispôs todo mundo contra ela não foi seu idealismo, nem seu carisma, seu mito, o drama ou sua estranha capacidade de predizer as vitórias, mas sim sua insistência em vestir roupas masculinas. Praticamente todos os depoimentos contra ela mencionam isso como o pior e mais imperdoável de seus pecados.

A mulher de Áries, por mais feminina, esposa devotada e boa mãe que seja, tem necessidade de uma "Cruzada pessoal". Ela também precisa de um desafio e de projetos que a estimulem e a inspirem, uma causa a seguir, uma meta a alcançar. Ela também sente a necessidade fazer algo que promova mudança e progresso, mesmo que seja em nível modesto. As mulheres de Áries são naturalmente dotadas para posições executivas e de comando por sua energia, coragem, correção e convicção, que lhes dão carisma e autoridade. São pessoas de ação. Não espere que se sentem quietinhas atrás de uma máquina de escrever ou que fiquem assando pão dentro de uma cozinha 24 horas por dia. Em certo sentido, o mundo está apenas começando a ter a capacidade de aceitar o fogo vivo, a paixão da mulher de Áries. No passado, interpretações astrológicas tradicionais enfatizaram suas qualidades masculinas como se isso as afastasse de sua feminilidade natural.

A ariana, sem dúvida, não é o tipo de mulher que preencha as fantasias dos amantes das gueixas no paraíso. Ela não foi talhada para ser maleável, submissa, ou um recipiente vazio no qual o homem pode projetar todas as suas fantasias; nem faz o gênero de adorar seu herói ou de sorrir docemente quando seu companheiro se comporta de maneira intolerável. Ela é mais afeita a debater, gritar, ficar com raiva, sair de casa como um furacão ou colocar sua carreira em primeiro lugar. E tem razão, pois este impetuoso signo sofreu demais com as condições sociais que lhe foram impostas.

A ariana também não é particularmente maternal. Regida por Marte, sua energia tem necessidade de ser dirigida a outros campos da criatividade. Muitas vezes a mulher de Áries, se é mãe, é dedicada e devotada, mas impaciente com a criança pequena, e se torna boa companheira e amiga de seus filhos quando eles ficam mais velhos. Falta-lhe a calma e a capacidade de conviver com o barulho e a bagunça, qualidades que devem estar associadas ao amor nos primeiros anos de vida de uma criança. Ela é capaz também de orientar uma criança quando esta se afasta da direção pretendida pelos pais. Mas as mulheres de Áries têm uma virtude inestimável: a de não viver sua vida através da vida de seus filhos. Isso é um dom maravilhoso. Isso liberta a psique da criança, fazendo-a se desenvolver como ela mesma.

Pode-se dizer, e é claro que há exceções, que a mulher de Áries é melhor amante do que esposa. Isso porque ela precisa de romance e de um certo desafio em seus relacionamentos, sendo às vezes ferozmente independente e capaz de atrair um companheiro facilmente dominável à procura de uma Joana D'Arc.

A maior dificuldade da mulher de Áries no seu relacionamento é a competitividade. Ela está apta a ver um homem não só como um desafio, mas como um adversário-parceiro. Ser superior em uma relação amorosa pode ser um sério problema, e seu natural egocentrismo pode também significar um grande perigo. Isso não é pior em uma mulher do que em um homem, mas parece que no atual estágio de nosso desenvolvimento o ego masculino está menos preparado para aceitar uma investida ariana do que o feminino, que tem alguns milhares de anos de prática.

A mulher de Áries também está apta a cuidar daqueles que ama, e a tentar mudá-los. Esse tipo de interferência – na linguagem popular, a mandona – diverte alguns e enfurece outros. Isso depende do gosto e da capacidade de lidar com isso de forma produtiva. O melhor mesmo é combater essa tendência, pois Áries entende uma boa briga, mas não é capaz de entender deduções dissimuladas, influências ocultas e sutis pressões emocionais. Muitas vezes a mulher de Áries fica indefesa diante de uma insinuação velada ou de uma hostilidade indireta. Essa é uma das razões por que ela é muito melhor amiga de homens do que de mulheres. É típico das mulheres arianas preferirem a companhia de homens, em parte porque não conseguem conviver com as pequenas insinuações e os ciuminhos, características do lado sombrio das amizades femininas, em parte porque existe sempre aquela atração pelo desafio e o flerte.

A ariana é nobre e tem um espírito nobre. É muito difícil viver ou se relacionar com ela por causa de tudo o que dissemos antes. Diferentemente da mulher de Leão, que prefere fazer o papel de rainha, e da mulher de Sagitário, que prefere fazer o papel de cortesã, a ariana é capaz de um compromisso tremendamente leal. Ela vai lutar por aqueles que ama, se dedicar a eles, trabalhar para eles, acreditar neles e inspirá-los. Ela é capaz de estar ao seu lado no campo de batalha, sem perder sua feminilidade. Homens com egos frágeis, que querem ser mimados, fiquem longe dela. Tenho um grande amigo, casado com uma ariana, que, após um comentário em que fazia uma leve queixa sobre o fato de sua mulher ser mandona, disse: "Não há ninguém igual a ela no mundo. Eu nunca pensaria em deixá-la, porque ela é ela mesma. Ela tem uma vida produtiva. É interessante e excitante. Eu a admiro e respeito".

Se você é um tipo de homem que reluta em admirar e respeitar uma mulher forte, tente um outro signo. Só que estará perdendo um bocado.

# Leão

A equipe de relações públicas de Leão está sempre muito ocupada nas colunas de astrologia, retratando o rei dos animais como o máximo. Afinal, seu regente é o Sol, a Grande Luz, como era chamado na astrologia medieval. Temos, portanto, o tradicional retrato de Leão: juba ao vento irradiando confiança e luz solar, pronto a eclipsar qualquer adversário, amando a si mesmo, amando a vida e os aplausos da multidão. Muitos leoninos fazem de tudo para preservar essa imagem. Serão os últimos a confessar que seu signo não é bem isso. Mas não é mesmo.

Aqui, o lembrete de *como* ler o signo solar pode ser útil. O fato de ter nascido com o Sol em determinado signo ou ter um monte de planetas ou o Ascendente ali não quer dizer automaticamente que você seja aquilo, que tenha todas aquelas qualidades para dar e vender e que possa dispor de todas elas como lhe for mais agradável e prazeroso. Quer dizer apenas que há um reservatório de potencialidades inatas em você, e que elas o impulsionam para a frente. Você "cresce" em sua carta natal assim como a semente cresce até se tornar uma planta. As estrelas correspondem a nós, nos refletem, têm uma conexão conosco, mas não determinam o que somos.

Se você vir alguém com muita presença de Leão em sua carta, não cometa o erro de pensar que ele é confiante, radiante, egocêntrico, criativo, seguro de si. Isso quer dizer apenas que ele está tentando desenvolver confiança em si mesmo, tentando ser receptivo a tudo o que o rodeia, tentando descobrir quem ele é, tentando expressar sua criatividade. E pelo fato de suas metas serem tão intensamente importantes para ele, irá gastar muito tempo e energia para desenvolvê-las. Mas e o Leão confiante? Talvez. O problema dele em geral é o contrário, porque ele fica muito tempo só pensando em si mesmo. Afinal, se você olha no espelho e não encontra ninguém, que significado pode encontrar na vida?

Leão é um signo de fogo. O elemento Fogo se preocupa, acima de tudo, com a descoberta e a realização de futuras possibilidades. Em Áries, essas possibilidades estão associadas a ação, liderança e desafio. Em Leão, elas estão ligadas à realização de seu próprio mito, e não é difícil saber qual é esse mito. Há um maravilhoso livro a respeito do significado da mitologia escrito por Joseph Campbell intitulado *O Herói de Mil Faces*.[*] Aí está o Leão: herói ou heroína, com mil disfarces, interpretando mil papéis diferentes, fantasiado de alguém que você conhece ou representando você mesmo. Por trás do mundano e do bombástico dos signos de fogo há sempre uma criança interior que mitifica a vida, e Leão, mais do que os dois outros signos de fogo, adora fazer de si mesmo um mito. Ele pode ser tão idealista a ponto de fazê-lo chorar. Mesmo o leonino que se esconde sob o manto do cinismo do mundo é, no fundo, um romântico, e seu idealismo também o faz chorar, uma vez que tem a tendência – pelo seu temperamento estável – a se tornar duro em suas atitudes e em sua maneira de pensar. Em outras palavras, o leonino tende a encarar a vida sob determinado prisma, que em geral é colorido com todo o charme e o romantismo

---

[*] Publicado pela Editora Pensamento, São Paulo, 1989.

da corte do rei Artur. E uma vez decidido a viver esse mito, não quer ser forçado a mudá-lo.

É muito difícil convencer Leão de que a vida não é o conto de fadas que ele havia imaginado, no qual os vilões são facilmente reconhecidos e sempre muito maus; onde os heróis são facilmente reconhecidos e sempre bons; onde o herói sempre ganha e o vilão sempre perde; onde a linda princesa salva é eternamente grata e apaixonada. Às vezes vilões e heróis, para tristeza do leonino, apresentam-se sombreados de cinza e não são facilmente identificáveis. O leonino tem uma percepção em preto e branco que não distingue bem a complexidade e as sutilezas da natureza humana. E as lindas princesas têm o mau hábito, principalmente mais tarde, de não quererem ser salvas de jeito nenhum, uma vez que estão aprendendo a fazê-lo por si mesmas. O que pode um pobre leonino fazer? No plano da vida real, o leonino toma um choque atrás do outro. Como nos dois outros signos de fogo, sua intuição trabalha demais, mostrando todas as possibilidades criativas de viver seu mito como herói criador, sustentáculo e protetor dos fracos. É um papel difícil de ser interpretado em nossos dias, já que as pessoas podem se mostrar terrivelmente ingratas. Mesmo no tempo do rei Artur, elas não estavam tão dispostas a jogar esse jogo. Assim, o leonino colide de frente com alguns aspectos da vida que não aprecia muito. Mas se puder se ater à imagem interior de si mesmo e abandonar a exigência de que o resto do mundo siga seus ideais, poderá algum dia intuir que ele é mesmo o herói em busca de seu próprio eu, e o grande amor à vida que floresce nele não é vão só porque algumas vezes tem de se ajustar à realidade.

Sua tendência a se apegar ao ideal e a se enfurecer quando isso não se ajusta à realidade é bem visível nos relacionamentos de Leão. Tanto no trabalho como no amor, na família e com os amigos, ele é constantemente frustrado pela mesquinhez, a ambiguidade, o ciúme e a grande maldade tão comuns na psique humana. Não que ele não possua essas características, mas Leão fará um enorme esforço para ser honrado em seus contatos, porque esse é o código dos cavaleiros. Realmente, Leão é um anacronismo vivo. Diante dele, você ouve o barulho da armadura no chão e vê as bandeiras heráldicas balançando à brisa. A lealdade é algo terrivelmente importante para eles, bem como a honra – palavra que quase perdeu todo o seu sentido em nossos dias. É perfeitamente compreensível o motivo pelo qual o Leão pode muitas vezes ser visto com aquele olhar ferido e desiludido em sua nobre face.

Nesse largo, grande e colorido mundo em que vive o leonino, a intromissão de mesquinharias e banalidades não é bem-vinda. O leonino tem necessidade de pintar seu quadro com traços largos e irrestritos. Onde quer que se faça necessário um impacto, uma ideia nova e original ou onde houver possibilidades, aí estará o Leão. Freddie Laker é um típico leonino. Quem poderia imaginar que esse homem, sem qualquer apoio das grandes companhias de aviação, pudesse estabelecer seu serviço de Skytrain, com tanto tino comercial, tendo inclusive de colocar aviões suplementares em seus voos? Suas fotografias mostram um Sir Freddie sorrindo e prometendo a seus clientes o melhor serviço. Esse é o toque de Leão, sua marca registrada. Nada frio ou impessoal, como a foto de um grande e poderoso avião como aqueles que vemos nas companhias aéreas comerciais. Não, você vê o homem por trás de tudo. Exibicionista? Um pouco, mas isso faz parte do charme do Leão: ser o mais distinto e pessoal é o que o faz feliz. Alguns leoninos chegam a extremos, tais como Napoleão, que queria conquistar o mundo. Onde se diz que algo não pode ser feito, ali se encontrará um leonino determinado a fazê-lo.

O problema com todos esses grandes e coloridos traços pintados sobre a tela da vida é que alguém tem de lavar os pincéis e limpar as paletas depois da pintura. E durante. E você pode ter a certeza de que não será o leonino, pois se sentiria rebaixado e infeliz lidando com esses pequenos detalhes do dia a dia. Na mitologia você nunca encontra um herói preocupado em perguntar a um dentista qual é a pasta de dentes que deve usar para manter bom hálito diante da princesa. Sem dúvida, detalhes como esse não fazem parte do mundo mitológico. Quem já ouviu falar do rei Artur fazendo compras no supermercado para economizar em sua cota de malhas? Você certamente já ouviu falar que Leão é extravagante, e é bem verdade. Sua extravagância tem duas fontes: primeiro, ele adora coisas de boa qualidade, bonitas, luxuosas, bem como distintas e de estilo; segundo, ele se aborrece demais se sua conta bancária não tem fundos para cobrir tudo isso. Leão se ressente muito por ter de se ajustar e odeia limitações. Se ele quer algo, acha que merece. Poupança? Orçamento? Não seja ridículo! De algum modo a conta será paga. A intuição de Leão também lhe dá um otimismo irredutível. Se está desempregado, sua mente focalizará muitos anos à frente, quando estará novamente no topo. O engraçado de tudo isso é que, enquanto esse tempo não chega, alguém (que não o leonino) terá de se preocupar por ele. Seria até razoável dizer que Leão se comporta como se tivesse necessidade de ter à sua disposição um batalhão de secretárias e contadores 24 horas por dia. O leonino que teve sucesso pode mesmo ter tudo isso, e a vida pode ser um mito para ele, desde que possa mergulhar em suas fantasias quando lhe for mais agradável e prazeroso. Para o leonino mais limitado, a vida pode ser um verdadeiro inferno, ou ele fará um inferno da vida de seu companheiro, o chato a lembrá-lo da consulta marcada com o médico, da conta da luz, dos ternos no tintureiro... Você provavelmente já percebeu tudo. Os leoninos dão sempre a impressão, embora de modo inconsciente, de que esperam que alguém cuide deles e limpe tudo após a sua passagem, pois estão muito ocupados com coisas bem mais importantes. Essa pode ser uma cena clássica e em geral o é. Sendo o leonino de um signo de fogo, muitas vezes ele é tentado a se relacionar com parceiros de terra, que parecem lhe oferecer a estabilidade e o realismo de que precisa para complementar seus grandes sonhos. Mas temos de ouvir seus parceiros de terra: "Por que você sempre acha que tem coisas mais importantes para fazer e me deixa limpando tudo?". Não se trata de autocracia deliberada. Lembrar a um leonino que ele não está se comportando bem vai deixá-lo perplexo e ferido. Ele não tem a intenção de tratar as pessoas como seus serviçais, mas sua mente está tantas vezes no futuro ou em seu mundo imaginário de fantasias criativas que ele nem nota as dificuldades que causa aos outros. No entanto, suas dádivas são muitas vezes tão grandiosas que os outros lhe fazem concessões, pelo menos por algum tempo.

Isso corresponde a uma outra curiosa faceta da psicologia leonina. Em razão do mundo ligeiramente dramatizado em que vive, ele não consegue conceber o fato de que o mundo lá fora não orbita à sua volta, como o faz seu mundo interior. Assim, é sempre difícil para Leão entender que a vida continua sem ele. Diante da necessidade de se sentir importante para si mesmo, ele tenta encontrar esse sentido de autoestima sendo importante para os outros. Se não o notam, fica magoado. Objetividade não é um dos pontos fortes do leonino. Tive um amigo – um leonino duplo, com o Sol e a Lua em Leão – que um dia, achando que seus tênis estavam muito apertados, cortou fora a parte da frente do calçado. Alguns dias depois, foi lançada uma nova moda masculina de calçados (em Hollywood, o *habitat* natural de muitos leoninos) – botas abertas na frente. Meu amigo observou esse fenômeno com uma mistura de espanto e satisfação e, complacente, disse com a maior seriedade: "Eu gostaria que as pessoas não me copiassem dessa maneira".

Assim é Leão. O fato é que as pessoas muitas vezes copiam os leoninos porque eles têm estilo e carisma, e é fácil ver a que ponto uma pequena personalidade pode ser marcante por muito tempo. Nada no mundo é mais importante para Leão que seu próprio mundo. É muito penoso e difícil para ele ver além das lentes de sua própria consciência e compreender que outras pessoas são verdadeiramente diferentes, que pensam e sentem de maneira diferente e, o mais importante, que têm o direito de ser diferentes. No fundo, o leonino é a Divina Criança do zodíaco, e para a criança o mundo é uma misteriosa e excitante extensão de si mesma. O sol brilha para ela, as nuvens fazem chover sobre ela e para ela, a boa ou a má sorte estão intimamente relacionadas aos céus, que a favorecem ou não, em vez de serem produtos de seu próprio esforço ou mero frutos do acaso.

Tanto o homem quanto a mulher de Leão têm muita dificuldade em compartilhar o palco. Dividi-lo com alguém significa deixar de lado possibilidades de sua própria expressão criativa. Significa também ser limitado, pois terão de se ajustar às necessidades e aos sentimentos de alguém. Assim, Leão muitas vezes encontrará saídas, manifestas ou sutis – há muitos leoninos sutis que não parecem verdadeiros leoninos, mas o são como o mais carismático deles –, para recuperar o espaço que lhe foi usurpado. Se você é do tipo tímido, mas secretamente cheio de ressentimentos, fique longe de Leão. Os signos de fogo não têm nenhuma sensibilidade para os sentimentos dos que os rodeiam, nem são bons telepatas para perceber as necessidades das pessoas, a menos que estas sejam expressas. Leão pode, inadvertidamente, menosprezar o sentimento alheio, sem perceber e sem intenção, apenas por estar preso a suas fantasias. Por isso você tem de batalhar se quiser um espaço no palco. Se você abriu um precedente de dez anos de submissão passiva e acabou com uma úlcera no estômago ou uma enxaqueca por ter engolido sua raiva diante da insensibilidade leonina, culpe-se a si mesmo. Lembre-se da criança. Embora goste de se mostrar e aparecer aos outros como o máximo, tem medo de não ser amada, medíocre, subestimada e de passar desapercebida, e seu orgulho não permitirá que ela admita isso.

É difícil entender que pessoas cheias de vida e individualistas não sejam sempre tão extrovertidas quanto parecem. O leonino muitas vezes é tímido e profundamente introvertido, mas depende tão desesperadamente do amor e da aceitação dos outros que fará praticamente qualquer coisa para merecer sua aprovação. Trata-se de um problema de identidade. A primeira solicitação de Leão na vida é saber quem ele é, por que está aqui, por que é esse ser único. Isso é um desafio para toda a vida. Se não consegue obter de seus próprios recursos interiores a autoestima de que necessita, vai tentar extraí-la de sua audiência. Mas sua verdadeira viagem é para o interior, para a fonte de seu próprio ser. Leão, no que se refere ao sentimento, é um signo religioso, sendo a palavra usada aqui em sua verdadeira acepção: religar, pôr-se de novo *em contato com*. É esse o segredo da sua intensa necessidade de criar algo que espelhe sua própria essência – seja uma companhia comercial, um livro, um quadro, um movimento político, uma empresa aérea, uma realização científica, um império ou uma fotografia. É nesse processo criativo que ele encontra o real sentido do seu valor. Leão é um desastre quando tenta seguir conselhos ou instruções de outros. Uma vida de obediência o matará do coração e de frustração. Em certo sentido, ele tem necessidade de criar algo, ainda que modesto, mas que seja inteira e completamente seu.

Dos outros, Leão requer a mesma nobreza que procura ter. Pode ser um intolerável perfeccionista consigo mesmo e com os outros. Nada menos que isso. Frustre seu sonho e você o magoará, porém a mágoa é a única coisa que irá sacudi-lo em seu orgulho e sua complacência. Seu coração é o de um nobre cavaleiro, mas precisa de realismo e de sabedoria prática e, acima de tudo, de senso de humor sobre si mesmo e suas fraquezas. Nos mitos e nos contos de fada os heróis não são engraçados. Esse papel é o do bobo da corte. Parece que quando Leão aprende a ser um pouco o bobo e consegue rir de si mesmo, sua verdadeira nobreza aflora. É muito importante aprender a ser flexível, pois isso também lhe falta. O que ele mais necessita é de confiança em si mesmo, no que pretende e no que está tentando se transformar. Leão é o mais humano, o mais nobre e o mais trágico – no sentido da Grécia antiga – dos signos. Isso porque o signo é uma síntese do Homem, essa desorientada criatura, meio animal, meio deus, que ainda não entendeu suas origens nem o fato de que este mundo é povoado por outras criaturas humanas diferentes dele. O leonino que entender isso será o verdadeiro herói.

## O MITO

Um dos mitos que ajuda a lançar alguma luz sobre o signo de Leão, regido pelo Sol, é a lenda medieval de Parsifal. Embora reconheçamos a figura de Sir Percival nas histórias do Santo Graal, a figura de Parsifal é bem mais antiga, e suas raízes remontam à mitologia celta e germânica pré-cristã. Se tivéssemos de atribuir um signo solar a Parsifal seria Leão. Como vimos, a figura do herói é cara ao coração do Leão, uma vez que é um signo preocupado com a expressão do potencial individual único.

Nosso herói mítico, como tantos outros heróis, é órfão de pai quando a história se inicia e vive num bosque com a mãe. Ele ignora suas origens, pois a mãe faz de tudo para que ele não as descubra. Ela tem medo de que ele a deixe e saia pelo mundo. Assim, Parsifal cresce inocente no conforto de seu ninho na floresta.

Um dia, uma tropa de cavaleiros passa pelo bosque e Parsifal, que vê, conversa com eles e decide que se tornará cavaleiro. A mãe, evidentemente, tem ataques de fúria, pois acha que ele vai abandoná-la. Ela tenta impedi-lo, mas ele está decidido a buscar seu futuro, a descobrir o que poderá vir a ser. A nobreza e a fidalguia dos cavaleiros inflamaram sua fantasia e imaginação. Então, fabrica para si mesmo uma armadura muito malfeita de galhos e folhas e sai pelo mundo.

Curiosamente, Leão muitas vezes é órfão de pai ou tem um relacionamento difícil com ele. É como se o mais profundo significado que marca esse signo exija uma espécie de procura do verdadeiro Pai, de um eu interior ou de um âmago espiritual.

E o apelo para deixar tudo o que é conhecido e confortável a fim de atingir um futuro temeroso, mas brilhante, também é característico de Leão. Algumas vezes, Leão tem de se rebelar contra a autoridade ou as instâncias sociais para começar essa busca. Não importa onde você o encontre, ele estará procurando se tornar maior, melhor e mais poderoso. Existe sempre algo acenando para ele, algo mais atraente que o lugar em que se encontra.

E, assim, Parsifal começa suas aventuras. Depois de muitas eventualidades, ainda na floresta, Parsifal tem uma visão de estar em um misterioso castelo muito brilhante, rodeado de incenso, ouro e estranhas figuras. Um velho rei doente, com uma ferida na virilha, celebra um estranho ritual em que o sangue envenenado é retirado com a ponta de uma lança. Há também uma linda e enigmática mulher que entra trazendo uma travessa na qual se encontra uma espada e um objeto. Esse objeto passou a ser conhecido nas lendas cristãs como o Santo Graal – a taça em que Cristo bebeu na Última Ceia. Na história original, o Graal (ou Sangraal) não é uma taça, mas uma pedra – a Pedra Filosofal da alquimia, o símbolo do Eu eterno. Parsifal assiste boquiaberto a esse drama, mas não diz nada. Sua mãe lhe ensinara a nunca fazer perguntas a estranhos, e aquela gente era realmente muito estranha. Assim, permaneceu silencioso durante toda a cerimônia. No final, uma voz enfurecida grita que ele cometera um terrível erro e pusera tudo a perder. O ponto principal era que ele deveria fazer a mágica pergunta que iria restaurar a saúde do velho rei doente e dar a ele, Parsifal, a filha do Graal como esposa e o castelo do Graal como herança. A pergunta era: "O que significa isto?".

Quando Parsifal desperta de sua visão, está na floresta, sozinho e com frio. Compreende que tem sido cego e ignorante e decide que irá procurar o castelo do Graal. A segunda parte da lenda trata do processo de seu lento amadurecimento. Finalmente, após vinte anos de muita luta e sofrimento, já homem feito e verdadeiro herói, redescobre o castelo. Desta vez, ele se lembra de fazer a pergunta e descobre que ele é o verdadeiro filho do rei Graal, tornando-se o novo rei e o guardião da Pedra da Vida.

Se desconsiderarmos a posterior ornamentação que o cristianismo colocou nessa lenda, verificaremos que se trata do modelo da vida de Leão, pois a busca do leonino é a busca do Eu: Quem sou eu? O que significa a minha vida? O que é que me faz diferente dos outros? Trata-se de uma busca profunda e introvertida. Muitos leoninos não se dão conta de que esse é o seu caminho, mas seguem por ele assim mesmo. O Leão ostentador descrito tradicionalmente ou é muito jovem e ainda não despertou ou é um Leão velho que perdeu o castelo do Graal e não tem coragem de tentar novamente. Procura, assim, sua identidade na plateia. Mas Leão não é realmente o *showman* do zodíaco. Esse papel deve ser dado a Sagitário, cujo regente, o libertino Júpiter, é mais representativo do teatro amador. O caminho de Leão está dentro dele, embora os frutos de sua criativa pesquisa muitas vezes sejam produtos vistos e aclamados pelo mundo todo. O processo criativo nada tem a ver com o público. Ele ocorre entre o leonino e ele mesmo, aquele algo que ele cria dentro de si. A descoberta de que um Outro, um Algo dentro dele, é capaz de oferecer ideias e imagens criativas por meio de seu próprio espírito e de suas próprias mãos é a descoberta mais importante de Leão. Esse é o caminho que leva ao castelo do Graal. O leonino que tiver bastante coragem para seguir por essa trilha pode chegar a seu próprio centro. A psicologia de Carl Jung é uma excelente expressão dessa procura do Eu. Jung chama o processo de individuação, o processo pelo qual o homem se torna ele mesmo. É uma jornada de toda uma vida. O tema central do Eu, a essência interna da personalidade é o ponto mais alto da psicologia junguiana. Não é coincidência que Jung fosse leonino.

Por essa razão também, Leão é egocêntrico. Ele tem uma espécie de consciência permanente de si mesmo, é uma espécie de observador que está sempre se observando a observar-se a si mesmo, que nunca permite que ele esteja inteiramente consciente daquilo que o rodeia, a não ser em relação a si mesmo. É quase impossível para Leão se desprender de si mesmo. E por que deveria fazê-lo? Toda a sua jornada se resume em descobrir quem é esse observador. É como Alan Watts nos diz, com bom humor:

> Era uma vez um homem que disse: 'Embora
> Eu ache que sei que sei,
> Eu gostaria de poder ver
> O eu que me conhece
> Quando eu sei que sei que sei'.

A tendência de Leão de se centrar apenas em si mesmo pode ser irritante para os outros signos, mas é preciso tomá-la pelo que ela é: uma poderosa compulsão em direção ao autorreconhecimento. O próprio leonino tem de entender isso, se não pode cometer o erro de achar que esse pequeno "eu" é o objeto de toda essa energia e se tornar realmente insuportável. Pode ficar todo inchado e achar que ele é a coisa mais maravilhosa do mundo, o filho escolhido por Deus a quem o mundo inteiro deve obediência. Mas se o leonino chega a compreender que o Outro não é ele, mas sua fonte, então ele consegue realmente alcançar a visão do Graal, e se torna a luz que ilumina a vida dos outros não pelo que faz, mas pelo que é – o verdadeiro herói que encontrou a meta de sua jornada.

## A SOMBRA

A sombra de Leão é uma das mais conhecidas do zodíaco, isso porque nada do que ele faz é pequeno ou pouco importante. Tudo é grande e um pouco maior que a vida, o que inclui o seu lado sombrio. Poderíamos chamá-la de a síndrome do "Eu, o rei". A frase "Eu, o rei" era usada no Sacro Império Romano e por Carlos V durante o século XVI. Queria dizer que ele dominava o mundo e nada de perguntas. Quando um documento estava assinado "Eu, o rei", isso bastava. Ninguém discutia, debatia, argumentava, negociava nem falava mais sobre o assunto. Simplesmente obedecia. A cena é mais ou menos assim:

AMIGO A LEÃO: Resolvi procurar outro emprego. Estou cansado de trabalhar com seguros. Quero achar algo mais criativo.

LEÃO: Tenho exatamente o que você procura. Você pode trabalhar para mim. Preciso de alguém que edite o roteiro de meu filme antes que seja entregue aos atores. Você pode fazer a edição e a revisão.

AMIGO: Mas não sei nada a respeito de filmes.

LEÃO: Posso ensiná-lo. *(Seu tom de voz se torna ampliado, magnânimo.)* Você pode começar com um pequeno salário, é claro, porque, afinal, não tem nenhuma experiência, mas à medida que for aprendendo será aumentado. Digamos, vinte libras por semana.

AMIGO *(cheio de culpa, magoado com a sugestão, mas agradecido pela oportunidade de poder entrar num campo novo de atividade)*: Acho pouco.

LEÃO: Mas você não tem experiência. Não se preocupe, seu salário será aumentado.

*Seis meses depois:*

AMIGO: Obrigado pelo aumento. Ah, antes que eu me esqueça: tentei escrever um pequeno roteiro eu mesmo. Gostaria de saber sua opinião sobre ele.

LEÃO: Claro, claro! Vou gostar de lê-lo. Garanto que você tem muitas possibilidades.

*Seis semanas depois:*

AMIGO: Você usou minha ideia!

LEÃO: Do que é que você está falando?

AMIGO: Do roteiro do filme. Você pegou a minha ideia e a inseriu em seu roteiro.

LEÃO: Não seja ridículo! A ideia original é minha. Olhe, não gosto do tom de sua voz. Em primeiro lugar, foi minha generosidade que o trouxe para este trabalho. Se não fosse por mim você ainda estaria trabalhando num escritório de seguros. Fiz um favor a você, e é assim que me agradece? É o cúmulo da ingratidão! Tive essa ideia há muito tempo. Não pense que eu a tirei daquele seu roteiro sem graça. Olhe, você tem trabalhado muito. Sabe que mais? Vamos dar mais cinco libras por semana e pôr você como diretor de cena. Isso é algo em que você não tem muita experiência...

Esse diálogo ilustra algumas facetas da sombra de Leão. A primeira parte deixa entrever sua magnanimidade. Às vezes essa generosidade é genuína, e ninguém no mundo é mais generoso e mão-aberta que Leão; mas, quando assume sua sombra, não é tão genuíno. Existe um motivo por trás de tudo. Leão adora que precisem dele, adora que as pessoas dependam dele. Algumas vezes esquece que encorajar a individualidade de uma pessoa é tão importante quanto lhe dar algo. Em certas ocasiões, receber um presente pode ser até mais importante do que apenas dar. Leão gosta de dar e dar, mas não quer receber, pois isso colocaria a outra pessoa em pé de igualdade com ele e lhe tiraria o brilho do reconhecimento.

Às vezes Leão também se cerca inconscientemente de pessoas criativas para que possa brilhar mais. Isso acontece quando ele não está fazendo o que gosta, quando ele próprio não tem a chance de criar; mas, nesse caso, ele não retribui os colegas com o reconhecimento de seus esforços, e – inconscientemente – toma a ideia como sua. Ele joga com o fato de que foi ele quem lhes deu o primeiro impulso ou a autorização e nunca deixa as pessoas livres o bastante para que voem com suas próprias asas. E, quando elas protestam, dá um jeito e, com todo o seu charme, faz com que se sintam culpadas e ingratas, quando ele foi tão generoso e tolerante. É difícil saber o que fazer com um leonino quando ele se encontra nesse estado, pois são suas próprias inseguranças que se manifestam a ponto de fazê-lo se portar de maneira tão pouco honrada.

Você sabe que o pegaram e não sabe como sair dessa. Se você for de Capricórnio, Virgem ou Libra, sabe exatamente como e por quê. Realmente, Leão é sempre tão generoso e magnânimo que é difícil pensar numa situação pela qual você possa culpá-lo. Assim, ele depende de você e o faz se sentir bem porque o ajudou e, gradativamente, a sombra de Leão invade todas as suas ideias e se apropria delas.

Essa é uma sombra bem escura, mas Leão faz tudo de maneira grandiosa, e sua nobreza também é grande. Quando Leão brilha, brilha mais que qualquer um; quando está na sombra, é bem mais sombrio. A verdadeira raiz dessa sombra é a psicologia do "Eu, o rei". Para Leão, as outras pessoas de sua vida são uma extensão dele próprio. Ele realmente acredita que a criatividade dos outros é dele, que as ideias dos outros são dele e que ele tem o direito de ajudar a si mesmo, pois, afinal, o universo é todo dele, já que ele é o rei. Trata-se de uma espécie de insensibilidade, de uma falta de reconhecimento da individualidade alheia. Isso deriva da preocupação com sua própria individualidade. Ele não tem intenção de fazê-lo. Alguns leoninos, quando a sombra está em ação, esquecem de dar crédito aos outros pelos seus feitos, ou deixam de parabenizá-los ou simplesmente de encorajá-los a prosseguir. Leão, o rei e pai, muitas vezes acha que as pessoas que ele ama são seus filhos. Infelizmente, os filhos têm a mania de se rebelar contra essa autocracia. Então, o Leão se sente ultrajado e põe a boca no mundo.

Essa é uma das razões pelas quais é tão terrivelmente importante para o leonino desenvolver seus próprios canais criativos. Ele tem necessidade de que reconheçam suas habilidades e tem de estar preparado para empregar muito tempo e energia para se sentir seguro de que está fazendo algo que mereça reconhecimento. O leonino que nunca criou nada torna-se muitas vezes amargo e ciumento, e é aí que aparece a sombra. Ele tentará roubar o centro do palco a quem quer que esteja nele, sem pensar que essa outra pessoa talvez tenha batalhado muito para chegar lá.

Existem outros acessórios para sua sombra. Um deles é esse "Eu sei o que é melhor para você", que aflige muitos leoninos calorosos e honrados. Eles querem o seu bem, de verdade. Seus conselhos são úteis e desinteressados, e eles despendem tempo e esforços com uma generosidade incrível para assisti-lo. O problema é que você não pediu nada. Leão tem a reputação de se interferir demais nos assuntos alheios e algumas vezes o deixa louco, principalmente se esse Leão é sua mãe ou seu melhor amigo, e se reserva o direito de cuidar de sua vida, tornando-se amargamente ferido se você não segue seu conselho. O leonino precisa se sentir necessário. Até mais, porque seu mito é o mito do herói, ele tem de ser visto como um redentor, alguém que realmente fez algo pelos outros. Se ele não pode redimir alguém, como pode ser um herói? E se você protesta, digamos, porque você não precisa ser redimido ou prefere encontrar sua própria redenção, ele acha que a culpa é sua, que você é ingrato.

O terceiro acessório dessa sombra é a síndrome do "Eu sei tudo". Esse é o leonino que não consegue admitir que ele não pode fazer algo ou não sabe alguma coisa. Ele tem uma leve semelhança com a sombra de Virgem, outra "Eu sei tudo", mas a motivação é diferente. Virgem tem de saber tudo porque tem horror ao desconhecido. Leão precisa saber tudo porque tem de ser rei. Mesmo que suas afirmações sejam evidentemente absurdas e mostrem uma terrível ignorância, ele não volta atrás. Conheci um leonino assim. Ele sabia tudo sobre todas as coisas, porque tinha necessidade de que sua imagem fosse a de alguém muito culto. Se você o questionasse, ele começava a fazer perguntas. É claro que ele sempre tinha razão. Quem ousaria desafiá-lo? O quê? Não saber a resposta? Ele sabia. Ele sabia tudo.

E se você continuasse indagando, ele podia até se tornar violento para encobrir sua falha. Eu, o rei.

O que pode um leonino fazer com tal sombra? Bem, isso requer que ele seja muito, mas muito consciente de si mesmo. É muito difícil para Leão dar-se conta das necessidades dos outros porque ele acha que tudo está certo. Leão não é um signo de relacionamento, como Câncer, Libra ou Peixes, mas Leão tem de fazer esse galante esforço para verificar o que seu comportamento faz aos outros, dando-lhes a independência e o crédito devidos, se não quiser perder amigos e aqueles a quem ama por inimizade ou antagonismo. A inimizade é mortal para Leão, já que ele tem tanta necessidade de ser amado. Dissemos que Leão não faz nada pequeno, e é bem verdade, mas sua sombra pode torná-lo um pequeno tirano capaz de oprimir sem necessidade a vontade e os desejos de outras pessoas e, a não ser que se dedique à sua própria expressão criativa, corre o risco de despojar os outros da sua. Não é uma tarefa fácil, mas é bom empenhar-se nisso, o que também é desejável para a verdadeira nobreza de caráter, a verdadeira base de Leão.

No tarô há uma bela imagem que representa muito bem Leão. É a carta do Sol. Ela mostra uma pequena criança coroada por uma grinalda de flores montada num cavalo em pelo, com braços e pernas soltos ao vento, mostrando alegria. Ela tem tanta confiança na grandeza da vida que nem está presa ao cavalo. Atrás dela, brilha um imenso sol. Esse é o leonino que realmente acredita em seu eu interior e não tem necessidade de que outros lhe pertençam. Ele é apenas ele mesmo e gosta de estar vivo. Sombras têm a tendência de desaparecer sob o sol do meio-dia.

## Leão e o amor

O amor faz o mundo girar para Leão e, como todas as outras experiências na vida, é algo mítico para ele, algo que deve ser dramatizado ao máximo. O amor também tem de ser grande, arrojado, espetacular e dramático. Uma pequena atração não faz o estilo de Leão. Ele gosta de estar apaixonado e adora ser o amante. Se você for o objeto dessa paixão, seja de um homem ou de uma mulher de Leão, provavelmente nunca experimentou algo igual antes.

Leão tem um talento mágico para encontrar a atitude teatral certa. É romântico e generoso, e uma das maneiras de provar seu amor é dar muitos presentes à pessoa amada. E não se trata de simples caixa de bombons, não! São presentes caros, exóticos e difíceis de serem obtidos, em geral algo que deva ser usado de tal modo que os outros possam admirá-lo. E, pelo amor de Deus, mostre sua gratidão! Leão pode se sentir totalmente massacrado e humilhado caso seus esforços para conseguir esse presente não sejam recebidos com o devido entusiasmo. Leão é melhor doador que recebedor de presentes. Ele realmente gosta de presentear, mas nunca o faz apenas pelo prazer de dar; ele está muito consciente do que faz e tem necessidade de receber agradecimento.

Os ideais amorosos de Leão são diferentes dos de Libra, outro signo que coloca o amor e os relacionamentos acima de tudo. Para Libra, o amor é uma troca, uma associação, um encontro de duas personalidades diferentes. Para Leão, o amor é um ato criativo, e ele é o Sol da criação. Em um romance com Leão, às vezes você pode ter a vaga impressão de que ele está tão apaixonado pelo fato de estar apaixonado e tão apaixonado pela apaixonante imagem que tem de seu amor que, de alguma maneira, ele se esquece completamente de você. Esse é um problema muito comum em casos de amor de Leão. O parceiro sente uma espécie de exclusão de todo esse entusiasmo, a não ser que ele ou ela também seja uma dessas pessoas que consegue entrar e sair, num piscar de olhos, da paisagem dos contos de fadas.

Mas, deixando de lado esse problema – que pode ser grande ou pequeno, dependendo do Leão –, o leonino é de fato o amante ideal. Homem ou mulher, o dom de fazer um romance se tornar mágico, algo muito especial, é um dos pontos fortes de Leão. Ele faz você se sentir como se a primeira vez no mundo que alguém se apaixona. Ele ama com classe e sem inibição, e está em sua natureza ser leal também. Mesmo sendo vaidoso e gostando de ser admirado pelo parceiro ou pela parceira, ele é fundamentalmente fiel e constante, pois tem uma visão idealista do amor como algo que perdura. Se ama, moverá céus e terra. Se não ama, ele tirará partido da situação.

Evidentemente, ele tem de receber algo em troca de tanta lealdade. E uma coisa é certa: ele tem necessidade de lealdade. Leão, seja homem ou mulher, é muito ciumento e não tolera que qualquer pobre-diabo faça a corte ao seu companheiro ou sua companheira. Pode ser bastante claro e não pouco agressivo ao afrontar e remover obstáculos. De certa maneira, ele até gosta de uma briga, contanto que esteja pisando em terreno firme e que a contenda corresponda à sua imagem. O que ele não aguenta é traição, que o fere profundamente e nunca é esquecida. Leão tem um coração ingênuo e um maravilhoso idealismo. Trair sua confiança é algo horroroso para ele. Aquilo que Capricórnio sempre espera, aquilo de que Escorpião constantemente suspeita, Leão nem pode imaginar. Raramente ele olha para baixo da superfície. Para ele, é um pecado capital, o pior deles, e as chances de o outro voltar a cometê-lo são bem remotas.

Se você quer mesmo entender quão profundamente está arraigado em Leão esse sentimento de honra e lealdade, considere as atitudes de amor e guerra durante a época da cavalaria. A França sempre representou muito bem o código da cavalaria, e um cavaleiro francês, capturado em batalha durante a Guerra dos Cem Anos, quando descobria que seu captor era um simples camponês, de classe bem inferior à sua, começava a lhe ensinar a arte da cavalaria e o fazia cavaleiro para que ficassem na mesma posição social, de tal modo que a classe dos cavaleiros não se sentisse ofendida. Assim é Leão. Diz-se que a França é regida por esse signo e podemos confirmar isso ao ler a história do país. E a atitude francesa diante do amor é tipicamente leonina: é uma arte.

Leão não espera só lealdade e fidelidade. Ele ou ela também esperam ser tratados como rei ou rainha, mas essa é uma espada de dois gumes. Por um lado, Leão sabe ser tão agradável que se tem mesmo vontade de tratá-lo como a um rei. Por outro lado, a rotina do "Eu, o rei" pode se tornar aborrecida, pois se apoia numa dupla escala de valores. Dizer isso é um pouco injusto, mas mesmo assim Leão muitas vezes parece operar nessa base de dupla escala de valores. (Não poderia ser de outro modo, uma vez que a motivação primeira desse signo é sua própria realização.) Mas às vezes fica difícil lembrar gentilmente a um leonino que o que é bom para ele também é bom para você. Ele consegue esquecer.

Leão também oferece, em troca da lealdade e do amor que procura tão intensamente, uma maravilhosa proteção. Homem ou mulher, o leonino vai brigar pela pessoa que ama e defendê-la com lealdade. Pode ser protetor, defensor e muito atencioso e não deixar de fazer grandes sacrifícios pelo seu amor. (Os pequenos sacrifícios são os mais penosos para ele.) Mas, quando se trata de grandes gestos, Leão não recua. Ele consegue se sacrificar inteiramente, e desistir de tudo sem se lamentar.

Assim, os casos amorosos e os casamentos de Leão são interessantes mas raramente calmos. Ele é tão temperamental – suas visões e ideais são tão grandes – que é impossível evitar conflitos nas pequenas realidades da vida. Leão não se conforma com a realidade mundana dos relacionamentos e com a inconsistência e as limitações da natureza humana. O que Leão quer é amor total, o amor mitológico, aquele amor cantado nas baladas dos trovadores sete séculos atrás. Amor desse tipo, na verdade, não existe, e o leonino sofre desapontamentos nesse sentido a cada instante. Por outro lado, o símbolo do poder do coração é também uma realidade em outro plano, e nenhum outro signo é tão dotado quanto ele para trazer o mundo mitológico para o cotidiano e gentilmente lembrar aos outros mortais que eles também são heróis e princesas. Se você vive com alguém que está sempre se comportando como um mito, começa a entender que os mitos vivem à sua volta; e um relacionamento com Leão pode convencê-lo de que os contos de fada não são tão inocentes assim.

## O Homem de Leão

Você deve imaginar que o homem de Leão é um pouco maior que a vida. Em geral, ele é, e com frequência de maneira óbvia – seu talento criativo, seu sucesso, sua personalidade brilhante. Leão pode irradiar carisma, e mesmo que não o aprecie você provavelmente o notará. O tipo mais calmo e introvertido de Leão também pode aparecer em cena, aquele que não faz tanto alarde a seu respeito; mas, se você chegar a conhecê-lo, vai descobrir que no fundo ele é o mesmo e tem a mesma necessidade de mitificar a própria vida em seu íntimo. Não seja enganado por leoninos tranquilos e tímidos. Pode ser que tenham signos Ascendentes mais restritivos, como Virgem, Capricórnio ou Câncer, mas são de Leão. A qualidade de intensa autoconsciência, de sempre achar que está num palco e que o público o está observando, impregna até mesmo o Leão mais introvertido.

Por viver tanto esse seu mundo de visões, o homem de Leão é muitas vezes atraído por uma companheira de signo de terra. Essa ligação pode ser uma combinação maravilhosamente criativa ou um desastre. Quando esse relacionamento funciona, o homem de Leão procura na parceira uma influência estabilizante e talvez até alcance a medida certa de realismo e o contato com a realidade por meio dela – aproveitando sua visão mais material. Quando esse relacionamento é um desastre, é consequência da tendência de Leão de desvalorizar detalhes e acontecimentos normais da vida. Quando isso acontece, e ele adota essa atitude, é capaz de tratar suas mulheres como se elas tivessem vindo ao mundo para limpar a sujeira que ele deixa atrás de si e para lembrá-lo do compromisso das onze horas. Isso pode provocar em sua companheira muita raiva e ressentimento.

Leão, esse romântico, pode deixá-la nas nuvens. Sua atitude diante do amor não é tímida nem restrita, e os grandes gestos – sejam eles presentes, viagens maravilhosas a lugares inesquecíveis ou dramáticas declarações de amor – são irresistíveis. O homem de Leão consegue fazer uma mulher se sentir completamente feminina e desejável, o que é muito natural num homem que tem uma multidão de admiradoras. Mesmo não sendo bonito segundo os padrões correntes ou não tendo muito sucesso nos negócios, existe algo nele que o torna fascinante para as mulheres. Leão é uma criatura muito máscula, nada nele é ambíguo. Ele pode ser o arquétipo do machão e um obstáculo à liberação das mulheres. Mesmo assim, é muito difícil resistir a esse tipo de magnetismo.

As dificuldades surgem mais tarde. Numa época em que os papéis eram muito rígidos, e as mulheres tinham pouca ocasião ou vontade de viver além desses papéis, um Leão machão, sob todos os pontos de vista, era a imagem ideal da virilidade. Sob esse aspecto, ele ainda o é. O problema é que a sociedade mudou e as pessoas também mudaram; e tornou-se cada vez mais evidente que o homem tem um componente feminino em sua psique e as mulheres, um componente masculino. A necessidade de exprimir essa dualidade dentro de si mesmo é uma exigência crescente em nossa cultura. É nesse ponto que Leão encontra dificuldades, pois ele não concebe a ideia de que uma mulher possa se colocar com ele no centro. Muitos leoninos se ressentem quando a mulher se mostra muito interessada ou se empenha demais em uma carreira, um projeto criativo ou simplesmente mantém uma posição de independência em relação a interesses, *hobbies* ou ideias. Leão tem de sentir que ele é o Sol em torno do qual seu mundo orbita; se de repente você começa a brilhar com luz própria, na melhor das hipóteses ele é capaz de ficar assombrado e, na pior, vai procurar sufocar sua personalidade porque a dele está ameaçada. É raro o leonino – embora seja possível e apareça regularmente – que pode não só entender a necessidade de expressão criativa de sua companheira, como também sua própria necessidade de conviver com uma mulher independente. Ele só consegue isso se estiver firmemente apoiado em autoconfiança e em autoestima. Do contrário pode se tornar muito difícil conviver com ele, pois tudo o que você fizer que não o coloque no centro de sua atenção será considerado uma traição.

 O homem de Leão tem provavelmente relações mais harmoniosas com signos mais fluidos, como Gêmeos, Peixes, Virgem, Sagitário e talvez Libra. Isso porque ele é, basicamente, uma criatura fixa, não muda facilmente de hábitos ou de pontos de vista e, com certeza, não o fará se alguém lhe disser para fazê-lo. Se você tentar dar um empurrão ou mudar um homem de Leão, estará perdendo seu tempo; ele pode se tornar obstinado, e seu orgulho não lhe permitirá reconhecer a sabedoria de seu conselho. Seu negócio é dar conselhos, não os receber. Por outro lado, ter confiança nele, acreditar em seus sonhos e aceitar sua necessidade quase infantil de constante apoio e atenção pode fazer maravilhas. Um leonino autoconsciente de sua confiabilidade pode realizar milagres, tanto no mundo à sua volta como em seu íntimo.

Se você é do tipo mais independente ou impessoal, Leão pode representar um grande problema para você. Ele requer muito tempo, amor, atenção e devoção. Ele não seria tão interessante nem tão carismático se fosse do tipo retraído. Além disso, quem já ouviu falar num herói que se esconde enquanto sua esposa trava as batalhas?

Extremistas do movimento de liberação feminina devem ficar longe de Leão. Se sua necessidade é ser reconhecida primeiro como pessoa e depois como mulher – o que é muito justo para muitas mulheres – e se você pretende estabelecer um lar com o rei dos animais, prepare-se, não vai ser fácil. Por outro lado, se você é uma pessoa retraída e faz o tipo de mártir, Leão também não é para você, porque ele a quer com tamanha realeza quanto a sua. Essa realeza se reflete nele, e ele tem necessidade de se orgulhar de sua companheira. Envolvendo-se com Leão, seu relacionamento será difícil mas muito edificante. Ele nunca é um signo fácil; é muito temperamental, mas ninguém tem mais a dar que Leão quando se trata de compartilhar a vida, a vitalidade e a animação. E se você quiser ter um companheiro a quem você respeite e admire, Leão é sua melhor escolha. Ele não é qualquer um, afinal. Ele é ele mesmo, a qualquer custo.

## A MULHER DE LEÃO

Meiga, suave, resignada e retraída ela certamente não é. Ela é uma rainha e espera ser tratada como tal. Mesmo a mais reprimida mulher de Leão mostrará esse traço de sua natureza, ainda que submetida a regras sociais muito rígidas dentro do permitido pelas boas maneiras. A verdade é que a mulher de Leão tem uma forte personalidade que não se ajusta, em absoluto, ao modelo convencional. Ela será quase sempre encrenqueira ou uma mulher que provoca mexericos. Tem enorme necessidade de viver a vida à sua própria maneira e de que sua vida tenha muita animação e dinamismo. Você já viu leoas presas em zoológicos andando dentro das jaulas de um lado para o outro, com os olhos furiosos e penetrantes porque não têm bastante espaço para se movimentar e correr? Isso é o que acontece a uma mulher de Leão quando se vê enjaulada, seja pelas imposições sociais ou por uma relação amorosa restritiva.

A mulher de Leão tem necessidade de espaço para expressar seus impulsos criativos, sejam eles artísticos, habilidades de organização, habilidades para relações públicas ou o que quer que ela necessite para ser alguém especial e fazer alguma coisa muito bem feita para merecer algum tipo de reconhecimento. Reconhecimento é muito importante tanto para a mulher quanto para o homem de Leão. Se a mulher de Leão não encontra saída, ela está sujeita a tentar buscar esse reconhecimento fazendo com que todo homem disponível se apaixone por ela – ou tentando representar Pigmaleão e infernizando a vida do marido e dos filhos, cobrando deles mais tarde o justo reconhecimento por tudo o que fez por eles. Essa dinâmica e enérgica mulher tem que ter um palco onde se exibir, senão pode muito bem expulsá-lo do seu.

Muitas vezes, as mulheres de Leão são altamente competitivas, e isso pode acontecer em seu trabalho, onde elas têm necessidade de brilhar. A mulher de Leão não deveria estar na posição em que tenha de dar conta de seus atos o tempo todo; ela tem necessidade de espaço para expor suas próprias ideias e pôr em dia seus próprios projetos. Elas também são muito competitivas em relação a seu próprio sexo, e este não é um signo de boa irmandade, a não ser que as outras irmãzinhas queiram participar do coro numa peça grega, enquanto ela desempenha o papel principal. A mulher de Leão tem de ficar com o principal papel feminino. É muito comum encontrá-la rodeada de amigos, todos inclinados para ela, pedindo-lhe conselho e ajuda. Em parte porque ela é forte e generosa e tem necessidade de se sentir necessária, e em parte porque não gosta de concorrência.

As mulheres de Leão, muitas vezes, transferem para seus relacionamentos amorosos sua tendência de servir de apoio a personalidades mais fracas. Você verá uma leonina com um homem gentil e agradável e basicamente indeciso, que a adora de joelhos e lhe dá a devoção de que ela tanto necessita, e que também deseja ser moldado. Muitas mulheres de

Leão têm medo de homens mais fortes, porque têm necessidade de dominar. Isso pode criar um grande problema, porque, enquanto satisfaz as necessidades leoninas, nega as femininas. E quase sempre o modelo das relações amorosas para a mulher de Leão consiste em tomar as decisões, em ser o parceiro forte, enquanto se queixa amargamente ao homem por ele ser um fraco, quando na verdade ela nunca lhe deu chance para ser diferente.

Por isso é essencial para a mulher de Leão ter uma área onde possa brilhar completamente, independente da família. Se essa necessidade é satisfeita fora de casa, ela consegue conviver com as pessoas mais próximas dela de maneira muito mais amena.

A mulher de Leão também se preocupa muito com sua imagem em sociedade. É difícil vê-la calada e retraída; ela se veste de forma chamativa, age de maneira dramática e atrai as atenções por sua elegância e seu carisma. Tome como exemplo uma leonina como Jacqueline Kennedy Onassis. Retraída ela não é. Tem seu ascendente em Escorpião e talvez por isso seja mais tímida que muitos atores e atrizes leoninos; mas a elegância é terrivelmente importante para ela, assim como sua dignidade. Mulheres de Leão não gostam de fazer papel de tolas ou de vítimas. Elas têm um orgulho feroz.

Seus dons residem tanto em sua capacidade de ser intensamente individuais e vivas quanto em sua lealdade e generosidade para com aqueles de quem cuidam e amam. Mais do que o homem de Leão, a mulher leonina está disposta a oferecer devoção e constante amor, desde que seja bem tratada. E isso é mais do que justo, pois ela é alguém muito especial e sabe disso. Mas nunca, nunca mesmo, pense que tem uma leoa no papo. Ela tem garras e não evita uma cena que faria signos socialmente mais inibidos empalidecer e esfriar. Se você está procurando uma mulher que tenha personalidade forte, você vai gostar da mulher leonina. Na verdade, você vai amá-la, pois este é um signo que inspira intensas respostas. Só uma coisa você não vai conseguir: dominá-la.

# SAGITÁRIO

O centauro é uma misteriosa figura híbrida da mitologia grega – meio cavalo e meio homem –, que está sempre disparando flechas para um distante horizonte e em seguida galopando para persegui-las. Às vezes, ele encontra a flecha, outras vezes, distraído pela paisagem encantadora, fica perdido até que outro alvo distante lhe chame a atenção. Essa imagem descreve bem e se adapta à imagem de Sagitário, o terceiro e mais vivo signo de fogo, pois este arqueiro equino realmente aponta a flecha cintilante de sua visão intuitiva para alguma meta distante no futuro e passa a maior parte de sua vida atirando flechas uma após outra. O grande problema é saber se ele acertou o alvo ou não e, depois disso, se ele consegue encontrar as flechas atiradas.

A chave para entender essas imagens clássicas é o que realmente interessa a Sagitário, ou seja, a excitação de atirar e o fascínio da jornada. A meta é, na verdade, relativamente insignificante. A atitude fundamental inata em Sagitário é que a vida é uma aventura, uma viagem, uma busca

– e o verdadeiro jogo da vida é fazer com que essa viagem seja a mais interessante, variada e expansiva possível. A chegada não é importante.

Júpiter, rei dos deuses na mitologia, é o planeta que rege Sagitário. Podemos aprender muito sobre nosso amigo centauro observando mais a fundo a imponente figura de Júpiter. Ele é, antes de qualquer coisa, nobre, digno e majestoso. Assim ele é, na maioria das vezes, quando toda a corte do Olimpo está à sua volta e ele interpreta com perfeição o papel de *rex deibus*. É um ator consumado, o nosso amigo Júpiter. É também o grande libertino do alto Olimpo, um deus sempre correndo atrás de algo – em geral, de mulheres. Alguns indivíduos regidos por Júpiter levam esse símbolo muito a sério, e são eles os *don juans* do zodíaco. Não que sejam movidos por alguma paixão sexual insaciável. É o ideal que os conduz, a possibilidade de algo novo e excitante, a aventura, o mistério inexplorado, o inalcançável, aquilo que se foi. Sagitário parece ter aquela propensão jupiteriana de achar que está perdendo algo, seja uma mulher, um projeto, uma ideia, um livro, uma obra de criação, alguma coisa realmente nova que nunca foi tentada nem explorada. Em nível mais extrovertido, você sempre encontrará Sagitário num clube que acabou de ser inaugurado, no restaurante que está abrindo suas portas, num filme de arte, numa estimulante companhia ou num grupo de qualquer espécie. Algumas pessoas costumam usar o termo "vanguardista" para descrever seu comportamento. O que ocorre, na verdade, é que Sagitário tem uma sensacional intuição quanto àquilo que estará na moda antes que qualquer um o saiba. Sagitário dita a moda frequentemente porque chegou lá primeiro e deu sua aprovação em alto e bom som. E todos os outros, sabendo que se não fosse legal ele não estaria ali, juntam-se a ele.

O sagitariano do tipo introvertido não vai frequentar a última balada que abriu nem o novo boliche, mas estará muitos quilômetros à frente com um novo romance, uma nova filosofia, um filme ou um fenômeno cultural. O mesmo dom intuitivo funciona aqui de maneira mais interiorizada. E funciona também nos contatos. Ninguém tem mais inclinação para fazer bons contatos que Sagitário. É sempre o centauro que "pinta" quando o diretor está precisando de um bom ator para o papel principal, quando a editora está procurando uma boa obra, o produtor, em busca de uma nova voz. É surpreendente verificar como a sorte cai do céu sobre a cabeça aureolada de Sagitário; mas, na verdade, não se trata de sorte. O arqueiro tem aquele olho clínico para as oportunidades, a intuição capaz de descobrir uma possibilidade antes de qualquer outro e a impulsividade, a impetuosidade, a audácia – chame a isso como quiser – que dá a Sagitário a fibra ardente para tentar a sorte, enquanto outros signos vão se acomodar e esperar por algo mais concreto.

Tédio é o grande inimigo desse extravagante e impetuoso signo, e, acredite, ele se entedia facilmente. Se alguma coisa se repete, lá vai nosso centauro atrás de sua próxima flecha. Afinal, ele é assim. Se já fez, por que fazer de novo? Nem pense em lhe dizer o que se ganha com esforço e disciplina. Dê esse conselho a Virgem ou a Capricórnio. Sagitário não está interessado. Para ele, o que conta é o prazer desfrutado no percurso e não o prêmio que se recebe ao chegar. Mas se ele chegar lá e ganhar o tal prêmio, não tenha dúvidas de que vai gastá-lo em cinco minutos.

Vamos dar mais uma olhada em Júpiter, pois ele tem muitas informações a fornecer a respeito desse imprevisível signo de fogo. Acontece que Juno, a esposa de Júpiter, era muito ciumenta. Não que o ciúme seja uma boa maneira de prender um Sagitário em um relacionamento; barreiras o deixam louco e ultimatos são uma garantia de fazê-lo agir de maneira completamente oposta. Pense mais um pouco: sem aquela mulher ciumenta seguindo-o por toda parte e fazendo coisas terríveis com suas amantes mortais, onde estaria Júpiter? Onde estariam o tempero e o estímulo para tais aventuras? Pois é. O que dá grande parte da graça é que Júpiter faz alguém de bobo para jogar o seu jogo. Se tudo fosse socialmente aceitável e feito às claras, ele provavelmente não se divertiria. Seria irritante demais. O perigo e uma certa rebeldia contra os costumes sociais são vitais para Sagitário. Ele pode até parecer convencional, mas adora jogar com a sorte até o fim.

Outra coisa a respeito de Júpiter: ele está sempre mudando de imagem. Quando faz a corte, pode se tornar um cisne, um touro, uma chuva de ouro, enfim, qualquer coisa que sua imaginação queira criar. É outra vez o ator consagrado. Sagitário adora interpretar papéis – quanto mais teatrais, melhor. Ser pego duas vezes com a mesma fantasia é horripilante para ele. Sua mente incansável está sempre procurando novas maneiras de alcançar suas metas: novas roupagens, novas poses, novas técnicas. Mudanças, viagens, constantes estímulos mentais, exploração de novos horizontes – conte a Sagitário que existe realmente um tesouro escondido sob aquela montanha e ele ficará feliz como qualquer taurino com uma gorda conta bancária. Encontre um Sagitário forçado a circular sempre no mesmo lugar, fazendo diariamente a mesma monótona rotina, e você terá achado a mais infeliz das criaturas.

Júpiter também tem uma personalidade poderosa e explosiva. Pense em todos os trovões e raios ofuscantes. Ele pode ser bem assustador no meio de uma explosão, mas, quando passa, a raiva vai embora e Júpiter se torna outra vez jovial. Não é um deus que guarda rancor. E, mesmo que Sagitário às vezes se irrite com pequenas coisas, ameaçando céus e terras e atirando louças na parede, ele não fica ruminando o que passou. Acabou, acabou. Você não vai encontrar um Sagitário planejando uma vingança dez anos depois, como o faria um Escorpião, nem chorando ainda a sua ferida, como faria um Câncer. Uma vez que tenha esbravejado, acabou. Às vezes ele não consegue compreender por que as pessoas ficam tão magoadas com essas suas explosões; afinal, ele não queria dizer aquilo, não tinha essa intenção.

Toda aquela brutalidade, com observações terrivelmente diretas e honestas, de arrepiar os cabelos, não era realmente verdadeira, era apenas para ver o efeito. E enquanto você ainda está catando seus pedacinhos do chão, depois da chuva de flechas mortais atiradas contra você, vai ficar bem espantado ao ver com que rapidez ele se recupera e volta ao seu agradável estado de espírito. Sagitário não tem a reputação de ser sensível aos sentimentos sutis. Suas flechas podem ser realmente destrutivas para signos mais sensíveis, como Peixes, Virgem, Câncer, mas ele não percebe. Se você lhe der umas boas cacetadas, ele não irá se encolher de medo. Poderá até revidar, isso faz parte do jogo, e como você poderia ficar zangado diante de tamanha inocência?

Sagitário também pode ser muito crédulo se você souber elogiá-lo de maneira adequada. Como todos os signos de fogo, ele adora mitologia – especialmente se ele puder ser um mito. Uma adorável qualidade – a não ser que você seja a mulher dele e uma outra o esteja elogiando. Aí você faz o quê? Nada, absolutamente nada. Dê corda; quem sabe ele percebe. O coração dos signos de fogo é sempre fiel ao ideal e não à realidade física com todas as imperfeições. É muito difícil para esses espíritos de fogo viverem num mundo cheio de fronteiras e limitações. Mostre a eles que você compreende isso e ganhará uma amizade eterna.

A propósito, amizade é uma palavra-chave para Sagitário. Ele vai se referir usualmente a uma amante como "minha amiga", pois isso significa muito para ele. Grandes manifestações de emoção, melosas, sem nenhum romantismo, perturbam-no muito. Ele gosta de grandes cenas – afinal, quem mais as faz senão ele mesmo? – mas não tolera cenas patéticas. Coisas domésticas também podem atemorizá-lo, e isso se aplica também à mulher de Sagitário. Dê a ela três ou quatro crianças, pilhas de fraldas para lavar, almoço para fazer, camas para arrumar e nenhuma perspectiva para sair num belo passeio, e você nunca verá alguém fugir com tanta rapidez. O mundo da segurança, da rotina doméstica e da tranquilidade não é a ideia que Sagitário tem de felicidade. Ele precisa de uma mochila nas costas e de montanhas para escalar. Um lar é um lugar maravilhoso, desde que as portas de entrada e saída não sejam fechadas à chave.

Qual é, pois, a busca em que todo espírito sagitariano deve embarcar? Isso varia. Muito foi escrito sobre o lado esportivo desse signo, mas trata-se apenas de um complemento, não da meta em si. Muitos sagitarianos odeiam qualquer esporte, e as viagens, uma das metas preferidas dos sagitarianos, apenas significam uma abertura de horizonte. O viajante sagitariano não é aquele que compra o pacote de duas semanas de férias em um pequeno hotel da Costa do Sol e fica se bronzeando. Ele precisa de movimento, quer explorar a cidade vizinha, uma ruína, o castelo, a biblioteca, a montanha, o lugar onde nunca ninguém esteve, e, quanto mais estranha e exótica a cultura, mais ele a apreciará.

Para encurtar o assunto, o coração de Sagitário se inflama para conhecer e explorar a vida. Ortodoxo ou não, como Leão, Sagitário é um signo profundamente religioso – e a palavra "religioso" é aqui usada em seu sentido original, ou seja: religar. Religar-se com sua origem, com as raízes da vida, com o significado das coisas. É encontrado viajando como um vendedor ou arqueólogo, poeta ou estudante; seja qual for sua profissão ou atividade, ele estará tentando ampliar sua visão e sua consciência. A vida é curiosa e interessante para Sagitário. É para ser explorada, apreciada, penetrada e, finalmente, compreendida.

Ouça uma conversa típica de Sagitário. Faça uma observação sem compromisso, do tipo: "Você notou como neste verão a moda está maravilhosa, cheia de linho e algodão indiano?". Qualquer indivíduo de outro signo faria um comentário pessoal, como: "É mesmo, eu gosto", ou "Eu detesto essa moda", ou "É ótimo, pois as roupas são mais baratas", ou ainda "Minha mãe não gosta porque é muito transparente". Mas ouça o sagitariano. Tudo para ele tem relação com algo maior. Na piscina ou na universidade, é um filósofo irrepreensível, com mais ou menos palavras. A palavra-chave é: expansão. Então, sua resposta será desse tipo: "Sim, eu notei e estou certo de que é porque em nossa sociedade há uma profunda necessidade de restabelecer os laços perdidos com a natureza. A tecnologia forçou o homem...". E lá vai você, entrando numa discussão filosófica profunda, às vezes muito engraçada e frequentemente inspiradora. Sagitário observa muito as pessoas, tem um forte traço de ironia e um apurado grau de percepção. Em Sagitário, a viva intuição do elemento Fogo está dirigida para o mundo das ideias – sempre com muito brilho, ou, no mínimo, com uma capacidade para se lançar em implicações e temas mais profundos. Todo sagitariano, mesmo o pouco instruído e educado, possui essa capacidade de fazer a conexão entre o ridículo e o sublime.

Júpiter é o Rei dos Deuses porque é o maior, e, de alguma maneira, Sagitário é o maior signo – em termos de horizonte. Vale mais atirar uma flecha longe e perdê-la do que a atirar num alvo próximo e modesto.

## O MITO

Já falamos muito a respeito de Júpiter. Vamos falar agora um pouco de um dos mitos relativos ao centauro que vai nos dar a chave para um significado mais profundo de Sagitário.

O mais famoso centauro da mitologia grega foi Quíron. Ele era uma espécie de Rei dos Centauros, meio homem, meio cavalo, que vivia com sua tribo no meio das colinas e florestas da Trácia. Era renomado por sua sabedoria, acumulada durante uma longa e variada existência, principalmente sobre a vida, a natureza e o comportamento humano. Selvagem e incivilizado como era, recebia presentes de todos os reis da Grécia, que ainda lhe enviavam seus jovens filhos para receber ensinamentos e ser preparados como príncipes. Quíron era o sábio, o professor, o filósofo. Era uma figura misteriosa, pois dessa estranha união entre homem e animal recebeu tanto um profundo conhecimento da origem animal do homem como uma grande tristeza em relação à sua própria diferença. Ele era o diferente, o estranho. Ele havia visto demais. Uma das lendas a respeito de Quíron conta que ele foi ferido por uma flecha envenenada, mas, por causa de sua sabedoria, havia recebido dos deuses o dom da imortalidade. Assim sendo, não podia morrer nem a ferida podia sarar, porque o veneno era de uma cobra mortal.

Quíron é, portanto, a figura que cura mas que também está ferida, o sábio que tem uma ferida incurável e, por causa dela, entende melhor a natureza da dor. Torna-se um curandeiro, aprendendo os segredos das ervas e da magia; no entanto, ele não pode curar a si próprio.

Graças a essa figura mitológica nobre e bastante trágica podemos ter uma ideia do mais profundo significado de Sagitário. Não que este seja um signo trágico, longe disso; ninguém é mais otimista e positivo do que o sagitariano. Assim, Quíron também é positivo e otimista. Sua ferida está situada entre seu lado mortal, animal, e seu lado imortal, divino. Em outras palavras, Sagitário, com sua intuição e suas visões, entra em contato com muitos mistérios. Tem uma percepção profunda, inexprimível, de que a vida tem um sentido verdadeiro, de que o homem é divino, de que tudo tem um propósito, ensina uma lição e proporciona um engrandecimento. Mas a distância entre sua visão luminosa e os limites do ser humano é enorme. A realidade do tangível, a vida física, é sempre imperfeita e, de certa maneira, envenenada, quando comparada com sua visão ampla. De um estranho modo, essa é a verdadeira ferida de Sagitário. Ele pode tentar ignorá-la e se lançar numa corrida infindável de uma sensação a outra, evitando parar para não ter tempo de sentir dor. Muitos sagitarianos são daquele gênero que acaba de entrar em seu apartamento e imediatamente liga a televisão e o rádio, chama um amigo por telefone só para não ficar sozinho com seus pensamentos. O Sagitário que tem a coragem de enfrentar suas visões e a realidade de sua vida é muito raro; mas se ele conseguir isso, será o verdadeiro curandeiro ferido, porque aprendeu o que é compaixão – uma qualidade que falta ao Sagitário mais ingênuo e cego. Ele também terá acesso a um dos mais profundos segredos da vida e dos seres humanos: a dualidade de deus e do animal que estão dentro de todos nós.

## A SOMBRA

Sagitário também tem o seu lado obscuro, que se manifesta de várias maneiras. Uma delas pode ser chamada de "tiete". A cena é mais ou menos esta:

AMIGO PARA SAGITÁRIO: Ouvi dizer que você saiu no feriado. Foi a algum lugar interessante?

SAGITÁRIO: Fui a Cannes, naturalmente. Eu tinha de estar lá durante o festival. Foi ótimo rever Stanley e Michael.

AMIGO: Stanley e Michael?

SAGITÁRIO: Ah! Você não os conhece, não é? Kubrick e Cimino. O novo filme é realmente excepcional. Falamos muito a respeito dele durante um jantar.

AMIGO: Eu fui a Santos e fiquei lá algumas semanas.

SAGITÁRIO: Ah, é? Interessante. *(Seu olhar é o de quem se aborrece profundamente.)* Você ouviu alguma coisa sobre o divórcio de Mick?

AMIGO: Mick? Que Mick?

SAGITÁRIO: Deixa pra lá. Acho que você não o conhece. Bom, eu tenho que ir. Adriana vai dar uma festa esta noite, e, você sabe, ela anda dando em cima de mim. Então...

(Há uma sequência para este diálogo. Em geral, o amigo nunca mais vê o Sagitário, pois ele não conhece as pessoas certas nem sabe o que está acontecendo.)

O lado sombrio de Sagitário pode ser essa enfadonha mania de dizer que é amigo de gente importante e de formar "panelinhas". Existe a panelinha literária de sagitarianos que conhece Françoise Sagan intimamente e frequenta sua casa. Existe a panelinha de sagitarianos esotéricos composta por amigos íntimos do guru Swamikananda e que sabem tudo sobre sua vida sexual. Existe a panelinha de sagitarianos políticos que estão sempre jantando com Jim (Jimmy Carter) ou Maggie (Margareth Thatcher). Existe até a panelinha de sagitarianos cientistas, de magistrados, de médicos. Enfim, a sombra de Sagitário gosta de estar onde as coisas estão acontecendo e com pessoas que estão em evidência, e, de alguma maneira, ele consegue, com sua intuição, estar no restaurante certo no momento certo, e encontra as pessoas certas. Um dos dons de Sagitário é a habilidade de fazer contatos e de antever oportunidades. Esse dom é posto a serviço da sombra de Sagitário quando ele usa as pessoas para depois as deixar, quando não lhe são mais úteis.

Não pense que isso se aplica somente à mulher de Sagitário. Não. Há muitos homens que agem da mesma forma. A sombra masculina de Sagitário não tem escrúpulos ao usar uma relação sexual com uma mulher glamorosa ou bem conhecida para colocá-lo em posição de vantagem, tal como faz a panelinha feminina. Tendo trabalhado na indústria fonográfica alguns anos em Hollywood, tive grandes oportunidades de observar esse fenômeno do tiete. Pode-se observá-lo em qualquer profissão na qual a fama, o charme, a animação e a expectativa façam parte do *show*. E os tietes realmente bons, aqueles que conseguiram construir uma verdadeira carreira se aproveitando do brilho de alguém, eram, em sua maioria, de Sagitário.

A sombra de Sagitário é sempre a primeira a saber de uma nova balada, de um novo restaurante ou de um novo boteco frequentado por pessoas interessantes. Ele será o primeiro a comprar o CD, a ler o livro, a ver o filme. E como fala a respeito disso! O engraçado é que ele pode contar a todos os seus amigos menos favorecidos sobre as maravilhas do Olimpo que eles não podem frequentar por não terem, digamos, charme. Se você não é ninguém e não vai a nenhum lugar, esse tipo de Sagitário não tem tempo para você. Se chegou lá, mas está em declínio, ele não tem tempo para você. Ele age de modo cínico, mas com tanto charme, que muitas vezes o envolve e faz com que você se sinta pequeno e desinteressante caso não tenha ido aos lugares aonde ele foi ou se não esteve com as pessoas que ele encontrou. O que acontece é que toda sombra está à procura de poder, seja lá de que espécie for.

Há outra faceta da sombra do arqueiro. Podemos chamá-la de "promessinha". O promessinha é um lado muito conhecido de Sagitário e tem muito a ver com a tendência do arqueiro de se sobrecarregar de tarefas. O promessinha simplesmente promete. Promete emprestar-lhe dinheiro se você precisar; promete que você pode ficar em seu apartamento enquanto ele viaja; promete ajudá-lo a procurar um apartamento para você; promete pintá-lo, ajudá-lo a fazer o jardim; promete levá-lo a uma viagem à Índia, ao Egito e a Madagáscar assim que chegue o verão; promete que vai lhe telefonar no sábado, esta noite, na semana que vem; promete lhe dar uma festa, comprar um carro novo; tudo ele promete. E com tudo isso, sejam essas promessas materiais, afetivas ou espirituais, ele nunca, mas nunca mesmo vai conseguir fazer tudo, porque fez a promessa em um momento de frenético entusiasmo, tanto para sua própria conveniência como para impressionar você. Mas a realidade é diferente. E você irá se decepcionar algumas vezes antes de entender o jogo dele.

Agora, se você lhe promete qualquer coisa, pode ficar certo de que no dia marcado ele virá cobrá-lo e pode virar um bicho se você não cumprir a promessa naquele exato momento. Um dos pontos típicos em que o promessinha mostra as tonalidades de sua sombra é com relação a dinheiro. Em geral, ele o oferece generosamente – mas não quando você precisa dele. Quando você precisa, ele está duro. Na verdade, muitos sagitarianos são tão generosos e mãos-abertas quanto você poderia esperar deles. Mas suas sombras não o são. Esse é o lado pão-duro deles. Parece generoso; isso faz parte do talento do promessinha: parecer bom. Quando você precisa, ele não está. Mas se você emprestar dinheiro a um promessinha, esqueça-o. Se você pensa em cobrá-lo, ele está duro, esqueceu, saiu da cidade, amanhã, na próxima semana, mês que vem. Mas, se foi ele quem lhe emprestou, ele não vai esquecer e cobrar até o último centavo. É uma atitude curiosa e inconsciente que Sagitário às vezes manifesta, e, repito, é inconsciente, pois a verdadeira personalidade deste signo é generosa, magnânima e extravagante, completamente avessa às limitações materiais. Mais uma vez: é essa maldita sombra que tem outras ideias em mente e que tira a nobreza natural e o coração aberto de Sagitário, mostrando apenas um senso comercial que faria vergonha a qualquer Capricórnio, fazendo-o parecer ingênuo.

A origem da sombra sagitariana reside na sua dificuldade de se adaptar aos limites da realidade. O arqueiro inseguro de si mesmo neste mundo, que tem medo de falhar, que não encontra maturidade suficiente ou disciplina dentro de si mesmo para perseguir o que deseja, ater-se a isso, cai muitas vezes nas mãos de sua sombra, porque é muito mais fácil aproveitar o esforço feito pelos outros. Não se trata de um vício de Sagitário; isso vem do medo. O sagitariano tem medo de se comprometer com o mundo tangível, porque aí ele teria de enfrentar não só as limitações da forma, mas também o fato de que seu gênio em potencial talvez não seja tão ilimitado e cósmico como ele pensa. Júpiter, o rei dos deuses, é uma divindade desregrada, que não suporta limitações. E isso não o incomoda muito porque, como deus, ele sempre se sai bem. O Sagitário mortal não se sai bem. Certamente ele consegue driblar melhor as situações do que qualquer outro signo, pois confia na sorte e é otimista. E porque confia na vida, a vida o trata com mais benevolência. Mas não é um deus, e é difícil para ele conciliar sua mortalidade com sua humanidade. Assim, ele se pendura nas realizações de outros – o tiete de que falamos – sem ousar se aventurar por si mesmo, ou se torna o promessinha desesperado em parecer ser rico, ter sucesso ou ser importante, pois isso faz com que ele se sinta dessa forma, pois é assim que os outros o veem. É como ver uma criança brincando de ser um super-herói. Sagitário pode se gabar e tentar desesperadamente viver suas fantasias. É quando ele se permite ser bondoso, imaginativo, engraçado, inteligente – um incansável aprendiz da vida – que ele realmente se abre para ser amado por si mesmo, e não apenas por suas fantasias.

## SAGITÁRIO E O AMOR

Conta-se, tradicionalmente, que Sagitário mostra certa relutância no que diz respeito às promessas de casamento. Isso é muito compreensível quando se leva em consideração tudo o que foi dito anteriormente; uma vez que Sagitário tem um grande amor por todas as possibilidades que se apresentam, é natural que se retraia quando solicitado a desistir de todas as futuras possibilidades por uma só realidade para o resto de sua vida. "Até que a morte nos separe" é uma frase que ressoa alto em sua consciência por causa da palavra "morte"; pois é isso o que esse enlace pode parecer a nosso arqueiro, sempre à procura de novidades. E você vai entender perfeitamente isso se encontrar um arqueiro que já tenha passado por um casamento prematuro, numa época em que seu idealismo ainda não havia constatado que às vezes os fatos não acontecem como a gente gostaria. Procure um sagitariano já divorciado e você verá que ele vai ser muito arredio a sofrer novos golpes e, de certo modo, o celibato cai bem para Sagitário, não porque ele saia sempre decepcionado de um relacionamento, mas porque ele sabe que, se quiser sair, pode se livrar com um mínimo de aborrecimento. E saber que a porta dos fundos está sempre destrancada faz maravilhas com sua ansiedade.

Com tudo o que foi dito a respeito de Sagitário, ele não parece ser um bom partido; mas isso não é verdade, apenas depende do tipo de relacionamento. Seu mito é, sem dúvida, o do peregrino, mas mitos retratam símbolos e realidades psicológicas, não necessariamente comportamentos. Essa infinita procura de metas e possibilidades futuras, a procura do sentido das coisas, pode bem ser uma procura vivida em sua alma e não por meio da série de parceiras que passam pela sua cama. Alguns sagitarianos, é claro, tomam a coisa ao pé da letra e não há nada a ser feito a esse respeito, a não ser que você goste desse tipo de relacionamento aberto e esteja preparada para levar sua própria vida. Não é sempre patológico; afinal, lembre-se de Júpiter. É um bom exemplo.

Se você já se envolveu com um sagitariano desse tipo, não seria nada aconselhável virar uma Juno e se tornar uma mulher amarga, ciumenta e desconfiada. Isso não ajuda em nada e empurra o sagitariano, como Júpiter, direto para braços mais acolhedores. O mesmo ocorre com mulheres sagitarianas, que podem ter as mesmas tendências que seu correspondente masculino. Assim que você lembra a um sagitariano que ele é responsável por alguém ou por alguma coisa, ele vai se sentir meio deslocado e fazer algo para se convencer de que não pode ficar preso por responsabilidades. Se você quiser fazer alguma coisa para salvar a situação com um sagitariano libertino, tente usar a psicologia reversa; mas isso é só para pessoas muito fortes. Do contrário, procure um signo mais constante e caseiro.

Para trazer algum conforto, tente lembrar que Sagitário, sendo um idealista, é sempre movido pela necessidade de ir atrás de suas fantasias românticas. As relações passageiras não significam nada para ele e, em geral, ele faz meia-volta e retorna ao lar, pois é no lar que encontra sua estabilidade. Ele deseja e teme, ao mesmo tempo, a estabilidade, mas é mais provável que ele a queira, a menos que fiquem pendurados em seu pescoço. Sagitário é levado continuamente por um profundo sentimento de inadequação sexual. Sendo um signo de fogo, tem certa dificuldade para estar em seu corpo físico, que lhe traz enormes limitações. Além disso, sua visão do amor implica tanto desejo e drama passional, tanta perfeição e união espiritual, que nenhum relacionamento irá conseguir satisfazer totalmente essa sua necessidade. Mas a perseguição do Eterno feminino faz parte de sua natureza, de tal modo que ele tem tanto de continuar como de ser desiludido por ele. Deixe-o, se for preciso; isso algumas vezes o ajudará a fazer certas coisas e a tomar certas atitudes – como entender o fato de que as outras pessoas não têm de ficar esperando que ele volte. Mas isso faz parte da sua jornada, e o jovem sagitariano que nega a si mesmo o direito de explorar o amor, quando chega à meia-idade resolve que tem de quebrar os laços que ele mesmo criou. E mais tarde, na vida, isso é muito mais penoso, pois envolve os filhos, as dívidas e todas aquelas coisas que temos a tendência de acumular à medida que envelhecemos.

É claro que existem muitos sagitarianos, de ambos os sexos, que querem e são muito capazes de fazer concessões em seus relacionamentos amorosos; mas aqui também você precisa ter cuidado para não confundir seu centauro com qualquer outro animal. Ele ainda não gosta de ser enjaulado, mesmo quando está bem feliz por estar com uma única pessoa. Isso significa tanto jaula psicológica como jaula sexual. E significa que, quando ele tem de se elevar em sua imaginação ou em sua fantasia, em um livro que o prenda muito ou em uma especulação filosófica, ele simplesmente tem de se soltar. Se ele tem de viajar – e viajar é, muitas vezes, o elixir que serve para rejuvenescer seu espírito –, então o deixe partir sozinho, se for preciso. Isso não quer dizer que o arqueiro vai fugir. Quer dizer que ele vai esticar um pouco suas patas de cavalo, sentir o chão passando por baixo dele, disparar uma ou duas flechas, apenas para manter os braços em forma.

Na verdade, você não pode domar o espírito do Sagitário. Ele não é uma criatura doméstica. Nem tente. Se você quer um tipo mais calmo, mais terreno, tente um signo de terra. É trágico ver nosso arqueiro sendo manipulado e acorrentado por alguém que não o deixa exercitar o espírito. E esse ponto é muito sutil; não se restringe a deixá-lo voltar para casa a qualquer hora. Trata-se de um processo psicológico muito delicado pelo qual nos controlamos e possuímos um ao outro; e muito disso envolve a destruição dos sonhos do outro.

Sagitário tem necessidade de acreditar em algo, de ter metas, nem que sejam irrealizáveis. Um intermitente retalhamento dessas metas equivale a destruí-lo. Lembrá-lo a toda hora de que seus desejos são tolos, impossíveis, irreais ou infantis é a melhor maneira de afastá-lo para sempre. Mas se você não acreditasse nem um pouquinho nos sonhos de Sagitário não estaria com ele, não é? Ou estaria?

Sagitário pode ser a alma mais generosa, material ou emocionalmente. Mas ele não se doa com facilidade quando requisitado, como se estivessem o acessando com um botão. Se você deixar que ele se dê espontaneamente ficará surpresa com algum maravilhoso projeto, em geral uma viagem quando você mais tiver vontade disso. A intuição de Sagitário funciona de forma maravilhosa nesse sentido. Peça que ele se doe regularmente, pelos meios convencionais, e ele vai se sentir esmagado e inadaptado. É uma alma egocêntrica – incluindo as mulheres de Sagitário –, sem dúvida por causa da insensibilidade que existe nos signos de fogo. Você tem de dizer que ele se esqueceu de algo ou que foi grosseiro. Tem de falar e não ficar dez anos guardando ressentimento até que tudo venha à tona, do contrário ele realmente não saberá o que está fazendo. E você também precisa ser um pouco mais realista sobre a maneira de modificar esse comportamento, pois o mais apaixonado dos sagitarianos ainda tem essa tendência a ser insensível. Em certo sentido, ele precisa ser assim, pois, se você tem os olhos fixos no horizonte distante, não pode olhar ao mesmo tempo onde pisa. Se você olhar para cada folha de grama sob seus pés, não verá o horizonte. Você não pode ter a grama e o horizonte.

Dar-lhe a impressão de que ele pode ser ele mesmo torna o sagitariano mais generoso. E não há parceiro mais estimulante e divertido, porque a vida para ele é cheia de estímulos e de novas possibilidades, e seu entusiasmo é contagiante. Tudo é um enorme parque de diversões. Não zombe. Quando foi a última vez que você se libertou e gozou a vida? Sagitário detesta as pessoas que ficam lhe dizendo que ele precisa crescer e se tornar mais responsável. Ele conhece essa voz; ele tem uma dessas dentro dele, que provavelmente soa como a voz de sua mãe ou de seu pai. Essa é a maneira certa de deixá-lo furioso, e um Sagitário furioso não é como um Câncer furioso, que fica de mau humor, ou um Escorpião, que fica remoendo a raiva, ou um Virgem, que se torna sarcástico, ou um Capricórnio, que ferve por dentro. Um sagitariano furioso quebra toda a louça, derruba cadeiras e grita um bocado. É claro que logo vai esquecer tudo, pois não tem temperamento para ficar remoendo morbidamente o que passou, mas na hora faz um escândalo de ficar na história.

Em um relacionamento com um homem ou uma mulher de Sagitário o que mata o sentimento é o contexto geral de uma infindável e monótona rotina de responsabilidades, assim como ser mandado e receber ordens. A liberdade individual é um deus para Sagitário, e ele deixará muitas coisas de lado só para ter esse deus junto de si.

Ele também acredita na democracia, o que se aplica igualmente à mulher de Sagitário; por isso, não tente impor a eles a rotina do "faça o que eu digo". Você pode receber de volta uma bela gargalhada ou ser abandonada. O que Sagitário realmente precisa e aprecia é um amigo com quem possa compartilhar seus sonhos e que esteja a seu lado quando ele tiver tomado algumas porradas da vida (o que é inevitável). Isso, afinal, não é pedir muito. Pensando bem, os amigos estão aí para quê?

## O Homem de Sagitário

Essa ilusória e fascinante criatura é facilmente reconhecida por duas tendências marcantes: gesticular muito e contar histórias engraçadas. É frequente fazer os dois; mas o que mais marca o sagitariano é sua ironia.

Você vai descobrir que muitos sagitarianos fazem seus passeios e suas viagens mais no plano mental que no plano físico. Aparentam ser os intelectuais do zodíaco, devoram livros, absorvem toda forma de conhecimento como guloseimas deliciosas, mas não são intelectuais no sentido de Gêmeos; eles nunca se propõem a analisar detalhadamente pequenas informações que lhes vêm à cabeça. São intuitivos e gostam mais de relacionar diversos campos de conhecimento do que de dissecá-los. Sua mente é especulativa, seja em filosofia, literatura, artes ou na Bolsa de Valores.

Para eles, essa vida intelectual é bem mais importante do que o que irão comer no jantar; aliás, às vezes até se esquecem de comer. O homem de Sagitário tem o hábito peculiar de se ligar – principalmente na primeira parte de sua vida – a mulheres de terra e a bens materiais. Logo, elas percebem a falta de cuidado do sagitariano consigo mesmo, pensando: "Ele é tão brilhante mas mal se lembra de trocar a camisa", e imediatamente acham que têm de tomar conta deles. Agora, se existe uma coisa de que eles não precisam, e, repito, não precisam mesmo, é que tomem conta deles. É bem verdade que sem você ele viveria num chiqueiro, que suas roupas estariam sujas, o cabelo por cortar; mas, se você fizer tudo isso, ele nunca perceberá nem fará nada por si mesmo. Aliás, ele nunca vai dar a você a devida importância. Sagitário, assim como os outros signos de fogo, é atraído por signos de terra – Touro, Virgem e Capricórnio. E o homem de Sagitário com uma parceira de terra vai permitir, por algum tempo, que ela se torne o símbolo da perseverança, da estabilidade e da segurança. Se você se inclui nesse papel, tente interromper a brincadeira logo no início, não no final. Esse é um trágico erro que ocorre regularmente com sagitarianos em seus relacionamentos. Não seja maternal com ele até que ele cresça. Já que crescer, para ele, não significa o mesmo que para você. Para pessoas de terra, maturidade é sinônimo de assumir responsabilidades no mundo material. Para pessoas de fogo, maturidade significa conhecer, enxergar, entender. Nos termos de pessoas de terra, Sagitário nunca será um adulto, nem tem essa intenção. Toda a solicitude maternal e os cuidados para com o sagitariano visam em geral (de modo secreto) amarrar essa alma eternamente errante. E Sagitário, com toda essa tendência para a estabilidade das pessoas de terra, precisa, afinal, procurá-la dentro de si mesmo. E quanto menos responsabilidade você tentar extrair dele, menos ressentimento receberá em troca, e o futuro dos dois será melhor.

Não que se deva ter pena de você. O arqueiro é um homem estimulante, excitante e dinâmico, e seu desejo insaciável de se exprimir livremente e de preservar sua visão torna-o extremamente atraente, em particular para mulheres que procuram um pouco de paixão e aventura em sua vida. E não há dúvida de que o espírito aventureiro de Sagitário não irá aborrecê-la; mas, por favor, tente achar paixão e aventura primeiro dentro de si mesma; então estará apta a desfrutar da companhia do Sagitário e de sua maravilhosa visão.

Uma das maneiras de o arqueiro encarar a vida é zombando dela. Afinal, pensando bem, o que é tão sério? Você tem de ter senso de humor, do contrário nunca vai entender o que o alegra, sobretudo quando ele ri de você. O sagitariano pode ser daqueles chatos que ficam cutucando as pessoas e que gostam de brincar com pessoas muito sérias e pomposas. Felizmente, essa qualidade não muito agradável é contrabalançada pelo fato de ele também ser capaz de rir de si mesmo.

O maior problema dos relacionamentos do homem de Sagitário é conseguir unir a fantasia romântica à realidade carnal. Para muitos arqueiros, o fosso entre esses dois pontos é profundo demais para conseguir uni-los; por isso, nunca tentam. Para esse gênero de Sagitário, a única saída é continuar vivendo no mundo de fantasias, se tiver dinheiro suficiente para mantê-lo. Alguns arqueiros se desesperam e acreditam que nunca vão conseguir ter um bom relacionamento, e passam pela vida deixando um rastro de alianças quebradas, de trabalhos inacabados, de dívidas não pagas e de vida não vivida. O medo de falhar na vida sentimental é tão grande quanto o de falhar materialmente. Afinal, o que é que Júpiter queria provar?

Por trás da atitude desdenhosa e irônica que muitos sagitarianos adotam com relação ao amor e aos compromissos, você pode muitas vezes encontrar uma criança com medo de que seu mundo fantástico seja desfeito. A criança consegue erguer à sua volta uma enorme parede de cinismo, pode se armar de uma surpreendente variedade de sarcasmos, de brincadeiras e de comentários maldosos que o farão pensar que ela não tem coração, mas, no fundo, ela é uma criança. Não caia nessa. Sagitário tem um coração de ouro, só que se machuca com facilidade. Ocasionalmente, poderá aprender que primeiro se chega à primeira meta. Confiança e amizade, como guias, podem ajudá-lo a encontrar seu caminho. E ele pode oferecer confiança e amizade em abundância, fazendo jus a elas em troca.

## A MULHER DE SAGITÁRIO

Há mulheres aventureiras também. Nem todos os exploradores, alpinistas e viajantes são sagitarianos homens. A verdadeira arqueira feminina é tão incansável, faminta de experiências, ávida por explorar as delícias que vê na vida quanto seu correspondente masculino. Essa mulher tem necessidade de um grau muito elevado de liberdade pessoal e não é conhecida pela reputação de se casar facilmente ou de assumir responsabilidades domésticas com boa vontade. Na maioria das vezes, ela é mais feliz vivendo sem isso. E é bem capaz de ter um filho fora do casamento e de educá-lo como seu feliz companheiro de viagem, em vez de se abrigar atrás de muros seguros. Para a sagitariana, paredes e muros são como o pano vermelho para um touro.

Qualquer carreira que lhe dê bastante espaço, viagens e liberdade de movimento, assim como oportunidades de novos contatos, agrada à mulher sagitariana. E mesmo o arqueiro que não segue uma carreira também tem necessidade dessas coisas. Se todo o resto falhar, ela vai brilhar na sociedade, pois poderá frequentar maravilhosas festas e encontrar pessoas interessantes. Há também as sagitarianas mais introvertidas e filosóficas. Algumas, como Jane Fonda, têm sua filosofia e gostam de clamá-la em alto e bom som, como faria qualquer representante desse signo. Você sempre vai encontrar uma sagitariana metida em alguma causa, pois sua visão penetrante e seu senso de atividade dentro do grupo despertam-lhe o interesse e a preocupação pelo bem-estar da humanidade.

Se existe algo que não lhe falta é opinião. Sagitário está sempre pensando em algo, aprendendo, lendo e discutindo. As convicções são muito importantes para a mulher de Sagitário, embora possam mudar regularmente. Sagitário é um signo fluido, flexível. Às vezes, você encontrará o lado mais espiritual ou religioso em evidência na mulher de Sagitário – com notável interesse por religião, mitos, psicologia e diversos assuntos esotéricos ou ocultistas. Ela tem o gosto pelo desconhecido, pelo mágico, pelo inesperado, pelo inexplicável.

Há também um forte sentimento de alegria e humor na mulher de Sagitário, e a famosa franqueza sagitariana também está em evidência aqui. Você não pode esperar que uma arqueira use lisonjas diplomáticas. É bem mais provável que ela acerte um ponto fraco sem rodeios – não que seja cruel, mas ela tem a tendência de falar antes de pensar, sem perceber que você, alma sensível, ficou completamente arrasado com o insulto. Em geral, ela também tem razão, pois é muito difícil enganar a aguçada intuição sagitariana, que tem um jeito todo especial de enxergar além de máscaras e hipocrisias.

Aqui você pode entrever algo daquele espírito de grupo de que falamos anteriormente. A mulher de Sagitário tem necessidade de estar onde há ação, onde estão pessoas interessantes e atraentes; seja por seu próprio talento ou por meio de outra pessoa, ela se sente atraída por tudo o que é novo e importante. E tem necessidade de estar sempre se movimentando, trabalhando, ocupando-se em novos projetos. O que ela não gosta mesmo é da rotina de arquivista das oito às seis em um escritório, ou ter de servir o lanche das crianças impreterivelmente às dez para as quatro. E do horário das compras, da lavanderia e do banho... Você já deve ter notado que mulheres sagitarianas são completamente incapazes de lidar com tudo o que se refira à organização material. Se elas o fazem, é porque recebem grande ajuda de signos de terra – virginianas, capricornianas ou taurinas, que ficam tranquilamente por trás do pano, cobrando, limpando e lavando a louça. Pouco importa. O seu dom é o de reunir pessoas, inspirá-las, deleitá-las, instruí-las, abrir um mundo novo para elas, e não pôr ordem nas coisas.

A romântica sagitariana pode ter períodos problemáticos em relacionamentos longos. Como ama tudo o que é novo e excitante, a mulher sagitariana pode seguir os passos de seu correspondente masculino, sempre procurando o cavaleiro do cavalo branco que irá tirá-la de toda a banalidade da rotina e lhe mostrar um mundo de romance dos contos de fadas. Essas escapadas são bem frequentes, mas ela volta. O que você não pode é possuí-la, ser dono dela; ela vai brigar muito e pode até deixá-lo por isso. Mulheres sagitarianas são independentes. Essa independência você pode notar também na criança sagitariana. Você não a manda fazer alguma coisa. Você pede. Gentilmente.

Sagitário, assim como Gêmeos, tem necessidade de se comunicar. Se você está procurando um tipo tranquilo e dócil, esqueça a sagitariana. Muitas mulheres sagitarianas são bem falantes. E discursam a respeito de qualquer assunto que achem interessante e apaixonante. Elas têm um jeito todo especial de fazer o assunto parecer apaixonante aos outros. Algumas vezes, alongam-se sobre um assunto e se tornam maçantes, e não existe pessoa mais chata do que uma sagitariana falando de seu entusiasmo ou de sua paixão do momento. Mas, em geral, a mulher de Sagitário é muito falante e precisa de um parceiro tão interessado e falante quanto ela. O tipo silencioso e taciturno não combina nem um pouquinho com a arqueira.

Todos os signos de fogo têm de estar amando. Essa diferença sutil entre amor e paixão vai muito bem para elementos mais racionais como Ar e Terra. Mas, sem acreditar no amor, o fogo definha, e a mulher de Sagitário é apaixonada pela vida, de coração. Ela está aí para ser vivida, não enjaulada. E, embora seja natural que a sagitariana sofra certos reveses amorosos, não é porque sua necessidade de liberdade pessoal e independência afaste alguns assustados admiradores que ela vai perder suas esperanças no futuro. Essa mulher é otimista, ela acredita no valor e na energia da vida. Passe algum tempo com ela e você também começará a acreditar nisso. A fé na vida de Sagitário é contagiante; mas, ao contrário das outras infecções, não é fatal. Gera a vida.

# 6

# O ELEMENTO TERRA

> *"O problema de se estar sempre com os dois pés firmemente enraizados é que não se consegue nunca tirar as calças."*
> J. D. SMITH

Uma vez que nos encontramos na Terra, que somos feitos dela, que é dela que tiramos nosso sustento e que estamos inexplicavelmente enraizados nela, podemos dizer, na astrologia, que o elemento Terra é um símbolo do mundo tridimensional da matéria, uma conjunção visível de espaço e tempo. A Terra é real, sólida, segura, positiva e presente, e os signos de terra – Touro, Virgem e Capricórnio – possuem, como base de vivência, o reconhecimento de tudo o que se relaciona com os sentidos. A Terra representa a função da realidade por excelência. Resumindo: pessoas de terra são, antes de qualquer coisa, realistas.

Com isso, podemos dizer, salvo para os signos de terra, que realismo é um termo relativamente perigoso. Afinal, existem espécies diferentes de realidade. Mas alguém de um signo de terra vai dizer: "Está tudo muito bem; mas, apesar de todas as suas teorias, o que eu percebo é o que eu percebo, e é com esses dados que eu vou trabalhar". O signo de terra não está interessado em por que, como, o que será, o que foi, o que poderia ser. Está interessado naquilo que funciona. Enfim, é um pragmático.

No estudo da astrologia, o importante não é catalogar traços de comportamento, mas entender a verdadeira essência, a motivação mais profunda e a maneira de viver de cada signo ou de cada grupo de signos pertencentes ao mesmo elemento, e o que eles compartilham entre si. Assim, se catalogarmos os traços de Virgem, Touro e Capricórnio, não estaremos fazendo justiça ao fascinante, aparentemente simples, subestimado e desvalorizado elemento Terra. Há provavelmente menos pessoas de terra estudando astrologia do que qualquer outro grupo; encontrei menos taurinos e capricornianos em minhas aulas do que pessoas de qualquer outro signo. Virginianos têm a tendência da sistematização e vêm às aulas porque acham nelas alguma utilidade; mas a verdadeira personalidade de terra não tem tempo para absurdas especulações cosmológicas. Ela está mais interessada no que está se passando no mundo neste momento; em como lidar com os acontecimentos, como superá-los, como conseguir segurança e se salvar neste universo caótico; enfim, em como aplicar suas habilidades para elaborar uma vida que seja produtiva, útil e completa.

Na descrição dos três signos de terra, a maioria dos livros de astrologia apresenta os mesmos adjetivos: prático, eficiente, de muito bom senso, sensual, realista, bem-organizado, ávido por dinheiro, segurança e posição social. Para a grande maioria, isso é verdade. No domínio da realidade – ou daquilo que consideramos realidade por meio dos sentidos – os signos de terra se sobressaem. De certo modo, ao contrário dos mais intuitivos e inconstantes, dão um jeito de pôr ordem à entrada desordenada de estímulos que assaltam os sentidos, relatando cada experiência ou objeto individualmente. Então, estudam as leis e a natureza do objeto, saboreando-o, passando para o próximo, gradualmente edificando um corpo de fatos e de experiências que lhe permitem funcionar na vida ao lidar com as coisas desta vida. Dar a Deus o que é de Deus e a César o que é de César. Os signos de fogo têm a tendência a se preocupar muito com Deus, enquanto os de terra se dedicam a conhecer minuciosamente as necessidades e expectativas de César, ou, como diriam os cátaros, do *rex mundi*, do Senhor deste Mundo.

A pessoa de terra tende a ficar à vontade em seu corpo. Gosta dele e se sente bem dentro da pele; algumas vezes até acredita que ele próprio é seu corpo. Se, em um grupo de pessoas, você perguntar a cada um "Quem é você?", a primeira resposta espontânea e honesta que receber lhe dirá de imediato a que elemento pertence a pessoa. O intuitivo tentará se exprimir – se possível – referindo-se à própria essência interior, sua origem criativa. O signo de terra vai lhe dizer que ele é seu corpo. Afinal, quem é melhor amigo que seu corpo? É como alguns de nós conhecem a realidade. Por isso, pessoas de signos de terra são em geral sadias, pois nunca reprimem ou desprezam as necessidades do corpo.

Seres de terra se sentem à vontade com objetos e conseguem lidar com dinheiro e assumir responsabilidades sem fazer qualquer esforço aparente, o que é bem deprimente para seus companheiros dos signos de fogo. Eles têm o dom de realizar seus desejos e analisam bem os aspectos práticos de qualquer situação e não tentam alcançar o impossível. Assim, têm sucesso nas áreas que requerem disciplina, trabalho duro, dedicação, atenção, paciência e cuidado. A pessoa de fogo é folgada demais e lhe falta qualquer tipo de paciência. A de terra sabe que cada nascimento é precedido por uma gestação, aguardado com ternura e cuidados. A de terra sabe que, se tiver sempre os olhos postos no chão, não perderá nada no caminho.

O problema é que (como mostra bem a citação humorística do início do capítulo), se ficar com os olhos sempre voltados para o chão, você nunca verá o céu. E poderá formar uma imagem da vida que, em vez de abrir seus horizontes, irá amarrá-lo cada vez mais a uma constante e monótona roda-viva de minúcias e problemas cotidianos. O grande perigo para os signos de terra reside naquele aspecto sombrio e secreto do qual falamos, pois existe uma tendência para ignorar, desvalorizar ou reprimir tudo o que se inclina para o lado mais aberto, espontâneo e vasto da vida.

Pessoas de terra tendem ao dogmatismo, à estreiteza de espírito, a uma excessiva possessividade e simplificação e a pôr ordem em tudo compulsivamente. Do mesmo modo que as minúcias da vida terrena ameaçam a visão dos signos de fogo, uma visão ampla demais ameaça a segurança dos signos de terra. O fogo tem medo da ordem, a terra tem medo da desordem. Como disse o poeta francês Paul Valéry:

> *O mundo está constantemente ameaçado por duas forças:*
> *a ordem e a desordem.*

Porque o caos próprio da vida – seu caráter passageiro, seu movimento, sua incessante propensão para trocar e mudar – atemoriza demais as pessoas de terra, elas tentam construir barreiras dentro das quais possam se recolher, sentindo-se seguras diante da permanente ameaça do desconhecido. Assim como a pessoa de fogo adora aquilo que não conhece e nem chegou a ver, a de terra aprecia tudo o que é conhecido, familiar e digno de confiança. A vida talvez seja um paradoxo que contém os dois. Enquanto as pessoas de terra lidam facilmente com a complexidade do mundo dos objetos, elas podem, por outro lado, perder perigosamente o significado mais profundo da própria vida. Por causa do medo do caos e do desconhecido, ou mutável, as pessoas de terra são assaltadas com frequência por temores irracionais e vagas apreensões.

Você poderá encontrar pessoas de terra que anularam impiedosamente sua imaginação e intuição. Vivem em um emaranhado sem fim de rotinas e trabalhos enquanto vão aumentando aos poucos a pilha de objetos ao redor, sem nunca conseguir preencher inteiramente o vazio de suas vidas. E, bem no íntimo, você pode ouvir sua queixa, seu desejo ardente de dar um sentido a sua vida, aquele sentimento de pertencer a uma vida mais ampla, ter alguma esperança no futuro. Todos os trabalhos tornam difícil a possibilidade de viver de maneira criativa. Em outras palavras: pessoas de terra têm um problema – não sabem brincar. Esqueceram a criança que nos acompanha até que o nosso corpo se torne "adulto". Dentro de todos nós há uma criança escondida cheia de admiração, ingenuidade e esperança de que a vida lhe traga surpresas, alegrias, presentes inesperados – como Papai Noel na manhã do Natal. O elemento Fogo está para a eterna criança assim como a terra está para o eterno velho. Normalmente, pessoas de terra são velhas quando jovens, mas também mais sensíveis e com mais vontade de assumir responsabilidades. E esse mesmo dom que lhe permite ver realisticamente aquilo que lhe cabe realizar na vida é também seu maior inimigo. A menos que consiga se libertar do jugo que a torna escrava, ao qual chama de realidade, a pessoa de terra fica particularmente sujeita a temer a morte como o ajuste de contas final, isto é, a soma de tudo o que se passou em sua vida, cujo significado fundamental, de alguma maneira, a enganou.

Signos de fogo têm um intenso desejo secreto de segurança, estabilidade e "normalidade", temas que publicamente condenam como "sem graça" e "sufocantes". Os signos de terra, ao contrário, têm um anseio igualmente intenso, secreto e reprimido pelo que é espiritual. Esse desejo se apresenta muitas vezes sob a máscara da superstição, o que é ainda mais desconcertante, pois eles são tão ávidos por fatos concretos que não parecem ser pessoas ingênuas. Mas não existe ninguém mais espiritualmente ingênuo que a pessoa de terra, mesmo que você tenha de embebedar um amigo de signo de terra para fazê-lo admitir que sempre bate na madeira, não passa debaixo de escadas e tem horror de derrubar sal. Signos de terra são incessantemente fascinados por fantasmas, psiquismo e outros fenômenos parapsicológicos, que fazem parte do dia a dia da vida dos signos de fogo. Mas a pessoa de terra não considera tais coisas como partes do universo, uma parte natural que talvez ainda não tenha sido bem entendida. Ela "acredita" no "sobrenatural" de maneira velada, sem reconhecer as implicações desse mundo. Assim, podemos arriscar que ela irá procurar essas qualidades em um companheiro de fogo, assim como uma pessoa de fogo é atraída por outra de terra. O tipo terra pode ser visto na busca cuidadosa e sistemática de um objeto de amor que simbolize o médium, a inspiração, o espírito criativo – o guia que compartilhe com ela os segredos do cosmos, aquele que traz o drama, o fogo e a vida. Infelizmente, esses parceiros de fogo, que talvez possam estar em contato com algum mistério maior, seja ele espiritual ou inconsciente, não podem compartilhar essa espécie de revelação como se ela fosse um sanduíche de queijo. Essas experiências são absolutamente individuais, intensamente pessoais e inexplicáveis em termos concretos. Como escreveu Lawrence Durrell:

> *Os intuitivos acham a linguagem um obstáculo, uma barreira incômoda. Os olhos entendem sem palavras – pois as palavras encobrem mais do que revelam.*

Pode-se imaginar o problemão que é para uma pessoa de terra compreender a obscura e sutil linguagem simbólica de uma pessoa de fogo.

Isso porque o indivíduo de terra não aceita nada que não seja testemunhado pelos sentidos. Ele é como o cachorro atado a um poste por uma longa corrente que fica correndo em círculos, mas não pode nunca ultrapassar o comprimento da guia – forjada por sua insistência em acreditar que os sentidos são os únicos meios de perceber a realidade. Que problema! O diálogo a seguir testemunha isso:

TERRA: Não me diga que você acredita nessas besteiras.

FOGO: Eu não "acredito" nelas, e não são besteiras. Eu SEI certas coisas. Vivi certas experiências.

TERRA: Será que você não estava sob o efeito de drogas? Que tipo de experiências?

FOGO: Bem, você sabe. Eu não consigo explicar, mas acredito que acontecem coisas que não se explicam racionalmente.

TERRA: Que absurdo, tudo tem uma explicação racional.

Quando chegam a esse ponto, o signo de terra está achando que o signo de fogo é um inútil, e o signo de fogo está pensando que o signo de terra é um chato que não enxerga um palmo adiante do nariz. Realidade *versus* intuição. O que fazer?

Os signos de terra podem ser maravilhosos construtores, provedores, chefes de família, servidores conscienciosos das necessidades daqueles a quem amam. Seu grande pecado nunca será a falta de atenção ou de esforço, mas sim a falta de intuição e de imaginação que sufoca os que lhe são próximos e destrói tanto a sua criatividade como a nascente criatividade dos outros – por insistirem demasiado no lado prático das coisas.

> PAIS DE TERRA PARA UM FILHO DE FOGO que está aprendendo a pintar/tocar piano/filosofia/dominar a arte de fazer anéis de fumaça: Para que perder seu tempo com essas besteiras? Você deveria estar ganhando dinheiro!

Sabemos perfeitamente o que esse tipo de atitude tem causado às gerações mais novas. Esse ponto de vista, compreensível nos signos de terra, tornou-se o padrão coletivo comum de nossa sociedade por algum tempo, em particular depois dos horrores de duas guerras mundiais e da drástica depressão econômica. O que temos, no momento, são duas gerações de desajustados e desertores que se rebelaram de forma violenta contra os valores excessivamente terrenos que lhes foram impostos por pais bem-intencionados que vivenciaram o pesadelo econômico e político e a insegurança do século XX e esqueceram que o futuro sempre contém novas possibilidades. Pessoas de terra só valorizam aquilo que conhecem e o que podem perceber por meio dos sentidos; e assim perdem um bocado. Quem gastaria seu último tostão com um ramo de margaridas, que faz bem à alma, se um bom prato de sopa faria o mesmo?

O problema é que a pessoa de terra vai passar a vida inteira amolando os outros com coisas que acha que querem porque ela as quer para si. E quando seu parceiro de fogo mostrar sua predileção por margaridas, será como se lhe desse um tapa na cara. O problema que se apresenta é igual para todos nós: reconhecer que pessoas diferentes têm outros pontos de vista e necessidades diferentes.

Falemos agora um pouco sobre o relacionamento dos signos de terra. Pelo que já foi dito, acho que ficou bem claro que, se uma pessoa de terra está razoavelmente satisfeita sexualmente e tem uma situação que satisfaz sua necessidade de estabilidade material, ela em geral permanecerá firme, leal e imutável (na maioria dos casos) em seus relacionamentos, o que levaria pessoas de outros elementos, em especial as de Fogo, à loucura. Quanto mais o elemento Terra aspira à segurança, mais o Fogo se sente aprisionado. E, se a sensualidade da Terra leva o nativo desse elemento a ter relações extraconjugais – que lhe dão a mesma satisfação de uma excelente refeição –, elas raramente chegam a ameaçar a estrutura de uma relação de longa duração ou de um casamento. Ah, ainda não mencionamos a aceitação social. Ela é muito importante para as pessoas de terra, porque é dentro da sociedade que se encontra segurança. Ela é o pilar de toda a vida comunitária e de tudo o mais. A sociedade é uma criação dos signos de terra. Ela protege e sustenta, guarda a tradição e oferece as leis pelas quais a vida e o comportamento podem ser sistematizados. Pessoas de terra adoram isso. As de fogo odeiam. As de fogo são terrivelmente individualistas e em geral se sentem por fora, postas de lado, mal-ajustadas na sociedade. Já as de terra são conservadoras demais, tradicionais e seguras. Ufa! Aí está outro problema típico.

TERRA: Querido, como você pôde se comportar daquela maneira diante de meus amigos? Você os deixou chocados. Eu nunca mais vou ter coragem de encará-los novamente.

FOGO: Mas tudo o que fiz foi dizer que acredito em discos voadores!

TERRA: Mas isso é bobagem! Todo mundo sabe que isso é pirotecnia ou reflexo de luzes de barcos. Você me fez sentir ridícula.

FOGO: Você está sempre com medo do que os outros vão pensar. Tenho o direito de expressar livremente minha opinião.

TERRA: Não, você não tem esse direito, não quando aborrece as pessoas, como você fez. Isso não é normal.

Normal e anormal são duas palavras que você ouvirá muito em diálogos entre pessoas de terra e de fogo. A normalidade – seja lá o que for – é segurança, estabilidade, um padrão pelo qual a pessoa de terra pode organizar sua realidade. Anormalidade é sinônimo de doença. Para as pessoas de fogo, normalidade é uma chateação – quem quer ser medíocre? Anormalidade para elas é só mais uma palavra para expressar individualidade. Cada um, secretamente, teme e deseja o oposto. Pessoas de terra bem que gostariam, vez ou outra, de ser perfeitos lunáticos, e as de fogo gostariam, de vez em quando, de ser terrivelmente comuns.

Uma vez que a pessoa de terra baseia sua realidade naquilo que está à sua frente, o fato de ter um parceiro presente fisicamente significa que o casamento existe de fato, que a relação é concreta. Essa coisa de que "está faltando algo" é simplesmente incompreensível para os signos de terra. Dever, lealdade, responsabilidade, compromissos e segurança são muito mais importantes do que o idealismo romântico. Nuances mais sutis em geral lhe escapam. Tragicamente, seu companheiro também escapa à procura de uma paixão ardente que faça bem ao espírito e à alma. Em geral, é o signo de fogo que abandona um relacionamento com o de terra, a não ser que o signo de fogo tenha levado seu caso extraconjugal longe demais e fira de tal maneira o signo de terra que desencadeie seu espírito de vingança.

Problemas sexuais por si sós não costumam afligir os signos de terra; no entanto, inibições de imaginação o fazem, e os signos de terra tendem a se tornar recatados em relação aos aspectos mais exóticos do erotismo. Eles apreciam os sentidos, não a imaginação. Pode-se imaginar aonde isso leva.

# TOURO

O touro Ferdinando, da famosa história para crianças, é uma criatura adorável. Seu divertimento preferido é ficar aspirando o perfume das flores, ouvindo o canto dos pássaros, desfrutando a brisa do verão. Nosso Ferdinando não faz grande coisa: contenta-se com pouco e está à vontade em seu pasto. Mas chega um dia em que se senta numa flor com uma abelha... e você pode imaginar o resto. O touro Ferdinando é um perfeito taurino, e a história de muitos taurinos se desenrola da maneira como foi contada acima – o prazer de estar no campo sentindo o cheiro das flores; mas há sempre uma maldita abelha.

Touro é regido pelo planeta Vênus, a deusa do amor e da beleza na mitologia. É também a mais indolente das divindades do Olimpo, preferindo seus numerosos prazeres a qualquer trabalho desagradável. Tudo isso descreve bem um dos aspectos da natureza de Touro. Algumas palavras o definem: paz, serenidade, prazer, calma, estabilidade, afabilidade. A famosa paciência do Touro não é como a paciência do Capricórnio, construída à base de disciplina e cinismo. É a paciência da natureza, como a paciência da própria Terra, serena e vivendo cada dia pelo prazer que obtém, enquanto o amanhã – desde que se garanta que amanhã será como hoje – é esquecido.

É claro que existem outros aspectos de Touro. De certa maneira, você pode situar os taurinos em uma das duas fases de sua vida: antes e depois do mais pavoroso aspecto da vida do Touro, aquilo que vai realmente contra a sua natureza: as mudanças.

O que se costuma associar tradicionalmente a Touro é seu desejo de segurança e de estabilidade material. E não há dúvida alguma de que Touro gosta de ter uma segurança palpável, imutável – como barras de ouro, valiosos móveis antigos ou uma lindíssima Ferrari. Riquezas abstratas, investimentos ou riquezas de natureza incorpórea (como conhecimento, autoconhecimento, amigos e outras menos tangíveis) não são verdadeiras riquezas para Touro. Segurança é aquilo em que se pode confiar. Aquilo em que você pode confiar é o que não muda, não é corroído, não abandona, não desaparece, nem depende dos outros para ter valor. Uma vez possuindo tais riquezas, o Touro pode descansar. Na maioria das vezes, descansa tanto que nem se mexe mais.

Existe outro aspecto para esse impulso que leva Touro a construir sua segurança e que está relacionado ao seu modo de encarar a vida. Quando discutimos o elemento Terra, mencionamos que ele lida com a realidade – realidade concreta e tangível. Touro, o primeiro dos signos de terra, tem um ponto de vista "realista" por excelência; ele nunca é loucamente idealista, não é ingênuo a respeito das necessidades e das exigências da vida comum. Um Touro de verdade tem sempre um olho fixo naquilo que pode sustentá-lo e preservá-lo na vida. Ele é sempre realista em suas metas, sempre coloca o "chapéu onde pode alcançá-lo". Por si mesmo, Touro não é um signo ambicioso. Ele pode ficar muito feliz sem aparecer por trás do pano; ele seria o investidor, o financista, o que mantém o negócio em andamento sem receber os louvores públicos. Touro é tão realista que sabe que os louros da vitória não servem para comer nem para tampar as goteiras do telhado. O outro lado da moeda é que, com tanto realismo, Touro constantemente perde aquilo que não é visível por suas lentes terrenas. Ele valoriza a simplicidade e os fatos fundamentais, mas muitos aspectos da vida não são nem simples nem podem ser enquadrados em fórmulas. Podemos chamar isso de Síndrome do Chato Pragmático. Ele é chato principalmente porque, se não puder dominar a situação, nada tem a dizer sobre o assunto. Não se demore nas margaridas que fazem bem à alma. Um diálogo com ele poderia transcorrer como o que segue:

AMIGO DO TOURO: Tenho uma ideia maravilhosa. Sabe aquele romance no qual eu estava trabalhando? Pensei que daria um bom roteiro para um filme. Todas as cenas de batalhas seriam rodadas à noite, à luz de tochas, com fogos de artifício estourando por todos os lados e... um efeito dramático formidável! E com trajes do século XV...

TOURO: Não sei por que você pensa em tudo isso, se não vai ganhar nenhum dinheiro com tal projeto.

AMIGO: Bem, no momento não, mas com um pouquinho de sorte, posso pedir uma ajuda a um amigo...

TOURO: Você nunca vai conseguir entrar no negócio de cinema. Ele é altamente competitivo, e, depois, para que mais um drama histórico? Quem quer saber de História nos dias de hoje? Isso já era. Não vejo por que gastar tanta energia nisso.

AMIGO: História já era? Imagina! Hoje em dia há uma série de significados simbólicos...

TOURO: Simbólicos? O que é isso? Ou alguma coisa já era, e morreu, ou não. Não entendo o que você está dizendo. Por que você não faz alguma coisa que possa lhe render algum dinheiro?

Esse diálogo pode ter diversas versões. Como aqui, aplica-se à completa falta de compreensão quanto ao que é simbólico, romântico, dramático. Touro gosta de carne com batatas simples, sem molho. Elas têm, evidentemente, de ser da melhor qualidade, mas ele não gosta de firulas; também não gosta de opções. Para que alguma coisa seja bem real para Touro, ela tem de ser definida.

Outras versões para esse diálogo ocorrem em qualquer área em que a realidade não seja imediatamente aparente. Muitos taurinos são notoriamente céticos a respeito de tudo o que consideram "místico" – a astrologia, por exemplo. Notei, por mais de uma década em que venho ensinando astrologia, que há cada vez menos taurinos em meus cursos do que pessoas de qualquer outro signo. Há também poucos leoninos, que provavelmente estarão estudando sozinhos, pois eles não gostam de aprender com ninguém. Mas Touro tomará muito cuidado com algo como a astrologia, enquanto não se puder provar científica e definitivamente que ela funciona, e isso não uma única vez, mas muitas vezes, porque uma vez só poderia ser um acaso. Tive certa vez um cliente de Touro que, apesar de bastante impressionado com a leitura que fiz de seu mapa, duvidou que eu pudesse repetir a façanha. Ele não estava preparado para concordar com o fato de que a leitura de uma carta natal funciona; ele pensava (o que parecia uma interpretação espantosa) que de alguma forma eu havia conseguido minhas informações por meio de telepatia ou mediunidade. Ele me perguntou se poderia assistir à leitura das cartas de alguns de seus amigos, e, como ele era de Touro e eu sabia que não tinha outra saída, concordei. Depois de aproximadamente 15 sessões, com relutância, ele admitiu que deveria haver algo nisso. E, como um bom taurino, uma vez que houve nele essa mudança de atitude, entrou em ação. Não satisfeito por aceitá-la, resolveu aprendê-la. E, uma vez que havia se decidido, começou a estudar astrologia à maneira de Touro obsessivamente. Agora, pratica astrologia.

Esse pragmatismo a respeito de assuntos que podem ser confusos, nebulosos, charlatanescos ou falsos é também uma vantagem para Touro. Isso o ajuda a não cometer tolices e a estabelecer a veracidade absoluta de tudo o que admite em sua vida. Isso também se aplica aos relacionamentos. Touro é o tipo de pessoa que prefere saber muito a seu respeito, controlando suas preferências de uma maneira bastante estranha, antes de assumir qualquer compromisso. Afinal, essa é a forma racional e realista de agir. Mesmo tendo um marcante traço de sentimentalismo, gentileza e romantismo, ele se apoia num saudável cinismo. Por entre um buquê de flores ele pode calmamente lançar um olhar distraído na conta bancária de alguém e fazer uma perguntinha sobre sua família. Não que ele queira ser mantido por uma pessoa rica. Ele apenas gosta de saber que tudo está bem estabelecido, seguro e confiável.

Vamos agora falar da famosa sensualidade de Touro. O verdadeiro taurino é inegavelmente uma criatura sensual. Isso não se aplica somente a sua vida sexual, mas a tudo o que agrada aos sentidos. Cor: Touro tem dom para o desenho, para as cores, talvez para a pintura ou fotografia. Som: Touro é conhecido por seu amor à música, e muitos taurinos tornaram-se cantores famosos (como Barbra Streisand) ou compositores (como Tchaikovski). Toque: não significa só a sensibilidade do toque físico, mas um gosto profundo pela textura. Seda, veludo, cetim, peles. Certamente, tudo isso custa caro, pois Touro não aprecia coisas baratas. Paladar: aí surge um pequeno problema. O gosto pela boa comida leva muitos taurinos a ter problemas de peso. Muitos taurinos têm aspecto de pessoas bem nutridas – não gordas, com flacidez, mas de carne sólida, sinal de que comem não apenas o que é gostoso, mas também de boa qualidade. Talvez de qualidade boa demais. Seu amigo Touro provavelmente conhecerá todos os melhores restaurantes – não necessariamente os que estão na moda (isso é coisa de Sagitário e de Gêmeos), mas aqueles que têm a melhor cozinha. Olfato: Touro é muito sensível a cheiros e, em geral, tem grande afinidade com essências luxuosas de várias espécies, desde flores até perfumes caríssimos. Touro gosta de estar rodeado de bons odores. Os sentidos de Touro são tão aguçados e intensos que ele acha insuportável ficar num local que pareça sórdido, cheire mal, que seja barato ou feio. Touro tem um forte instinto para a harmonia.

O bom gosto é outra qualidade de Touro, com tendência para o convencional, mais que para o sensacional; se você quer um gosto mais extravagante, tente os signos de fogo, ou talvez de ar. Terra, sendo mais realista e consciente das exigências da sociedade, tende mais para as coisas de boa qualidade, que não saiam de moda em seis meses. Touro não é pessoa de "manias", mas, mesmo gostando daquilo que é bem estável, diríamos bem burguês, seu gosto é quase sempre impecável, nunca inoportuno. Talvez um carro realmente bom, como um Mercedes-Benz ou um Rolls-Royce (nunca algo chamativo, como uma Lamborghini). Algo sólido e confiável que, mesmo não estando na última moda, indique uma fortuna estável. Touro está fortemente enraizado nas tradições. E adora tudo o que é velho ou antigo – móveis, rendas, xales e joias, pinturas de antigos mestres. Sólidos, eternos, valiosos.

Seu amor a tudo o que é belo o leva a criar um ambiente cuja atmosfera seja a mais bela e a mais agradável possível. Por outro lado, ele geralmente está tão preocupado com a beleza física que não vê nada além disso. Touro se derrete com um lindo rostinho e pode valorizar de tal modo a beleza, seja de um objeto ou de uma pessoa, que negligencia e subestima qualidades como sensibilidade, imaginação, inteligência e caráter. Não é difícil fazê-lo de tolo, se você for linda. É triste dizer, mas numerosos taurinos são irremediavelmente apanhados na armadilha das aparências. Essa é uma de suas grandes fraquezas.

Touro é também um colecionador. De objetos, dinheiro, pessoas. Tudo o que coleciona tem de ter valor para ele. Ele vai guardá-lo, cuidar dele, cobri-lo de atenções e vai agarrá-lo com toda a força. Por isso, Touro é o parceiro ideal para quem procura a verdadeira segurança de um relacionamento estável e imutável. Não importa o que aconteça ou o que você faça, Touro estará a seu lado. Talvez nem sempre ele entenda seus motivos, mas mesmo assim continuará fiel.

O instinto de colecionador de Touro pode ir além de todas as medidas. Ele pode colecionar por simples prazer, o que está muito bem quando se trata de objetos – eles parecem não ligar –, mas perturba demais quando se trata de pessoas. Às vezes é preciso ter algumas conversas sérias e brigas feias com um taurino para convencê-lo de que você tem sua própria individualidade, sua própria vida interior. Você tem de dizer isso a ele. Ele não pode se comunicar por telepatia, não entende sutilezas ou indiretas e vai levar um bocado de tempo para tentar entender seus motivos.

Como os deuses parecem mesmo não ter complacência, há sempre uma abelha no meio das flores. Essa parece ser uma parte necessária ao modo de vida do taurino. Quase sempre, corteja essa abelha sem perceber, inconscientemente, criando uma situação em que sofre um choque, acreditando que ela ocorreu por acaso ou por culpa de alguém. Mas, sem a ferroada, ele continua charmoso e infantil. Muitos taurinos adultos são incrivelmente infantis. A vida é muito simples para eles, preto e branco, sem nuances de cinza. Eles têm tudo estruturado, lógica e sistematicamente, de maneira simples. Pessoas boas são boas e vão para o céu; pessoas más são más e vão para o inferno. São ingênuos e confiantes. O que a abelha lhes oferece é a capacidade de manter essa preciosa simplicidade infantil e de combiná-la com um pouco de realismo. Trata-se de uma linda combinação, quando conseguida, pois aí se tem uma pessoa que não só conhece a realidade da vida e sabe lidar com ela, mas que também sabe viver feliz e satisfeita, abandonando-se aos prazeres de coração aberto, como o fazem as crianças. Você se lembra da deusa Vênus? De muitas maneiras, ela é a eterna criança.

## O MITO

A mitologia está repleta de motivos sobre touros de todas as espécies. Durante aproximadamente 2 mil anos, o animal representativo do signo de Touro foi o principal símbolo religioso da Era de Touro – que pode ser situada entre 4000 e 2000 a.C. Na religião pagã da época, o touro e a vaca eram símbolos da fertilidade da terra, pois esse período coincidiu com a aparição das grandes civilizações agrícolas à beira dos rios Tigre, Eufrates e Nilo.

Por todos esses motivos, um dos mais conhecidos e o que mais se adapta ao signo de Touro é o mito de Teseu e o Minotauro. É um mito complicado e com muitas facetas, mas ajuda a ilustrar tanto as principais dificuldades como os maiores desafios que se apresentam na trajetória deste signo.

Minos era o rei de Creta e possuía um rebanho de touros excepcionais dedicados ao deus Poseidon. Ele havia feito um pacto com esse deus, prometendo-lhe o mais belo touro branco se Poseidon lhe desse a soberania sobre os mares. O deus aceitou o pacto e Creta prosperou.

Minos, no entanto, era avarento e insaciável (um problema característico de Touro) e, quando chegou a hora de sacrificar o touro, decidiu enganar o deus e guardá-lo para si, oferecendo um animal menos bonito em seu lugar. O deus, em vingança, pediu a Afrodite (Vênus), deusa do amor, para ajudá-lo em seu plano de represália. Afrodite afligiu a esposa de Minos, a rainha Pasífae, com um desejo incontrolável pelo touro branco. (Desejo incontrolável é outro traço dominante que caracteriza o Touro.) Pasífae, incapaz de conter seu desejo, pediu ajuda a Dédalo, o arquiteto do palácio, para que lhe construísse um touro de madeira onde pudesse se esconder e se unir ao touro branco. O fruto dessa união foi o Minotauro, um terrível animal com corpo de homem e cabeça de touro, que se alimentava de carne humana.

O Minotauro de nossa história é o símbolo do Touro furioso. Com seu corpo humano e sua cabeça de touro, sua humanidade é completamente eclipsada por seus desejos violentos. Minotauro, a marca da vergonha de Minos, foi enclausurado num labirinto tão complexo e tão impenetrável, que de lá não podia escapar. Nesse labirinto, eram jogados regularmente moços e moças, filhos de vassalos conquistados por Creta, para aplacar o apetite insaciável do Minotauro por carne humana.

Teseu, filho do rei de Atenas, juntou-se voluntariamente ao grupo de jovens que iam ser sacrificados para matar o Minotauro. Com a ajuda de Ariadne, filha do rei Minos, e seu famoso novelo de linha, conseguiu chegar até o interior do labirinto, matar o Minotauro com uma clava e achar a saída graças ao fio que o guiou. Tendo cumprido o que prometera, foi feito rei de Creta, casando-se com a filha do rei e adotando o título hereditário de Minos.

Ambos, Teseu e o Minotauro, são aspectos de Touro. Como todos os mitos, esse também apresenta muitas facetas, que podem ser descascadas, como se faz com uma cebola. Mas um dos elementos básicos a se considerar é que dentro de cada Touro existe esse conflito fundamental entre o lado humano, heroico, e o lado bestial, com seus apetites desenfreados, produto do desejo violento de seus pais. O desejo é a força dominante no taurino, seja desejo por satisfação sexual, comida, bebida, dinheiro, posição social ou qualquer outro em que se possa pensar. Quando um taurino se torna cego pela obsessão do objeto de seu desejo, não há nada que o segure. É como um rolo compressor em movimento; talvez ele precise de um tempinho para saber exatamente aquilo que quer e mais um tempinho para esquentar o motor; mas, uma vez decidido, nada nesta terra de Deus o fará parar. O truque consiste em refrear os desejos para torná-los úteis ao homem, evitando aqueles que o arrastem consigo, assegurando que os desejos, sejam quais forem – como sugere a pitoresca imagem mitológica –, não devorem carne humana.

Note que Teseu teve sucesso por causa do novelo de linha. Este guarda relação com o plano pré-concebido e sua finalidade. Normalmente, o taurino entraria no labirinto às cegas, pois não teria previsto com antecedência que haveria um momento em que quisesse sair dele. Nem sempre o taurino tem esse dom de previdência; mas, se o possui, sua tarefa se torna bem fácil. O labirinto, assim, é um emaranhado de motivos e emoções humanas que muitas vezes derrubam o taurino. Devido ao seu amor ao simples e à sua aversão a qualquer interferência, rodeios, sugestões feitas com meias palavras, ambiguidades, sutilezas e indiretas, ele muitas vezes perde seu rumo no labirinto do relacionamento humano e em sua própria vida interior. Ele precisa, e muito, do novelo de linha, isto é, precisa de um rumo certo e de uma ideia do mapa do local. Conseguindo isso, estará no bom caminho.

Há um outro mito pertinente a Touro que descreve as forças e as habilidades do signo. O de Teseu e o Minotauro retrata um dos principais problemas da vida de Touro. Vulcano (Hefaístos, em grego) é o deus que representa um lado diferente da natureza de Touro. Na mitologia, Vulcano é o marido de Vênus. Ele é o divino artesão, o construtor, o trabalhador. Ele trabalha em sua forja, no coração de um vulcão, e lá, em sua oficina, cria todas as ferramentas e os objetos de beleza que conferem aos outros deuses do Olimpo seus poderes. É Vulcano o responsável pelos raios de Zeus, pelas sandálias e pelo capacete alados de Mercúrio, pelo capacete invisível de Plutão e pelo escudo mágico de Minerva. Todas as divindades devem algo a Vulcano, pois é ele quem forja da própria terra os atributos de poder. Ele é um alquimista; da substância bruta da terra produz ouro e objetos preciosos. É um trabalhador infatigável, com imensa força em seus ombros e braços. Representa as qualidades de poder criativo que o taurino possui, liberado e dirigido para um fim útil e determinado. Se o taurino consegue definir seu propósito, seu significado, algum campo de trabalho no qual possa empregar seu imenso dinamismo e sua energia, ele se torna um verdadeiro artista – seja criando uma escultura, uma sinfonia, construindo um edifício ou trabalhando na administração pública. Mas ele precisa levar aquela ferroada da abelha para lembrá-lo de que não pode ficar a vida inteira ruminando grama, feliz e satisfeito, enquanto espanta outros touros para fora de seu pasto. No fundo de cada taurino existe a necessidade de ser útil, de produzir, de construir algo sólido, permanente e palpável, que permaneça como testemunho de suas habilidades e de sua existência. Ele procura um símbolo de seu próprio valor, de seu próprio mérito. Para conseguir isso, precisa fazer algo que dure. Enquanto não encontra o trabalho de sua vida, o taurino pode viver sem objetivo, letárgico, passivo ou totalmente dependente dos outros. Mas sua verdadeira natureza é a de Vulcano, o deus terra-fogo, mais do que de Vênus, a deusa bela e indolente. Coloque-os juntos, como os gregos o fizeram em seu mito, e terá um resultado maravilhoso.

## A SOMBRA

Vamos considerar o que existe sob a superfície de todos os signos de terra: o fogo. E vamos lembrar que usualmente se apresenta como uma espécie de estranho fervor religioso ou fanatismo. Aqui se tem a sombra taurina, completamente escondida em alguns taurinos e desencadeada com força total em outros. Ninguém, mas ninguém mesmo, é melhor que o taurino para inventar substitutos para as religiões.

Repare na qualidade das religiões. Tomemos Karl Marx, um taurino. Hoje em dia, o materialismo dialético é tido como uma filosofia política. Ele deveria explicar os movimentos que fazem a história – tudo explicado de maneira taurina, considerando as motivações econômicas, mas esquecendo por completo outras correntes e razões. A importância das necessidades espirituais, por exemplo, é grosseiramente ignorada. O impacto de personalidades poderosas é esquecido, assim como o substrato do mito, os padrões e a estrutura básica da psique humana. O materialismo dialético é uma religião antirreligiosa. Prova disso é a religiosidade com que seus partidários tentam converter o mundo. Em vez de caçar hereges, como a velha Inquisição, caça capitalistas, e seu ímpeto é taurino: fixo, persistente, determinado, obsessivo e fanático.

Tomemos outro exemplo de Touro: Sigmund Freud. A psicologia atual tem uma dívida incomensurável para com o dr. Freud, pois foi ele o primeiro a postular a existência do que chamamos de inconsciente, o lado oculto do homem. No entanto, se suas teorias nos parecem anacrônicas, é preciso lembrar que ele foi o fundador, o construtor de uma nova visão do homem. Desde a época de Freud, o homem tomou consciência de que ele é uma criatura complexa, com muitas facetas, normalmente não visíveis ao olho comum. Freud era um verdadeiro taurino na sua maneira de ser, empírico, nada místico, pragmático, científico e construtor. Ele era também taurino em seu lado sombrio, pois a psicologia freudiana é como uma religião. Quando se lê Freud, percebe-se que ele está nos oferecendo uma nova Bíblia, uma nova face de Deus, uma nova expulsão do Paraíso. Para Freud, o impulso sexual é um deus, tem o poder e o absolutismo de Deus. As próprias tendências religiosas de Freud encontraram uma maneira de se manifestar em sua psicologia. É dogmática, fixa e ortodoxa. Seus adeptos, quando o seguem rigorosamente, são tão parecidos com os que seguem os ensinamentos da Igreja que é até divertido vê-los tão antagônicos. A obra de Freud é proscrita na Irlanda, praça-forte da Igreja. No entanto, apresentam estranhas semelhanças.

Esse fanatismo religioso pode transparecer nas tentativas de Touro. A lista é grande e contém desde o mais luminoso – diz-se que Buda era de

Touro – até o mais sombrio – Hitler também era de Touro. O que eles têm em comum? A comparação pode parecer desleal, mas a história de Sidarta Gautama é uma história taurina – ou tudo ou nada. E assim também é Hitler. Nesse caso, a sombra taurina foi desencadeada de maneira tão violenta que ainda não conseguimos nos refazer dela: um fanatismo religioso tão intenso deixou o mundo ocidental cambaleante sob o impacto que Wotan provocou no século XX.

Em uma vida normal, esse fanatismo pode se manifestar de diversas maneiras. A mais típica é a intolerância. Touro não é conhecido por aceitar bem o ponto de vista dos outros. Ele simplesmente nega a existência de qualquer coisa que não corresponda a seu próprio esquema de realidade. Para um signo realista, é espantoso constatar como o taurino é inclinado às mais estranhas espécies de fervores ingênuos. Seu pragmatismo esconde um fanatismo vergonhoso, cego – uma qualidade pouco pragmática. Em geral, ele não o reconhece. A seus próprios olhos ninguém é mais realista do que ele. Mas quando fixa um único ponto, o touro vê vermelho.

A intolerância está próxima do preconceito, e o preconceito é uma das maiores dificuldades do taurino em seu lado sombrio. Quando ele põe na cabeça que uma certa ideologia, religião, raça ou tipo de pessoa não é bom, empaca aí. Nada o fará mudar de ideia nem ceder, e ele pode ser terrivelmente ofensivo em suas críticas a outros valores. Para o taurino, os seus bons valores são os únicos, e ele não deixará de ser rude e de insultá-lo se você o refutar.

Existem outras facetas de Touro relacionadas com o que acabamos de mencionar. Uma delas é a tendência que o taurino tem de usar as pessoas. Isso se liga à sua busca de um sentido para a vida e de tudo o que seja glamoroso, místico ou dramático. Quando não consegue encontrar essas qualidades em sua própria vida, ele se torna uma espécie de tiete espiritual, ou um verdadeiro tiete. Você encontrará diversas mulheres de Touro de braço dado com famosas estrelas da música *pop*, atores de cinema e outros. Touro às vezes é capaz de se vender por um pouco de ação dos outros. Para ele, é justo trocar seu próprio valor por outro que ele considere mais precioso. Existe um lado de Touro, tanto homem como mulher, que quer ser protegido por alguém, comprado por alguém, porque isso lhe confere um preço, um valor. Quanto maior o preço, maior o valor.

Fanatismo e oportunismo: duas faces distorcidas do fogo reprimido em Touro. Os signos de fogo têm esses dois aspectos também, mas de modo diferente, diluído e mais correto. Em Touro são qualidades sombrias, e em geral ele não sabe que dispõe delas. Como lidar com elas? Bem, como todas as qualidades sombrias, o que ajuda é saber que elas existem. No caso do fanatismo, do fervor religioso, ajudaria o taurino se ele se dispusesse a reconhecer que a vida está cheia de coisas que não podem ser reconhecidas apenas pelos cinco sentidos. Existem mistérios e explicações do sentido da vida que escapam ao pragmatismo e às estatísticas. Isso significa não pisotear como um touro os valores de outrem e não "roubar" os valores dos outros, como no caso do oportunismo da sombra taurina. Implica construir seus próprios valores e aprender a conhecê-los, assim como a flexibilidade e a tolerância. Então, como Teseu, o taurino poderá lidar com seu próprio Minotauro de maneira apropriada e se tornar aquilo que está apto a ser: o preservador, o sustentador, o construtor, o artista, o doador de presentes. Touro não é um signo frouxo, fraco. Do seu lado sombrio, você poderia esperar uma bela bofetada. Do seu lado positivo, que ele possuísse uma enorme força, tolerância, paciência e coragem. Mas não leve muito a sério as suaves e lindas descrições de Ferdinando no meio das flores. Lembre-se sempre de que ele é um touro. O poder da própria terra o atravessa.

## TOURO e O AMOR

Primeiro vamos tratar do óbvio. Touro é um signo muito físico. É raro o taurino que não tenha uma natureza forte e intensamente apaixonada. Touro é sensual, ama o belo e pode ser um perfeito hedonista. Este não é um signo para ascetas, a menos que você queira um fanático religioso.

Para grande parte dos taurinos, o lado sexual de um relacionamento é prioritário. Onde há bom sexo, aí o taurino fica. Seria um erro atribuir alguma moralidade a Touro; isso depende de seu ponto de vista pessoal, de sua geração e de seus valores particulares. Se ele escolhe ser fiel, será muito fiel. Caso contrário, seguirá com prazer sua sensualidade, tirando enorme satisfação dela, nunca permitindo que interfira na estabilidade de um casamento. Lembre-se de que a estabilidade é realmente importante para o taurino, bem como a satisfação. A maneira de manter Touro num relacionamento não é brincar de sexo dia sim dia não, porque ele certamente vai achar alguém mais acessível.

Sendo regido por Vênus, Touro gosta de romance. Não é aquele romance elegante, como Libra, ou levemente nebuloso, como Peixes, ou intenso e tenebroso, como Escorpião. É aquele romance dos velhos livros românticos, porque Touro é também bastante convencional. Os rituais e os costumes de antigamente são o que mais lhe agradam. Um verdadeiro taurino cumpre suas promessas e nunca promete antes de conhecer todos os fatos de uma situação. Bem, isso não é muito romântico, mas seu romantismo, por mais impossível que pareça, é genuíno. Ele realmente acredita em anéis de noivado e em vestidos brancos de noiva. Eles são a representação concreta de seus sentimentos. Ele sabe dar presentes para demonstrar emoção. Isso pode ser lisonjeiro e penoso ao mesmo tempo, pois a emoção não chega facilmente a essa natureza prudente e estável.

Por ser consciente de sua estabilidade, é raro um Touro entrar e sair voando de relacionamentos. Ele pode entrar e sair voando de simples encontros sexuais, mas "relacionamento" tem para ele uma ressonância profunda. Seu senso de responsabilidade, aliado à sua necessidade de segurança, o mantém envolvido num relacionamento que há tempos já perdeu o charme. Nesse caso, ele certamente encontrará esse charme em outro lugar, desde que não abale os alicerces do lar seguro. E o taurino pode ser exasperante em sua simplicidade. Um relacionamento quer dizer que a pessoa está fisicamente presente. É difícil conversar com Touro a respeito de nuances mais profundas. Você tem de ser literal, pois ele não entende mensagens subliminares e irá acreditar no que você disser. Se você lhe falar a respeito de coisas como hostilidade inconsciente, chantagem emocional ou qualquer outro assunto não perceptível, que Escorpião adoraria, o taurino vai virar a cara e torcer o nariz. Do que é que você está falando? Mostre-lhe a coisa, ponha-a na palma de sua mão. Ele não verá que forças subterrâneas estão enfraquecendo seus melhores relacionamentos, simplesmente porque seus olhos estão presos àquilo que está exposto na vitrine.

Touro pode ser gentil, carinhoso, afetuoso e até piegas. Por ser um signo muito físico, a maioria dos taurinos precisa da expressão tátil do amor. Mais uma vez isso pode ser enriquecedor ou sufocante. Talvez você já tenha ouvido falar da famosa possessividade de Touro. Ele é realmente um signo possessivo; no entanto, seus motivos são diferentes dos de Escorpião, também notório por seus ciúmes. Touro possui, e isso quer dizer que, como quadros de mestres, antiguidades valiosas e antigos livros raros, você é dele (ou dela) e acabou. Touro demonstra isso em público, por meio de gestos que indicam quem é o dono, o proprietário. Depende de gosto. Touro não é um bom signo para se relacionar se você gosta mais de uma amizade colorida e aberta; não se ele estiver apaixonado.

É preciso tempo para fazer um taurino ficar com raiva. Sua infinita paciência e sua calma são uma bênção e um refúgio para qualquer um que esteja procurando paz e tranquilidade num relacionamento. Por outro lado, atormente-o demais e terá o proverbial touro enfurecido, e, uma vez enfurecido, o taurino pode até se tornar fisicamente violento. Sua sutileza não permite a troca de réplicas mordazes, como acontece com Virgem e Gêmeos, ou a manipulação de uma atmosfera envenenada, como acontece com Escorpião. Sua linguagem é simples: ou quebra a louça ou quebra a sua cara.

Para conhecer sua violência, exiba sua liberdade diante dele. Uma vez feito um acordo, esse é um bom método de irritar Touro. Outro é ameaçar sua segurança material. Num divórcio ou numa separação, Touro é capaz de se agarrar com unhas e dentes à casa, ao carro, à mobília e à conta bancária, pronto para qualquer ataque. Tire-lhe seus pertences, sua estabilidade, e você terá um Touro muito, mas muito furioso e inseguro.

Ninguém ultrapassa Touro em lealdade e constância. Em relação à calma, também ninguém o bate. Como os demais signos, o que combina com Touro depende de seu gosto pessoal, mas costuma ser atraído por temperamentos de fogo, que possuem a ousadia, o instinto da aposta, o gosto pelo perigo, a imaginação e o heroísmo que ele nem ousa expressar. Touro precisa de fogo para se aquecer e se soltar, para lhe mostrar que existem outras dimensões de realidade. Ele precisa de fogo para confiar na vida, uma vez que sua confiança repousa naquilo que ele tem no banco. O fogo é também importante para sua inspiração criativa, como uma musa. Por sua vez, temperamentos mais inconstantes, como andarilhos, visionários e profetas têm necessidade de Touro, pois, como a terra, ele sustenta e suporta, protege e aninha com seu poder infinito de lidar com os problemas comuns da vida. E porque, diferentemente de signos mais complicados, ele simplesmente quer ser feliz, e sua felicidade não é difícil de ser alcançada. E essa simplicidade e esse seu amor a tudo o que é natural faz com que eles vivam um pouco mais facilmente que os outros.

## O Homem de Touro

O touro é um animal extremamente masculino. Mesmo sendo um signo feminino, sua versão masculina não manifesta feminilidade – a não ser que você considere como qualidades femininas a gentileza, a voluptuosidade e o amor ao belo. Esse signo tende a tornar os homens um pouco machistas – em grande parte porque é muito físico e sensível às regras estabelecidas pela sociedade. Assim, o homem de Touro é capaz de reunir todos os atributos que a sociedade considera viris, desde roupas e posição social, até a possessividade pela sua mulher.

Diversos personagens de ficção românticos parecem ser taurinos. O herói forte e silencioso – uma espécie de cruzamento de Clint Eastwood com Hércules – é uma figura taurina. Em geral, ele é terrivelmente bonito (o que Touro costuma ser – se não de uma beleza convencional, com traços perfeitos, de maneira agradável, com qualidades terrenas e sensuais) e bem-vestido. Esse último traço é um dos mais marcantes do homem de Touro, algumas vezes qualificado de vaidade e outras, de bom gosto. Touro aprecia a elegância, e mesmo homens de Touro nem tão vaidosos passam muito tempo diante do espelho, preocupados com cabelos, barba, loções pós-barba, sapatos e unhas: tudo aquilo que está relacionado aos prazeres físicos, beleza e elegância. É raro o homem de Touro que não tenha esse traço, mesmo que oculto. Afinal, Vênus é quem os rege – e Vênus está perpetuamente diante de um espelho.

As paixões violentas são outro traço dos heróis de ficção que aparecem em muitos homens de Touro. Se você gosta de sensualidade ardente, Touro tem em abundância. Muitos taurinos se vangloriam de suas proezas sexuais; tanto amor físico como beleza física são importantes para ele.

Por outro lado, você pode não gostar de heróis fortes e calados. Quem sabe você gosta de uma conversa fiada de vez em quando, ou de um pouco de ambiguidade. Nesse caso, fique longe de Touro. Ele não é bom em jogos e, mesmo que você o encontre nas piores situações, ainda assim ele terá um ar saudável. Você não consegue tirar aquele brilho de terra que emana do taurino. O "homem natural" de D. H. Lawrence (que você pode encontrar em O *Amante de Lady Chatterley* e em outros romances) deve ter sido taurino. A sensualidade explícita e a completa ausência de pudor quanto a qualquer parte do corpo humano são aspectos típicos de Touro.

No entanto, se você preferir algo mais refinado ou misterioso, tente alguém de Libra, Escorpião ou Peixes. A simplicidade do homem de Touro pode ser enlouquedora. Quando ele não quer entender alguma coisa, o bloqueio é total, e ele diz, assumindo um ar paternal, que você está sendo injusto, irracional ou tolo. Essa é uma das características mais irritantes do homem de Touro: a presunção. Como ele não se irrita quase nunca, é pouco empático com a ansiedade, o medo e o nervosismo dos outros. Nesse caso, ele afaga seus cabelos, o aconselha a tomar um comprimido e a ter uma boa noite de sono. Ou uma boa noite desfrutada de qualquer outro modo, que é a panaceia universal do taurino.

Se você está péssimo, ele pode ser uma rocha de força e calma. Por outro lado, talvez não entenda por que você está tão mal. Mas nem tente lhe explicar, a não ser que sua explicação seja bem simples. Ele não tem paciência com "histerias femininas". Tudo deveria ter uma solução simples. Lamentavelmente, algumas coisas não têm solução, e o taurino se recusa a enxergar o problema.

E tome cuidado para não o trair. Esperar sua compreensão para jogos complicados também não o levará a nada. O taurino é muito sensível quando seus sentimentos românticos estão em jogo; se ele o envolveu com seu ideal romântico, vai ficar magoado e completamente desorientado se você lhe der respostas dúbias. É possível prender um Touro por muito tempo, pois sua tendência é amar com estabilidade; mas, se você for longe demais, ele é capaz de pôr você e tudo o que é seu porta afora e nunca mais lhe dirigir a palavra. Estabilidade é estabilidade, no amor ou no ódio, e perdoar não é o forte de Touro. Esquecer, talvez, ou simplesmente não falar mais no assunto, mas perdoar, não. Ele vai se lembrar por muito tempo. Talvez você tenha ouvido falar da famosa preguiça do homem de Touro. É verdade. Ele pode ser incrível e incalculavelmente indolente. Sua ideia de diversão pode ser uma caneca de chope diante da televisão assistindo a um jogo de futebol interessante, enquanto você tem ideias mais glamorosas na cabeça. Ele também tem a mania de pôr os pés em cima da mesa enquanto espera que o jantar seja servido; evidentemente, essa não é a melhor atitude para conquistar o coração de uma feminista, mas ele adora ser mimado e sempre considera isso sua obrigação. Tudo depende, mais uma vez, de gosto. Mas lembre-se de que, independentemente de seu passado e de algumas ideias disruptivas, no fundo ele é convencional e provavelmente sempre exibirá um toque de macho chauvinista em suas atitudes. Mas isso não é tão ruim se você se lembrar de que é bom ter um homem másculo à sua volta. O homem de Touro tem uma maneira toda especial de fazer a mulher se sentir muito feminina. Quem vai reclamar?

## A MULHER DE TOURO

Assim como o touro é uma criatura essencialmente masculina, a vaca é essencialmente feminina. Na linguagem contemporânea, ser comparada a uma vaca é pejorativo, mas os gregos viam a vaca de maneira bem diferente. Eles chamavam a deusa do amor e do desejo, Vênus, de "Olho de Vaca". E os egípcios também tinham uma deusa-vaca, Hathor, símbolo da fertilidade da Terra e das mulheres. O lado feminino do signo de Touro é a quintessência do instinto feminino – o sonho para muitos homens, com toda a doçura, a força, a sabedoria, a paciência e a paixão das antecedentes de sua deusa.

Parece haver dois tipos de mulheres de Touro. A primeira é a verdadeira taurina venusiana. São mulheres lindas, com corpo perfeito, envoltas em delicioso perfume, vestidas com roupas caras e sensuais. Rechonchudas, indolentes, sensuais e muito preocupadas, tanto com seu próprio charme quanto com sua capacidade de agradar aos homens, elas possuem algumas características das antigas sacerdotisas dos templos, nos tempos em que o poder da deusa Terra representava o poder da própria vida. Esse tipo de mulher de Touro é o ideal feminino de muitos homens.

A mulher de Touro do tipo venusiano é devotada e geralmente fiel – contanto que você lhe dê segurança, cuide dela e a mime. Ela vai oferecer o melhor de si, e sua constância e sua lealdade serão admiráveis, às vezes até demais. Tente se libertar de um relacionamento com uma mulher de Touro como essa e você terá de ser muito insensível ou desistir, pois ela vai se agarrar a você com aquela incrível tenacidade taurina até que você ceda e volte, completamente esgotado. A mulher de Touro sabe esperar, e espera, espera e espera, seja por compromisso ou por promessa. Como mencionamos anteriormente, as mulheres de Touro são atraídas pelo fogo. Muitas mulheres de Touro são fascinadas por indivíduos de fogo – infelizmente, os menos confiáveis do zodíaco. Elas amam o brilho, o sucesso, um pouco de ostentação, o efêmero imprevisível. Elas mesmas estão dispostas a fazer o papel da Mãe-Terra. Assegure-se de que você quer uma Mãe-Terra. O que no princípio era um simples flerte a taurina transforma fácil e instantaneamente em uma relação estável. As atenções e o amor de uma mulher de Touro são inestimáveis; mas, se você preza por sua liberdade, tente um outro signo, como Gêmeos ou Aquário.

O outro tipo de mulher de Touro é o tipo "natural". Ela também é uma Mãe-Terra, e suas qualidades de gentileza, devoção, constância e força estão igualmente ou até mais presentes que no primeiro tipo. Mas essas mulheres evitam se maquiar, adoram comer e morar no campo, detestam cigarro e querem voltar a um tempo remoto quando se vivia bem, pura e simplesmente. Se o mais secreto de seus sonhos é ter uma vida mais tranquila e rural, em um chalé rodeado de plantas e flores, com um belo cavalo na cocheira e o delicioso cheiro de pão caseiro sendo desenformado na cozinha, esse tipo de mulher é para você. Se você se enerva facilmente, porém, tome cuidado. Se gosta de viajar, discuta com ela os planos com pelo menos três meses de antecedência e, pelo amor de Deus, não mude de ideia na última hora.

As mulheres de Touro tomam tudo ao pé da letra. Elas acreditam naquilo que você lhes diz e o lembram disso no dia seguinte. Se você é dessas pessoas que sempre mudam de opinião, cuidado. A mulher de Touro é capaz de sair gritando atrás: "Mas você disse que me amava!", ao que você responde: "Mas isso foi anos atrás". "E daí?", retruca a taurina. "Mas faz anos!", e a coisa continua por aí afora. Se você prometer algo a ela, seja sincero. Ela não entende de outra maneira, e você entra no rol dos safados.

Seja uma bailarina muito bem paga ou uma executiva bem-sucedida, existe algo inato dentro da taurina, uma inocência, algo sadio e tão autêntico, que a experiência não é capaz de abafar. Mesmo a taurina cujas qualidades práticas, a perspicácia nos negócios e a tenacidade a levaram a alcançar uma carreira brilhante possui essa inocência. Simplicidade talvez seja uma palavra mais simpática. Pode ser os dois – charmosa ingenuidade ou simplicidade. Mas a grande qualidade da mulher de Touro é sua habilidade em manter tudo dentro do bom senso, seja nos afazeres domésticos, seja no trabalho. Seu olho crítico para o que é estável e seguro garante a exatidão do que diz, mas julga mal as pessoas, pois humanos são complexos e têm maiores nuances do que seu olhar realista pode captar. No entanto, seu olhar para fatos tangíveis é muito acurado, e seu bom senso é um maravilhoso elixir para o exausto visionário que tem descoberto tantas possibilidades e dissipado tantos talentos que já não enxerga nada adiante. Touro aterra. E por ser um signo gentil o faz suavemente.

# VIRGEM

Para começar, jogue fora a imagem convencional dos limpadores de cinzeiros e de pó dos móveis. O capricho, a ordem, acrescidos de uma conta bancária bem-equilibrada e de uma cozinha limpa, fazem muitos virginianos lançarem aquele seu sorrisinho cínico. Tampouco a virginal e virtuosa donzela de cabelos soltos (vestida com discrição) tem muito a ver com o nosso tema.

Por alguma razão – que pode estar, com muitos mal-entendidos, na tentativa feita durante a Idade Média de cristianizar ou de "moralizar" um sistema simbólico que é muito mais antigo e globalizante que o cristianismo – o signo de Virgem foi terrivelmente mal-interpretado. Alguns signos foram mal-interpretados por conta da moralização dos símbolos em conceitos sociais. E os signos de Virgem e Escorpião foram os mais prejudicados, ao serem repetidamente retratados como a "eterna secretária" e o "eterno maníaco sexual". Assim como os escorpianos, os virginianos também não estão satisfeitos com essa falsa representação – principalmente os mais relaxados com a aparência, que não se envergonham de sua desordem nem de chegar alguns minutos antes ou depois da hora marcada. Diz-se que os virginianos ainda não foram bem definidos porque seu regente verdadeiro – Vulcano – ainda não foi descoberto. No entanto, um estranho e pequeno "planeta" – ao qual os astrônomos rapidamente chamaram de Quíron por razões que só eles conhecem – situado entre Saturno e Urano talvez preencha essa lacuna. Enfim, ainda não sabemos, mas não tem importância. Afinal, o que é Virgem senão o eterno guardião do zodíaco?

É preciso antes de mais nada ter em mente que cada signo tem uma profunda e fundamental energia em si, uma motivação básica que estimula o indivíduo, quer ele saiba ou não. Essa energia básica se manifesta de maneiras distintas em cada pessoa. Já falamos, por exemplo, sobre a energia que impulsiona o sagitariano para o conhecimento e faz dele um viajante ou um sábio. Seja física, emocional ou mental, a expressão sempre vem da mesma fonte, e basta dizer que a energia básica de Virgem não é dirigida para a limpeza.

O perfeccionismo tem sido atribuído a Virgem, mas não acredito nisso. Discernimento, sim, certamente. Ninguém é mais analítico do que Virgem. Um simples sim ou não são insuficientes. Pode ser "sim" para uma parte e "talvez" para outra; e provavelmente "não" para a parte do meio, a não ser que A ou B possam ser mudados... Sem dúvida será "não" para o último. Nunca preto no branco. O universo preto e branco é simples demais, e para Virgem o universo raramente é simples. Ele se apresenta como um gigantesco quebra-cabeças de peças muito miúdas, e Virgem fica desorientado se não vê o modelo na tampa da caixa antes de começar a montá-lo. Discernimento é uma faculdade bastante desenvolvida em Virgem. Isso se constata em sua escolha de amigos, amores, comida, ideias, estilo de vida, roupas, leituras, gosto artístico ou em qualquer outra área em que escolhas têm de ser feitas.

Ser perfeccionista implica ser idealista, pois você tem de ter um ideal do que constitui a perfeição. E Virgem não é idealista. É um dos mais realistas, senão o mais realista dos signos do zodíaco. Virgem não almeja um mundo utópico. Usa o que cai nas mãos, o que aparece no prato. O elemento Terra, lembre-se, é o elemento que aceita a realidade terrena como ela é, e nenhum perfeccionista jamais aceitou a realidade.

É também sugerido que há dois tipos de Virgem: os asseados e os desmazelados, o que pode até ser verdade. Há sempre dois tipos básicos em cada signo – o introvertido e o extrovertido. A versão extrovertida de qualquer signo zodiacal tende a se expressar no mundo. O ariano extrovertido encontra desafios no mundo; o sagitariano faz expedições no mundo; o pisciano projetará seus sonhos nele, e assim por diante. O virginiano extrovertido sem dúvida tentará aplicar sua necessidade de classificar, ordenar e de sintetizar os elementos do mundo que o acerca. A versão introvertida dos signos expressa sua natureza por meio de realidades interiores. Dessa forma, o capricorniano introvertido é psicológica ou espiritualmente ambicioso; o sagitariano introvertido percorre o ilimitado espaço da mente e do espírito; o pisciano introvertido comunga com as profundezas de seu próprio oceano interior e com seus misteriosos habitantes; e o virginiano introvertido tenta sintetizar e ordenar a si mesmo. Isso significa que a pia pode ir acumulando pratos sujos durante semanas, a casa pode virar um verdadeiro arsenal de objetos na maior desordem e o mundo pode se desfazer em mil pedaços que, enquanto ele estiver desempenhando esse longo processo alquímico em seu íntimo, nada o afeta.

Note a palavra "síntese". Ela é a palavra-chave da motivação básica de Virgem, bem mais acertada do que perfeccionismo. Síntese quer dizer juntar coisas diferentes, como um bom cozinheiro faz milagres de gênio culinário com as poucas sobras do jantar da noite anterior. Síntese também quer dizer compatibilizar coisas, ideias ou aspectos da vida, quando a maioria das pessoas acha que eles se excluem. Tanto a compulsão como a doação de Virgem residem nessa área da síntese. Tudo tem de se ajustar e combinar, e isso implica descobrir onde tudo se encaixa, dando-lhe nomes, aprendendo, catalogando e classificando tudo. Um amigo meu se refere a Virgem como "O Grande Classificador".

Com Mercúrio, deus da inteligência e da comunicação, como atual regente do signo, podia-se esperar encontrar em Virgem o amor pela aquisição de conhecimento. A diferença entre Virgem e Gêmeos, ambos regidos por Mercúrio, é que Gêmeos gosta de saber de tudo um pouco só pela novidade; para Virgem, o conhecimento é relevante apenas se é útil. De certa maneira, podemos dizer que uma voz interior está sempre fazendo eco na cabeça do pobre virginiano, a cada nova experiência. Como posso sintetizá-la?, pergunta-se ele, e depois: Como posso usá-la? Se não puder sintetizá-la, ele dirá que a experiência não existe, ou começará a perseguir nomes e definições que lhe permitirão arquivar essa experiência para poder manejá-la. Se não puder ser usada, vai ser descartada com certa arrogância, ou seja: Sim, isso funciona bem para pessoas menos práticas do que eu.

Essa tendência de Virgem à classificação torna-o com frequência intratável. Ele deixa de lado pessoas, ideias, carreiras ou coisas relacionadas com a beleza porque podem não ser eficazes ou aplicáveis àquilo que considera a realidade prática. Às vezes ele também dispensa o amor, o que é muito triste, pois se tornará aquele tipo de Virgem para quem a vida é só trabalho e tarefas ingratas. Pode se tornar cínico, olhando para a realidade com olhos doentios, sabendo perfeitamente que se tem de ser esperto para sobreviver. E ele está preparado para agir com certa rapidez e tornar seus produtos mais vendáveis. Se resolver fazer algo, fará muito bem feito, tanto pelo orgulho de seu poder quanto por seu tino comercial. Será que tudo isso é perfeição idealista? Dificilmente.

Às vezes, a única coisa arrumada que se encontra na casa de Virgem são seus livros. Isso porque muitos virginianos respeitam demais qualquer campo da cultura. Seus livros são para ele a personificação de sua mente, o que se parece com o mecanismo de um relógio suíço, incessantemente se movimentando, catalogando, refletindo e considerando, rotulando e classificando tudo. Ele pode viver com uma pilha de livros no chão da sala de visitas e pode ter a certeza de que está fazendo uma boa limpeza em sua psique. Muitos virginianos mergulham na astrologia como patos na água – isso se conseguirem vencer sua resistência à vaga aura mística que as colunas de jornal erroneamente atribuem a esse estudo –, pois tanto a astrologia como outros mapas cosmológicos lhes dão a confirmação de que o universo é fundamentalmente ordenado e que o próprio Deus é a encarnação da ordem.

O desejo de servir também é muito forte nas pessoas do signo de Virgem; elas têm necessidade de se sentir úteis. O virginiano típico não é particularmente ambicioso; falta-lhe aquele impulso necessário para querer atingir um objetivo. De várias maneiras, ele consegue olhar sempre mais longe para tentar achar as peças que faltam em seu quebra-cabeças, perdendo assim a chance de se concentrar em um único pedaço. É raro ver alguém do signo de Virgem aspirar a posições de poder declarado. Na maioria das vezes, os tipos de Virgem serão encontrados como consultores ou conselheiros de alguém ingênuo o bastante para ter ocupado o trono em meio a tantos aborrecimentos. Virgem, esperto como sempre, prefere ficar nos bastidores, fora da linha de fogo. É muito realista, lembra-se do que já foi dito? Leoninos, arianos e capricornianos, de todo o coração, querem chegar ao ápice. Virgem sabe que tudo o que sobe tem de descer; ele prefere ficar com os pés bem fincados no chão. A não ser que um virginiano tenha muita coisa de Leão em sua carta, ou o Sol numa posição muito forte no horóscopo, você só o conhecerá pelo seu trabalho, nunca por sua forte personalidade. Os verdadeiros virginianos são em geral muito tímidos, reservados, sutis e mais calados do que seus amigos nascidos sob outros signos. Sendo um signo de terra, Virgem gosta de ter segurança, e essa necessidade de segurança é com frequência um problema, porque faz com que Virgem não ouse tentar possibilidades criativas que envolvam risco e um pouco de sorte. Peça a um virginiano típico para jogar e ele se tornará muito pálido, exibindo um olhar muito assustado. Jogar? Que horror! Você nunca sabe quando a vida vai lhe armar uma armadilha; é melhor planejar e se preparar para o futuro. Você encontra muitos virginianos enraizados em empregos bastante limitativos durante muitos anos, empregos onde sua inteligência e sua imaginação naturais são completamente sufocadas por causa da maravilhosa segurança do salário todo final de mês. Por outro lado, Virgem é mais curioso em saber o que faz a roda do carro girar do que em se sentar ao volante e participar da corrida. É um estudioso e observador da vida mais do que um jogador ou um empresário. Diz-se que os virginianos são melhores servidores do que governantes, o que sem dúvida é verdade. Lembremo-nos de personalidades históricas como o cardeal

Richelieu. Ser um poder por trás do trono combina muito bem com Virgem. Astúcia e habilidade muitas vezes se encontram juntas neste signo de sutilezas. Mercúrio, na mitologia, também era o deus dos ladrões e dos mentirosos e presidia a qualquer negociata.

A respeito de Virgem, há outro traço – cativante ou talvez enlouquecedor – que é necessário esclarecer. É a obsessão. Virgem pode ser obsessivo por ordem ou limpeza, obviamente, mas ele o é também com a própria organização e a higiene emocional. Por isso, jamais deixa transparecer sua fraqueza emocional. Virgem é o grande controlador das emoções. Se você observar um virginiano durante algum tempo terá a estranha sensação de que ele fica organizando rituais para manter as forças da escuridão a distância. Seja o virginiano maníaco, que coloca todas as camisas azuis do lado esquerdo do armário e que tem uma crise de histeria se alguém coloca uma marrom no lugar, seja aquele que cerra os lábios com força, analisando tudo com um frenético desejo de não deixar transparecer nenhuma ferida psicológica, as raízes são as mesmas. Você adivinhou. Todo esse caos, toda essa sensibilidade emocional, essa desordem, esse romantismo, essa imaginação se ocultam na alma de Virgem. Ele tem de lutar contra seu próprio caos para poder tolerar a incerteza e a vacuidade das pessoas e do mundo que o rodeiam. Há tudo isso dentro dele. Sua aparente dureza e seus modos rudes – não há signo mais disposto a dizer "não" do que Virgem – são uma forma de se proteger contra uma intolerável sensibilidade. Sua famosa avareza – e não há dúvida de que os virginianos são mesquinhos com dinheiro – usualmente é um disfarce de sua natural extravagância, e sua insistente compulsão a se ligar a realidades práticas o ajuda a fugir do que há de místico em sua alma.

Um bicho esquisito, Virgem. Um pouco abaixo da máscara fria e analítica você encontrará um ser romântico e sentimental. Virgem pode ter comportamentos bruscos; nunca peça dinheiro emprestado a um virginiano sem provar que irá reembolsá-lo. Você raramente encontrará um virginiano, como pode encontrar alguém de Peixes, oferecendo seu último centavo a um bêbado debaixo de uma ponte. É mais provável que ele lhe dê um sermão e lhe indique um livro de autoajuda. Isso prova que ele tem plena consciência de bêbados, drogados, delinquentes, repudiados e pobres coitados e um verdadeiro horror de se tornar um deles. Planejar e garantir a segurança de seu futuro é uma obsessão para Virgem, pois seu acurado conhecimento do mundo o torna duro e não o deixa ter fé ou esperança na vida. Ele não consegue cooperar com a realidade que tanto o fere e ameaça seu sentido de estabilidade. Assim sendo, ele rejeita, discriminando veementemente, qualquer elemento com o qual não consiga lidar para se proteger. Existem virginianos generosos e aparentemente altruístas oferecendo seus serviços e tempo livre, sobretudo se for para ensinar alguém a fazer alguma coisa. Eles adoram mostrar sua competência e são verdadeiramente generosos quanto a compartilhar seus conhecimentos. Mas raramente vão além da doação intelectual. Em geral, eles aprendem cedo a lição. É como se dentro deles, escondido em algum lugar, houvesse um pisciano secreto, com quem tivessem aprendido a lição: sem fronteiras bem delimitadas começa a autodesintegração. Afinal, isso é ser apenas realista.

## O MITO

A linguagem moderna faz coisas engraçadas com palavras e conceitos da era pré-cristã. A palavra "virgo", por exemplo. Normalmente, ela é traduzida como "virgem", com todas as implicações sexuais. Assim, o retrato que se faz de um virginiano típico na astrologia popular seria de alguém pudico, inibido ou sexualmente frio. Mas é só observar algumas personalidades do mundo do cinema nascidas sob o signo de Virgem, como Sophia Loren, Jacqueline Bisset e Sean Connery, para sentir como é tolo dizer que Virgem é um signo desprovido de interesse sexual ou atrativo. Lembre-se de que a palavra-chave é "análise", e por aí você tem uma ideia melhor da natureza da sexualidade de Virgem. Falarei a respeito disso adiante. Voltemos ao significado de Virgo, que antigamente nada tinha a ver com virgindade sexual; apenas significava intacto, controlado. A grande figura mítica por trás de Virgem é a Grande Deusa, a Grande Mãe, e ela não era virgem. Ela é muitas vezes retratada como a Mãe-Terra, a fecunda. Existe uma magnífica estátua da deusa virgem Ártemis, um dos nomes da Grande Deusa, com cinquenta seios, mostrando que ela representa "aquela que alimenta e nutre", a doadora de vida a tudo o que vive. Mas ela é virgem no sentido de ser dona de si mesma, de mandar nela mesma. Na mitologia primordial, da qual herdamos a figura da Deusa Virgem, antes da invasão helênica vinda do norte nas civilizações do mar Egeu, cerca de 2000 a.C., a deusa não devia seus poderes ou sua posição a nenhum esposo divino, como conta a mitologia mais recente. Ela reinava sozinha, independente, sem marido, oferecendo sua feminilidade a quem escolhesse. Ela era esposa de toda a vida. Essa é uma pista para o mais profundo significado de Virgem. A meta primordial deste signo, aparentemente humilde, não é nada menos do que o autocontrole de sua psique: tornar-se a pessoa integrada que, por isso mesmo, pode doar-se livremente sem temer se perder no Outro. Então, pode escolher suas experiências de vida partindo da plenitude, e não da necessidade de se encontrar no Outro – o que a levaria a relacionamentos ou a situações que a destruiriam ou dominariam.

Para se tornar seu próprio mestre, Virgem frequentemente necessita de períodos de isolamento. Isso parece ser uma autoimposição para seu desenvolvimento. Enquanto para qualquer pessoa é difícil lidar com a solidão, muitos virginianos a impõe a si mesmos, não porque não precisem dos outros, mas porque alguma coisa dentro deles lhes diz que primeiro precisam aprender a serem eles mesmos – e a amar sua própria companhia – antes de permitirem que as outras pessoas sejam elas mesmas.

O círculo zodiacal de doze signos é dividido ao meio. A primeira metade – de Áries a Virgem – simboliza os estágios do desenvolvimento individual. A segunda metade – de Libra a Peixes – simboliza o relacionamento individual com um todo maior, a sociedade, as outras pessoas, o mundo.

Virgem é o último signo da primeira metade do zodíaco, o ciclo de desenvolvimento individual do qual falamos anteriormente. No seu sentido mais profundo, Virgem é o estágio da verdadeira síntese e da integração do indivíduo, o aprimoramento e a ordenação de todas as experiências proporcionadas pelos cinco primeiros signos. Estranhamente, vemos isso em Virgem da mesma maneira que em Peixes, o último signo da segunda metade do zodíaco. Em Peixes, você pode ver o mundo, pois ele se encontra bem no fim do grande círculo. Os piscianos contêm a experiência humana em sua totalidade. Por isso, eles conseguem se identificar com todo mundo, às vezes, a despeito de si mesmos. Virgem contém todos os estágios do desenvolvimento individual. Este signo passou pelo rápido impulso de coragem de Áries no desafio da vida. Cruzou também pela estabilidade construtora e acumulativa de Touro e pela curiosidade e fascinação com as ideias de Gêmeos. Em Câncer, passou pela necessidade de carinho, família e raízes de Câncer até chegar em Leão, e pela necessidade de ser criativo e individual. Sim, Virgem possui uma espécie de código prático quando observa os outros signos. É como se estivessem todos guardados em seu banco de dados. E sua missão, seu trabalho, é pegar todos esses diferentes estágios e tipos de experiência e não se especializar em nenhum deles, mas fazer desse conjunto um trabalho aprimorado e bem engrenado. Essa é uma das razões de encontrarmos tantos virginianos obcecados com saúde e dieta, bem como com psicologia e autoajuda. Eles estão tentando manter tudo isso unido, para se tornarem pessoas eficientes e capazes de lidar com qualquer experiência. Como Virgem é o último signo da primeira metade do círculo do zodíaco, qualquer experiência significa um encontro com outra pessoa, não com um grupo. Virgem não está preparado para ter uma vida muito intensa em termos sociais. Ele se guarda para si mesmo. A intensa vida mundana é coisa de Libra. A autoperfeição compulsiva que você encontra em muitos virginianos, a infindável montanha de livros, manuais, palestras e lições a respeito de saúde, como aprender isto, como ensinar aquilo, tudo tem uma profunda raiz simbólica. É a necessidade de preparar o navio, de armá-lo, de limpá-lo e de equipá-lo para algo vagamente sentido, como a próxima etapa pela qual Virgem espera, sem realmente saber por que está esperando e se preparando.

Todos os mitos são muito profundos e, a não ser que façamos um pequeno esforço para ver além da ponta do *iceberg* ou, no plano de astrologia, para achar que os virginianos são apenas bons digitadores, não há saída para este mundo de mesquinharia que construímos para nós mesmos. Se observarmos nossos amigos, nossos romances e nossos filhos de

Virgem, atarefadíssimos com suas dietas, suas técnicas de autodesenvolvimento psicológico, seus novos métodos de construção ou o conserto do próprio carro quebrado, todas as suas obsessões e compulsões, poderemos notar – como em qualquer outro signo – que há um forte impulso, um profundo mito que tenta vir à tona. Deixando de lado o aspecto de faxineira do mundo, a imagem da Deusa alimentadora da vida é bem mais apropriada e nobre a este signo tão mal-interpretado.

Virgem também está ligado à estranha linguagem figurada e aos conceitos da alquimia medieval. Toda pessoa de Virgem é mais ou menos alquimista. Explico que a alquimia medieval não tem nada a ver com fabricação de ouro, assim como Virgem nada tem a ver com virgindade. Se você ler algum antigo texto de alquimia, encontrará sempre a afirmação de que o ouro alquímico não é o ouro normal. Trata-se de uma substância transmutada, o ouro interior, o ouro espiritual, o ouro criativo. Trata-se de purificação, ou de tomar algo imperfeito e rude como base e transformá-lo de tal maneira que seu potencial real brilhe em sua superfície. Seja o seu carro, seu corpo ou sua psique, esse processo laborioso de transmutação acompanha Virgem por toda a vida. De alguma maneira, seja ele mesmo, qualquer outra pessoa ou o mundo desordenado, seu trabalho ou o produto de suas mãos habilidosas, Virgem sempre se empenha na transformação alquímica. Não é bem o mundo que ele está tentando ordenar e sintetizar. É a vida. E a vida, afinal, é ele mesmo.

## A SOMBRA

Com um signo tão obsessivo como Virgem talvez você espere uma sombra muito torturada, e está certíssimo. O lado sombrio de Virgem é muito complexo, assim como sua consciência. Um dos principais aspectos poderia ser chamado de a síndrome do "Eu Sei Tudo". É mais ou menos assim:

MULHER (*para o marido de Virgem*): Acabei de descobrir uma coisa muito interessante. Foi na minha aula de pintura. Se você diluir tinta a óleo com terebintina e fizer essa mistura flutuar em água e enfiar um papel...

VIRGEM: Já sei, já sei. Eu sei tudo sobre isso. Aprendi há alguns anos. Mas você tem de prestar atenção para não colocar terebintina demais, senão fica muito líquido. Da próxima vez, deixe-me ajudá-la.

MULHER: Mas as pinturas ficaram muito boas. *(Ela diz isso sentindo seu entusiasmo esmorecer porque, de vez em quando, seria agradável poder surpreendê-lo com alguma coisa que ele realmente não conhecesse.)*

VIRGEM: Tenho certeza que ficaram boas. Talvez pudesse ajudá-la a misturar melhor as cores. Não é fácil.

MULHER: Ah! E eu li no jornal de hoje...

VIRGEM: Já sei. A respeito do novo corte nos orçamentos.

MULHER: Sim. Eu acho que, se o governo espera ajudar a economia interna, deveria...

VIRGEM: Antes de criticar as contas, você deveria aprender mais a respeito. Estudei ciências políticas e econômicas durante anos e estou convencido de que essa é a melhor atitude a ser tomada.

MULHER: Mas...

VIRGEM: Não discuta, eu sei que estou certo.

Tudo isso parece muito inocente visto de fora. Trata-se apenas de um simples eu-sei-tudo. Mas o lado destrutivo da sombra de Virgem leva muito tempo para dar frutos. Tente isso por alguns anos e nunca permita que as pessoas aprendam algo, descubram algo, pensem em algo que possam oferecer. Você já tirou tudo deles antes. Você sabe tudo em primeira mão. Essa é uma das maneiras mais traiçoeiras e mortais de sufocar a criatividade das pessoas, um dos aspectos mais sombrios de Virgem. Pouco a pouco, imperceptivelmente, a sombra de Virgem vai destruindo qualquer confiança que o outro possa ter em si mesmo, certo ou não. A sombra de Virgem, como uma de suas compulsões, tem verdadeiro horror a cometer erros ou estar errada. É mais ou menos como se houvesse algo não conhecido, etiquetado, classificado. Isso é intolerável para Virgem. Mas a vida é cheia de erros, e as pessoas são assim; provavelmente, Deus também é assim. A sombra de Virgem, à sua maneira, mata a vida porque tenta tirar dela o imprevisível e os incidentes.

O outro aspecto dessa sombra é a síndrome do "Eu Não Disse?". Não são necessários muitos detalhes para descrevê-la, uma vez que podemos encontrá-la por aí, nos outros ou em nós mesmos. Trata-se daquele olhar sorridente, quase satisfeito, do virginiano que o avisou de algo e você não ouviu – e ele sabia que você não iria ouvi-lo mesmo. Essa é outra maneira de nunca permitir que algo aconteça inesperadamente, de forma desordenada ou incompleta. Essa é a maneira de Virgem dizer: "Mas eu nunca teria caído numa armadilha dessas; conheço bem isso".

Você já percebeu, não? O que há com essa sombra? Tudo isso vem do medo que Virgem tem do desconhecido. Quando é fiel a si mesmo, Virgem costuma ser cauteloso, pois sabe que o mundo é cheio de mudanças e problemas. Em geral, procura técnicas e ferramentas para enfrentá-los. Mas a pessoa de Virgem que se sente insegura demais realmente sai dos limites com suas cautelas. Conte-lhe algo novo e ela vai lhe dizer que já sabia ou que não é verdade. Mostre-lhe uma faceta sua que ela ainda não conhece e ela vai criticá-lo ou ensiná-lo a controlá-la, porque isso representa uma ameaça ao seu próprio modelo. Mostre alguma espontaneidade em seu comportamento, e ela vai tentar abafá-la, pois isso a amedronta. Mostre uma emoção inesperada, e ela ficará pálida e sem ação por não saber qualificá-la ou por não saber lidar com ela. Tudo isso faz parte da sombra de Virgem e tem algo a ver com controle, como todas as sombras. E em Virgem existe um desejo de controlar a vida de maneira tão absurda, tão ingênua, tão grotesca, que não admite nenhum elemento desconhecido ou ameaçador.

Existe um outro tipo de sombra que podemos encontrar quando a sensibilidade de Virgem foi gravemente atingida. Podemos chamar de o mercenário. O mercenário é um dos aspectos de Virgem que aparecem quando a realidade e suas dificuldades estão pesando na sua escala de valores, em detrimento da esperança, da fé e da confiança. Aí aparece o mercenário. Ele usa o tino comercial naturalmente prudente de Virgem e o desvirtua a ponto de achar que tudo pode ser barganhado e vendido; basta estipular um preço. De certo modo, o antigo mito da imagem da Grande Mãe-Terra se transformou nesse pobre mercenário. Traduzindo, isso certamente quer dizer: vou vender tal coisa; isso tem algum valor para você? Desse ponto de vista, qualquer pessoa é um cliente em potencial. E esse é talvez o lado mais trágico da sombra de Virgem, porque ela só aparece quando Virgem está tão desiludido e amedrontado que se põe a construir barreiras contra tudo. Nessa hora, mesmo o amor está à venda, e uma promessa de casamento tem de incluir uma boa soma em dinheiro em sua conta bancária. Não faz parte da sombra de Virgem investigar suas credenciais antes de marcar um primeiro encontro. Isso às vezes é conhecido como usura psicológica.

Infelizmente, esse lado da sombra de Virgem aparece mais em homens. Cheguei à conclusão de que isso ocorre porque a sociedade dificulta as coisas para o homem de Virgem. Trata-se de um signo sensível e receptivo, não naturalmente ambicioso, mas atento a insinuações sutis e a intercâmbios intuitivos que iludem signos menos sensíveis. Virgem é um signo naturalmente mais inclinado a seguir a corrente que a liderá-la. Não é a imagem convencional do machão que aparece em nossa cultura. O homem de Virgem é muito maltratado ao tentar ser ele mesmo num mundo que exige que ele seja mais insensível que complacente, mais bem-sucedido que competente, mais líder que artesão, mais fazedor de dinheiro que amante da natureza. É aí que o lado infatigável da sombra de Virgem aparece, e ele não é nada bonito.

Todas as sombras se desfazem quando fazemos incidir uma luz sobre elas, e esta não é exceção. Para uma pessoa de Virgem, ver-se à luz – completa, com tudo o que ela mais teme – é algo muito benéfico. Tentar, só uma vez, reconhecer que a vida tem mistérios que ela nunca vai entender ou explicar, que o caos nunca deverá ser ordenado, que algumas peças de roupa ainda podem ser usadas sem serem lavadas, é mais benéfico ainda. Em outras palavras, Virgem, o realista, não é tão realista assim. A única realidade que ele vê é a tangível. Mas é a outra realidade que tem de descobrir, é nessa que ele tem de confiar. Então, pode se tornar tudo aquilo que seu mito lhe propõe: aquele que cura, que nutre e que dá vida, seja a pessoas, a ideias ou a obras de arte, porque estará em paz com o desconhecido.

## VIRGEM E O AMOR

Certa vez, li um falso horóscopo que trazia um parágrafo insultante para cada signo. Para Virgem, dizia o seguinte: "As pessoas de Virgem conseguem adormecer enquanto fazem amor. São bons motoristas de ônibus". Até que é divertido e reflete bem a atitude geral da astrologia popular sobre Virgem e o amor. Infelizmente, os virginianos não fazem nada para desfazer essa imagem.

Em determinada ocasião, conheci um homem de Virgem que tinha sobre sua mesa de cabeceira, ao lado da cama, uma cartilha de práticas sexuais que ensinava em que zona erógena deveria ser colocada a mão esquerda depois dos primeiros cinco minutos de preliminares. E ele tentava realmente seguir as instruções como se fossem uma receita. Pessoas de Virgem tendem a gostar de instruções, estejam elas em caixas, pacotes, embalagens, livros ou em qualquer outro lugar. Tire as instruções e elas entrarão em pânico. Esse virginiano não entendia por que não conseguia manter o interesse de suas amantes. Isso nos faz voltar ao velho problema de Virgem com o desconhecido. E sexualidade e amor são dois mistérios sobre os quais praticamente nada sabemos. Como escreveu o romancista Robert Musil:

> *Ainda existe uma grande incógnita neste fenômeno capaz de transportar homem e mulher 'civilizados', comuns, a um estado que em outras circunstâncias associaríamos a uma loucura furiosa.*

Mas, na verdade, isso não corresponde à natureza de Virgem. O que acontece é que às vezes a pessoa desse signo se vê realmente como uma louca furiosa em potencial e tenta ter a certeza de que isso jamais vai acontecer. Então você a encontra aparentemente fria e pouco romântica, talvez sexualmente hábil mas dissimulando sua afetividade, dizendo-lhe que fazer amor três vezes por semana é muito saudável, pois é o que afirmava o livro que ela acabara de ler. Ah, mas o que foi que aconteceu com a Grande Mãe, o mito?

No entanto, quando Virgem libera sua sensibilidade, torna-se outra pessoa. Junto com Touro e Capricórnio, Virgem é de terra, tanto metaforica como astrologicamente. Suas necessidades sexuais são com frequência impregnadas de profunda sensualidade, e sua sensibilidade e sua delicadeza lhe permitem notar as necessidades da outra pessoa de maneira muito perspicaz, que outros signos mais impetuosos nem conseguiriam perceber. Como sempre, o problema se resume em liberar esse lado sensual. Diz-se que Virgem leva muito tempo para "esquentar", e isso provavelmente é verdade. Em parte, por causa daquele velho temor do desconhecido, do caótico. Paixão não é exatamente a coisa mais fácil de ser definida, nem a mais segura.

Outra razão para a aparente lentidão da pessoa de Virgem no amor é que ela não é atraída de imediato por uma carinha bonita, seja homem ou mulher. Virgem pensa demais. Isso mostra que ele tem necessidade de se comunicar, de ter uma outra base para seu relacionamento além do sexo. O trabalho é muito importante para Virgem, que se identifica com ele e se valoriza de acordo com sua função. E se você não se interessar em compartilhar esse trabalho, ou em falar sobre ele, ele rapidamente vai se cansar até do mais sensual ou excitante parceiro. Emoção e sexualidade não são suficientes para prender Virgem. Lembre-se de que esse signo é regido por Mercúrio, e, como em Gêmeos, tem de haver, por menor que seja, um encontro de mentes.

O realismo de Virgem também torna muito difícil tentar um romance do tipo "amor à primeira vista". Ele observa demais o mundo e sabe demais para levar isso a sério. Virgem também não gosta de jogar, pois ao jogar com paixões instantâneas ele corre o risco de se ferir ou de se desiludir. Assim, ele pode muito bem colocar alguém porta afora só porque se sente atraído por essa pessoa e desconfia de tudo o que é repentino, incontrolável ou inexplicável.

Às vezes você encontra pessoas de Virgem brincando de amar. Mas observe melhor e achará um coração intocado. Homem ou mulher, Virgem leva muito tempo para se entregar. Pode até se permitir se apaixonar, mas amar de verdade é algo que leva tempo e que tem de ser cuidadosamente alimentado. Como você vê, Virgem é realista e, no fim, vai preferir uma relação segura a uma paixão ardente. O mesmo acontece com seu estilo, seus móveis, suas roupas. Virgem sempre escolhe o útil, seguro, conhecido, o que tem qualidade, e não o brilhante, o espontâneo, o imprevisível. Isso pode ser muito chato ou, temperado com um pouco de humor e gaiatice, pode lhes dar uma qualidade de compreensão, calor humano e sabedoria, tornando-os extremamente atraentes. A palavra-chave é alegria. No amor, Virgem regularmente tem de aprender a palavra.

Como todo mundo, aquilo que a pessoa de Virgem mais reprime em si mesma é o que ela mais procura no parceiro. Ela se atira sistematicamente em uma confusão sem sentido. Não ver a floresta, apenas as árvores, é uma maneira de explicar isso. Ela fica tão preocupada com o invólucro que se esquece do conteúdo. Seu maior terror na vida é, em geral, sua maior fascinação no amor, ou seja, a expressão espontânea da intuição e da imaginação, o caos impetuoso, tudo o que é personificado pelos audaciosos e incertos signos de fogo, que parecem haver feito pactos secretos com os deuses e que correm riscos, brincam e jogam com a sorte, o que faz qualquer pessoa de Virgem se arrepiar. Quando uma pessoa de Virgem conhece alguém de fogo, a criança reprimida dentro dela anseia por escapar e ser livre. Por ser pé no chão demais, ela se priva da pura alegria de viver, preferindo trabalhar, pois há muito o que fazer. Tanto homens como mulheres de Virgem podem ser vistos com longas listas de tudo o que deve ser feito no dia; nessa relação, os divertimentos estarão entre os últimos itens. Assim, o padrão de Virgem é um parceiro que represente toda a irresponsabilidade, a instabilidade e o "egoísmo" que ele não se permite. (Virgem gosta de chamar de egoístas aqueles que não seguem suas prioridades.) Evidentemente, esses relacionamentos podem seguir em duas direções: ou Virgem se esquenta, se solta e se equilibra, ou tenta interpretar Pigmaleão com a linda pedra bruta para lapidar. Então vem aquela fala do parceiro, soltando fogo pela boca como um dragão porque é sempre importunado e criticado. Os relacionamentos raramente são calmos e tranquilos para Virgem, a menos que encontre outro tipo de terra que se adapte ao seu universo cheio de segurança. E aí, infelizmente, ele se aborrece, a vida fica sem atrativos e ele se sente como se tivesse perdido o último trem. A receita aqui é a mesma que para a sombra de Virgem: uma dose bem caprichada de brincadeiras, jogos e flertes; reconhecer que tudo o que é útil nem sempre é vital ou significativo. E eventualmente ser um pouco louco: em nossas mais antigas mitologias o louco é sagrado.

## O Homem de Virgem

As melhores qualidades do signo aparecem no homem de Virgem apaixonado. Uma delas é o desejo de ser necessário, com sua generosidade e utilidade quando você necessita de compreensão, de uma palavra amiga, de apoio ou de ajuda material. Sempre por meio da razão, o homem de Virgem resolve seus problemas e adora dar conselhos. Dê-lhe um problema para resolver e ele o atacará como uma partida de xadrez. Sua perspicácia e objetividade serão úteis e construtivas. Dele emanam também segurança, amor à verdade e à justiça. O homem de Virgem nunca quer ser maior do que ele mesmo e nunca vai fazê-la interpretar cenas de adoração, como pode acontecer com um leonino ou um ariano.

Por outro lado, o autocontrole e a frieza do homem de Virgem podem deixá-la maluca. Às vezes ele é o tipo de pessoa que pendura o paletó no cabide e só depois lhe dá um beijo, porque o que deve ser feito primeiro tem de ser feito primeiro. Às vezes é terrivelmente sensível quanto ao aspecto social; assim, evitará tocá-la em público, pois "alguém" poderá notar que ele não controla totalmente seus sentimentos ou descobrir que ele tem paixões. Isso, levado a extremos, pode incluir um esquema de tudo o que deve ser feito, inclusive flertar com você – é claro, depois do trabalho – e relações sexuais – que também vêm depois do trabalho.

Lembre-se de que não é fácil ser um homem de Virgem. Como Peixes, é um signo sensível e vulnerável, e não é fácil para o homem de Virgem preencher a imagem cultural do macho de hoje. Ele parece sempre carregar um peso às costas, tentando ser frio e controlado. Qualquer necessidade emocional que não seja expressa por meio de estrutura verbal pode lhe parecer uma insustentável reivindicação.

Existe em Virgem uma estranha qualidade de autocontenção que nos leva a pensar novamente no mito da deusa. Para que uma amante ou parceira tolere essa tendência de contenção, é preciso de uma boa dose de humor, do contrário as críticas podem ser tomadas a sério demais, levando todo o relacionamento a se desfazer numa montanha de ressentimentos mútuos.

O que salva esse complexo – e às vezes detestável – temperamento de se tornar verdadeiramente insuportável é que o homem de Virgem, se você conseguir dizer-lhe a verdade de forma clara e calma, sempre vai ouvi-la. Essa é uma das melhores qualidades do homem de Virgem. Se ele a feriu, se foi ríspido com você ou categórico demais, tente fazê-lo compreender, com calma, e ele a ouvirá. Se você expuser a questão em termos emocionais, ele não vai querer ouvi-la. Se você é do tipo "inflamável", como muitos escorpianos ou leoninos, procure um temperamento mais impulsivo e menos impressionável. Virgem simplesmente não suporta explosões de raiva e cenas tempestuosas, nem longas sessões de choro com montanhas de lenços molhados. Você encontrará homens de Virgem nervosos, fumando um cigarro após o outro, roendo unhas ou agindo de certas maneiras que traem a vulnerabilidade de seu sistema nervoso. Ainda mais que, em geral, ele trabalha mais do que pode, o que não ajuda em nada seu temperamento nervoso. O que ele precisa é de muito divertimento, de muita paz e natureza para curá-lo. Ele tem dificuldade de relaxar porque "trabalho" é um dos primeiros itens de sua lista de prioridades.

Então, cabe a você adulá-lo, persuadi-lo ou arrastá-lo para algum lugar no qual, depois do primeiro mau humor, ele possa descobrir que é até gostoso se sentar ao sol sem fazer nada.

É por todas essas razões que o homem de Virgem não é aquele marido perfeito saído de um romance água com açúcar. De temperamento sensível, nervoso e complexo, raramente é agressivo, preferindo ruminar as dificuldades a tentar uma ação direta. O homem de Virgem não é um Don Juan, apesar de haver algumas boas imitações de virginianos inseguros pretendendo ser sagitarianos ou leoninos. Calma, confiança, calor humano e segurança são necessários ao homem de Virgem para mostrar seu lado mais místico e sensível, motivo pelo qual você o escolheu. Esperamos que você não o tenha escolhido para sua segurança, pois estaria cometendo um erro terrível ao pensar que ele é capaz de brincar de "papai protetor" por muito tempo. Ele é fluído e instável demais para sequer tolerar a ideia de ser um apoio para alguém. Aprecie sua inteligência, seu talento, sua cínica sabedoria, sua habilidade manual, sua perspicácia, sua gentileza e sua sensibilidade, e você terá uma maravilhosa criatura como amante. Para aqueles que apreciam sutilezas e astúcia e sabem respeitar a solidão interior, Virgem faz os signos galantes parecerem bastante grosseiros.

## A MULHER DE VIRGEM

Se você acabou de ler que as mulheres de Virgem são boas donas de casa e professoras é melhor procurar outro signo. O maior dom da mulher de Virgem é a inteligência, não a organização. Mas se você esbarrou justamente com o tipo que não pode deixar de tirar o pó dos móveis três vezes ao dia, você está indo pelo caminho errado, pois achou uma virginiana submetida justamente pelo lado sombrio do signo. E todo esse aspecto de boa dona de casa é apenas uma pálida amostra da megera que surgirá daí. Mas, repetimos, esse não é o tipo característico de Virgem. Como subproduto, até que vai bem, e há muitas mulheres de Virgem que se interessam por seus lares e gostam de um ambiente bem-arrumado. Mas Virgem, quando se exprime pela psique feminina, mostra bom gosto, sutileza, compreensão e uma percepção profunda sobre pessoas e sobre a vida.

É claro que há surpresas. A figura reservada do mito está em evidência na mulher de Virgem, e é bastante difícil para ela ser "casada" no sentido mais profundo da palavra. Existe, no entanto, na mulher de Virgem a qualidade de ser psicologicamente intocável. Se você tentar invadir, ela vai reagir como se a estivesse raptando fisicamente. A mulher de Virgem não é, em geral, uma pessoa que se apega a alguém, um tipo desprotegido; na maioria das vezes, é como a amazona que revela um grau assustador de capacidade e eficiência, tanto no plano físico como no mental – ou mesmo em ambos.

São muitos pontos para o movimento de liberação feminina, mas poucos se você pretende ser o sol em torno do qual orbite uma feliz lua que reflita sua luz. Em primeiro lugar, as mulheres de Virgem têm opinião. A conexão de Mercúrio com esse signo aparece como uma necessidade de comunicar, de falar, mesmo que seja só para bater um papo ou uma conversa fiada. Muitas mulheres de Virgem falam sem parar. Isso pode levá-lo a tampar os ouvidos e a gritar só para que ela se cale. Não se trata do velho e tradicional espírito crítico. A conversa pode versar apenas sobre o último livro que ela leu, o último filme que viu ou sobre alguém que ela ultimamente vem analisando do ponto de vista psicológico. As virginianas adoram falar de outras pessoas com muitos detalhes. Se você estiver procurando uma mulher calada, desista. Mulheres de Virgem têm a admirável, embora algumas vezes irritante, propensão a questionar seu conhecimento. Conte alguma coisa a ela e será coberto de perguntas. Virgem tem a tendência de não acreditar em ninguém até que a última evidência seja confirmada. É difícil ser mais bem informado que Virgem, pois ela não o permite. Isso tem seu lado bom e seu lado ruim: faz maravilhas com seu intelecto, mas acaba com seu ego.

Muitas mulheres de Virgem se aproximam muito da figura da Mãe-Terra, pois sua sensibilidade, inerente ao signo, se manifesta em seu amor à natureza, em poderes de cura e na habilidade manual para qualquer tipo de arte – a arte pela arte raramente atrai Virgem, pois, para ter algum valor, antes de qualquer coisa, a arte deve ser útil. A virginiana poderá se dedicar com sucesso à jardinagem e mostrar sua habilidade manual em muitas outras áreas. A necessidade de ser úteis leva muitas virginianas a se dedicarem a profissões em que tenham de ajudar os outros: enfermagem, nutricionismo, psicologia e pedagogia, que em muitos aspectos refletem o arquétipo da Grande Mãe, estreitamente ligado ao signo.

Por trás de toda essa fragilidade nervosa, você encontrará uma constante irritação, uma necessidade de solidão e aparentes frieza e desapego. É muito difícil para a mulher de Virgem ser espontânea. Frequentemente, ela só sabe demonstrar seu amor ou sua afeição praticando atos concretos. Essa mesma situação se aplica ao homem de Virgem: emoção e paixão o tiram do sério e o assustam, e ele só consegue se expressar em ambientes de completa confiança. Quebre essa confiança e sentirá a lâmina afiada da língua de Virgem, que pode ser realmente maldosa, pois ela o esteve observando a cada minuto, reconhecendo todos os seus medos e fraquezas, coisa que você nunca pensou que alguém pudesse perceber. As mulheres de Virgem têm a mania desconcertante de observar o colarinho de sua camisa, o corte feito em seu rosto ao se barbear, o modo como você gasta os sapatos, as palavras que lhe escapam, o tique nervoso que você pensou ter controlado. Elas observam os mínimos detalhes porque para elas o vasto espectro da vida se reflete melhor no que é pequeno. Para as mulheres de Virgem, a grande arte é a arte do pequeno.

Talvez seja apropriado lembrarmos daquelas virginianas que são tudo menos megeras celibatárias de lábios finos e comprimidos: as Greta Garbos, as Sofia Lorens e as Jacqueline Bissets do mundo. Mas você poderá notar um traço em comum a todas elas, desde Lauren Bacall (outra virginiana) até Twiggy. Trata-se de competência. Tudo o que Virgem faz, faz bem feito, e as mulheres não são exceção. São atrizes competentes, com *performances* brilhantes e impecáveis. Seja cozinhando, esculpindo, ensinando ou realizando qualquer trabalho, elas têm orgulho de sua competência. Goste do que ela faz e terá toda a sua ternura. Ignore-a ou subestime-a e cometerá um erro terrível. E, se você é um desses homens que não aceitam que a mulher faça qualquer outra coisa além de agradá-lo, está realmente procurando encrenca com a mulher de Virgem. Parece curioso, mas a virginiana precisa de muito respeito – necessidade nem sempre evidente nos outros signos, que se identificam menos com suas capacidades. Repare também no comportamento um tanto frio dessas mulheres. Casadas ou não, elas irradiam uma misteriosa reserva, que não é tanto um "não se aproxime" quanto um "seja bem vindo mas mantenha distância". Isso é evidente mesmo na mais calorosa paixão sexual ou numa intensa relação com Virgem. Discrição. Se você conseguir lidar com o lado sombrio, a qualidade "eu sei tudo" e os impulsos ocasionais de ordenar as coisas e as pessoas, poderá atingir o outro lado de Virgem. Não é bom apreciar alguém que é capaz de ser ela mesma? Enquanto todo mundo aspira a chegar lá, nem sempre conseguindo, Virgem faz disso sua profissão de fé e, às vezes, até uma arte. A mulher de Virgem nunca o adorará cegamente. Ela o amará mais pelos seus defeitos e imperfeições, pois ela é realista e isso também a faz se sentir necessária. Isso pode atemorizar um homem a ponto de fazê-lo correr a cem por hora na direção oposta, assim como pode ser aquele banho gostoso e refrescante que o faça realmente se sentir ele mesmo. Mas tudo vai depender do tipo de homem que você é, não é verdade?

# CAPRICÓRNIO

Acabra capricorniana não é aquela que fica ruminando nos pastos. Olhe mais atentamente para o símbolo do mais misterioso dos signos de terra e verá que ele tem uma cauda, uma espécie de cruzamento de peixe com serpente. A cabra que escala a terrível montanha do sucesso e da realização material tem também um lado quase sempre oculto e completamente diferente de sua natureza. Quem pensa poder definir os capricornianos por sua ambição mundana está redondamente enganado. Se procurarmos no simbolismo antigo, encontraremos a serpente como uma das mais antigas representações da sabedoria instintiva e dos segredos da própria terra. E o peixe, por sua vez, é a criatura que nada nas desconhecidas águas da psique. Nosso cabrito montês – trabalhador, perseverante, prudente, materialista, astuto e ambicioso – é também, no fundo, uma espécie de mago, um caçador de mistérios. Manipular e organizar o que constitui o mundo não é brincadeira e requer um pouco mais do que paciência. Seja qual for o campo em que o capricorniano se realize

– interior ou exterior –, ele emprega os mesmos princípios, que podem ser resumidos em uma só palavra: maestria.

Não é fácil conhecer um capricorniano. Desde a mais tenra idade, por volta dos 3 anos, ele já aprende a deixar que as outras crianças mostrem suas cartas primeiro e que às vezes é bom guardar um curinga ou dois dentro da manga. Existe uma coisa curiosa a respeito da criança de Capricórnio: às vezes, se você a olhar bem nos olhos, vai ficar abismado com o velhinho que transparece na carinha infantil. Muitos capricornianos seguem o clássico modelo de seu signo, assumindo desde cedo trabalhos difíceis e responsabilidades.

Capricórnio não permite que seus segredos sejam revelados antes do tempo. Primeiro, ele precisa saber exatamente onde se encontra, quem é você é o que quer, para depois mostrar suas cartas. Desconfiado? Pode até ser. Desconfiança é uma tendência natural de Capricórnio; às vezes, ele corre para o lado errado e se torna terrivelmente desconfiado com relação à vida e às pessoas, mas suas melhores qualidades são a prudência e o realismo. O capricorniano começa a aprender desde a infância – que para ele às vezes nem é bem infância, mas um precoce aprendizado da dureza da vida – que antes de fechar qualquer negócio é preciso verificar primeiro o capital disponível e todas as possibilidades de perda. E tudo para Capricórnio é uma espécie de negociação, mesmo quando seus motivos são os mais nobres e altruístas. Lembre-se de que a palavra-chave de todos os signos de terra é realismo.

De certa maneira, este é o signo da motivação ulterior. É também um signo de imensa sutileza; nunca pense que você descobriu todos os seus motivos, pois sempre haverá um no qual você jamais pensaria. Nada do que Capricórnio faz é sem propósito. Todos os rodeios e avaliações, esforços e trabalho duro estão sempre dirigidos a um fim, e nem sempre você vê a cabra mostrando suas metas abertamente como um sagitariano, ou falando sobre o assunto como um geminiano. Ele vai se disfarçar de serviçal humilde, sem ambições, que quer apenas ajudar, enquanto espera e elabora seus planos. O capricorniano não perde tempo. Para ele, não existe espaço para lazer ou brincadeira. Ele é sério? Sim, você também pode dizer isso de um capricorniano. Suas piadas em geral são irônicas, cheias de reflexões sobre as incongruências da vida e não têm nada de bombástico como as de outros signos. Tal espírito irônico é parte de seu charme. Mas, para a maioria dos capricornianos, a vida é um negócio sério, pois você tem de ser mestre se quiser sobreviver.

Sobrevivência é outra palavra-chave para o capricorniano. Para ele o mundo nem sempre é um lugar amigável, aprazível. É como se sua antena estivesse sempre ligada naquilo que pode dar errado e não no que pode dar certo.

Como diz J. D. Smith:

> *O mundo se resume em um grande atentado para pegar você com as calças abaixadas.*

O capricorniano nunca dá nada como certo, muito menos a sorte, que, para ele, é algo pouco confiável. Ele troca a sorte por um bom, sólido e árduo trabalho, no que não é nada parecido com seus primos dos signos de fogo.

Atingir objetivos, naturalmente, é outra prioridade da desconcertante cabra. Sem objetivos, o capricorniano rola montanha abaixo e cai espalhafatosamente numa grande depressão. Como este mundo não é basicamente um lugar agradável para ele, suas metas lhe dão um sentido de objetividade, e alcançá-las representa para o capricorniano o mesmo que o romance para os signos de fogo. Capricórnio vai ser o primeiro a lhe dizer que romance é uma coisa boa, mas não muito duradoura, e que não põe nenhum teto sobre a sua cabeça. A realização de um projeto pode consumir sua vida inteira e vir na forma de uma polpuda soma em dinheiro.

Falemos um pouco sobre Saturno, o regente de Capricórnio. Ele tem uma reputação bastante especial na astrologia, pois sempre foi considerado o símbolo da limitação e da disciplina do isolamento e da solidão. Na mitologia, Saturno é um dos Titãs, os deuses da Terra, filhos da grande Deusa da Terra, Gaia. Bem terra. Não há pragmático maior do que o capricorniano. Saturno é retratado também como a mais impiedosa figura mitológica, aquele que não se detém nunca – nem na destruição de seu próprio pai – para alcançar o poder. A impiedade é um atributo que com frequência se pode ver no capricorniano, e o campo da política está cheio deles. Mas uma impiedade necessária, raramente proveniente de maldade ou crueldade. O poder é um grande atrativo para muitos capricornianos, tanto na sociedade como na vida particular. Esse é, na verdade, um dos maiores problemas que eles enfrentam nos relacionamentos; pois acham muito difícil renunciar à autoridade. Homem ou mulher, Capricórnio deve sempre ter as rédeas na mão. Fica muito assustado quanto ao que poderia acontecer se perdesse o domínio – não só das situações como também de si mesmo. Por aí percebemos que Capricórnio não é um grande jogador na esfera das paixões. Ele é mais conhecido por preferir ser o regente a ser o segundo violino.

Na mitologia romana, o reinado de Saturno no mundo coincide com a Idade de Ouro do homem. As videiras dão muitos frutos, os rios correm docemente, o céu é azul e sem nuvens, a terra dilapida suas riquezas e os filhos dos homens não precisam mais ganhar o pão com o suor de seu rosto. De algum modo, os signos de terra fizeram a paz com o mundo, e o mundo, contente por ser considerado algo mais do que um verme imundo, horrenda fossa sem espiritualidade (é muito difícil que um rico entre no Paraíso), mostrará seu lado bom para recompensar o grande esforço que os signos de terra por tanto tempo lhe dispensaram. E com frequência você encontrará capricornianos que, após terem cumprido seus deveres mundanos, terem alcançado sucesso e terem reconhecida sua competência, vão se acalmar e começar a desenvolver o lado mais oculto e profundo de sua natureza. Longe de ser um insensível materialista, Capricórnio é uma alma que medita, muito introvertida, que sabe que nunca conseguirá ser um sábio nos mistérios que tanto ama antes de ter aprendido a viver no mundo. Ele não é visionário nem místico; é difícil para o capricorniano ter fé no intangível; mas ele é atraído continuamente pelo ocultismo que envolve o aprendizado das leis energéticas que governam a vida. Isso é muito diferente.

Gente excêntrica, esses capricornianos. Com um regente tão poderoso e fatídico como Saturno, não devemos estranhar que seja tão difícil conhecê-los. Existe também outro estranho paradoxo no Capricórnio: o conflito entre o social e o individual. Capricornianos são muito sensíveis às opiniões e aos valores do mundo e dão valor extremo a boas credenciais e boa educação. As roupas corretas são importantes – nem sempre na última moda, mas de boa qualidade e sempre de um gosto impecável. O bairro certo é importante, a escola certa para os filhos, a imagem social correta. Os capricornianos têm aquele dom de parecer os pilares da sociedade e, ainda que na juventude sejam rebeldes e iconoclastas como todo jovem (lembre-se de que Capricórnio se interessa pelo mundo e, às vezes, até quer reformá-lo), quando ficam mais velhos se tornam terrivelmente conservadores. Com certeza foi um capricorniano quem disse: "Se você não é socialista aos 20 anos de idade, você não tem coração; mas se não é conservador quando atinge os 40, então você não tem cérebro". Você pode ouvir o sempre famoso "O que os outros vão pensar..." saindo de bocas capricornianas, pois a cabra com certeza não quer ser notada fora do abraço protetor da sociedade. Às vezes podem ser verdadeiros chatos em sua insistência em obedecer às regras implícitas quanto ao que é certo e apropriado. No entanto, bem no fundo, o capricorniano é um arrogante individualista, e seu jogo com a sociedade também é um de seus sutis métodos de confirmar que o mundo à sua volta não irá perturbá-lo enquanto ele constrói seu destino particular. Ele se baseia no princípio de dar a César o que é de César e dar a cada um o que é seu.

    A vida dos capricornianos em geral se divide em duas partes bem distintas. Na primeira, que na maioria das vezes inclui uma infância restrita e enfadonha, a cabra é frustrada e humilhada por alguma responsabilidade e, de certo modo, fica à mercê da sociedade ou de seus deveres e suas responsabilidades. Provações – interiores ou exteriores – parecem fazer parte do treinamento dos capricornianos na escola da vida, e, se a vida não lhes oferece isso, eles mesmos as criarão. Você pode ver muitos deles no início de sua vida impondo-se difíceis tarefas, como se quisessem de fato conhecer essa espécie de limitação. Podem fazer isso tomando conta de pais idosos e doentes, trabalhando em coisas que lhes desagradam profundamente ou se envolvendo em um casamento que os limite por completo. Seja qual for a natureza da frustração, é como se ela fosse uma forma de suplício psicológico que o capricorniano se inflige durante algum tempo. No misticismo medieval, isso simboliza o caminho da purificação dos pecados carnais destinado à preparação para o encontro com Deus. O simbólico suplício de Capricórnio é uma espécie de perpétua autopunição e trabalho forçado. Tente levá-lo para se distrair e receberá mil desculpas de que suas responsabilidades não lhe permitem isso. Como um oficial inglês da velha escola, ele está convencido de que aquilo que tem gosto ruim deve fazer algum bem. Ele não se permitirá qualquer prazer ou vício. Pode se mostrar mesquinho mesmo tendo dinheiro bastante para esbanjar. Vive de maneira comedida como se não o tivesse, ao contrário do que fariam Leão ou Libra, que o gastariam em beleza e prazer.

Mas esses primeiros trinta anos de treinamento servem a um propósito; mesmo que isso ocorra num grau muito profundo e inconsciente, o capricorniano está planejando seu destino. Ele pode não ser ninguém, tendo de receber ordens dos outros ou trabalhar em coisas que detesta e que não permitem que suas reais possibilidades se manifestem. Mas observe-o quando esse tempo tiver passado e ele estiver livre dessa prisão autoimposta. É como se durante todo esse tempo uma poderosa determinação e sua ambição ardessem dentro dele, com uma imensa força de vontade. Sua meta final pode ser material, como montar seu próprio negócio, ganhar bastante dinheiro para comprar terras, ou seja lá o que for. Pode ser ambição no sentido criativo, ou seja, tornar-se um grande pintor, um escritor ou músico famoso. Pode ser também uma ambição interior – como o autoconhecimento ou algo mais oculto. Esse aspecto de Capricórnio pode ser observado em pessoas como Gurdjieff e Krishnamurti. Mas, seja qual for sua meta, nos primeiros anos de sua vida esse capricorniano desenvolveu uma vontade tão ferrenha de vencer que, mesmo demorando um pouco para encontrar seu caminho, não há dificuldades nem obstáculos que consigam detê-lo. Capricórnio é muito obstinado. Depois de tudo o que fez, não vai desistir de um projeto só porque o caminho é um pouco pedregoso. Se você quer apostar em alguém que terá sucesso na vida, aposte num capricorniano. Não que não haja um que falhe. Isso ocorre a muitos deles. Mas o capricorniano que está de fato expressando sua natureza é um vencedor. Pode ser que ele leve setenta anos para consegui-lo, por isso não tenha pressa. Mas ele chegará lá.

Trabalho e sucesso não são o retrato completo de Capricórnio. Por estar preocupado, além da medida, com estrutura e tradição, sua vida em família também é muito importante. Estrutura social é também uma tônica neste signo, e é com seriedade e senso de responsabilidade que ele encara o casamento e os compromissos familiares. Os capricornianos não gostam de quebrar promessas e querem ser considerados pessoas responsáveis; sua autoimagem é importante demais para que o mundo os veja dessa maneira. A ideia de desfazer um casamento ou de ofender a família é penosa para o capricorniano; ele prefere suportar um casamento em que o amor já acabou há anos por causa de seu respeito pelas estruturas sociais e pela segurança, fortíssimos nele. Esse traço é mais representativo em capricornianos mais velhos, uma vez que muitos signos demonstram seus verdadeiros propósitos por volta dos 30 anos, e Capricórnio às vezes até mais tarde. Mas o capricorniano consegue suportar esse amargo dever até o ponto de tornar sua vida, e às vezes a daqueles que o rodeiam, um verdadeiro inferno. Dever é uma faca de dois gumes; e a culpa sempre atormenta esse signo: uma vaga culpa da qual não consegue se libertar e que o faz acumular responsabilidades que não são suas. Capricornianos se empenham em tarefas que outros signos não aceitariam porque, de certa maneira, sentem uma vaga responsabilidade quanto a manter o mundo girando em seu eixo e se sentem terrivelmente culpados se nada fizerem para isso. O mundo poderia parar de girar, afinal. É difícil afastar um capricorniano de sua culpa, pois ela o faz sentir que está contribuindo para alguma coisa. O problema é que usualmente outras pessoas se apoiam e aproveitam dele, o que contribui para aumentar suas suspeitas e desconfianças quanto às motivações alheias. E ele raramente percebe que essa é sua própria maneira de ser.

O verdadeiro lugar do capricorniano é no palco da vida, mudando as coisas à sua volta – sejam elas pequenas ou grandes –, de tal modo que deixe o lugar mais bem organizado do que quando o encontrou. Seus dons situam-se no domínio da organização e do controle, da disciplina e do início de mudanças dentro de estruturas já existentes. Ele é mais idealista do que se espera, tendo ideias de como melhorar o mundo ou o pequeno canto do mundo que habita. Místico ele não é, e seus ideais são sempre realizáveis. Ele sempre se assegura de que seja assim e de que poderá contar com os recursos e a competência para realizá-los durante sua vida. Capricórnio não fica sentado à espera de que os outros executem seus planos ou tornem viáveis suas ideias. Detesta delegar responsabilidades e em geral acha que tem de fazer tudo sozinho. Só na idade madura é que percebe que é bom relaxar ocasionalmente e saborear os frutos de seus esforços. Às vezes, tem de ser sacudido por uma esposa ou amante enfurecida ou por uma criança manhosa para tirar umas férias e se tornar um pouco sentimental e mais humano. Mas no fundo do coração ele é um construtor desinteressado, pondo a serviço de outros sua enorme competência e sua força de vontade. Talvez você leve algum tempo para conhecê-lo; mas, sob a aparência excessivamente convencional, ele já viu um bocado da vida, e com sorte seu lado mais divertido também. Na interpretação cabalística, o símbolo de Saturno é associado à compreensão – a profunda e rica sabedoria baseada em experiências reais, e não em teorias e filosofias. Vale a pena consagrar um pouco de tempo e esforço para conseguir captar esse veio de ouro.

## O MITO

Há numerosas figuras da mitologia que podem nos ensinar como é a jornada de Capricórnio. O velho Titã, Saturno, é apenas um deles, mas podemos resumir todos dizendo que este signo do solstício do verão, que começa no dia mais longo do ano no Hemisfério Sul, é ligado ao mito e ao mistério do Pai.

Na verdade, a noção de Pai é muito complicada. Significa bem mais do que apenas "papai". É claro que a ideia de papai também está inserida nela. Descobrimos que os primeiros anos da vida de Capricórnio foram com frequência marcados – eventualmente com profundas cicatrizes – por uma relação difícil, intensa ou complicada com o pai. Às vezes pode significar a perda do pai e a obrigação de assumir responsabilidades do tipo paternal cedo na vida. Outras, Capricórnio tem um pai severo, distante, fraco ou instável. Outras vezes é uma figura superidealizada, um modelo que marca muitas mulheres de Capricórnio, que ficam procurando por esse adorado e sonhado pai por muito tempo, casando cedo com homens que possam representar o papel de pai. O pai pode ser também um personagem fascinante com a qual a criança de Capricórnio sente que não pode competir, ou cujo amor é difícil de obter. Sejam quais forem as circunstâncias, o Pai é um mistério e um desafio, um problema a ser resolvido. Isso porque os primeiros trinta anos da vida capricorniana sempre são difíceis. Muitos capricornianos estão ocupados, rebelando-se contra o pai durante esse tempo, ou então tentando corresponder ao que se espera deles. Mas não importa qual o tipo de pai do capricorniano, a relação entre eles é quase sempre complicada. Parece que, só quando se torna adulto, seja homem ou mulher, o capricorniano compreende que tem, num sentido muito profundo, de se tornar Pai. As qualidades de força, autocontrole, vontade, capacidade de proteção e estabilidade não podem ser encontradas em outra pessoa, nem num emprego, nem na hierarquia reconfortante de uma grande empresa, para a qual muitos capricornianos são atraídos inicialmente. Essas qualidades são associadas ao símbolo do Pai e têm de ser erigidas em seu interior por meio de um longo, lento e difícil caminho.

Existe uma outra imagem mítica que deveríamos acrescentar a Capricórnio. Nos ensinamentos orientais, é o *bodhisattva*. Em alguns desses ensinamentos, há dois tipos de almas iluminadas, os budas e os *bodhisattvas*. O primeiro alcança a autorrealização ou a iluminação e fica no estado místico da união com Deus. O segundo, tendo alcançado os portais do divino, volta atrás e considera o resto da humanidade, que sofre e trabalha arduamente nas trevas. Como Buda, ele poderia permanecer no maravilhoso reino da união com a Luz, mas escolhe por vontade própria voltar para o denso e tenebroso mundo da vida comum, a fim de ajudar os que ainda se encontram aprisionados. Só quando os libertam é que se sentem livres para deixar a prisão que eles próprios se impuseram. Esse simbolismo é muito profundo e representa bem o verdadeiro destino do capricorniano. Seja qual for o cume da montanha a que aspira escalar – material, espiritual ou ambos –, ele não pode ficar lá no alto. Tem de descer de novo ao mundo, mesmo que não tenha mais obrigações com um trabalho ou com um empreendimento, mas porque sua competência ainda pode ser útil.

Esse ensinamento oriental sobre o *bodhisattva* reflete-se também em muitos aspectos dos ensinamentos cristãos, e não é coincidência que o aniversário de Cristo seja celebrado a 25 de dezembro, quando o Sol está em Capricórnio. Em numerosas religiões pagãs, o deus-sol sempre tem seu nascimento sob o signo de Capricórnio, pois ele é um Redentor que voluntariamente se oferece para encarnar neste mundo mal e doloroso, para ajudar os mortais a alcançar a Luz. Pode ser isso o que fascina os esforçados capricornianos, que não ambicionam nada além de seu pequeno negócio para com ele obter o sustento e a sobrevivência da família. Mas em algum lugar, em cada capricorniano, existe a semente dessa figura, bem mais antiga que o cristianismo, que escolhe, por sua própria vontade, permanecer nas restrições e frustrações de uma vida comum e assumir responsabilidades, a fim de mudar mesmo que só um pouquinho as coisas, deixando-as, quem sabe, mais brilhantes e melhores.

## A SOMBRA

A sombra de qualquer signo zodiacal está ligada aos aspectos da personalidade que o indivíduo não reconhece e não pode expressar. E com todo o realismo, a sabedoria terrena e a ênfase no mundano e no prático, próprios de Capricórnio, é de se esperar que todas essas emoções reprimidas, os sonhos e fantasias se refugiem em algum lugar. Afinal, Capricórnio é um ser complexo, sensitivo e bem mais profundo do que com frequência se mostra. Assim sendo, podemos chamar seu lado sombrio de Síndrome do Fanático. Podemos associar essa figura em particular a uma outra que chamaríamos de "O fim justifica os meios". Um diálogo com ele seria mais ou menos assim:

AMIGO: Ouvi dizer que você vai se candidatar ao Parlamento. Isso sim é uma boa notícia! Sempre achei que você deveria seguir a carreira política. O que pensa fazer se conseguir se eleger?

CAPRICÓRNIO: Bem, tenho alguns planos a longo prazo. Se eu conseguir uma cadeira, posso começar a desenvolver minhas ideias sobre o grande plano de saneamento do Soho.

AMIGO: Mas sanear o Soho? Pensei que você fosse mais realista.

CAPRICÓRNIO (*com o ar sério de um patriarca*): Já é tempo de o país voltar aos velhos e bons valores de nossos pais. Todos esses filmes pornográficos nojentos, prostitutas em cada esquina, e a polícia nem consegue controlar...

AMIGO: Oh, mas isso não faz mal a ninguém e talvez seja até útil. Muitas pessoas têm necessidade de pôr para fora seu pior lado.

CAPRICÓRNIO: É muito comodismo, é ganância demais; na verdade, é um pecado, pois está destruindo a família como unidade básica da sociedade. Crianças pequenas podem ir lá e ver todas aquelas vitrines indecentes, podem comprar aquelas coisas horríveis e se corromper antes mesmo de entrar para o segundo grau. Eu fecharia todos esses *sex shops* e todos os cinemas. Prenderia qualquer um...

AMIGO: Pensei que houvesse liberdade de expressão e de imprensa neste país.

CAPRICÓRNIO: Mas é para o bem de todos. Bem, acho que arruinaria algumas pessoas que ganham dinheiro com essas coisas revoltantes, mas, no fim das contas...

O aspecto fanático da sombra capricorniana pode fazê-lo brandir um machado por qualquer motivo. Quando você começa a ouvi-lo, pode até sorrir e achar que se trata de uma pessoa ingênua tentando moralizar tudo. Será que ela não sabe que não pode modificar a natureza humana? A sombra de Capricórnio acha que pode. E, seja a respeito de sexo, dinheiro, religião ou política, ou mesmo ao dar conselhos indesejáveis a respeito de como você deve levar sua vida, a sombra ao capricorniano fanático consegue fazer gelar o sangue em suas veias, pois ela é como Jeová, no Antigo Testamento: faça como eu digo, sem perguntas! O lado sombrio de Capricórnio não é, em absoluto, conservador em política; lembre-se de que Stalin também era capricorniano. Ocorre que, sob a influência do lado sombrio de sua natureza, o capricorniano está sempre com um plano para modificar a sociedade, fazendo-o evidentemente à sua maneira. Sem dúvida, nesse contexto não há lugar para dissidentes, que são afastados à força ou despedidos. Richard Nixon também é capricorniano. Os fins justificam os meios.

Não é necessariamente a grande parte da sociedade que, aos olhos de Capricórnio, precisa de reforma. Pode ser o marido ou a mulher, a amante ou o filho. Nesses casos, nota-se o mesmo brilho fanático nos olhos normalmente sábios e prudentes de Capricórnio. Coloque-o em sua posição favorita e ele não tolerará oposição de espécie alguma. Recuse-se a ouvir seus conselhos e o terá ofendido para sempre. E ele tentará manobrá-lo de todos os modos possíveis para fazê-lo compartilhar de seus planos, convencido de que está certo e de que, no fim, sejam quais forem os meios usados, mesmo os inescrupulosos, serão tolerados pelos resultados a serem alcançados.

O problema é que o capricorniano raramente dá asas à sua fantasia, à sua imaginação, por estar sempre muito ocupado em ser realista. Ele nunca se permite fantasiar a respeito do que o mundo poderia ser, pois se força a trabalhar com o que tem nas mãos. No entanto, ele é dotado de uma poderosa imaginação e de muita fantasia, que têm de se expressar de algum modo. Você muitas vezes descobre que os capricornianos têm uma fantasia secreta que poderá ser revelada se eles puderem manipulá-la com segurança. Manter uma fantasia dessas fechada a sete chaves dentro de si, por vinte ou trinta anos, tende a torná-la um pouco bizarra. Ela se infla e, quando vem à tona, o capricorniano perde o seu maravilhoso realismo e é transportado por sua própria fantasia messiânica. É claro que o mundo ou você podem ser mudados, e ele é a pessoa indicada para fazê-lo. Se você se opõe a isso, só o faz devido a suas próprias desilusões, seu medo, sua estupidez ou a quaisquer causas que o fazem tão desprovido de inteligência que você não reconhece a Verdade Absoluta de suas convicções.

Se você não é o beneficiário direto de sua Grande Missão, pode ser a pessoa mais próxima dele e tem de se inteirar de seus planos até oferecer-lhe o último grama de energia para que ele possa cumpri-la. É nesse particular que a sombra de Capricórnio pode infligir sofrimento às pessoas, pois num relacionamento ou na família ele está disposto a sacrificar a vontade de todos para impor a sua. Seja por uma questão de moral, por dinheiro ou por qualquer outra convicção, todo mundo tem de se submeter a ele. Trata-se do capricorniano pai de família que acredita – cegamente – que a dureza da vida faz bem, e dá uma mesada mesquinha aos filhos, embora tenha milhões no banco. É a capricorniana mãe de família que impõe impiedosamente ao marido e aos filhos severos pontos de vista morais e códigos sociais. É o amigo capricorniano que se intromete em sua vida particular, acreditando que é realmente bom para você saber que seu namorado anda saindo com outra. Enfim, a sombra do capricorniano tenta submeter a vontade, os desejos, as necessidades, as ideias e a maneira de viver de todos segundo sua própria concepção de vida. E, para um capricorniano realista, essa é uma maneira pouco realista de proceder, pois só mesmo um louco varrido acredita que pode mudar a natureza humana simplesmente tentando comandá-la, e só mesmo um doido acharia que tem o direito de fazê-lo.

Por ser um signo poderoso e realizador, Capricórnio tem uma sombra perigosa. Para ele é muito importante entrar em acordo com seu fanatismo, já que ele está sempre sujeito a assumir uma posição de responsabilidade e, em geral, tem outras pessoas dependendo de seu pulso forte para guiá-las. Mas se ele faz mau uso desse pulso forte, o resultado pode ser mais prejudicial do que o que ocorreria com pequenas sombras, que têm pouca influência sobre a vida dos outros. É difícil para o capricorniano compreender a tolerância, justamente porque ele mesmo tem de se impor uma impiedosa autodisciplina para atingir os fins a que se propõe. Ele não entende por que os outros não são capazes de fazer o mesmo ou não estejam interessados nisso, já que não consegue compreender que as metas dos outros podem ser diferentes das suas, ou mesmo que não tenham meta alguma a alcançar.

Como dissemos, o capricorniano está ligado ao mito do Pai, e o lado sombrio do Pai se traduz em tirania. Tirano é aquele que se recusa terminantemente a admitir um ponto de vista que não seja o seu. A receita para atenuar a sombra de Capricórnio é fazer um pequeno esforço para compreender que pessoas diferentes têm vidas, necessidades e desejos distintos e outros mitos a expressar. A astrologia pode ser de grande ajuda para o capricorniano, ensinando-lhe que existem doze caminhos de vida fundamentais, e não um único. Sob a couraça de que se vale para enfrentar um mundo hostil e mutante, ele é capaz de amar e se dedicar a alguém como qualquer pessoa.

Capricórnio precisa ser capaz de recordar sua capacidade de entrega e lembrar que amar outra pessoa significa reconhecê-la, não apenas guiá-la. O Pai – aquela que figura tanto na psique do homem quanto da mulher – oferece sustento, orientação, sabedoria e instrução nos caminhos do mundo na via positiva. Na via negativa, o Pai só lhe oferecerá apoio se você seguir seus conselhos; só lhe orientará se você aceitar seus pontos de vista de maneira irrestrita; sabedoria, se você o reconhecer como o único sábio; e ensinará os caminhos do mundo de acordo com a imagem que tem dele. É o Pai que recusa o amor quando não há obediência. Essa atitude tem origens profundamente enraizadas na carência emocional reprimida, que pode começar a corroer seu modo de pensar e o tornar cego quando ele pensa estar vendo claro. Quanto mais o capricorniano consegue exprimir suas poderosas necessidades emocionais nos relacionamentos humanos, mais nítida se torna sua visão do mundo. E quanto mais ele se permite relaxar um pouco, mais descobre que almas não tão disciplinadas quanto a sua não são menos virtuosas, mas muitas vezes detêm a chave que leva à alegria de viver que ele pode ter esquecido. Então você verá um capricorniano realmente tranquilo, que tanto pode dançar quanto escalar uma montanha.

## CAPRICÓRNIO E O AMOR

Relacionar-se não é fácil para o capricorniano. Isso não surpreende, uma vez que o controle é importante para ele, e ficar sem a sólida proteção de sua armadura é um grande esforço. Ele usa essa armadura há tanto tempo que ela já está enferrujada nas articulações. Você pode ouvi-lo protestar e gemer de dor quando ele a tira. Seja qual for a intensidade do amor do capricorniano, você terá sempre a impressão de que, escondido em algum lugar dentro dele, existe um pedacinho que ele não compartilha com você, um último resquício de autocontrole que ele não está disposto a abandonar. O capricorniano é regularmente um solitário, uma figura que se isola para escalar sua montanha particular. E às vezes ele não se permite aceitar ajuda quando a escalada é difícil. Muito obrigado, mas ele pode fazer isso sozinho. É difícil fazer um favor a um capricorniano. Ele pode ser visto fazendo mil favores a seus amigos e familiares; ele sabe como dar, especialmente quando se trata de coisas mundanas. Mas nem sempre sabe receber. Tem um orgulho feroz e um medo terrível de ser dependente ou fraco. Nenhum capricorniano suporta uma situação sobre a qual não tenha controle.

Se alguma vez você conseguir arranhar a superfície do capricorniano, vai descobrir que no fundo ele é um romântico, o que partilha com os outros signos de terra. Mas seu romantismo nunca tem permissão para decidir. Ele sacrificaria um grande amor por uma parceira certa, conveniente e que fosse também uma conquista social. Quando se casam cedo, os capricornianos correm o risco de, escolhendo a segurança e a conveniência, lamentar-se amargamente depois. Em raras ocasiões você vê um capricorniano jogando tudo para o alto por um amor. Ele pode fazer isso para preservar suas convicções ou pelo bem da família, mas por amor? Bem, o amor não é sempre o motivo pelo qual eles se casam e, por certo, não é o único. Voltando aos tempos em que os casamentos eram arranjados, durante os anos de convivência obrigatória (o divórcio não tinha vez), aprendia-se a desenvolver um profundo respeito e afeto pelo parceiro. Capricórnio devia achar esses arranjos até muito bons. Imagine como viviam os piscianos, os leoninos e os sagitarianos? Mas o capricorniano leva suas promessas a sério e quer estar bem seguro antes de fazê-las, de tal modo que tudo o que empreenda seja um sucesso. Muitos capricornianos podem se casar cedo – nesse caso, à procura de pais ou tentando brincar de pais – ou se casam tarde, depois de ter examinado minuciosamente o mercado. Mas por impulso? Raramente.

Não que seja uma maneira ruim de proceder. Capricórnio dá mais importância a um profundo respeito, ao dever, à lealdade e ao poder dos laços familiares do que a alguns meses de louca paixão. Não que ele não seja capaz de se apaixonar. Lembre-se de que este é um signo de terra, com impulso sexual muito forte e com uma natureza basicamente física; mas os capricornianos em geral colocarão seu lado passional fora de suas relações sérias, pois nem sempre confiam em suas paixões.

Se você se envolver com um capricorniano tem de aceitar o fato de que ele ou ela vão tentar tomar conta da situação. Capricórnio não aceita facilmente a posição de submissão, humildade ou inferioridade. Ele tem de ser o vencedor, e você, quem se submete. Se você ferir seu orgulho ou lhe faltar com o respeito, ele vai levar muito tempo para perdoá-lo e mais tempo ainda para esquecer o ocorrido.

Devido à sua natureza controlada, terrena, o capricorniano tem dificuldade de expressar seu amor e sua afeição de maneira descontraída. Ele pode amar profundamente, mas você pode jamais ficar sabendo disso. Em geral, é atraído por aqueles que conseguem liberá-lo um pouco – o tipo emocional extrovertido, o irresponsável, com temperamento brincalhão. A mesma razão que o faz seguir seitas religiosas secretas também o faz procurar pessoas capazes de lhe mostrar o lado mais romântico da vida.

Sob a superfície realista e pragmática do capricorniano você encontrará toda espécie de fantasia; mas isso não quer dizer que ele vai lhe falar sobre elas. Ele teme o caos e esse é o motivo pelo qual muitos capricornianos fogem do lado sobrenatural ou místico da vida – ou, em outras palavras, fogem do próprio inconsciente e de suas desconhecidas profundezas. Uma explosão emocional ou uma experiência não racional deixam o capricorniano desconcertado e vulnerável. No entanto, ele anseia por encontrar essas qualidades num parceiro com quem possa aprender a confiar tudo o que não ousa confiar a si mesmo ou à vida.

Assim, esse velho-moço (ou essa velha-moça) vai procurar alguém que possa ajudá-lo a libertar sua criança interior. E esse tipo de relacionamento poderá curá-lo e libertar sua real criatividade. O problema é que, tendo encontrado alguém que personifique o lado ardente de sua vida, o capricorniano assumirá o papel de pai severo, mais reprimindo do que encorajando a espontaneidade.

Se você foi escolhido para fazer o papel de filho, esse bem-intencionado tom paternal pode ser um pouco sufocante, para não dizer restritivo. Na verdade, é a criança interior dele que o capricorniano está tentando manter na linha, o andarilho incansável e inconstante que poderia estragar todos os seus planos e, de repente, chamar a atenção de todos para sua própria dificuldade de manter seus compromissos. O casamento do capricorniano do tipo pai-filho (ele sempre testará os dois lados desse arranjo, uma vez que fará o papel de filho quando mais novo e o de pai um pouco mais tarde) poderá ser criativo ou destrutivo. Quando se deteriora, pode se tornar uma prisão sem fim para um parceiro mais espontâneo e criar um sentido de suspeita e de falta de confiança por parte do capricorniano. Pode também acontecer de seu lado intransigente e severo se amenizar pelo dom do amor e, com ele, o capricorniano aprender que pode confiar na vida. Se o desconfiado capricorniano aprender a lição, bem, então ele terá o mundo a seus pés, uma vez que começará a saborear os frutos de todo o seu esforço. O ditado "A vida começa aos quarenta" é mais verdadeiro para Capricórnio do que para qualquer outro signo – e, muitas vezes, o amor também.

## O Homem de Capricórnio

Conhecendo esse homem quando ele ainda tem 20 anos, você provavelmente não verá a cabra montesa nele. Encontrará apenas a cabra em formação, e ele terá a aparência de um vagabundo, uma pessoa insegura, sem rumo. Ou poderá parecer alguém que renunciou ao seu futuro e se enfiou num emprego que detesta. Mas não o perca de vista, ou volte a vê-lo mais tarde, e encontrará o verdadeiro capricorniano. Ele tem sempre uma meta a atingir, na qual está trabalhando. Sua maneira de demonstrar amor é compartilhar com você seus projetos, e suas expectativas com relação ao amor são que você fará tudo o que estiver ao seu alcance para ajudá-lo a realizá-las.

Os homens de Capricórnio tendem a seguir uma escola mais tradicional. Mais uma vez, isso pode não estar em evidência nos primeiros anos de sua vida. Como ele tem de aprender por meio de duras experiências, precisa experimentar diversas coisas na juventude que no futuro combaterá ferozmente em nome da moral. Porém, devido à sua complexidade emocional e sua inibição, já que segurança significa muito para ele, cedo ou tarde ele vai procurar um relacionamento estável e sólido para iniciar uma família. Você pode notar também como é importante para o capricorniano ter filhos homens; mesmo que seu lado patriarcal o leve a amar e adorar mulheres, bem no íntimo ele acha que o mundo deveria ser dirigido por homens. Os capricornianos não são bons membros de movimentos feministas como muitos aquarianos, librianos ou piscianos. Eles têm uma forte percepção do que é o orgulho, a dignidade e o comportamento masculinos. Se você quer que um capricorniano respeite suas opiniões, tem de aprender a ser diplomata. Afinal, diplomacia é algo que ele respeita. O que ele não gosta mesmo é de insubordinação.

Você encontrará uma verdadeira qualidade paternal no homem de Capricórnio. Em geral, ele é protetor e provedor, o tipo de homem que quando diz: "Não se preocupe, eu tomo conta do assunto", realmente o faz. Ele pode ser um pilar de força e uma enorme fonte de sabedoria e ajuda. A dificuldade com seu lado paternal é que você só consegue percebê-lo quando está precisando de ajuda e proteção. Muitos homens de Capricórnio não gostam de mulheres competentes; isso não lhes permite ser a figura forte do relacionamento.

Às vezes você vê exatamente o contrário. O homem capricorniano que não conseguiu estabelecer um bom relacionamento com o pai pode se comportar como um adolescente rebelde. Nesse caso, estranhamente, ele procurará em sua mulher as qualidades de um pai. Há capricornianos que deixam que suas mulheres os sustentem e tomem as decisões no que diz respeito aos assuntos financeiros. Eles ficam na sombra e fazem o papel da criança para a mulher-pai-amante. Esse é um fenômeno curioso, que poderá ocorrer quando o capricorniano foi muito maltratado e ferido durante a infância. Porém, com frequência, o homem de Capricórnio está feliz demais para fazer o papel do forte, do mantenedor e do capaz. É difícil para ele, às vezes, compartilhar isso.

Em uma relação com um capricorniano você também tem de aceitar que a carreira dele está em primeiro lugar. Isso quer dizer que, se a empresa em que ele trabalha o transfere de Londres para o interior, você vai ter de aprender a gostar do interior. Se a realização de suas ambições inclui uma mudança de casa, uma alteração no seu círculo social, uma mudança em algo que traga conforto e prazer à sua vida, a ambição dele vem em primeiro lugar. Se você acalenta alguma esperança, ele deseja que você se ajuste às esperanças dele. Isso significa que você tem duas soluções: ou aceita graciosa e alegremente os antigos papéis de macho e fêmea em um relacionamento, ou, se você é do tipo mais independente, aprende a manter um relacionamento um pouco distante com o capricorniano. Isso em geral significa apenas um relacionamento sexual sem nenhum compromisso. Ele não vai se comprometer, a menos que esteja certo de que você está preparada para se comprometer com ele e com seus objetivos. E ele pode simplesmente manter alguns casos enquanto procura uma mulher capaz de compreender emocionalmente sua natureza fechada, fazendo-a desabrochar.

É óbvio que esse tipo de homem é um companheiro perfeito para algumas mulheres e um desastre para outras. Depende de gosto. Mas você não pode dominar um homem de Capricórnio, a não ser por meio de um diabólico método de chantagem emocional – que ele em geral percebe. E você não vai conseguir ser mais importante na vida dele do que suas convicções e seus compromissos. Somando tudo, eis um homem que encarna o princípio masculino em sua forma mais antiga e tradicional. Muitas mulheres preferem homens mais ambivalentes, que sejam capazes de ficar no meio-termo e que tenham mais tolerância para com o lado feminino da vida. Não um capricorniano. Ele não é nem um pouco ambivalente. Em geral, ele sabe o que quer – e se o que ele quer é você, ele quase sempre procurará fazê-la se render – e raramente se desviará de seu propósito, uma vez decidido. Você pode amá-lo e respeitá-lo, ou abandoná-lo. É quase impossível modificar um capricorniano, uma vez que seu papel na vida é mudar a si mesmo e ao mundo. E ninguém pode fazer isso por ele.

## A MULHER DE CAPRICÓRNIO

É difícil imaginar uma mulher que personifique o princípio do Pai. Mas isso não torna a mulher de Capricórnio masculinizada. Essas mulheres, com frequência, possuem uma qualidade de feminilidade que reúne em si as fantasias de vários homens. Tomemos por exemplo Marlene Dietrich. Masculina? Bem, não no sentido que damos à palavra. Repare bem: a típica mulher de Capricórnio em geral é sutil, sensível e perceptiva. Ela usa mais a diplomacia do que o argumento agressivo; sua voz é calma, fria, baixa. Sempre bem-vestida e bonita, nada espalhafatosa, nunca se veste de acordo com a última moda, mas usa roupas femininas de corte clássico. Ela é bastante fina para saber que roupas de baixo de seda e perfumes caros podem ser bem mais eficazes do que um cabelo tingido de azul ou verde. É também inteligente o bastante para não se confrontar diretamente com o poder; por isso, quando quer alguma coisa, sempre procura dar a impressão de que a ideia partiu de você. A capricorniana o envolve com tal delicadeza que você fica convencido de que ela é frágil e desprotegida. Ah, pobre alma! Nenhum capricorniano é frágil e desprotegido. Todas as mulheres de Capricórnio nasceram com espinhas dorsais de aço inoxidável.

Nem todas as mulheres de Capricórnio usam as pessoas. Mas muitas o fazem; seu forte traço de cinismo as faz escolher parceiros que possam dar a elas apoio material e segurança, ou ajudá-las a conquistar uma carreira criativa. São também amantes devotadas, mulheres e mães muito dedicadas, que colocam em ação sua poderosa vontade, sua habilidade nos negócios, seu senso prático e seu acurado senso de justiça para ajudar o companheiro em sua própria carreira. Desempenhar o poder invisível por trás do trono combina muito bem com a mulher de Capricórnio. Ela é bastante realista para saber que ser o poder manifesto num relacionamento é muito mais perigoso – pois você se torna o alvo da hostilidade da sociedade – do que parecer que está submetida a ele. Seu amor e sua dedicação podem ser de fato desinteressados, e a capacidade de manipulação e a astúcia próprias da mulher capricorniana ajudam a pessoa que ama a realizar algo em sua própria vida.

O problema é que Capricórnio tem necessidade de dirigir alguma coisa, e isso é verdadeiro tanto para a mulher como para o homem de Capricórnio. Se a capricorniana não tem uma carreira, sua necessidade de ser útil e de organizar e comandar recai sobre os membros de sua família. Então, ela vai organizar sua vida e direcionar sua energia, muitas vezes para seu próprio bem, outras não, pois as metas que você acha que alcançou são as dela. A mãe capricorniana cujo instinto de comandar é contrariado manipulará a vida dos filhos. É importante para a mulher de Capricórnio ter oportunidade de aplicar em sua própria vida seus dons de organização, administração, devotamento aos outros, para além de seus relacionamentos pessoais. Seja no âmbito da criatividade ou no desejo de oferecer ajuda física – tal como na enfermagem, medicina ou em qualquer outra profissão capricorniana típica, uma loja ou outro negócio que lhe agrade –, a mulher de Capricórnio tem necessidade de extravasar sua ambição de realizar algo, tanto para si mesma quanto para que o mundo veja. Ela tem de se sentir realizada em alguma coisa. E cuidado com a mulher de Capricórnio que não realizou nada nem reconhece em si essa poderosa vontade. Inconscientemente, ela aos poucos vai começar a se realizar por meio de você.

Já mencionamos a propensão de algumas capricornianas para descobrir homens que façam o papel de pai durante a primeira parte de sua vida. Tanto o homem como a mulher de Capricórnio têm, constantemente, um relacionamento complexo e problemático com o pai. Encontramos o tipo de mulher de Capricórnio que é a queridinha do papai, com a necessidade de ser adorada, de ganhar muitos presentes e de quem se tem de tomar conta enquanto ela expressa seu lado charmoso, frívolo e irresponsável. Também nesse caso ela estará tentando vivenciar sua forte natureza terrena por meio de um homem. Em algum momento ela vai passar por uma crise; às vezes, o casamento se desfaz porque o marido vai embora, ou os problemas que encontra em seus relacionamentos amorosos lhe fazem tão mal que ela começa a se questionar profundamente. Encontramos também mulheres capricornianas ocupadas em rejeitar o pai porque ele é severo demais, possessivo ou controlador, e escolhendo homens que possam se apoiar nela. Então, ela faz o papel do pai e pode sofrer com isso, pois ficará questionando sua feminilidade. De qualquer maneira, a mulher de Capricórnio parece amadurecer para o lado mais caloroso e melhor deste signo bem mais tarde na vida.

A mulher de Capricórnio que aprendeu a se tornar seu próprio pai e se sustenta sobre os próprios pés está apta a deixar livre o lado mais gentil, sensível e carinhoso de sua natureza no relacionamento com outras pessoas. O lado feminino do signo de terra mostra aqui sua face, na forma de genuína sensibilidade e generosidade com tempo e energia e na forma de lealdade e dedicação. Como já mencionamos, a vida é algo muito sério para Capricórnio, e a mulher de Capricórnio, que passou pelo teste vital e aprendeu que pode sobreviver às custas de seu próprio esforço, aprendeu também, durante sua jornada, a sabedoria e a compaixão. Nos ensinamentos cabalísticos, Saturno representa o princípio feminino da sabedoria e da compreensão, como dissemos, e também é chamado de a Grande Mãe. Depois que a mulher de Capricórnio aprende a contar com suas próprias forças e seus recursos, a sabedoria que jaz no mais profundo de seu ser pode fluir em direção a seus relacionamentos, pois ela aprendeu também que a vida pode ser prazerosa. Se você está procurando alguém para exibir, não escolha uma mulher desse signo. Mesmo as Marlene Dietrichs do mundo, fora do palco, são mulheres sábias e autodisciplinadas, com uma visão muito realista e um conhecimento arduamente aprendido das fraquezas humanas.

# 7
# ALGUMAS PALAVRINHAS A MAIS...

Existe uma cena clássica que ilustra com clareza um dos tipos de relacionamento de fogo-terra. A cena, como será contada aqui, retrata o homem de fogo e a mulher de terra, mas pode facilmente ser o contrário e conter, em essência, o mesmo modelo. Podemos notar isso quando um desses dois elementos falta no mapa de um dos parceiros e está presente em abundância no do outro. Trata-se, na verdade, de uma caricatura, mas alguns traços, nuances ou aspectos podem ser encontrados em relações fogo-terra típicas. No fundo, o que ocorre é um choque entre o mundo real (terra) e o mundo imaginário (fogo). E como em qualquer choque de opostos – fenômeno que parece compor a maioria dos relacionamentos humanos –, há uma encruzilhada com uma saída para a direita e outra para a esquerda. À esquerda, fica a quebra do compromisso, com a qual todas as varas familiares de divórcio estão acostumadas. À direita, há uma via bem menos usada, porém mais criativa. Por ela, existe a tentativa de fundir os opostos, para que as duas pessoas possam aprender a crescer juntas. Afinal, nossos astros podem determinar nosso temperamento, mas a decisão de tomar um dos caminhos é nossa.

O estudante de mitologia – em sua jornada imaginativa – reconhece a Grande Mãe, símbolo da matriz da vida no mundo pagão, o princípio maternal, a fonte de todo o cuidado e a solicitude, o poder de criação e de procriação da natureza, a encarnação da feminilidade. Junto com seus aspectos de generosidade e de luminosidade, ela revela tanto no mito como no folclore (e nas fantasias secretas dos homens) um lado sombrio, que foi representado em esculturas, afrescos, mosaicos e baixos-relevos como cães raivosos, javalis, ursos selvagens ou aves predatórias, que a atacam e advertem o profano para passar longe da vista. E com ela – qualquer estudioso de *O Ramo de Ouro*, de Sir James George Frazer, sabe – está seu filho, o *Puer Aeternus*, o mítico, o amante de cabeleira dourada, a maravilhosa juventude alada que ela põe no mundo, que ela ama durante uma estação e que morre tragicamente ou se esvai quando o verão se transforma em outono, e o outono se transforma na frieza sinistra do inverno. E ele renasce com a primavera e reaparece, alado e com sua cabeleira dourada, com o desabrochar dos rebentos.

E você pode perguntar: o que tem a ver a mitologia com nossos problemas de relacionamento? Ou: o que tudo isso tem a ver com astrologia? Vou responder primeiro à segunda pergunta. Tanto a mitologia quanto a astrologia são linguagens simbólicas que retratam, no antigo sistema da cosmologia conhecida do homem, as forças da vida e a maneira como elas trabalham dentro e fora de nós. Na astrologia, os planetas recebem nomes de deuses da Antiguidade e possuem características atribuídas a esses deuses. Para entender de fato a astrologia é preciso conhecer um pouco de mitologia, afinal ambas provêm da mesma fonte, ou seja, da profundidade mais criativa da psique humana.

Pelo fato de retratarem o funcionamento interior da psique do homem, os mitos e os contos de fadas apresentam problemas e soluções tipicamente humanos. Alguns dos maiores mitos representam os mais importantes acontecimentos do cosmos: a criação do mundo e a do próprio homem. Outros, menores, reproduzem vicissitudes, às vezes grotescas ou engraçadas, de um ou outro herói ou semideus. Todos estão cheios de revelações, pois convivemos com eles sem nunca conhecer seus significados mais profundos. Durante milhares de anos a humanidade tem encontrado informações reconfortantes na leitura dos grandes mitos. Quando você encontrar a Grande Mãe e o *Puer Aeternus*, entenderá o que estamos dizendo.

Portanto, os mitos têm a ver com padrões e situações que criamos em nossos relacionamentos com os outros. Alguns de nós somos Teseu ou Ulisses, Perséfone ou Atalanta. Outros, as horríveis górgonas, os dragões, os demônios ou os bruxos. Ou tudo o que foi dito. De qualquer maneira, o mito da grande deusa terra e de seu filho-consorte, eternamente morrendo e eternamente renovando sua juventude, vive no simpático casal que mora ao lado, que age conforme modelo tão típico, caricato, trágico e nobre, tão banal e tão ridículo que só mesmo a ideia de que ele corresponde a um modelo humano profundamente enraizado lhe confere alguma dignidade e certo significado.

Continuemos com nossa cena. Entra o *Puer Aeternus*. Ele pode ser de fato jovem, mas todas as juventudes são eternas, e o *Puer Aeternus* de nossa história é aquele que encontramos com mais frequência quando ele já passou dos 30 anos. Em outras obras, ele tem sido descrito com um corpo maduro e emoções de adolescente. Do ponto de vista astrológico, vamos encontrá-lo como alguém que tem predominância de fogo no horóscopo, e pouca ou nenhuma de terra. Lembre-se de que o elemento Fogo está ligado às possibilidades intuitivas, às ideias criativas e ao futuro. O elemento Terra relaciona-se à realização, à cooperação com fatos e situações que a realidade atual oferece. Será que você está começando a entender o que quero dizer?

O *Puer Aeternus* em geral é representado por uma pessoa bonita (toda mãe acha o filho bonito), mas mesmo que não seja, já tivera de lidar com essa realidade tempos antes. Algumas vezes ele consegue êxito em empresas criativas ou especulativas, às vezes está cheio de ideias que algum dia concretizará e lhe renderão milhões. Faça o que fizer – com ou sem sucesso –, ele geralmente não estará contente, pois se aborrece ou fica nervoso por não conseguir "exteriorizar sua criatividade". Em outras palavras, a realidade, por mais generosa que seja com ele, é imperfeita, pois exige demais e o limita, o que o aborrece em demasia. No Olimpo, não se está sujeito a tais contrariedades; os deuses não precisam se ajustar à realidade.

E, Deus do céu!, como nosso *Puer Aeternus* ama as mulheres! Ou pelo menos é a impressão que ele dá, e muitas são enganadas por ele. Ele as ama tanto que não se satisfaz com uma de cada vez. Os homens mais extremados nessa Eterna Juventude raramente são vistos com uma mulher por mais de uma semana ou duas; os menos extremados sempre têm uma amante, além da esposa ou da namoradinha. Em geral, eles são fascinados por prostitutas, *strippers*, atrizes pornô e garotas caras. A maneira como ele vivencia essas fantasias depende de sua geração, da sua cultura e da sua moral; mas pode apostar que essas fantasias povoam sua imaginação dia e noite.

O *Puer Aeternus* irradia uma aura magnética bastante específica. Isto é, específica até que você entenda como é difícil saber algo sobre esses garotões. Eles são tipos, ainda não são indivíduos, e não se tornam indivíduos antes de se transformarem em homens. Às vezes, nem chegam lá. Mas o *Puer Aeternus* projeta uma espécie de choque, de carisma, de magia. Ele é indomável, indomesticável, nada confiável, brilhante e exala uma misteriosa atmosfera de mil aventuras, de mil mulheres. Ele acabou de descer de um avião vindo de Xangai indo para Madagascar, sempre com certa pressa, de tal modo que sua distração parece ter raízes profundas. O que ocorre é que ele está simplesmente atordoado com a vida em geral, nunca querendo estar onde está. Ele está sempre a caminho de algum lugar para fazer qualquer coisa. É a isso que a conhecida analista junguiana Marie-Louise von Franz chama "a vida provisória". Ele é o descolado e romântico marinheiro com uma mulher sonhadora em cada porto, esperando, talvez, conseguir amarrá-lo. Mas de certo modo ele nunca se deixa amarrar. E se chega a isso – mulher, filhos, hipotecas etc. –, ele dá um jeito de se safar. É o tipo que não parece ser casado, seja lá o que isso signifique, e irradia uma alta mensagem inconsciente: "Nenhuma mulher me entende, nenhuma mulher jamais foi capaz de me satisfazer, sou um espírito criativo incompreendido à procura de uma mulher em que possa confiar... talvez seja você...".

Tolinha! Esse rapaz ainda está emocionalmente casado com a mãe dele, para o melhor e para o pior. Por quê? Essa pergunta é complicada demais para ser respondida, e para cada *Puer Aeternus* há uma resposta diferente. Mas, do ponto de vista astrológico, tirando o que a mamãe fez para amarrar de tal maneira o filhinho a ela, quando você encontra um homem sem terra e cheio de fogo no mapa, você achou um espírito talentoso que simplesmente não consegue encarar suas responsabilidades, limitações e tudo o que uma vida normal requer. Como dizia Goethe, é mais fácil para ele enfrentar o desagradável que o inconsequente – e qualquer coisa que não faça parte de suas fantasias do futuro é inconsequente. Resultado? Ele está sempre esperando que mamãe chegue para limpar e arrumar sua bagunça, para pagar as contas, decorar o quarto, compreendê-lo, confortá-lo, perdoá-lo, amarrar o cadarço do seu sapato, ouvi-lo. O problema é que, se você é louca o bastante para achar que pode ser a mamãe dele, vai acabar mal, pois a mais profunda verdade a respeito desse cultuador da Eterna Juventude, que parece amar todas as mulheres, é também muito sombria, pois, fundamentalmente, ele não gosta de mamãe. Afinal, mamãe sempre o sufocou e quase o aleijou. Assim, mocinha, se você está brincando de mamãe, é melhor cair fora o quanto antes.

Será que tudo isso parece muito cínico? Sim. Mas existe esperança. E ela depende da capacidade de cada pessoa de curar a si mesma, de tornar-se consciente, de fazer um esforço para refletir um pouco sobre o que se passa dentro de si, sobre aquilo de que ela não pode culpar os outros. Um pouco de contato saudável com o inconsciente, diríamos. Quantos de nós estamos realmente empenhados em tentar isso?

Voltemos ao nosso Jovem. Irresistível? Sim, para alguns. As mulheres de terra que se orgulham de se identificar com sua sexualidade e de expressar sua afeição por meio da sensualidade, pelo cuidado maternal e o comando da vida dos outros caem como moscas sob o efeito de um inseticida. No começo, tudo é maravilhoso, o sétimo céu. O homem da Eterna Juventude ama mulheres *sexy*. Adora o prestígio que elas dão à sua masculinidade, adora ter nos braços uma linda e, sem dúvida, calorosa mulher, uma vez que duvida às vezes de sua própria masculinidade. Esse é o seu segredo mais profundo. Você se lembra? Nada de terra, nada relacionado ao corpo.

Você se lembra do que dissemos sobre os signos de fogo? Eles não ficam à vontade com o corpo, esse objeto estranho no qual foram encapsulados, como salsichas dentro de invólucros. São sonhadores idealistas a respeito do que a vida deveria e poderia ser – mas nunca o que ela é de fato, minuto a minuto. Confronte o *Puer Aeternus* com uma exigência mais terrena – emocional ou sexual – e o verá girar nos calcanhares e sair correndo mais depressa do que Rhett Butler em ... *E o Vento Levou*.

E a mulher? Ah, a Deusa Terra! Quando jovem, ela é a fantasia de qualquer homem (ou pelo menos de qualquer homem de fogo). Pelo fato de se identificar com seu corpo e de cuidar muito bem dele, estando sempre segura de sua feminilidade – pelo menos no campo sexual –, ela mostra sua maior beleza. Em geral, ela é muito capaz, seja no âmbito doméstico como no financeiro, ou nos dois. Quer filhos, mesmo que seja "mais tarde", e dá sempre a impressão de estar bem mais solta, brilhante e menos ligada do que de fato está. Se ela não foi fisgada pelo charme do *Puer Aeternus*, pode bem dar-lhe o troco. Se for fisgada, os papéis se invertem. Ela é calorosa, submissa, paciente, enfim, feminina. O que lhe falta é senso de humor e a habilidade de jogar. É por isso que ela tem uma queda pelo *Puer Aeternus*. Entenda: ela está muito ligada à terra e não consegue achar um significado para a vida fora do relacionamento que está vivendo. Falta-lhe a chama. Pessoas às quais falta o fogo não conseguem ver a floresta por causa das árvores.

Então, entra o casal: o brilhante *Puer Aeternus*, o "Eterno Jovem" com a Deusa Terra, abraçados. Estão muito apaixonados; e esta é a tal, ele diz a si mesmo, a verdadeira; o sexo com ela é maravilhoso; ela me satisfaz (terra demora para esquentar), e ele é tão romântico que você começa a pensar que tem fogo estocado dentro de si.

Chegamos, então, à encruzilhada. Esse primeiro estágio das relações entre fogo e terra é fascinante e compulsivo; mas, quando as fantasias iniciais começam a se dissipar e começam a amadurecer, acontece algo.

Eles podem ir para a esquerda ou para a direita. Tudo depende do modo como cada parceiro conhece o outro ou a si mesmo e conhece o tipo de temperamento do outro. E, o que é mais importante: tudo depende de quão conscientes eles estão daquilo que estão tentando viver por meio do outro, pois não ousariam vivê-lo por si mesmos.

O *Puer Aeternus* é, afinal, uma Eterna Juventude. Livre e inconsciente como é, o verdadeiro processo das relações o apavora. Isso implica coisas desagradáveis, como responsabilidades financeiras, fidelidade, aceitar imperfeições, cólicas menstruais, doenças, filhos etc. Enfim, a realidade. Em nível mítico arquetípico, ou na fantasia, os relacionamentos são tão reais quanto os símbolos, mas são paradoxais, porque são banais e chatos, além de darem trabalho. Se você só vê metade do paradoxo, o problema é seu. De um lado, o *Puer Aeternus* só entende a imaginação, o símbolo, o romance ideal de sua fantasia. A mãe entende a responsabilidade, o compromisso, a tarefa cotidiana de cuidar e alimentar outro ser humano. A ele falta realismo; a ela, imaginação. Aquela sensação de sonho e de fantasia das primeiras semanas começa a parecer ao *Puer Aeternus* uma prisão. Oh, não! É sua mãe outra vez! E ele que pensou que a havia deixado para trás. Aí começa a retroceder. O sonho começa a se desvanecer. Ele já não é tão romântico como antes, e as noites podem passar sem que ele fique particularmente inspirado. Algumas flores de menos. E ele fica no escritório uma ou duas horas a mais.

O problema desse tipo de comportamento é duplo. Primeiro, se você se afasta de modo inconsciente de uma pessoa ela vai perceber. Nós não enganamos uns aos outros dessa maneira. A pessoa pode não saber conscientemente, mas em certo nível, lá no íntimo, está óbvio. Alguma coisa deu errado. E terra, sendo tão orientada para os sentidos, fica nervosa e insegura quando as tangíveis declarações de amor começam a faltar. Em vez de deixar a vida correr e esperar que o ciclo se restabeleça por si mesmo – o que requer um bocado de vida própria e autossuficiência –, a Deusa Terra se torna um pouco mais atenta e mais exigente de afeição. Ele dá um passo atrás. Ela dá um passo à frente. Tango gozado esse! Ela vai procurar motivos para brigas, esperando que isso traga de volta o ardor dele. Briga, para ele, significa exigência, e exigência significa prisão. Exigência é uma palavra maldita. Eis a via esquerda da encruzilhada. Ele dá mais um passo para trás, um passo bem grande, que o atira nos braços de sua secretária/faxineira/mulher de seu melhor amigo, que o entende muito melhor, é claro.

Ela naturalmente fica com a casa, o carro e uma enorme pensão. O mundo o vê como um mau-caráter, que é também como ele se vê, mas ela está no mesmo compasso de dança que ele; pense em toda a chantagem emocional, em todas as discussões, em todas as exigências, em todos os pedidos feitos a um adolescente (embora disfarçado de adulto) para carregar o fardo de responsabilidade da felicidade e do significado da vida dela, quando ele ainda está desesperadamente procurando o seu. A essa altura, há inevitavelmente filhos, pois as deusas-mães são, antes de tudo, mães. Os filhos significam para elas o fundamento de um relacionamento. Nove entre dez gravidezes acidentais ocorrem com deusas-terra com medo de perder o *Puer Aeternus* (o marido). E para ele, sendo a criança que é, a chegada de um bebê, com choro e fraldas sujas, é o suficiente para deixá-lo num terrível mau humor. Mamãe se tornou mamãe de verdade, e ele precisa ter muita coragem para encarar a mulher de verdade e não identificá-la falsamente com aquela mulher já idosa que sempre vem aguardá-lo no aeroporto.

Transcrevo aqui uma passagem de Marie-Louise von Franz:

> *Se um homem é por demais fixado na figura da mãe, seja por culpa dela ou por sua própria disposição, de tal maneira que ela interfere em seu contato com a realidade... ele pode, como alguns homens sensíveis, não ter bastante força masculina para lutar por sua própria liberdade. (Força masculina, aqui, exige uma grande parcela das boas qualidades de terra.) Então, ele escapa pela via intelectual, onde ela não o possa alcançar. Ele pode deixar a terra, tomar um avião e voar a dois mil metros acima dela, onde a velha senhora não o alcance, e se sentirá um homem, e livre, mas isso naturalmente o deixará em desvantagem. No momento em que quer tocar a terra,*

*seja para fazer sexo, se casar, ou fazer qualquer outra coisa do tipo que signifique descer de novo à terra, lá estará a velha senhora, esperando por ele no aeroporto.*

Você tem de admitir, é uma bela imagem, não? O que pode um pobre menino (ou menina) fazer? Imaginemos um casal que queira levar a sério um relacionamento, com honestidade e consciência. Digamos que estejam dispostos a reconhecer que signos astrológicos e elementos diferentes falam linguagens diferentes e veem realidades diferentes. O *Puer Aeternus* pode crescer e envelhecer se quiser, mas tem de fazer as pazes com um velho: o mundo concreto e a realidade banal. Realidade significando o agora, não o que está por vir nem o que já foi ou poderia ter sido; ou o que deveria ter sido, ou poderá vir a ser. Tudo o que existe agora, inclusive as verrugas. E a terra pode, do fundo de sua velha sabedoria inculcada em nós todos – pois vivemos em nosso corpo físico –, se transformar em algo muito diferente daquele monstro dos pesadelos dos signos de fogo. Isso não significa que esse grupo de signos maravilhosamente dinâmicos e criativos tenham de fazer o papel de velhos alquebrados sob o peso das responsabilidades materiais. Fogo é sempre fogo, e o *Puer Aeternus* é eterno mesmo quando aprende a lidar com o mundo. Ele conservará sempre aquela faísca e o espírito criativo. No fundo, não existe nada de errado em ser o *Puer Aeternus*; ele nos mantém em contato com coisas que são eternas, as coisas do espírito e da imaginação. Mas a parte mais difícil e o triste fim de tantas relações terra-fogo podem ser ajudados e transformados em relações criativas se lembrarmos o velho oráculo de Delfos:
*Nada em excesso.*

Terceira Parte

# OS ELEMENTOS AR E ÁGUA

Verdade *versus* Harmonia

# 8

# O elemento ar

*O intelecto dentro de cada homem é Deus.*
MENANDRO

"Penso", escreveu Descartes, "logo existo". Essa frase célebre nos atirou na Era da Razão, da qual nós ainda não nos refizemos. A sociedade em que vivemos continua mantendo essa máxima de Descartes, não só como fundamento de seu método de ensino e de sua filosofia, mas como critério de avaliação da capacidade ou das qualidades de um indivíduo. Vivemos numa era de testes de inteligência. A criança esperta que passa pelo teste de QI com enorme facilidade será considerada apta a receber ajuda e atenção, aquela que quando adulta contribuirá mais para o mundo em que vive.

Mas a proposta de Descartes é um pouco falha e meio travessa. Não se poderia dizer "Sinto, logo existo"? Ou "Tenho sentimentos, logo existo"; "Sou consciente, logo existo"? É interessante observar que os cartesianos do século XX – e isso inclui praticamente todo o espectro das ciências, da educação, das ciências sociais e econômicas e, infelizmente, também a psicologia – ainda se atêm com teimosia à crença de que o intelecto, a faculdade pensante no homem, é a única coisa nele que realmente vale a pena e única maneira de julgar e avaliar o que é exato e verdadeiro. Chamamos essas pessoas de racionais. Racionais. Lógicas. Amantes da verdade. A astrologia toma essa perspectiva de vida e a relaciona ao elemento Ar.

O ar, além de ser necessário à vida e à respiração, é, de todos os quatro elementos astrológicos, o menos tangível. O fogo pode queimar ou aquecer você, a água pode refrescá-lo ou afogá-lo, a terra pode enterrá-lo ou semear culturas, mas você não pode ver o ar. Assim como a mente – sobre a qual especulações filosóficas sem fim se apoiaram durante muitos séculos –, o ar é volátil, maleável, transparente, claro e, podemos dizer, absolutamente abstrato.

A astrologia usa a linguagem pictórica para descrever certas verdades a respeito da vida e das pessoas. Quando consideramos os símbolos tradicionais que são associados a cada signo e a cada elemento, estes comunicam certos preceitos que nem 50 páginas de dissertação acadêmica conseguiriam transmitir de maneira tão sucinta. Tomemos as três imagens dos três signos de ar. Gêmeos: os irmãos-idênticos. Libra: a balança. Aquário: o aguadeiro. Tomemos agora os símbolos dos outros três elementos. Fogo abarca o Carneiro, o Leão, o Centauro. Água, o Caranguejo, o Escorpião, os Peixes. Terra contém o Touro, a Virgem, a Cabra. Notamos o quê? Que o Ar é o único elemento sem nenhum simbolismo animal. Os signos de ar são, em resumo, civilizados. Não há comportamento bestial neles. Eles pensam. Por esse motivo, têm a oportunidade de pensar em moral, valores, princípios, conceitos, sistemas, comportamento certo ou errado, regras sociais e qualquer outra coisa que possa ser processada em significados para avaliar experiências. Na verdade, os signos de ar são tão civilizados que o único objeto inanimado no simbolismo zodiacal – a Balança – pertence a Libra, um signo de ar. Penso, por isso sou humano, não sou mais um animal. O Ar é o mais humano dos elementos, a qualidade que deu ao homem a condição de criar sociedades, regras sobre como viver em sociedade, códigos de ética, a escrita, a instrução e toda a vasta e tenebrosa guarnição de dádivas e maldições que se coloca sob a teia da moderna tecnologia. O Ar fez do homem o dono de seu planeta; ou assim ele pensa...

Vejamos, o que se nota em primeiro lugar em uma pessoa com um temperamento com predominância de ar? A antiga palavra medieval para o temperamento aéreo era sanguíneo; e uma pessoa sanguínea era sempre otimista, nunca irritada nem de mau humor, sempre positiva. Antes de qualquer coisa, o temperamento das pessoas dos signos de ar é razoável. Uma pessoa de ar se mostrará menos histérica quando as coisas não acontecem como ela quer, porque desenvolveu em si uma habilidade de aceitar o ponto de vista dos outros. Ela é objetiva o suficiente para reconhecer que o mundo é maior do que ela e, assim, está sempre preparada para enfrentar os desapontamentos e as vicissitudes de maneira bastante filosófica. Mesmo quando furiosa, ela tentará argumentar com seus oponentes e será uma grande partidária do código de integridade ética e de honestidade em todas as transações humanas. Em geral, está preparada para considerar a sociedade um organismo construído para o benefício daqueles que pertencem a ele, de tal modo que irá combater deliberadamente tudo o que considerar um comportamento egoísta ou irracional. O que, do seu ponto de vista, não é justo. E, por ser muitas vezes bem-educada ou pelo menos autoeducada, tem uma infinidade de recursos, de onde extrai suas atitudes e suas crenças. As pessoas de ar com pouca frequência têm mente estreita. Podem ser limitadas de outras maneiras, mas sua mente está sempre aberta a novas ideias.

A pessoa de ar, dada sua constante propensão à reflexão, raramente reage de maneira espontânea. Ela prefere galgar uma posição social com cuidado, não apenas chegar lá. Ela é lógica e tem de ter explicações e nomes para tudo o que chegue a seu campo de conhecimento. Tais coisas não precisam ser palpáveis, mas têm de ter uma explicação. Por vezes, ela pode ser tão lógica que o deixará furioso quando pedir a você para explicar sentimentos, emoções ou intuições que em milhões de anos não se prestaram a um exame minucioso de sua mente analítica. Ela pode fazê-lo se sentir como se estivesse diante do cruzamento de um computador com uma geladeira. Sem dúvida, essas virtudes têm de ser equilibradas com problemas, e o maior problema das pessoas de ar parece ser certa indiferença nos relacionamentos humanos comuns.

Sim, pessoas de ar podem dar a impressão de excessiva indiferença, não no sentido social, pois não existe elemento mais afeito aos relacionamentos grupais: bate-papos sobre os mais variados assuntos, conversas interessantes, discussões objetivas e inteligentes, mostrando verdadeira tolerância com relação ao ponto de vista dos outros. Mas uma brisa ártica pode o atingir quando você está sozinho com uma pessoa de ar e precisa falar a respeito dos seus sentimentos. Ela estará pensando a respeito de como se sente, um pouco sobre como você se sente e outro tanto a respeito de como ela acha que está se sentindo e, a certa altura, ela já estará satisfeita porque conseguiu resolver a questão de forma estruturada, titulada, analisada, avaliada e finalmente encaixada numa escala de valores que ela estabeleceu em sua vida – e, como se diz, o momento se foi.

Já dissemos que objetividade perfeita não existe; mas é preciso dizer que as pessoas dos signos de ar formam o grupo que tenta com mais afinco conseguir isso, e chega bem perto. Eles têm o dom inestimável de querer considerar as pessoas, os acontecimentos e as ideias fora de seu campo pessoal de experiência tão válidos e dignos de atenção e energia quanto tudo aquilo que faz parte de suas próprias vidas. Na verdade, a balança pende mais para o lado do geral e menos para o pessoal – sobretudo quanto aos relacionamentos pessoais – relegados com frequência a uma distância imprecisa. É quando você fica se sentindo tão pouco importante que chega a se envergonhar de suas próprias reivindicações. Bem, ninguém é perfeito. Sem o elemento Ar nós ainda estaríamos caçando mamutes com pedras e a roda nunca teria sido inventada. É o elemento Ar que nos dá a habilidade do pensamento abstrato.

Outra maneira de tentar compreender o temperamento de ar é observando como uma pessoa desse elemento se esforça para entender as coisas. Ela vai estar sempre perguntando "por quê?" enquanto seus colegas reagirão com um simples "Eu gosto" ou "É horrível" e deixarão as especulações sobre a natureza do homem e do cosmos para os filósofos. Mas a pessoa de ar, mesmo sem formação superior, é um filósofo natural. Questionar a estrutura que se oculta por trás do mundo manifesto é tão natural para ela como respirar. Prosaicamente, sua mente científica estará trabalhando para esquadrinhar segredos da estrutura econômica de um negócio, a composição de um fertilizante, a organização e a sistematização de uma fazenda, as tensões, pressões e leis que regem os grupos sociais. Uma das palavras-chave de ar é entendimento. Outra, lógica. E a terceira, também importantíssima, é sistema. O Ar é o elemento dos sistemas. Tudo tem de se encaixar em um padrão coerente. Se algo não se adapta a esse padrão, ou o tipo aéreo cria um novo padrão – chamado de filosofia, psicologia ou religião – ou se recusa a reconhecer tal coisa como realidade. Tudo o que não se encaixa nos padrões é extremamente incômodo para as pessoas de ar. Isso inclui também padrões de comportamento inexplicavelmente irracionais, emoções insólitas e estados de alma que não se enquadram no esquema, personalidades carismáticas ou estranhamente magnéticas, assim como ações que não partam de nenhuma causa óbvia. Observe um signo de ar quando algo parecido com um habitante das profundezas oceânicas, do lado não racional da vida, lhe atinge o rosto, como o rabo de uma sereia saído da água. Você pode vê-lo franzir a testa à medida que começa a pensar na longa cadeia de possibilidades que poderiam explicar esse fenômeno, para assim ele poder entendê-lo. Esperar que ele aceite algo sem entender é perda de tempo. Ele tem de entender tudo. Toda a imagem que o signo de ar tem do universo está apoiada em sua capacidade de compreensão. Tire-lhe essa capacidade e terá um indivíduo terrivelmente assustado.

Há muito tempo notei que o campo da psicologia estava cheio de signos de ar. Primeiro, isso me pareceu estranho. Afinal – deixando de lado o singular passatempo de caçar ratos em laboratórios, o qual recebeu o nome equivocado de psicologia acadêmica – a psicologia lida com a "alma" do homem (o termo "psicologia" significa "estudo da alma"), e isso quer dizer que mexe com estados de alma, sobretudo os emocionais. Esperava um monte de escorpianos, cancerianos e piscianos, mas em vez disso encontrei um número enorme de aquarianos, grupos de geminianos e hordas de librianos. Aos poucos, tudo começou a ser esclarecido. Pela necessidade que os signos de ar têm de entender tudo, eles precisam criar sistemas para descrever os fenômenos que encontram na vida, e o fenômeno que eles mais encontram e que acham mais difícil de compreender é o ser humano. Consequentemente, a psicologia, sendo para o ar uma possibilidade de compreender aquilo que, de modo intrínseco, não pode ser explicado, explica-se por si mesma; mas como dissemos, o ar tenta ir mais adiante.

Suspeito que os signos de ar gravitem em torno da astrologia por essa mesma razão. Você os encontrará em maior número fazendo pesquisas, tentando sistematizar o próprio cosmos. Para os signos de ar, Deus está vivo, e bem vivo, escondido nos sistemas. Muito bem. Se para o elemento Ar essa é a realidade, não adianta criticá-los.

É claro que temos de falar um pouco do lado sombrio de Ar. Afinal, é um elemento tão leve pela sua própria natureza – sanguínea – que acho que você já adivinhou que o lado sombrio é bem escuro. Também consegue adivinhar que o lado da vida que desafia mais profundamente a sistematização, que mais recusa análises e estruturas, que não pode ser explicado verbal ou conceitualmente, é ao mesmo tempo o que mais aborrece e o que mais fascina os signos de ar: a emoção.

Ar, como dissemos, em geral dá a impressão de ser um tanto frio. De fato, as pessoas de ar muitas vezes têm medo das emoções e tentam, com todas as suas forças, mostrar seus sentimentos nos momentos adequados, com medo de passar por pessoas insensíveis. Na verdade, é comum para aqueles que convivem com as pessoas de ar se sentirem desconectados delas. É como se a pessoa estivesse lá num instante e depois fosse embora, deixando você falando sozinho. Você tem a nítida impressão de estar só, de que a sala está vazia. Se você não estiver envolvido emocionalmente, é até uma experiência engraçada ver como o interruptor dos signos de ar liga as respostas emocionais a seu inconsciente – e a máquina registra: "nada". Mas se estiver apaixonado é extremamente doloroso, pois é como se, de repente, você fosse deixado sozinho. Mas, aí é que está. A pessoa de ar reprime as emoções com as quais não consegue lidar. Reprimir não quer dizer apenas controlar, isso também. Entretanto, a coisa é muito mais séria.

Ela simplesmente as apaga. Não tem consciência delas. Elas desaparecem num instante, e a superfície oferece uma consistência suave e vitrificada. Zangada? Claro que ela não está zangada. Ferida? Não seja ridículo. Com ciúmes? Por quê? Ela nunca tem ciúmes. Você começa a se sentir muito frustrado, irracional e estúpido diante dessa total falta de reações. Não se deixe abater. Você deveria reconhecer aquilo que ela não sabe sobre si mesma. Ela mascara uma natureza intensamente emocional que a aterroriza. Se ela tiver sorte, isso ficará no inconsciente por muito tempo. Ou eu deveria dizer: se ela não tiver sorte, pois quanto mais tempo bloquear suas reações afetivas, pior será para você lidar com elas. Inevitável. Nada morre sem ter experimentado a vida. A energia psíquica não desaparece apenas porque você não gosta dela. Ela apenas mergulha e, depois, aparece em uma noite escura quando você está de costas, desprevenido.

Por trás do temperamento aéreo esconde-se muita sensibilidade, que permite à pessoa de ar ser muito mais fácil e profundamente ferida. Isso também a torna bastante dependente e tão carente de carinho e simpatia que não consegue pedir algo de maneira direta. Quando se sentem fracos, temerosos, carentes, ciumentos, magoados, raivosos, rejeitados ou mesmo apaixonados, os outros elementos vão lhe dizer isso abertamente. Uma pessoa do signo de terra talvez lhe mande flores, uma de fogo talvez lhe escreva um poema caloroso. Água certamente vai inundá-lo de emoção. Mas ar, bem, o ar falará sobre o tempo, ou quem sabe sobre a situação política do Irã, ou sobre sindicalismo. E se você for telepata ou entender algo de astrologia poderá apreender a linguagem do corpo, a dilatação das pupilas, o movimento das mãos, o tom de voz, a intangível comunicação de um fato emocional que, se ela o encarasse, deixaria você muito acanhado. Seja paciente. Ninguém fica vermelho como um signo de ar.

Enfim, do ponto de vista emocional, as pessoas dos signos de ar – as mais sofisticadas de todas no que diz respeito ao pensamento e à inteligência – são verdadeiras crianças. Elas têm tudo de uma criança: o lado sombrio e o luminoso. Por um lado, sua ingenuidade é comovente e linda, e toda experiência emocional tem uma profundidade e um significado que outros tipos geralmente não percebem. Pessoas dos signos de ar podem ser "encantadas", pois a seu modo elas são como crianças, e crianças acreditam em encantamento. Sua confiança emociona tanto que a gente sempre quer lhes mostrar nosso melhor lado e tratá-las com integridade. O idealismo inerente em seus sentimentos é uma poderosa alavanca para viver um ideal. Existe uma pureza de emoções, uma total falta de afetação que elas podem até achar embaraçosas, mas que é um raro e precioso presente para quem o recebe.

Elas também têm o egocentrismo, a dependência, a originalidade e a sensibilidade de uma criança. Vale lembrar dos ataques de mau humor que as crianças têm quando nós as negligenciamos um pouco. Talvez você nunca veja um desses ataques, mas vai senti-lo de maneira bem marcante por uma frieza glacial em seu comportamento. Você me rejeitou; agora eu é que vou rejeitar você. É muito difícil de suportar essa espécie de mau humor e esse capricho inconsciente se você não os entender, especialmente se você tentar falar com elas a respeito. O diálogo pode se desenrolar assim:

PARCEIRO: O que há com você, meu bem? Parece que você está de mau humor!
(*Tradução: Você está muito reservado. O que foi que eu fiz?*)

AR: Nada, eu não estou de mau humor. Estou muito bem.
(*Sorrisinho de secreta satisfação à ideia de que você foi rejeitado e percebeu.*)
(*Tradução: Não é meu humor que varia. Você é que sofre de instabilidade emocional.*)

PARCEIRO: Mas eu sei que algo está errado.

AR: Olhe, veja se me esquece, tá? Eu estou lhe dizendo que não há nada de errado, e você fica insistindo.

Esse é um diálogo típico. E o pior de tudo é que a pessoa de ar não está mentindo; está apenas dizendo a verdade, à sua maneira. Ela está sempre dizendo a verdade, o que é uma de suas maiores fraquezas. (Como quando você está todo desarrumado, ou quando ela lhe diz que não tem certeza de amá-lo hoje.) Ela de fato não sabe e, para poder entender o que aconteceu, tem de se conscientizar de seus próprios sentimentos. Isso significa que qualquer dor que você inflija a ela, qualquer negligência, ciúme ou o que quer que seja, é a última coisa no mundo que ela quer admitir que está vivendo. Isso simplesmente não é civilizado.

Não há dúvida a esse respeito. De todos os elementos, esse estranho animal é o mais difícil de todos em matéria de amor; isso se você não for um telepata emocional. Se você for, então esteja certo de que foi feito para encarar tanto a glória como a tragédia das pessoas de ar quando elas de fato entregam seu coração. E, como crianças, elas o entregam para sempre. O problema é que elas podem dá-lo sem mesmo o saber, sair de um relacionamento (ou ser abandonadas) e descobri-lo trinta anos depois, quando é um pouco tarde demais. Esse é um paradoxo da natureza humana que se revela aqui em cores bem vivas.

Cada elemento do zodíaco é ligado a uma esfera da vida e cada um deles tem uma maneira especial de se expressar nessa esfera da vida. Mas cada elemento tem também o lado avesso, que é o oposto, como o fluxo e o refluxo. Em termos comportamentais, o Ar é um elemento bastante frio; mas se você conseguir perfurar essa superfície e passar por essa constante estrutura analítica e racional que normalmente se desenrola na mente de ar, vai achar que os sentimentos da pessoa de ar são fortes e profundos – tão fortes e profundos que, na verdade, a aterrorizam. Do ponto de vista emocional, ar é uma criança. Os sentimentos infantis são ingênuos, intensos e não muito flexíveis. Em matéria de sentimentos, a pessoa de ar é simples, não muito sofisticada, mesmo se você pensar que, com todo o seu charmoso verniz social e a facilidade com que flerta, conversa e faz observações inteligentes, as relações são algo fácil para ela. Não mesmo. O que na verdade você terá é a vulnerabilidade, a sensibilidade e a carência de uma criança num corpo de adulto. Uma boa advertência a alguém que esteja envolvido com uma pessoa de temperamento muito aéreo: vá com calma; pois a própria pessoa pode não estar ciente da profundidade que suas emoções podem alcançar. Pessoas de ar podem deixá-lo furioso pela sua frieza nas relações íntimas. Elas dão a impressão de estar tratando você como qualquer outra pessoa, franca e educadamente, mas sem interesse especial. Mas se você for capaz de entender esse seu lado e tratá-las com gentileza (pessoas de ar ficam praticamente paralisadas diante de reivindicações emocionais expressas de modo violento), você será recompensado com toda a delicadeza e a profundidade de seu ingênuo mas poderoso amor. Debaixo dessa frieza aparente, os signos de ar são românticos incuráveis emocionalmente, incapazes de usar seus sentimentos para a diplomacia ou a manipulação. Afinal, as crianças são as únicas almas honestas entre nós.

# gêmeos

Dizem que o signo de Gêmeos é o mais fácil de ser reconhecido. Antes de qualquer coisa, em geral, os geminianos falam muito, de modo que você tem a oportunidade de observar rapidamente esse charme urbano, espirituoso, cosmopolita em qualquer situação social. (Lembre-se de David Niven e Marilyn Monroe, dois famosos geminianos.) Os geminianos também são facilmente reconhecíveis por não se encontrarem onde você os deixou. E é voz corrente na astrologia que não se pode amarrar um geminiano com corda e esperar que ele permaneça dócil e pacientemente esperando que se dê um puxão na corda. O mais provável é que ele faça algum truque *à la* Houdini e desapareça bem diante de seus olhos, deixando-a com a corda na mão. Imprevisível é outra palavra que se adequa com perfeição a um típico geminiano; mutável como o mercúrio, adora disfarces e mímicas, é fascinado por tudo, embora logo se aborreça com as coisas. Interessa-se por muitos assuntos, mas é capacitado em poucos, pois o mundo é vasto e há muito o que aprender, fazer e dizer para ficar perdendo tempo mergulhando nas profundezas, deixando passar todas as outras oportunidades. Numa escala maior e mais extensa, o signo de Gêmeos é a borboleta do zodíaco (algumas são menores e mais vivas que outras, mas todas voam), agradando à vista de quem a vê por um breve momento, enquanto pousada sobre uma flor privilegiada, para depois continuar seu voo. É claro que existem os geminianos versados em algum estudo particular, uma arte ou profissão – mas mesmo estes têm de achar diversificação e versatilidade naquilo em que se ocupam. Você nunca encontrará um ator geminiano, por exemplo, sempre interpretando o mesmo tipo de papel.

Pelo lado negativo, os geminianos têm sido acusados de ser superficiais e frívolos; mas isso não é verdadeiro nem justo. A mente geminiana é muito capaz de pensar profundamente e ter concentração quando necessário. O campo das ideias é seu local de caça preferido. O que acontece é que a mente de um geminiano trabalha de maneira curiosamente não linear. Ele sabe que, se você ficar muito tempo pensando em uma só coisa, sua tendência é perder todas as associações e conexões, e os geminianos não almejam adquirir conhecimento especializado e profundo em coisa alguma. O que eles buscam é um largo e abrangente espectro de conhecimentos que só pode ser adquirido fazendo uma parada em cada porto. Eles gostam de sátiras e de frases que, em poucas palavras, digam tudo o que querem expressar sem necessidade de entrar em grandes detalhes. Eles também apreciam o que é interessante no seu presente momento. Sua concentração não é confusa, como a de muitos piscianos, tampouco são esquecidos. O que acontece é que eles se distraem facilmente. Muitas coisas chamam a sua atenção ao mesmo tempo. E por que não? A vida para gêmeos é cheia de coisas que se movem e, para onde quer que elas se movam, os geminianos se movem com elas.

Às vezes, o astuto mimetismo do geminiano pode ser cortante e embaraçoso, isso porque ele é mestre em encontrar exatamente o gesto e a expressão que apresentam uma situação inteira num simples relance. Em geral, sua intenção não é cruel; mas, como está constantemente com a cabeça em outro mundo, nem sempre ele percebe as reações emocionais que o cercam. Ele próprio não é muito vulnerável e tem o precioso dom de rir de si mesmo também. Você pode até imitá-lo, se quiser. O que ele não entende é uma pobre alma que se desfaz em lágrimas por causa de uma brincadeirinha. O que foi que ele fez? Não importa. Está claro que é hora de ir andando.

Gêmeos está acima da média, sobretudo em jornalismo, com uma técnica de escrever ou reportar que mostra um acontecimento em poucas imagens elucidativas. E a pressa de se comunicar é muito forte neste signo, bem como a pressa em aprender. Há algo eternamente infantil na cabeça dos geminianos. Se você tomar o ciclo do zodíaco como um símbolo dos diversos estágios do desenvolvimento humano, Gêmeos, sendo o terceiro signo, representa o estágio em que começa o processo do pensar. Observe uma criança quando ela se interessa por alguma coisa. Seu interesse pode durar pouco; mas, assim que descobre algo, tem de contar isso a todo mundo. Essa atitude é tão natural para ela como respirar. Os geminianos monopolizam com frequência as conversas durante horas, não porque queiram ter uma atenção especial, como alguns leoninos, mas porque, se eles sabem algo interessante, o mais natural é contar a todo mundo.

Gêmeos é também o grande democrata do zodíaco. Você não poderia esperar outra coisa; ele endeusa sua própria capacidade de pensar e, por certo, não está preparado para passar a outras mãos o direito de tomar decisões e formular conceitos. Diga a ele o que pensa a respeito de alguma coisa, e ele baterá em retirada o mais rápido que puder. O prazer do geminiano em descobrir algo por si mesmo, em inventar ou aprender é tão intenso, tão óbvio e tão brilhante que é impossível imaginá-lo aceitando a opinião de outros com alguma docilidade. E, por gostar de estar bem-informado, é difícil fazê-lo de bobo ou sacudi-lo emocionalmente. Ele está interessado em pessoas, a certa distância, e adora descobrir como elas se portam. E falará com qualquer um para descobrir algo sobre qualquer coisa, pois para ele tudo é interessante. Você raramente encontrará tradicionalismo ou preconceito na mente viva e estimulante de um geminiano.

É claro que ele paga seu quinhão pelo brilho desse dom. Ninguém pode ser tudo, e nós, para começar, somos bastante desequilibrados. A fim de preservar esse suave e polido conhecimento do mundo, conseguido apenas arranhando de leve a superfície de uma enorme variedade de experiências de vida, o geminiano por vezes tem de sacrificar sua capacidade de manter um relacionamento mais profundo. Quanto mais ele se espalha entre as flores, experimentando aqui e ali, mais difícil fica manter um relacionamento afetivo único. Gêmeos não é a pessoa indicada se você gosta de ter longas e intensas discussões a respeito de emoções. Estas o fazem se sentir preso numa armadilha, subjugado e possuído. Normalmente, ele fará uma piada ou uma graciosa ironia a respeito daquilo que sente com mais intensidade. E ele vai preferir que você também seja irônico em vez de abrir sua alma em grandes gestos teatrais. Isso o deixa pálido de perplexidade. Aí ele fará aquela mágica de desaparecer no ar, deixando você na mão.

Com todo esse conhecimento brotando em seu cérebro, você poderia esperar que o geminiano tivesse algum conhecimento de si mesmo, mas não bem é assim. Ele é o signo menos introspectivo do zodíaco e tem de passar por várias experiências críticas e difíceis para ser forçado a parar e expressar seus próprios motivos, mas isso não faz o seu gênero. Como uma criança, ele é capaz de ter muitas e distintas personalidades e nem tomar conhecimento disso. Ele também é capaz de mergulhar em amargos estados emocionais e humores que não duram tempo o bastante (nada dura para Gêmeos) e que ele raramente analisa ou compreende. Seu anseio por liberdade pessoal é tão forte que ele poderá refutá-lo rancorosamente se você tentar mudá-lo ou alterar sua natural mutabilidade. E ele é também muito capaz de causar grandes decepções, seja aos outros ou a si mesmo, se começar a se sentir privado de sua liberdade.

Você deve ter notado que fizemos diversas referências a qualidades infantis. Resumindo, o signo de Gêmeos é a eterna criança do zodíaco. Isso não quer dizer que o geminiano seja infantil no sentido usado para descrever pessoas que, de alguma maneira, nos constrangem. Significa que ele é *como* uma criança, o que não é a mesma coisa. Seu vivo interesse em aprender, sua tendência a tomar diversas direções ao mesmo tempo (conheço vários geminianos que assistem televisão e leem simultaneamente, ou que falam ao telefone e escrevem cartas, enfim, qualquer outra coisa) e o fato de não gostar de ter responsabilidades que ele não pode entender são qualidades comuns em crianças. Na verdade, muitos geminianos se dão bem com crianças – não do ponto de vista emocional e maternal, como o canceriano, mas porque eles gostam daquilo que os diverte e são positivamente brilhantes no que se refere a prender a atenção da mente de uma criança, pois suas mentes funcionam do mesmo jeito.

O geminiano não se importa muito com responsabilidades. O que ele tem é um código moral rígido – como todos os signos de ar – e age de maneira correta com as pessoas. Nesse sentido, ele é um dos mais responsáveis signos do zodíaco, pois é um idealista em seu modo de ver as pessoas e em seus relacionamentos. Mas amor à obrigação não lhe interessa. Em geral, ele gosta de deixar algumas portas abertas caso ache que precisa dar uma voltinha para se refrescar. Deixe-o trancado em um lugar, fazendo um trabalho de qualquer natureza e duração, e ele vai se tornar uma pilha de nervos, fumando, roendo as unhas e rasgando papéis, ou irá embora. O geminiano precisa de mobilidade física e mental. Ponha-o num lugar em que ele possa falar com as pessoas, viajar um pouco, e ele estará bem, sentindo-se perfeitamente capaz de assumir responsabilidades. Ponha-o com um companheiro que fala muito sobre responsabilidades e garantirá o rompimento da amizade.

Palavras são coisas fascinantes para os geminianos. Seja ele do tipo mais verbal, que fala pelos cotovelos, ou do tipo mais calado (sim, esse tipo também existe), cuja mente está sempre em ação com todo tipo de pensamento, mas que é introvertido demais para falar deles, a fala é, em geral, um maravilhoso e estimulante jogo para ele. Conheci muitos geminianos que faziam trocadilhos – uma maneira humorística peculiar de poucos signos (Peixes é outro) –, pois adoram brincar com a linguagem. A expressão por meio da linguagem é extremamente importante, e o geminiano gosta de se ouvir falar – não porque se ache maravilhoso, mas porque acha fascinante aquilo que as palavras podem fazer. Aprende rápido outras línguas, e jogos de palavras o divertem, enquanto piadas mais pesadas não o atingem. E uma língua significa muito para ele. A língua é a expressão de um povo inteiro e diz muito a respeito dos traços psicológicos do país em que é falada. Marlene Dietrich fez uma vez uma observação cômica sobre idiomas. Dizia ela que em francês o órgão genital masculino é do gênero feminino; em alemão o órgão feminino é do gênero masculino e em inglês os dois são neutros. Esse é o tipo do comentário em que os geminianos prestam atenção. Por quê? Porque é interessante e o faz pensar. A vida não é séria demais para Gêmeos. É por essa razão que muitos geminianos ficam perdidos, não sabendo onde empregar seus talentos nem o que fazer com suas vocações, pois há tantas coisas interessantes e eles têm um pouco de talento para muitas delas. Mesmo quando o geminiano tem uma aptidão bem definida, estará sempre irrequieto e insatisfeito ao se dedicar a ela porque, bem, fazer só uma coisa é muito chato. Um bom conselho para os geminianos em geral é que tenham sempre dois empregos, ou um emprego e um *hobby* importante, pois, quando um está aborrecendo, o outro pode parecer refrescante e interessante. Ninguém nos ensina a olhar para uma carreira dessa maneira. Esperam de nós, neste mundo, que façamos uma coisa só, e bem feita. Para o geminiano isso é muito desgastante, pois seu verdadeiro talento não está em fazer uma coisa só, mas em achar os laços que existem entre duas coisas completamente diferentes. Ele é de fato um construtor de pontes de ideias, e o que o torna mais feliz é poder traduzir uma esfera da vida para a linguagem da outra.

Na maior parte das vezes, os geminianos podem ser reconhecidos pelos olhos, embora eles não sejam marcantes. Mas estão sempre em movimento, mesmo quando ele está falando com você e profundamente interessado naquilo que você está dizendo. Mas é que ele não pode deixar de notar alguém que acabou de entrar na sala, ou algum novo objeto que acabou de ser colocado na mesa ou na parede. Isso é muito desconcertante para pessoas que gostam de sentir que toda a atenção está centrada nelas. Se você é do tipo que precisa de atenção concentrada, evite o geminiano. Ele é simplesmente incapaz de ignorar o que se passa ao seu redor, o que não significa que ele não esteja interessado no que você está dizendo; o que ocorre é que ele não está tão envolvido. Envolvimento profundo ou compromisso é difícil para ele. Ele não gosta de amarras. Mas, se você não prestar muita atenção, poderá descobrir, para sua surpresa, que ele ainda está a seu lado.

## O MITO

Os mais famosos gêmeos de nossa herança mitológica são Castor e Pólux, filhos de Zeus, chocados de um ovo posto por Leda após sua união com Zeus, disfarçado em cisne. Isso nos mostra de imediato que Gêmeos é metade pássaro. Desde a gaivota das praias ao engraçado papagaio, Gêmeos tem muito em comum com nossos amigos emplumados.

Castor e Pólux são uma espécie particular de gêmeos na mitologia, sobretudo porque um é humano e o outro, divino, embora ambos sejam bravos e corajosos guerreiros. Quando um deles morre e suas súplicas chegam aos ouvidos de Zeus, este faz um pacto com eles. (Gêmeos tem verdadeiro talento para fazer pactos.) Eles conseguem autorização para alternar sua imortalidade. Enquanto um tira férias no Olimpo, com os deuses, o outro é um simples mortal na Terra. Depois eles trocam de lugar. É como o intercâmbio de estudantes estrangeiros nas universidades. E toda vez que invertem as posições, eles têm um pouco de tempo para ficar juntos, conversando.

Esse mito, embora nos pareça divertido, nos dá uma ideia significativa da profundidade interior de Gêmeos. Em Gêmeos, há muitas vezes uma percepção de um mundo altamente espiritual e quase etéreo. Espiritual não no sentido religioso normal – que muitas vezes nada tem a ver com o espiritual –, mas uma espécie de relação harmoniosa com um domínio transpessoal ou diferente de consciência. Os geminianos com frequência mostram esse aspecto por meio de uma intuição bem desenvolvida, que registra toda espécie de coisas em nível não racional, o que pode ser profundamente chocante para o lado mais intelectual e racional da pessoa. Também não quero dizer espiritual no sentido de sessões espíritas ou coisas do gênero. Trata-se de um sentimento de um outro mundo, mais elevado. O geminiano tem o sentido do eterno, das correntes secretas que trabalham para criar a vida. Isso é parte do motivo pelo qual ele nem sempre leva a vida ou suas responsabilidades tão a sério. Algo muito profundo dentro dele lhe diz que isso não é tudo.

O problema é que essas percepções não têm consistência e muitas vezes não são bem acolhidas. O mito nos conta que, enquanto um dos gêmeos está no reino divino, o outro desce à Terra. Nunca ambos estão no mesmo lugar ao mesmo tempo. Quase sempre, a intuição de Gêmeos entra violentamente em conflito com seu espírito analítico, estruturado com todo cuidado. Ele também é um estranho para si mesmo, não sabendo se é um cientista ou um místico, um artista ou um intelectual. Ele pode tentar bloquear dentro de si um desses gêmeos – qualquer um deles – e causar a si mesmo muita angústia nesse processo. As alterações de Gêmeos, sua variação de humor, de extroversão e de introversão, de visões e de análises são curiosas tanto para ele como para os outros. Qual dos dois é ele? Ambos, é claro, e, de algum modo, durante o curso de sua vida, o geminiano tem de aprender a traduzir o que se passa da esfera de uma linguagem para a outra. Ambas são realidade para ele. É como uma bateria de corrente alternada. Algumas vezes ele de fato está em contato direto com seu eu secreto; aí ele brilha e parece o sol nascendo numa manhã de primavera. É a maravilhosa borboleta, a eterna criança, o mágico que espalha pó de ouro por onde passa. Então, de repente, fica alienado. Não está mais no Olimpo, mas sim fincado na terra, num corpo mortal. A vida é meio amarga, às vezes sombria e sarcástica, e ele é capaz de se tornar cínico e desagradável, e de pensar bastante na morte. Ele então se recolhe para meditar, pois a conexão foi cortada e, afinal, ele é um simples mortal. E sua mortalidade e o fato de que tem que envelhecer como todo mundo pesam muito sobre ele.

Você não pode interferir no ciclo vital do geminiano ou esperar que ele o mude. Ele precisa do seu tempo de choque com a mortalidade do mesmo modo que precisa inalar a fragrância das alturas olímpicas. Esse ciclo é só dele, e você é um tolo se pensar que ele o faz para contrariar você ou por sua causa. Almas mais sensíveis, como piscianos, escorpianos e cancerianos podem se sentir magoados e terrivelmente rejeitados quando um geminiano passa por um de seus períodos sombrios. Ele consegue ser bastante intratável e frio enquanto dura esse período, mas não é nada pessoal.

Esses altos e baixos podem ser descritos de outra maneira. Você pode achar que se trata da polaridade que há dentro dele: intelectual e emocional, masculino e feminino, ou consciente e inconsciente. Um é humano, o outro é divino. O geminiano confunde-se em demasia pensando se deve fazer um julgamento racional ou um julgamento emocional. Às vezes ele também faz uma grande confusão sexual, pois há muito dos dois sexos dentro dele – seja num homem ou numa mulher de Gêmeos – que não é o reflexo de sua sexualidade, mas significa que ele é verdadeiramente os dois, intuitivo e racional, sensível e inflexível, reflexivo e expansivo. O masculino e o feminino em Gêmeos têm um significado maior, e os geminianos ficam confusos sobre que imagem mostrar, pois descobrem as duas dentro de si e se relacionam igualmente bem com as duas, tanto a do homem como a da mulher.

Tudo isso leva-o a um comportamento bastante instável. O que poderia ajudá-lo seria saber diferenciar quando ele está vivendo Castor e quando está começando a viver Pólux e tentar fazer com que eles se comuniquem. Você às vezes encontra o geminiano falando de si mesmo. Bem, é claro. Afinal, há duas pessoas nele, não é? Num instante, o mundo é brilhante e cheio de luz e, no seguinte, é escuro e feio como uma prisão. Essa é uma das razões por que os geminianos são tão bons repórteres, escritores e sabem lidar com o público. Eles são particularmente sensíveis às duas faces da vida e, em geral, têm bom estoque de idealismo e cinismo. Eles apreciam os dois e são os dois.

Há ainda outra imagem mítica importante a considerar se você quiser entender os geminianos. O planeta que rege este signo é Mercúrio. Bem, Mercúrio é o menor e mais rápido planeta do sistema solar, um bom símbolo para a velocidade e a mobilidade da percepção geminiana. Na mitologia, Mercúrio é o mensageiro dos deuses. Ele leva e traz recados e informações de um deus para outro, dos deuses do Olimpo para os homens. É também conhecido como o deus dos ladrões e dos mentirosos, o protetor das estradas e o senhor do comércio. Ele é um deus amoral, inconstante e flexível, sempre preocupado com a comunicação: entre deuses e homens, entre os homens, ou em forma de intercâmbio de ideias e dinheiro, canais de comunicação tangíveis e intangíveis.

Mercúrio é também conhecido como *Mercurius*, no simbolismo medieval da alquimia, e isso nos revela algo importante a respeito de Gêmeos. *Mercurius*, da maneira como os alquimistas tentam descrevê-lo, é um símbolo do processo de entendimento, de conexão e de integração. Sabe quando, de repente, você entende algo, e a luz surge? Quando entre duas coisas sem nenhum ponto em comum subitamente um se revela? Os alquimistas diriam que é o espírito de *Mercurius* que está trabalhando. É como nos desenhos animados, quando uma pessoa tem uma ideia brilhante e uma luzinha se acende sobre sua cabeça. Isso é *Mercurius*. Em alquimia, *Mercurius* liga o masculino ao feminino e permite ao Grande Transformador completar a transmutação da substância. Ele é chamado de o Grande Transformador e é representado como andrógino, tanto masculino como feminino. É ele que liga os opostos. Pensemos juntos. Pode ser esotérico, mas é importante. Pois aqui se encontra a chave que abre o verdadeiro caminho para a vida, aquilo para o qual tendem todos os que têm o Sol em Gêmeos. Ele é o intérprete, o tradutor, o mensageiro. Mas, para conseguir fazer esse trabalho de intermediário, Gêmeos precisa, primeiro, encontrar os meios de ligar os opostos dentro de si mesmo. Ele tem de ser capaz de aceitar dentro dele o masculino e o feminino, a mente e as emoções, o espiritual e o material, a luz e a sombra. Mas o geminiano passa a maior parte de sua vida se sentindo dividido e dissociado, tentando primeiro um oposto depois o outro, antes de aprender que ele pode ser os dois. Se você se colocar no meio de dois opostos, verá que o que você pensava ser um conflito, na verdade, não o era. É a complementação, uma coisa ajudando e sustentando a outra e não sendo mutuamente excludentes. Opostos não são inimigos, são parte de uma sagrada visão da vida. E é isso o que o geminiano de fato procura.

# A SOMBRA

Que espécie de sombra pode ter o deus das sandálias aladas? Como bem se poderia esperar, parece haver duas sombras diferentes para Gêmeos. Alguns geminianos revelam as duas, outros, somente uma. A primeira vamos chamar de a Síndrome da Criança Irresponsável. A segunda vamos chamar de Conspirador. A primeira pode ser ilustrada com este diálogo, que se passou numa festa, entre um amigo meu e um geminiano:

GÊMEOS: Bem, vou dizer como acho que este país deveria ser governado. Em primeiro lugar, eu me oponho radicalmente à sociedade materialista. Acho que as pessoas podem ter valores mais inclusivos e abertos. Todos estão querendo casas maiores, carros maiores e mais móveis, e ninguém se incomoda com o que está acontecendo com o cidadão ao lado. Creio que deveríamos voltar para a autossuficiência.

AMIGO: Aliás, me conte, como é que você ganha a vida? *(Notando o terno caro e o largo anel de ouro em seu dedo).*

GÊMEOS: Eu? Olhe, não vamos falar a meu respeito. Quando se pergunta isso a alguém numa festa na verdade se está perguntando "Quanto você ganha?". Nós estávamos falando a respeito do que está errado nesta sociedade. Mas se você quer realmente saber, eu escrevo algumas canções, coisas do gênero.

AMIGO: Mas como você se sustenta, se é tão contra o estilo de vida convencional, com um trabalho comum?

GÊMEOS: Ah, eu explico. Eu apenas odeio essa espécie de mentalidade daqueles que trabalham das oito às dezoito, que se empenham e se enroscam na burocracia das leis sociais e seus valores. Aliás, você não teria um cigarro para me dar?

Essa última frase é o ponto alto da questão. Nosso amigo, a sombra do geminiano, tendo discursado com eloquência sobre o que está errado no mundo materialista, ingenuamente pensou que o amigo poderia lhe dar algo que ganhou trabalhando das 8 às 18. Ele recusou, e nosso amigo sombra de Gêmeos se sentiu ultrajado, chamando-o de egoísta e materialista. Essa é a Criança Irresponsável; como o deus dos ladrões e dos mentirosos, a sombra regida por Mercúrio aqui só quer ter o gêmeo divino e dispensar o humano.

Em certo sentido, o Conspirador faz o contrário. Ele não consegue achar seu gêmeo divino e se sente terrivelmente isolado e quase neurótico a maior parte do tempo. Ele não se conecta consigo mesmo e se sente desorientado. Aprecie o seguinte diálogo:

NOVA NAMORADA PARA O GEMINIANO: Não sei quase nada a seu respeito. Me fale um pouco de sua cidade natal. Penzance, não é?

GEMINIANO: Você não gostaria de lá. É só uma pequena cidade do interior. Olhe, tenho de sair agora para ir buscar o jornal.

*(Mais tarde.)*

NAMORADA: Você disse alguma coisa a respeito de um contrato. Me diga, o que você realmente faz? Isso me interessa.

GEMINIANO: Ah, era só um contrato. Escute, será que hoje à noite nós poderíamos ir ao cinema ver *Nosferatu*? Ouvi dizer que é mesmo espetacular e eu adoro os filmes do Herzog.

NAMORADA *(começando a sentir-se ligeiramente inquieta)*: Você não me respondeu.

GEMINIANO: Não. É verdade. Não respondi. Eu só estava observando suas reações. Quando deixo de lhe contar algo, você fica pálida e nervosa. Por que você quer saber de tudo?

NAMORADA: Saber de tudo? Eu só queria saber algo a seu respeito. Veja: nós estamos saindo juntos há seis semanas. Tenho o direito de saber.

GÊMEOS: Não use a palavra "direito". Ninguém tem o direito de saber nada sobre ninguém. Se eu achar que devo contar algo a você, essa é uma prerrogativa minha. Suponho que você costuma extrair informações de seus namoradinhos para controlá-los. Eu é que não vou lhe dar nenhuma. Conheço o jogo. Por que não saímos já e vamos ao cinema, o que acha?

O Conspirador é a sombra paranoica de Gêmeos. Ele é um conspirador, não só por conspirar contra os outros mas porque está convencido de que todo mundo quer alguma coisa dele – e trabalha por caminhos tortuosos para não dar, seja lá o que for. Suas características são evasivas crônicas e mentiras correntes. Ele também é conhecido por querer deliberadamente surpreendê-la tentando invadir seus segredos para poder justificar o fato de estar sempre escondendo algo. É difícil lidar com esse aspecto do geminiano, que provém do seu senso de alienação emocional. Pelo fato de ter problemas para se relacionar por meio dos sentidos, ele não confia em você. Poderá mesmo desmentir a mais simples das confidências feitas a um terceiro porque está convencido de que, se você souber demais, vai querer controlá-lo. Visto sob seu melhor ângulo, ele é um brincalhão evasivo e não gosta que o bisbilhotem, que o sondem. O geminiano que está inteiramente nessa sombra é superdifícil, pois é capaz de ser muito ofensivo, usando as flechas de sua ágil língua para reduzi-la a um profundo silêncio, quando a única coisa que você estava tentando fazer era mostrar interesse. E quando esse lado sombrio de Gêmeos emerge, você não pode considerar nada daquilo que ele diz ao pé da letra; é melhor deixá-lo desviar a conversa, pois ele continuará a dissimular aquilo que ele próprio não entende.

Para os dois lados da sombra de Gêmeos, a dificuldade tem uma só raiz. É o problema dos opostos e de achar um caminho para viver os dois.

Quando o geminiano está perdido em seu lado de criança divina ele é maravilhoso, porém um desesperançado parasita com relação ao dinheiro e ao tempo dos outros. Ele toma tudo como seu, como se tivesse sido investido desse privilégio. Lembre-se de que o seu pai, Zeus, deu-lhe imortalidade. Ele tem Imunidade Especial. Quando ele, aos poucos, começa a entender que também tem de viver no mundo e se submeter a contrariedades e responsabilidades, ele cresce e muda, podendo imprimir sua fé na vida em tudo o que faz, iluminando a vida dos que o rodeiam. Quando o geminiano está perdido em seu lado terreno, ele tem medo da vida. Tenta analisá-la por partes, na esperança de ser poupado da dor, e desenvolve uma profunda falta de confiança em relação aos motivos dos outros. Ele perde seu brilho e se torna manhoso. Mas quando descobre dentro de si algo que valha a pena amar, algo que o faça único e diferente, ele pode abrir-se um pouquinho, pois já não se sente tão horrivelmente vulnerável. Seja ele o jornaleiro da banca da esquina ou John F. Kennedy, outro geminiano, ele terá conseguido sustentar a ponte entre os dois reinos, permitindo que outros possam atravessá-la e experimentar um pouco de ambos.

## Gêmeos e o amor

Segundo a astrologia tradicional, o geminiano se relaciona melhor com os dois outros signos de ar, Libra e Aquário. Isso soa bem no papel, mas nenhuma pessoa é apenas um signo e os iguais nem sempre se atraem. Às vezes até se aborrecem. Embora o geminiano tenha muito em comum com os outros signos de ar e se comunique bem com eles no campo das ideias, tem uma irresistível atração pelos signos de água – Peixes, Escorpião e Câncer. Isso porque tem grande dificuldade tanto em saber o que sente subjetivamente quanto em expressar esses sentimentos a outra pessoa. Quando se aproxima dos signos de água, ele se liberta e fica fascinado pelo seu desinteresse por explicações racionais e encantado (ou aterrorizado) com a facilidade com que lidam com seus próprios sentimentos. Já mencionamos algo sobre o relacionamento de ar com água. Eles produzem vapor, neblina, bruma, geada e, é claro, outras manifestações que esses dois elementos, estranhamente incompatíveis, mas atraídos magneticamente, possam amalgamar.

Um amigo meu, geminiano, se referia a discussões sobre casos amorosos como "viagens subaquáticas sem equipamento". Essa atitude mostra carinhosamente uma característica de Gêmeos diante de um relacionamento quando este começa a lhe pesar. É como uma inundação: úmida, sufocante, perigosa, escura, cheia de bichos que mordem e o puxam para baixo, para o pântano. O geminiano típico sente-se amedrontado com as exigências emocionais; no entanto, tem uma propensão sempre renovada a pôr fim a relacionamentos com pessoas que sejam basicamente orientadas para os sentimentos. E as pessoas de água estão sempre cheias de admiração e fascínio pela mente versátil de Gêmeos, embora necessitem de uma espécie de intercâmbio mais instintivo para sua própria satisfação.

É quase como se Gêmeos, a eterna borboleta, estivesse tentando resolver o mistério de suas múltiplas personalidades por meio de uma relação segura e emocionalmente estável, que possa ajudá-lo a se sentir um pouco menos fragmentado. Se conseguir encontrar alguém que ame todas essas suas diferentes facetas, talvez possa aprender a amá-las. Quando os relacionamentos de geminianos são dessa natureza, eles podem seguir dois caminhos. O caminho da esquerda termina com o parceiro se sentindo emocionalmente frustrado, morrendo de ansiedade, privado de calor humano, rejeitado e isolado. Por sua vez, o geminiano se sente oprimido, sufocado, chateado, aprisionado. É uma cena bem triste e impregnada de queixas pesadas de ambos os lados – embora em raras ocasiões você vá encontrar geminianos se queixando abertamente de suas vicissitudes emocionais. É provável que ele faça uma piada sobre o ocorrido ou um irônico e espirituoso comentário e, calmamente, esqueça tudo, assim como outros encontros perturbadores que ele não ousa tentar entender. Assim, sairá dessa relação com um pouco menos de confiança em si – que, aliás, nunca foi muito grande – e entrará no próximo relacionamento sem ao menos perceber o que deu errado.

O caminho da direita dessa estrada é bem mais feliz. Com tempo, compreensão e comunicação (qualquer relação para Gêmeos tem de ter comunicação), o geminiano consegue se firmar no relacionamento e ver com mais clareza dentro de si mesmo. Ele poderá, assim, descobrir suas necessidades e sua sensibilidade, que sempre negligencia, e essa descoberta – de que ele também tem sentimentos – o impedirá de condenar as necessidades dos outros e de considerá-las exageradas e possessivas. Muitas vezes, ele atrai tipos maternais, que o cobrem de cuidados com seu amor materno gentil e condescendente. Não é de admirar que o geminiano continue um menininho – ou uma menininha – durante muito tempo, com uma secreta face sombria.

Como ocorre com outros signos de ar, Gêmeos tem normalmente em suas relações um código moral elevado. Mesmo sendo evasivo e não gostando de ter de revelar seus segredos, ele em geral não mente de propósito, nem perde sua integridade no trato com os outros. O elemento Ar tem seu código de princípios, e seus princípios são elevados. Geminianos tentam, num esforço sobre-humano, vivenciar seus códigos éticos e não permitem a ninguém agir de maneira incoerente. Eles se chocam quando um parceiro, ferido emocionalmente, explode em toda a sua cólera. Nessa hora, o geminiano pega um atalho quando não há mais outro caminho a tomar. E quase sempre não há, pois ele não entende a linguagem afetiva. Como é que você pode se explicar diante de uma acusação que simplesmente não entende?

Se você faz uma exigência a um geminiano – como "Você nem olhou para mim a noite inteira" –, ele provavelmente vai dar primeiro uma resposta evasiva, consciente das mil respostas que poderia dar, porém inconsciente de seus reais sentimentos. Na maior parte das vezes, ele nem vai saber do que você está falando. Para ele, tudo parece muito bem.

Uma das combinações mais difíceis de signos é Gêmeos e Escorpião, mesmo quando você acha que ela está presente no mapa de uma pessoa – Sol e Ascendente, por exemplo – ou entre dois mapas. Eles personificam os polos opostos de ar e água. Escorpião é um signo de água, altamente subjetivo, com reações baseadas no sentimento. O escorpiano típico raramente se mostrará evasivo, pois sua natureza o compele a mergulhar fundo em toda questão para descobrir suas raízes e seus motivos ocultos.

O geminiano não suporta ser psicanalisado, pois tem um medo terrível do que poderia encontrar dentro de si. Há geminianos que desdenham a exploração psicológica, pois têm uma maneira própria de analisar as coisas, acreditando que, uma vez identificado o problema, ele se resolverá por si mesmo. É claro que isso não acontece, pois uma análise intelectual não ajuda em nada em relação aos sentimentos. O geminiano se torna petulante se acusado de atitudes tortuosas; nesse caso, inventará algo ou se tornará frio e não responderá. A verdade é que ele não sabe a resposta, e aquilo que ele não sabe o amedronta. Compreenda: o geminiano procura ajuda em mapas, sistemas e estruturas intelectuais, tentando descobrir aquilo que ele de fato sente em relação às coisas.

Existem geminianos, homens ou mulheres, que serão sempre crianças, no melhor e no pior sentido da palavra. São as eternas borboletas, coloridas e lindas, deliciosas e tão substanciais quanto um sorvete. Se você se relacionar com esse tipo extremo de geminiano que nunca entra em acordo com seu outro gêmeo, divirta-se, mas mantenha os olhos bem abertos. Gêmeos gosta do flerte, mas compromisso é algo que o aterroriza demais. Em geral, ele não está preparado para olhar abaixo da superfície brilhante e efervescente de sua própria mente, cheia de contracorrentes, ondas e miragens, para ver quais são suas próprias necessidades e a dos outros. Trata-se de um problema grande demais. Se você é do tipo maternal, como Touro ou Câncer, ou do tipo gentil e sensível, como Peixes, ou do tipo intenso e ciumento, como Escorpião, certifique-se de que tem vida própria e independente, de modo a não esperar que o geminiano lhe dê toda a afeição de que você necessita. Ele simplesmente não pode. E talvez você até aprenda a dar espaço a Gêmeos e deixá-lo respirar todo o ar de que ele tanto precisa. O geminiano tem uma crise psicológica de asma quando não pode perambular por aí.

Se você tiver a felicidade de encontrar um desses geminianos que têm um pouco de conhecimento de si mesmos, considere-se muito feliz. Embora seja sempre evasivo e provocador, e nunca encare o fato de ter que dar explicações, ele raramente aprenderá a gostar de cenas dramáticas, mas terminará por fazer concessões. Aí ele será o verdadeiro *Mercurius* da alquimia, o tradutor, o transformador, pois conseguirá mostrar com a varinha mágica do seu espírito o topo das montanhas distantes, onde o ar é puro e luminoso.

## O Homem de Gêmeos

O homem de Gêmeos tem algumas qualidades notáveis. Uma delas é o fato de estar em constante movimento. Às vezes fisicamente, pois é sujeito a inquietações, seus olhos estão sempre se movendo, registrando tudo o que se encontra ao redor e inspecionando cada pessoa com imensa curiosidade. O longo olhar fixo que diz tudo num silêncio apaixonado não faz o gênero do geminiano. Ele simplesmente não consegue manter o olhar por muito tempo e não gosta de ser aprisionado por alguém que olhe fundo em seus olhos.

Outra coisa que sobressai num primeiro momento é seu dom para a conversa. É raro o geminiano que não tenha uma inteligência rápida e um conhecimento superficial de tudo, o que o capacita a falar com qualquer pessoa por um certo tempo e parecer interessado no que é dito. O geminiano é também um pouco bisbilhoteiro – esse traço aparece tanto no homem como na mulher de Gêmeos. "Intrometido" seria um adjetivo um pouco mais acertado para descrever a enorme curiosidade com que ele se aproxima dos outros. Ele adora descobrir coisas, não porque queira ter poder sobre você, como o faria um escorpiano, mas porque é interessante. Gêmeos tem o dom de captar rapidamente fatos marcantes e interessantes sobre você e, depois, quando você faz alguma pergunta a respeito dele, ele sai pela tangente com grande habilidade, desviando o assunto para os estranhos hábitos de acasalamento da mosca varejeira.

O contato do geminiano com as pessoas é sempre suave. Não é sufocante nem intenso. É raro encontrar nele um transbordamento intenso de emoção; mas se você conseguir isso, é provável que seja por uma carta cheia de piadas e mexericos. Algumas pessoas se perturbam com essa delicadeza; parece-lhes insípido e superficial, mas na verdade não é. É realmente um presente que o geminiano oferece – a habilidade de comunicar e compartilhar sentimentos, mantendo o senso de humor e algum distanciamento. Ele pode ser romântico, mas não do gênero carregado de tragédia. É mais do tipo suave e borbulhante, como um champanhe que se toma numa noite quente de verão, num jardim cheio de rosas perfumadas; mas não é Romeu e Julieta. O final trágico dessa história não é exatamente o tipo de romance que atrai Gêmeos.

Devoção absoluta que exclua a oportunidade de falar ou de olhar para outra mulher não é o estilo do geminiano. Ele está interessado em pessoas, e as pessoas estão interessadas nele; além disso, ele adora flertar, e essa é mais uma das maneiras que ele encontra para viver a vida. A borboleta flerta com a própria vida. Você não pode esperar que ele interprete Otelo para sua Desdêmona. Ele raramente se mostra ciumento (tudo está no inconsciente, junto com todas aquelas outras emoções atemorizantes) e não espera que você seja ciumenta. Também é impossível mantê-lo ao seu lado durante uma festa, pois a atração principal de uma festa é conversar com as pessoas. Gente significa outras pessoas além de você. O que também incomoda o geminiano é parecer conectado a uma só pessoa, pois isso estraga a imagem de aventureiro que ele às vezes gosta de exibir. Há geminianos que fazem o possível para dar a impressão de que estão sozinhos mesmo que tenham acabado de chegar com você, só porque é divertido fazer esse papel de vez em quando. É raro encontrar um geminiano que se disponha a se mostrar como a metade da laranja de alguém. Esse não é decididamente o seu gênero.

O mundo fascina Gêmeos. A emoção não, a não ser que ela possa ser expressa em palavras. Quanto mais desprendida você for, mais ele gostará de você. Ele adora tudo o que se refira a escrever – bilhetinhos de amor, histórias, cartas, brincadeiras – tudo isso faz parte do seu universo. Heróis tipicamente geminianos no cinema e na literatura (como David Niven e Errol Flynn) não tiram seu charme de proezas físicas ou carregadas de intensa emoção; eles o tiram de uma certa vivência cosmopolita, de um toque de cultura, do gosto por um bom vinho, espetáculo de balé ou teatro, da leitura de um bom livro. Se o que você quer é ser literalmente levantado do chão e carregado por braços fortes até o altar, evite Gêmeos.

Antes de qualquer coisa, o homem de Gêmeos é interessante e gosta de estar com outras pessoas interessantes. Isso quer dizer que seu parceiro tem de ser interessante, pois, se não for assim, ele vai se chatear muito e procurar seus interesses em outro lugar. Isso não quer dizer que tenha de ser um intelectual brilhante para fazer um bom par com Gêmeos; apenas significa que você tem de ter uma mente viva. Fique dizendo a ele, o dia inteiro, o que o bebê comeu e estará procurando encrenca. É claro que ninguém pode se tornar aquilo que não é; mas se sua ideia de companheirismo é ficar sentada diante da lareira bebericando licor de café de mãozinhas dadas, tente Touro ou Câncer. Você nota imediatamente quando Gêmeos chega ao seu limite. Ele começa a se inquietar. Seus olhos começam a se movimentar. Ele olha fixo para o telefone – um instrumento de comunicação que geminianos adoram, pois lhes permite ficar conversando sem o problema do confronto emocional – e fica aguardando com visível impaciência o momento de ser liberado. Quando você observar esses sinais, aguce seu humor ou saia para passear com ele. A borboleta está prestes a alçar voo.

Algo notável a respeito do homem de Gêmeos, e que torna seu gênio e suas evasivas suportáveis, é o fato de ele ser realmente interessante. Para algumas pessoas, isso não parece muito; mas para aquelas saturadas por um trabalho rotineiro e chato, vivendo uma rotina massacrante com pessoas desinteressantes, na qual a imaginação nunca aparece, o humor não brilha, quando tudo é sério e terrivelmente responsável, e quando nunca alguém se porta de maneira imprevisível, jovial e engraçada, o geminiano é como um elixir. Ele o lembra que a vida é rica em novidades, cheia de alegrias, algo fascinante a ser explorado. E, se você ficar algum tempo junto dessa borboleta, talvez descubra que você também é dotada de asas.

## A MULHER DE GÊMEOS

Se você acha que todas as mulheres deveriam ser doces e submissas, criaturas sentimentais sem muita inteligência, cujo papel na vida fosse ter filhos e ser devotadas esposas e companheiras, em primeiro lugar não deveria estar lendo este livro; principalmente não deveria estar lendo a respeito dos signos de ar, pois as mulheres nascidas sob esse elemento são as menos indicadas para corresponder a essa tradicional e doce imagem. As mulheres de Gêmeos pensam, e, assim como suas irmãs dos signos de Aquário e Libra, pensam mais rápido que qualquer outra pessoa que você conheça, homem ou mulher. Sua maneira de pensar não precisa ser nem científica nem muito consistente, mas ela é uma pessoa que tem ideias, que precisa de estímulo mental e de pessoas interessantes em sua vida. Isso não quer dizer que a mulher de Gêmeos seja incapaz de se apaixonar, de ser maternal ou de cuidar da casa; apenas quer dizer que essas coisas em geral não estão no alto da lista de suas prioridades. Gêmeos, seja homem ou mulher, tem de ter ar para respirar e espaço para explorar.

Há na mulher de Gêmeos um traço de sofisticação. Esteja ela numa pequena cidade do interior, tomando conta de sua casa e de seus filhos, ou na noite de inauguração de uma galeria de arte no centro de Nova York, será normalmente ela que terá lido tudo que lhe caiu nas mãos a respeito de qualquer assunto que você possa imaginar. Ela saberá algo sobre a política do Irã, sobre mitologia persa, sobre moldes de costura, borboletas raras e criação de cavalos. O que ela não é: provinciana. Ela precisa de companhia e de estímulo, e você não pode esperar que ela seja feliz com uma vida rotineira. E ela precisa ser considerada não só como mulher, mas também como uma pessoa interessante. Há mulheres de Gêmeos que se tornam neuróticas e infelizes porque tentam se adaptar à imagem de outra pessoa – sociedade, família, marido – e passam a se comportar como deviam, subestimando sua própria versatilidade e seu gosto por mudanças.

Sim, gosto por mudanças. A mulher de Gêmeos, como o homem de Gêmeos, precisa de dois empregos, de muitos *hobbies*, de um curso regular ou de um grupo de estudos para mantê-la feliz. Seu desejo de aprender é uma de suas mais fortes motivações e precisa ser desenvolvido e encorajado – seja frequentando uma faculdade ou fazendo cursos sobre assuntos que a interessem ou mesmo indo à biblioteca municipal com frequência. Em termos de carreira, a mulher de Gêmeos pode ser uma excelente advogada, publicitária, jornalista ou fotógrafa; mídia, cinema, rádio e televisão lhe caem muito bem. Ela também tem necessidade de manter contato com mais de uma pessoa. A mulher de Gêmeos que se limita a conversar com o marido e os filhos vai descarregar suas frustrações neles, tornando-se uma fofoqueira insuportável, simplesmente porque tem necessidade de se comunicar.

Quanto a demonstrar sua afetividade, a geminiana enfrenta os mesmos problemas que o homem de Gêmeos, e isso é válido para todos os signos de ar. Essa tendência natural que Gêmeos tem de reprimir suas emoções, de negá-las, de submetê-las a análise leva-a a viver de maneira extrovertida, sempre correndo, próxima ao histerismo, para conseguir escapar dos sentimentos de infelicidade e solidão. Um bom exemplo é Marilyn Monroe, cujo fim trágico poderia ter sido evitado se ela tivesse sido mais honesta consigo mesma do ponto de vista emocional. Ela atraía mais por sua inteligência e seu brilho do que por sua aparência, pois Gêmeos irradia uma espécie de fascínio, seja ele ou ela convencionalmente atraente ou não.

Você encontra com frequência mulheres de Gêmeos muito nervosas. Essa é uma resposta geminiana à emoção reprimida e tem a ver com o outro gêmeo do qual falamos antes. A feminilidade e o intelecto, que são os dois polos da mulher de Gêmeos, fazem em geral uma excelente combinação. Ela terá em proporções iguais as mesmas necessidades e iniciativas que motivam qualquer mulher, sobretudo a geminiana do tipo intelectual. Essas duas faces nem sempre estão juntas, pois, se você persegue a mente com voos de borboleta, não pode se dar ao luxo de perseguir também o amor e a maternidade. Trata-se de um emaranhado do qual é difícil ela se desvencilhar. Em casa ela conversará mais com homens do que com mulheres e, a menos que seus filhos sejam muito interessantes e capazes de manter sua mente fascinada, ela vai achar o lado não verbal da comunicação com crianças sofrível. Mulheres de Gêmeos têm grandes projetos universitários para seus filhos, em particular se não cursaram nenhuma faculdade; provavelmente, seria mais sensato que ela satisfizesse seu próprio amor pelos estudos, pelas viagens e novidades antes de pensar em constituir família. Se não fizer isso, ela rapidamente vai chegar aos seus limites, e o fato de não gostar de rotina pode criar uma situação bem difícil de enfrentar.

Nenhum signo astrológico é deficiente em qualquer necessidade humana básica ou expressão; só que cada signo mostra uma tendência, uma propensão a pender mais para um lado que para outro. Em Gêmeos, regido por Mercúrio, a necessidade de conhecimento, de experiência e de estímulo é bem maior que a necessidade de segurança. A questão é abrir espaço na vida para conseguir preencher todas as necessidades que se apresentem. É por isso que uma mulher de Gêmeos requer muito espaço para sua liberdade pessoal, para desenvolver ideias e ter contatos sociais fora do círculo familiar. Signos de ar, como já dissemos algumas vezes, precisam de ar.

O romantismo cortês que há no homem de Gêmeos está também presente na geminiana. Não se trata de um romantismo carregado de emoções. É um romantismo polido, culto e aéreo. Ela tem necessidade de ser superficial, e o amor para ela tem de ter algum humor e frivolidade, bem como intensa emoção. É preciso falar a respeito do amor. A mulher, tanto quanto o homem de Gêmeos, ama as palavras. Isso significa que uma presença silenciosa não vai fazer milagres. A mulher de Gêmeos gosta de homens que saibam falar, sobretudo de seus sentimentos; ela também gosta de brincadeiras; as coisas não deveriam ser brutalmente honestas, ásperas ou sem classe.

Às vezes você observa um forte senso estético na geminiana. Bom gosto é importante para ela. Ela conhece moda e nunca fica de fora. É muito moderna em seus gostos, desde roupas, carros, filmes que aprecia e livros que lê. Nostalgia é um traço canceriano, não geminiano.

A mulher de Gêmeos pode ser uma criatura fascinante. Ela também pode ser evasiva e bastante confusa se você tentar defini-la. Ela pode confundi-lo, sobretudo se você espera que os seus humores sejam lógicos e seus interesses, focalizados. Lembre-se mais uma vez da borboleta. As borboletas não foram colocadas na natureza por razões utilitárias, tais como fornecer comida ou madeira para construir casas. Qualquer que tenha sido a intenção da natureza, nós apreciamos as borboletas por sua beleza, sua graça, sua liberdade e seu colorido. Concluindo: a seda é o mais delicado, luxuoso e exótico tecido que existe. Gêmeos é como a seda. Você não pode consertar seu carro vestida de seda ou submeter um tecido de seda às brutalidades de uma máquina de lavar; mas, tratada delicadamente e admirada por sua beleza, a seda é o mais apreciado material do mundo.

# LIBRA

rigitte Bardot é uma das librianas mais célebres do século XX. Ela serve para lembrar que o planeta regente de Libra é Vênus, a deusa do amor e da beleza na mitologia. Você poderia pensar que este é o signo mais óbvio, o mais fácil de entender. Tudo o que os librianos precisam é de amor. Certo? Errado.

Lembre-se que Libra é um signo de ar. E ar se preocupa antes de qualquer coisa com ideias e princípios. Amor, sim, claro; todo libriano pensa muito em amor, do mesmo modo como pensa muito em tudo o que compõe um relacionamento. A palavra essencial aqui é "pensar". A ideia de amor de Libra não é necessariamente a ideia de um encontro caloroso, íntimo e agradável. É provavelmente uma de suas várias teorias sobre a natureza do amor e sobre o casamento, seus ideais a respeito de uma relação perfeita, seus conceitos de como as pessoas deveriam se portar diante das outras, sua concepção de um mundo onde tudo seria absolutamente equilibrado, perfeito, simétrico e harmonioso. Isso pode deixá-lo louco.

Este signo, cujo símbolo são os pratos da balança, tem menos a ver com a cópula humana que qualquer outro signo. O quê? Libra sujaria suas mãos? Nunca! Amor para Libra sempre tem de ter muita classe: um ritual de amor cortês, complementado com gestos finos, as palavras certas, o perfume certo, as almofadas de cetim certas, o candelabro certo e as flores certas. Tenha cuidado. Libra é o grande perfeccionista do zodíaco, não Virgem, como você já deve ter ouvido falar. Amor, ah, sim, amor é o que faz o mundo girar para Libra, mas seu amor é teórico. Ele sabe menos de amor que qualquer outro ser, se bem que é o que mais pensa a esse respeito. É por isso que está sempre procurando por ele nas formas mais idealizadas possíveis. Assim como Aquário e Gêmeos, a natureza emocional de Libra é muitas vezes infantil e ingênua.

O planeta Vênus simboliza, na astrologia, a incitação ao relacionamento. Vejamos mais de perto essa palavra. Relacionar uma coisa com outra não implica necessariamente emoção. É a arte da comparação, da diferenciação, do equilíbrio e da simetria. O relacionamento é parte integral da dança, da geometria, da matemática e da batalha. O relacionamento pode significar um magistral e delicado sentimento de que cor combina com outra. Ou se as linhas de um Porsche 928 são superiores às de uma Ferrari. É isso o que de fato importa para Libra. Casamento, sim, librianos pensam sem parar a respeito do casamento. É raro encontrar librianos que permaneçam solteiros por muito tempo. Existe alguma coisa no ritual, na cerimônia, no sentido da união, nos anéis, que atrai o delicado estilo da natureza libriana. É o casamento dos opostos. O equilíbrio de coisas que são incompatíveis e que se excluem mutuamente, a apara de arestas e a ordem do modelo. Casamento para Libra é como uma dança do século XVI. Cada passo e cada gesto têm um significado ritual. Libra é o grande signo do ritual. Lembre-se que o símbolo de Libra, a balança, é um objeto inanimado. Libra tenta elevar a vida humana normal a um nível de ideal platônico. Não que os librianos não sejam capazes de ser eróticos ou profundamente sensuais, mas muitas vezes o próprio sexo tem de ser ritualizado, senão eles não o querem.

Você pode ouvir as palavras "justo" e "igual" mencionadas em conversas com Libra. O sentido libriano do que é justo é tão acurado que ele percebe uma injustiça a quilômetros de distância.

Libra acredita piamente em justiça, e isso lhe causa infelicidade, pois a vida e as pessoas nem sempre são corretas. Seu idealismo vive se chocando contra um mundo injusto, cheio de imperfeições. O libriano acredita em igualdade, principalmente num relacionamento. Se você lhe fizer um favor, ele fará um favor a você; se você lhe pagar um jantar, ele pagará as entradas para o teatro. Em diversos sentidos o libriano é uma alma esclarecida quando se trata de relações homem-mulher, pois compreende o que de fato significa, o que a igualdade e a cortesia significam, e não usaria o sexo para fazer pender a balança. Ele tem também profundas desilusões, pois achar um relacionamento em que cada parceiro doe exatamente o mesmo que tira, em que um não seja nem um pouco mais forte que o outro, um não ame um pouco mais que o outro, é parecido com tentar encontrar um unicórnio. Acontece que o libriano também acredita em unicórnios e pode ser visto passando de um relacionamento para outro, de um emprego para outro, de um país para outro, acreditando que um dia, um certo dia, ele vai encontrar o companheiro perfeito, a carreira perfeita, o ambiente perfeito onde nenhuma mediocridade, grosseria ou tragédia humana consigam chegar.

Como Sócrates, Libra procura o bom, o verdadeiro e o belo. Mesmo os librianos que aprenderam a usar seu notório charme para manipular pessoas e situações procuram essas coisas. Eles anseiam por isso seja onde for que você os encontre, seja qual for o relacionamento em que entrem. Eles em geral sabem, quando atingem os 35 anos, que o Bem, a Verdade e o Belo são mais conceitos e símbolos do que fatos que se podem encontrar pela rua; mas vão continuar tentando, e uma das melhores qualidades deste curioso signo é que no seu eterno esforço para mudar o mundo e fazê-lo um lugar onde o Bem, a Verdade e o Belo possam tomar seus lugares, eles muitas vezes são bem-sucedidos em fazer a vida um pouco melhor, mais bonita e mais harmoniosa do que tem sido. Como seu planeta regente Vênus, ele tem o dom de criar classe, graça e harmonia por onde passa. Almas mais terrenas nem sempre apreciam esse dom especial de

Libra, mas aqueles que sabem que rosas são tão necessárias para a alma quanto um aumento no salário, estes gostam de Libra.

Libra tem o gosto da iniciativa, a necessidade de ter metas; isso ele compartilha com Áries, Câncer e Capricórnio. Todos esses signos têm como característica básica a necessidade de trabalhar em prol de alguma coisa. Normalmente, Libra trabalha pela ordem, pela perfeição ou por um relacionamento ideal. Por estar sempre atento aos pontos de vista alheios, o libriano jamais vai mostrar agressividade ou impaciência em seus contatos com outras pessoas, mas não esqueça que ele tem tanta iniciativa quanto seu primo mais atirado nascido sob o signo de Áries ou Capricórnio. A diferença entre eles é que, para se sentir totalmente confiante de que vai conseguir realizar seu objetivo, Libra tem necessidade de um parceiro. Se você passar algum tempo junto de um libriano, vai aprender a reconhecer a realeza do "nós" libriano. Áries diria simplesmente: "Eu quero isto, faça-o". O libriano é bem mais diplomático, mais astucioso. Ele nasceu com a terrível consciência de que o mundo está cheio de pessoas com opiniões diferentes da sua. Ele sempre vai ouvir a opinião dos outros e quase sempre vai concordar com eles a fim de encorajar o parceiro ou oponente a falar mais. No fim, ele faz exatamente aquilo que quer, mas de alguma maneira consegue dar a impressão de que o fez com sua cooperação. Na verdade, você pode até mesmo ir embora, achando que foi você que teve a ideia de sair, não que tenha sido compelido a isso. Em vez de "Faça-o", o libriano se aproximaria gentilmente com um charmoso sorriso nos lábios e diria: "Sabe, eu estava pensando que seria bom para todo mundo aqui se nós...", e você foi fisgado. Como ele é prudente! Como ele sinceramente considera as necessidades e as ideias dos outros! Que modéstia! Que timidez! Você ficaria feliz em fazê-lo. Na verdade, já tinha pensado nisso também. Você está tão contente de ter seu apoio...

Não é de se espantar que o libriano tenha a reputação de ser hábil, diplomata e primoroso homem de Estado. Ele tem o raro dom de ser capaz de conseguir aquilo que quer com um mínimo de ofensa. Como você poderia ser ofendido por alguém que está sempre pedindo sua opinião? Aí reside a arte dos relacionamentos venusianos.

O problema com relação a isso é que almas que pensam de modo mais objetivo não acreditam numa palavra. Elas veem o libriano como um hipócrita crônico e bajulador. Sob certo ponto de vista pode até ser verdade; os librianos são conhecidos por sorrir docemente e fazer maravilhosos elogios, mesmo que odeiem o chão que você pisa. Eles também são conhecidos por concordar com seus argumentos quando se colocam como mediadores – "Sim, concordo plenamente. Você tem toda a razão" –, virando-se depois e dizendo a mesma coisa a seu adversário – "Sim, concordo com você. Ela está se portando muito mal". É difícil, se você é o tipo de pessoa que gosta de amigos que se esvairiam em sangue e morreriam por você antes de mostrar o mais leve sinal de deslealdade, aprender a confiar em Libra; seria melhor ter amizade com todo mundo que se esvaísse em sangue e morresse por qualquer coisa. Signos mais desconfiados como Escorpião e Capricórnio também não apreciam o talento de Libra em matéria de bajulação.

Eles não confiam em elogios em geral e com certeza nunca confiariam em alguém que se aproxima sempre com um "Você está linda hoje!", quando você sabe que está horrível. De certo modo, o libriano nunca chega a ser particularmente digno de confiança. Diplomatas nunca o são.

"Por outro lado", é uma expressão que você vai ouvir muitas vezes dos librianos, mas isso não é hipocrisia nem desonestidade. Do ponto de vista de Libra é tudo verdade. O libriano prefere elogiá-la a insultá-la, não só porque gosta de ser amado, mas também porque tem tendência a olhar para o lado bonito e positivo das pessoas e da vida. É o diplomata trabalhando. É mais gostoso ser cortejada por um diplomata do que ser cantada por um desses tipos cujo excesso de amor pela "verdade" consegue destruir brutalmente seus mais delicados sonhos e desejos. O fotógrafo libriano, por exemplo, em geral usa uma lente de foco suave e iluminação adequada para realçar a beleza da mulher, porque ele sabe que todas as mulheres gostam de parecer lindas. Raramente você vai encontrá-lo na desagradável escola realista que insiste em retratar os maus ângulos, as rugas e os pelos supérfluos porque são a vida real. Para o libriano, a vida real é pincelada com os sonhos de beleza que possa conter. Mesmo que more num escuro e úmido porão, ele vai fazer o possível para disfarçar suas limitações colocando flores num vaso, cores fortes e brilhantes nas paredes ou uma arrumação diferente. E quando você entrar lá vai ter a impressão de que aquele porão é muito maior, tem muito mais luz e é mais luxuoso do que as casas realmente grandes e mais luxuosas de pessoas com menos gosto. Qual é a realidade?

Aquele "nós" majestático de Libra também não é pura hipocrisia. É claro que existe aí também o diplomata, pois o libriano é bastante esperto para saber que você consegue muito mais quando as pessoas estão do seu lado do que quando estão contra você. E ele tem verdadeira aversão a brigas e tempestades afetivas e verdadeiro horror a não ser amado. Fica profundamente chocado em saber que alguém o despreza. Ele muitas vezes fará tudo o que estiver a seu alcance – o que não é pouco – para mudar a atitude de seu oponente. Deixando de lado o diplomata que há nele, o libriano tem interesse verdadeiro pelas ideias e pelos sentimentos dos outros. Ele realmente se importa com isso, se bem que o grau de interesse varie de um libriano para outro. O atento ouvinte não está só ouvindo porque acha que fazendo isso você vai gostar mais dele; ele está de fato interessado e, se não mostra que está em desacordo com o que você está dizendo, isso também não é pura hipocrisia. Ele é esperto o bastante para ter certeza de que, mesmo manifestando seu desacordo, isso não mudaria sua maneira de pensar. Então, para que se manifestar? É muito mais agradável mostrar-se amável.

Desse ponto de vista, Alexandre, o Grande, é um dos mais influentes librianos de toda a história. Sabe-se que ele conquistou a maior parte do mundo conhecido na época. Mas ele não era o tipo de ditador comum que conquistava os territórios para si mesmo por amor ao poder. Afinal, ele era libriano e, como tal, um idealista, acreditando durante toda a sua vida que os diferentes povos do mundo antigo – gregos, persas e indianos – poderiam se miscigenar, criando um mundo unificado sob o mando de um rei, com os diferentes costumes e religiões coexistindo pacificamente. Ele mesmo se casou com a filha do rei da Pérsia, que ele havia vencido, para dar o exemplo, e arranjou casamentos entre suas tropas macedônicas e as mulheres persas. Esse é com certeza um sonho libriano. A tragédia de Alexandre, como a de qualquer outro idealista, foi que, depois de tão consciencioso trabalho, os gregos ainda odiavam os persas, e os persas ainda odiavam os indianos, e os adoradores do fogo odiavam os adoradores da terra, e os povos continuavam a querer raptar, violar e pilhar.

As táticas militares de Alexandre são puramente de Libra. Ele nunca se atirava em uma batalha esperando ganhar apenas pela força bruta. Seu gênio era sua estratégia. Batalha após batalha, ele imaginava o que o inimigo pensava fazer, avaliando-o, usando depois esse conhecimento. Ele também comandava seus homens com verdadeira cortesia libriana; comia, bebia e passava fome com eles, sabia o nome de cada um e nunca se colocava acima deles. Ele não era um conquistador qualquer, mas um maravilhoso exemplo das qualidades de Libra em ação.

Com todos esses dons, por vezes, quem mais sofre é o próprio libriano. Isso porque, se você passa a vida dando toda a atenção aos outros, tem poucas chances de exprimir honestamente seus próprios sentimentos, e esse é o maior problema do libriano. Ele sempre encontra grande dificuldade em lidar com suas próprias emoções, que com frequência contradizem seu ideal quanto àquilo que é Bom, Verdadeiro e Belo. O libriano gosta de pensar que os sentimentos deveriam ser sempre prazerosos, agradáveis, cheios de amor, harmoniosos. Quando ele sente algo como raiva, ódio, ciúme, desejo intenso, isso o assusta. Não se deveria sentir isso. Por isso, pode carregar consigo um acentuado complexo de culpa por todas essas coisas desagradáveis que brotam secretamente em sua alma, como o fato de que, afinal de contas, ele não pode gostar de todo mundo. Como uma concha, o libriano quase sempre reprime sem piedade as próprias emoções, em primeiro lugar porque elas conflitam com sua imagem de como as pessoas deveriam ser, e depois porque elas lhe causam problemas (o que significa que as pessoas se zangam com ele) quando ele demonstra seus verdadeiros sentimentos. Seu mundo irreal de perfeita harmonia e companheirismo tantas vezes se torna tão irreal que passa a ser impossível para ele lidar com os conflitos humanos mais simples, e toda emoção assim reprimida, mais cedo ou mais tarde, transborda de várias maneiras indiretas e desagradáveis, como depressões, doenças físicas ou então por meio de indiretas sutis e não mal-intencionadas para as pessoas a quem mais quer agradar. Então diz as piores coisas, nos piores momentos, e nem se dá conta do que fez. A raiva e a hostilidade vêm à tona de maneira indireta, e ele é sempre o último a saber o que está fazendo, até que perde o único amigo que lhe resta nesse processo.

Libra, o grande amante da Verdade, pode ser emocionalmente desonesto, consigo mesmo e com os outros, mas isso não é intencional. O que acontece é que seu sensível idealismo aliado à sua concepção de um mundo perfeito ribombando constantemente em seu cérebro tornam difícil e longo seu ajuste às correntes mais rudes do oceano da vida. Isso muitas vezes leva o libriano a evitar os desafios do ajustamento de sua natureza idealista a este mundo conturbado, tentando se esconder por trás de um relacionamento que possa protegê-lo e oferecer-lhe um ninho caloroso e seguro para que não precise lidar com eventos tão difíceis. Em resumo, os librianos em geral são muito dependentes dos amigos e parceiros, pois querem se proteger da vida. Ocorre que são tão charmosos que você não resiste e os protege, perpetuando assim o círculo vicioso.

O libriano tem também um grande problema com o que ele chama de "egoísmo". Para ele, é difícil afirmar o que deseja antes de consultar todo mundo. É conhecido por sua famosa indecisão, mas não se trata de uma indecisão verdadeira, pois ele não tem a mínima ideia de quais são os seus desejos e gostos. Se você deixá-lo sozinho, ele é bem rápido em fazer escolhas. Só que quando ele se aproxima de alguém, fica tentando saber qual é a escolha dessa pessoa para poder contar com sua cooperação, porque, em geral, ele não se esforça para conseguir aquilo que quer. O importante é que tenha companhia. Em parte, ele se sente culpado por sempre querer alguma coisa, pois pode ser egoísta. Ele também pensa em voz alta. Os librianos elaboram seus pensamentos falando com os outros e, no fim, tomam suas próprias decisões, mas é conversando que eles conseguem concretizar seus pensamentos. Não se deve levar suas declarações ao pé da letra durante uma discussão, pois só mais tarde, quando estiverem sozinhos, é que eles vão elaborar verdadeiramente seus pensamentos.

Mas, se você se sujeitar à clássica rotina libriana do "O que você quer fazer hoje à noite, meu bem?", respondendo "Qualquer coisa, o que você quiser", não caia na armadilha de querer forçar um libriano a dar uma resposta concreta. Sua resposta concreta será que é melhor você decidir – não que ele seja incapaz de fazê-lo, mas porque vai ter uma noite muito mais agradável sabendo que você está feliz do que lhe impondo seus próprios desejos. Se você é do tipo que gosta que os outros decidam por você, tente Áries ou Leão. Não é justo para com o pobre libriano esperar que ele faça esse papel, quando seu verdadeiro dom consiste em achar um feliz meio-termo.

Algumas vezes você verá o libriano tentando argumentar. Ele com frequência mostra esse lado de sua natureza em discussões. Se você tem um ponto de vista, ele tem o oposto. Mas, observe atentamente. Se você começa a enrolar e a concordar, ele vai se esquivar até chegar ao seu ponto de vista inicial, e aí você descobre que na verdade ele não está querendo discutir, está apenas querendo chegar a um acordo com você. Alguns librianos mostram sua necessidade de equilíbrio contradizendo tudo o que você diz. É a maneira que encontram de elaborar aquilo que pensam e cooperar com sua inata tendência de sempre concordar. Em certas ocasiões, eles têm de compensar, como todo mundo, mas sua verdadeira natureza não é discutir. Não são passivos nem complacentes; eles apenas não gostam de extremos, e cooperação é um verdadeiro deus para eles.

O interessante sobre Libra, com toda essa polarização acontecendo dentro dele, é que ou as pessoas o amam ou o odeiam. É raro encontrar um meio-termo. Ou você é invadido por seu charme ou tem a certeza de que o libriano está fazendo um jogo sujo e hipócrita. E esse modelo também serve ao signo de Libra, pois tudo para ele vem em dobro. O libriano está sempre preso entre dois extremos, tentando primeiro um lado e depois o outro, sempre procurando o perfeito equilíbrio. Talvez ele conheça algum segredo da vida que ninguém sabe: que é possível ser mais do que somos, Melhores, mais Verdadeiros, mais Belos.

# O MITO

Existem diversos mitos e contos de fadas envolvendo casamentos e seus problemas, e todos eles têm uma relação com Libra. Mas um mito grego, em particular, pode nos ajudar a compreender o real significado da vida para Libra. É o mito grego de Tirésias, o profeta cego. Trata-se de um mito estranho, e nós vamos tratar apenas da parte que interessa a nosso assunto.

A Tirésias, protegido da deusa Hera, foi dada permissão para assistir a um milagre: a cópula de duas serpentes no bosque sagrado da deusa. Ele pergunta à deusa qual das serpentes sente mais prazer, e, como ela não pode responder, concede-lhe a dádiva de passar parte de sua vida como mulher, a fim de que ele mesmo possa fazer a experiência. No fim de seu período de iniciação transexual ele volta à sua forma masculina e é chamado diante de Zeus e de Hera, que perguntam quem sente mais prazer – o macho ou a fêmea. Primeiro ele tenta ser diplomata, pois qualquer que seja sua resposta pode ofender a alguém; mas, sem querer, ele diz a verdade – a fêmea é que sente mais prazer –, no que Zeus, furioso, insultado em sua vaidade masculina, o torna cego.

Cegueira na mitologia grega é símbolo de visão interior. Todos os grandes profetas e poetas são geralmente representados como cegos, seja de um olho ou de ambos. Édipo, quando faz a grande descoberta de sua origem, cega-se, o que significa que ele conseguiu enfim sua visão interior. Portanto, para Tirésias, o resultado de suas experiências é que ele passa a ter visão interior e se torna profeta. O que isso tem a ver com Libra? Bem, olhemos para a polaridade. O princípio masculino e o princípio feminino são tão enigmáticos para Libra como o Bem e o Mal, como o perfeito e o imperfeito. É interessante como certos homens de Libra apreciam o lado feminino da vida – beleza, cultura, artes, harmonia, relacionamentos. Não que sejam afeminados. Na verdade esse toque de artista os torna diabolicamente atraentes para as mulheres. É como se a balança tivesse necessidade, entre outras coisas, de equilibrar dentro de si os dois sexos. É aí que aparece Tirésias – ele experimentou os dois. É claro que alguns librianos o fazem literalmente. Isso acontece com mais frequência em termos psicológicos – como um interesse por mulheres e pelos aspectos femininos da vida. Por outro lado, há mulheres de Libra que possuem grande parte dos dons masculinos – admirável inteligência, senso estratégico, a ciência de governar, de organizar. Margareth Thatcher, com o Sol em Libra, é um excelente exemplo. Sua maneira de ser é bem feminina, ela é diplomática, fala docemente e é sutil, mas sua mente trabalha com tanta energia e clareza como a sociedade tradicional sempre achou que só a mente dos homens pudesse. Seja ela odiada ou amada, sejam quais forem suas convicções políticas, esse aspecto de Libra é evidente em seu caráter. As mulheres de Libra possuem esse dom de ver com clareza, com lógica e inteligência, tendo necessidade de uma atividade em que possam usar seus dons longe do lar e da família. E aqui aparece novamente Tirésias – jogando nos dois times.

Lembre-se de que não se trata de um procedimento sexual no sentido físico. Isso tem a ver com as qualidades da mente, pois em Libra estamos sempre lidando com a mente. Libra manifesta qualidades e tendências em geral associadas ao sexo oposto graciosamente, sem perder sua própria sexualidade. Faz parte do charme libriano e da razão pela qual tantos librianos, homens ou mulheres, se dão tão bem com o sexo oposto, seja como amigos ou amantes. Quanto mais Libra se esconde na torre de marfim da perfeição e do isolamento da vida humana normal, mais dura é sua queda e mais dolorido é o crescimento que ocasionalmente vai lhe permitir estabelecer uma relação entre seu mundo ideal e o mundo que o rodeia. Às vezes isso acontece por meio do casamento. É bastante comum ao idealista libriano escolher um parceiro ou parceira imperfeito e ficar sonhando com um ideal, encontrando-o eventualmente na forma de um amante, apenas para descobrir que os dois são humanos e imperfeitos. A real lição de Libra na vida, sua verdadeira tarefa, está no amor – em trazer o amor como exercício intelectual para o coração, elevá-lo a tal nível, pois o libriano muitas vezes dá mais valor à inteligência do que às simples manifestações de afeição humana. Isso não quer dizer que ele não tenha necessidade ou que seja incapaz de sentir afeição, mas coloca empecilhos de todo tipo, ao se basear em ideais de como o amor deveria ser expresso.

E o que significa a ira do deus nesse mito? Bem, parece pouco plausível, mas pode ser verdade: essa qualidade de combinar e equilibrar os opostos em Libra causa muita inveja. Librianos podem brigar com pessoas de seu próprio sexo em decorrência da profunda simpatia pelo seu oposto. Já ouvi isso de muitas amigos e clientes. Em vez do "Fique no seu lugar", atitude que tantos homens e mulheres tomam em relação a seu próprio sexo, eles cruzam o campo e, abertamente, simpatizam com o outro ponto de vista. Homens de Libra são simpatizantes dos problemas das mulheres, de suas lutas em favor de aceitação e igualdade como indivíduos. Para horror de seus companheiros mais chauvinistas, eles confirmam abertamente seus desleais pontos de vista. Já as mulheres librianas, mais felizes na companhia de homens do que de mulheres, também mostram grande simpatia e compreensão pelos problemas e desafios que os homens têm de enfrentar na vida. E normalmente pessoas de seu próprio sexo não lhes são gratas, pois se sentem traídas.

O mito de Tirésias é significativo e mostra o lado profundo de Libra. Para o libriano, não se trata apenas de achar o amor perfeito, o casamento perfeito e a sociedade ideal. Trata-se de unir os opostos, juntar as pessoas e as coisas que do contrário poderiam entrar em choque sem se entender. Com seu grande dom para a diplomacia, o libriano consegue jogar dos dois lados e compreendê-los, agindo como intermediário, pois reconhece ambos dentro de si mesmo. Ele pode não ser muito equilibrado, mas equilíbrio é aquilo por que ele mais anseia. Quanto mais cedo ele descer da torre de marfim, que é a sua proteção contra o sofrimento emocional e as desilusões, tanto mais cedo poderá começar seu verdadeiro trabalho, que é, em primeiro lugar, aproximar dentro de si os opostos em conflito. Quer se trate de seu intelecto e suas emoções, de sua masculinidade e sua feminilidade, de sua espiritualidade e seu materialismo, Libra encontrará sempre profundos conflitos dentro de si, os quais representam os profundos conflitos da vida.

E quando, gradualmente, conseguir enveredar pelo estreito caminho do meio, o libriano pode se tornar o verdadeiro portador do Bem, da Verdade e do Belo – já que essas qualidades não existem mais apenas em sua mente.

## A SOMBRA

Com todo esse Bem, a Verdade e a Beleza dentro de si, seria de esperar que a sombra de Libra fosse Má, Falsa e Feia, mas ela é bem mais sutil que isso. Poderíamos chamá-la de a Síndrome da Senhorita Não-me-toques. Traços dela podem ser notados na figura de Scarlett O'Hara, personagem de ... *E o Vento Levou*. Trata-se de uma pessoa no qual o desejo enorme de ser amada e de receber a aprovação de todos tornou-se tão intenso, que qualquer relacionamento humano para ela se transforma numa competição com o objetivo de fazer que suas vítimas se apaixonem perdidamente por ela. Em seguida, elas são rejeitadas, e Scarlett registra sua vitória com mais uma marca na cabeceira de sua cama. É um pouco difícil reproduzir isso num diálogo, pois caberia mais num romance. Na verdade, muitos romances refletem isso, não apenas em Scarlett O'Hara, mas também nas figuras de Madame Bovary e em homens como Casanova (que realmente existiram e fizeram sua vida parecer um romance). Mas essa sombra gira realmente em torno de uma série de manobras que aparecem tanto nos homens quanto nas mulheres de Libra, sendo o seu objetivo nem tanto sexual, mas muito mais relacionado à adoração. Ela se aproxima bem da fala da madrasta de Branca de Neve, quando pergunta:

*Espelho, espelho meu,*
*Haverá no mundo mulher mais bela do que eu?*

Para a sombra de Libra, todos os outros são espelhos. Para conseguir seus objetivos, a sombra de Libra utiliza todas as suas melhores qualidades: o charme, o flerte, seu dom de adulação, seu instintivo conhecimento daquilo que a outra pessoa pensa e quer – tudo é posto a serviço da sombra libriana. Se você estiver sendo atraída por um desses librianos, tome muito cuidado. Eles têm um talento inigualável para fazer você acreditar que é a única. Eles conseguem criar para você expectativas como "Seria maravilhoso se pudéssemos ir a algum lugar juntos... Mas sei que isso é impossível". Eles têm uma invisível disposição para dar um passo à frente e dois para trás – e, se você mostrar demasiado entusiasmo, se confrontará de repente com evasivas e uma frieza que são também características dos signos de ar e que Libra sabe manipular como ninguém. Ele faz o jogo do difícil, coisa que ninguém sabe fazer melhor do que a srta. Não-me-toques, a sombra de Libra. Os librianos dispõem igualmente de uma impressionante habilidade para convencê-lo de que você é a única pessoa que consegue despertar sua nascente sexualidade, escondida atrás dessa fria e estática distância.

Coisinha linda! O problema é que nenhuma palavra tem significado, pois é desprovida de sentimentos. Nenhum libriano que tenha caído nesse seu lado sombrio reconhecerá de maneira consciente o que está fazendo, pois seria doloroso demais – ele teria de encarar o fato de que tem uma sombra, coisa que todo mundo tem, de um jeito ou de outro, mas que não tem boa acolhida por parte do libriano idealista. Normalmente, quando ele está interpretando a srta. Não-me-toques (e os homens de Libra a interpretam tão bem quanto as mulheres), vai convencer-se de que está de fato interessado em você, mas é curiosa a rapidez com que toda essa atenção se desintegra em frios e pálidos olhares no momento em que você está de fato disponível. Esse não era em absoluto o jogo previsto, e a sombra de Libra, bem no estilo de Scarlett O'Hara, é bem capaz de começar algumas brigas entre seus pretendentes apenas para criar um pouco de movimento. Incitar uma pessoa contra outra é coisa comum para a sombra de Libra. Pode ser como a simples menção de – "Ah, João estava caidinho por mim na festa e ficou tentando me convencer a deixar você e ir embora com ele. Foi difícil dizer não, afinal, ele é muito atraente". Ou um encontro deliberado e inconsciente em que um pretendente topa com outro entrando ou saindo da sua casa, ou os encontros que são confundidos e duas pessoas aparecem na mesma hora, ou... bem, você conhece o jogo. Se você está envolvida, a coisa pode ser bastante dolorosa. Se você é o libriano que ficou tão inseguro que tem de usar todos os seus talentos para manipular as pessoas dessa maneira, é muito lisonjeiro. E se você é o observador, bem, talvez sinta um misto de compaixão e mal-estar, dependendo do seu ponto de vista.

Mas, o que se passa realmente? Bem, tudo começa, em parte, com a necessidade que o libriano tem de aprovação. A necessidade de afeição e aceitação pelos outros é fundamental para ele, e isso fica mais óbvio pelo fato de ele detestar ficar sozinho. Ele quer e precisa de companhia, não só do tipo romântico, mas também do tipo amigo. Essa brincadeira de flertes e competição não se limita aos encontros sexuais. Os librianos também o fazem com os amigos, os colegas de trabalho e mesmo com os pais. Trata-se de uma constante em seu comportamento e não se limita apenas à sua insegurança sexual. A única maneira que eles têm de se conscientizar de sua sombra é primeiro vê-la em ação e depois refletir sobre o que sente quem é colocado nessa situação, considerar se isso é justo ou não (uma vez que nada penetra a mente de Libra se não tiver importância para seus princípios) e tentar gostar um pouco mais de si, de maneira a não depender de um batalhão inteiro de admiradores. Isso nos leva ao âmago da questão: a tendência do libriano de ter pouca estima por si mesmo e muita pelos outros. A srta. Não-me-toques é simplesmente insegura demais para acreditar num só amante, num só amigo que lhe diga que ela é adorável.

Outra razão desse curioso jogo é a tendência que Libra tem de se identificar e de simpatizar demais com o sexo oposto. Como resultado disso, há librianos que questionam sua própria sexualidade. Como Gêmeos, outro signo que se preocupa com os opostos, Libra muitas vezes se sente dissociado de seu próprio sexo. Isso pode ser explicado porque Libra é um signo refinado, ao qual os aspectos grosseiros tanto da masculinidade quanto da feminilidade podem ofender. Mas dissociar-se de seu próprio sexo tem seu preço: um vago sentimento de insegurança sexual. Além disso, sendo o libriano mais orientado para o espiritual, ele nem sempre se sente à vontade com seu corpo e com frequência se acha sem atrativos e feio por qualquer coisinha que não esteja perfeitamente bem. É aí que os outros se tornam o espelho, para convencer Libra de que ele é o mais lindo de todos.

Até Alexandre tinha esse problema, assim como Napoleão, um leonino com o ascendente em Libra, e tantos outros famosos librianos, seja nas artes ou no mundo da política – as duas esferas onde você os encontrará em maior número.

Apesar de tudo, a sombra de Libra não é Má, Falsa ou Feia, mas pode ser um pouco Boa demais, Verdadeira demais e Bela demais em seu próprio benefício. Todos os que fazem esse papel descobrem rapidamente que é preciso ficar passando de um admirador para outro, pois, se ficar tempo demais com um só, o espelho pode acordar uma manhã de mau humor e, exausto de dizer "Você é o mais lindo de todos", vir com algo desagradável como "Afinal, quem é você?". Aí termina o jogo, e Libra tem de enfrentar uma relação de verdade, que é, afinal, seu verdadeiro destino.

## LIBRA E O AMOR

Grande parte do que dissemos pode ser aplicada ao amante de Libra, pois, em certo sentido, ele é sempre amante, mesmo que o objeto de sua corte seja um país. Mas são necessárias mais algumas explicações. Algo importante a ser mencionado é que Libra – homem ou mulher – mostra suas melhores qualidades em um relacionamento cheio de harmonia e comunicação, pois suas necessidades e seus dons são realçados pela calma, harmonia e troca de carinho. Se você é dessas pessoas que gostam de tempestades, de cenas violentas, com portas batendo, louça quebrada, lágrimas e vestidos rasgados, você está no caminho errado. Mesmo que você consiga fazer um libriano chegar a esse ponto, vai ter muito trabalho e, tendo conseguido o que quer, vai descobrir que Libra, longe de ter gostado de tal cena, vai odiar cada minuto dela, vai odiá-la e se odiar por ter desgraçadamente chegado a tal grau de comportamento – nunca vai esquecer isso. E, na próxima vez, ele será bem mais diplomático, evasivo e menos confiável que antes.

Se você quer discutir problemas amorosos com um libriano, terá que discuti-lo sem carregá-los de emoção; e é bom confirmar suas mais drásticas acusações com um bom "Eu sei que parte da culpa é minha", do contrário o senso de justiça de Libra se revoltará, e ele continuará dizendo que não merece carregar toda a culpa. Ele pode bem aceitar metade da culpa que lhe é imposta, mas não tente colocá-la toda em suas costas, pois ele fará exatamente o oposto e dirá que tudo é culpa sua. O que é justo é justo, e Libra acredita em igualdade.

Essa maneira de reagir pode parecer bastante intelectualizada para alguns. O libriano consegue passar horas discutindo um relacionamento – o que está errado com ele, o que está certo, como ele pode ser ajustado, como "nós" podemos melhorá-lo e, no fim, você constata que ele, de modo surpreende, tem uma capacidade mínima de agir no sentido de realizar o que foi proposto; ele pode saber o que está errado, entender o que se passa, mas tem uma enorme dificuldade em demonstrá-lo do ponto de vista emocional. Lembre-se de que a natureza sentimental de Libra é bem infantil, por vezes muito forte e normalmente reprimida. E quando ele está sendo razoável, discutindo o assunto como se fosse um debate político com prós e contras, com sugestões para projetos e emendas, você tem vontade de fazer algo simples e básico, como abraçá-lo e tirar a roupa dele. Esse tipo de comportamento tem o efeito de fazê-lo se voltar para você com um olhar suave e tolerante, com uma declaração do gênero: "Quando você estiver mais calma, poderemos discutir isso, meu bem".

Ter um amante razoável pode ser uma grande dádiva. Isso significa que você pode se entender com ele ou ela. Por outro lado, no amor, há ocasiões em que não há entendimento, e essa é a lição mais difícil e penosa para Libra no quadro das relações humanas. Pode-se esperar anos antes que Libra nos ofereça uma emoção espontânea e genuína, sem pesar antes os prós e os contras. Mas um pouco de compreensão pela necessidade que ele tem de harmonia, de paz, de um lugar onde tudo possa se resumir em felicidade e romance, sem rejeição ou pontos mal-esclarecidos, faz uma enorme diferença.

Às vezes, Libra pode ser gentilmente adulado e levado a confiar em suas próprias emoções, em uma atmosfera de confiança. O que ele não pode fazer é se transformar em outra pessoa, o que significa que, se você não conseguir aceitar sua natureza agradável e amante da harmonia, deverá tentar alguém mais explosivo, como um Áries ou Escorpião. Libra é capaz de dedicar bastante tempo e energia a um relacionamento, o que é algo raro de se achar, e ele ou ela normalmente está sempre tentando fazer ajustamentos e acordos, pois essa é a natureza de Libra. Sua necessidade de companhia também o faz muito sociável, e, se você é do tipo positivamente independente, que gosta de fazer tudo sozinho, é provável que tenha bastante dificuldade com Libra, que gosta de fazer tudo junto com alguém. Alguns librianos levam essa necessidade de estar juntos a tais extremos, que você se põe a pensar se eles não morrerão se algum dia tiverem que comer ou dormir sozinhos. Alguns librianos realmente morrem. Mas, em geral, é um erro pensar que este seja um signo fraco; Libra ama as pessoas, e mesmo o mais calado e introvertido libriano precisa de um amigo e companheiro com quem possa compartilhar seus sonhos e ideais.

O libriano sabe muita coisa a respeito de relacionamentos, e quem mais se beneficia com isso é seu parceiro, o que é muito positivo, sobretudo se ele teve experiências de outro tipo. Porém, de ponta a ponta, Libra é um signo de ar, não de água, e você vai ter de ensiná-lo que discutir o amor não é a mesma coisa que demonstrá-lo ou senti-lo. Não importa. Para os românticos do mundo isso também é um prazer.

## O Homem de Libra

A coisa mais notável a respeito do homem de Libra é que ele possui bom gosto e uma boa dose de vaidade. O típico libriano não é aquele que veste rapidamente qualquer camisa, nem o grosseiro machão que troca de roupa a cada três semanas e só ocasionalmente olha no espelho para ver se se cortou ao fazer a barba. O libriano dá muita importância à sua aparência, o que pode resultar em um bem-vestido e atraente homem, de boa aparência e cheirando bem, que gosta de qualidade e luxo em tudo, ou em um reluzente pavão. Ou um pouco dos dois, mas isso é compreensível, uma vez que beleza é sempre importante para ele – seja a beleza das ideias ou a das formas.

Ele também é sensível à beleza que o rodeia e, como tudo o mais, isso tem seus prós e seus contras. O lugar em que mora será em geral de bom gosto, agradável e até luxuoso. Esse não é o tipo de homem que mora "num chiqueiro" esperando que você o limpe ao chegar. Se você se casar com um libriano, ele vai gostar de ser consultado a respeito da decoração do apartamento ou da casa. Se você não o fizer, por certo ele não irá morar num desses tradicionais "covis" de solteiro, mas num imponente apartamento, cercado de todo o conforto. Ele também aprecia o cuidado que as outras pessoas têm com sua própria aparência. Homens de Libra não são acanhados nem econômicos em fazer elogios. O melhor disso é que você se sente de fato elogiada, e não só nas duas primeiras semanas de seu relacionamento.

O aspecto menos positivo de todo esse amor ao belo é que o homem de Libra é, não raro, incapaz de ultrapassar seu desejo ardente de perfeição física. Ele pode ser "presa fácil de uma linda carinha", só cortejando mulheres bonitas, que na maioria das vezes o fazem de tolo e o ferem profundamente. Isso porque ele pensa que tudo o que parece Bom, Verdadeiro e Belo o é de fato. Leva muito tempo, às vezes toda a vida, para Libra descobrir que as aparências enganam. Também sua ideia de beleza é com frequência tirada de padrões populares e coletivos, uma vez que dá valor excessivo à opinião dos outros. Se todos os rapazes do escritório a acharem bonita, ele também a achará, pois ele sofre quando tem de definir seu próprio gosto.

Esse seu amor ao belo e o fato de ser capaz de reconhecê-lo somente nas formas coletivas e convencionais causam problemas ao libriano, tais como uma grande dificuldade em aceitar ou achar atrativos nas mais simples manifestações do corpo humano, como hematomas e galos, verrugas, pelos, odores corporais, cólicas e outras coisas que nos tornam simplesmente humanos. A imagem que um libriano faz da mulher salta diretamente da capa da revista *Vogue*: elegante, maravilhosa e perfeita. É claro que ninguém é desse jeito; só mesmo uma fotografia. A mulher mais linda do mundo também transpira e tem olheiras. O homem de Libra adora mulheres orgulhosas de sua feminilidade e que fazem tudo para realçá-la. Ele, em geral, não aprecia o naturalismo. Como um cínico certa vez disse sobre os campos de nudismo: "As pessoas ficam melhor com roupa". Esse é quase sempre o ponto de vista dos librianos. Se você é do tipo que gosta de boas roupas e cosméticos, o homem de Libra não vai rir de você ou pedir que tenha a aparência de uma camponesa de rosto lavado. Ele gosta de classe.

Há também a tão famosa prodigalidade. Ele gosta tanto de classe que é capaz de se arruinar por ela. Libra tem a reputação de ser esbanjador, e a merece, embora não pelo mesmo motivo de Leão, outro bom gastador do zodíaco, ou de Sagitário. Leão gosta de impressionar; sua ideia é ter o que é diferente, único, o mais original. Sagitário gosta de gastar porque não pode se aborrecer com coisas de pouco valor, tais como um orçamento. Libra gasta em beleza. Ele gasta mais facilmente com sua beleza do que com suas necessidades diárias; não é nada incomum ver um homem de Libra gastar todas as suas economias comprando um lindo carro, ficando sem comer pelo resto da semana. Por outro lado, ele também gasta com os amigos e amantes. O libriano é generoso. Mas ele não é um simplório; se você não quiser se aproveitar dele (lembre-se de que o que é justo é justo), ele será normalmente generoso em matéria de dinheiro, nunca se arrependendo do que gastou em prazeres, luxo, beleza ou diversão.

Você pode encontrar certos librianos dominados pela própria sombra. Eles são um desastre para qualquer mulher, pois estão sempre jogando e destroem as expectativas da mulher mais confiante. Esse tipo de libriano é um incurável Don Juan. Se o que você procura é fidelidade, esqueça-o. Você está sujeita a ouvir histórias sobre quantas mulheres o perseguiram a tarde toda e depois ouvir o quanto você o atrai. Mas o libriano mais equilibrado está bastante preparado para um relacionamento, pois ele gosta de companhia e quer mais do que apenas uma tarde num motel. Afinal, ele tem uma mente brilhante e precisa de amigos e companheiros intelectuais também. Os librianos estão sempre dispostos a se casar, e alguns o fazem bem jovens. Frequentemente se casam mais de uma vez, já que a primeira união não é a perfeita. Se sua vida tem por finalidade aprender a se relacionar com os outros, é comum aprender com mais de um relacionamento. Por essa razão, as separações entre os librianos não devem ser consideradas um fracasso, pois, se você procura algo profundo numa experiência em particular na vida, tem de experimentar para encontrar.

O homem de Libra é um verdadeiro romântico. Ele entende de coisas como flores, música suave, jantares tranquilos em pequenos restaurantes, festas elegantes. Ele tem muita necessidade disso tudo e justamente por isso percebe as necessidades da mulher. O que ele não suporta é uma companheira que não seja romântica, que não tenha tempo de compartilhar seu mundo de fantasias. Seja qual for o tempo que você passe com um libriano, ele nunca vai deixar de cortejá-la. Não o leve muito a sério. Ele também agirá assim, a não ser que você tenha destruído seu romantismo por completo sendo prosaica e espezinhando todos os seus sonhos. Aí, então, ele vai procurar seu romance em outro lugar, e você vai conhecer a parte mais fria dele: aquela que mantém um casamento porque é conveniente.

Na verdade, ele não é uma pessoa de fácil convivência se você tiver uma natureza muito simples. E ele tem tendência a se fechar de tal modo em seus próprios pensamentos que você fica sem saber do que ele está falando. Ele pode ser tão abstrato ou entrar em campos tão teóricos que a deixará com a sensação de estar desatualizada e sozinha. Mas todos os signos de ar fazem isso, e em excesso, quando emocionalmente ofendidos. É difícil para eles ficarem por muito tempo num mundo de problemas físicos, emocionais e de desejos dos outros. Libra tem necessidade de se esconder em sua torre de marfim de vez em quando. E quem estiver com ele tem de permitir que isso aconteça, pois faz parte de sua natureza, desde que um certo equilíbrio seja respeitado. Se isso não acontecer, você não conseguirá tirá-lo de lá. Pode apenas adulá-lo, ser compreensiva e confiar que sua necessidade de companhia o traga de volta ao mundo de companheirismo, seja qual for a altura da torre em que ele tenha se refugiado.

## A MULHER DE LIBRA

Com a curiosa magia das polaridades características deste signo, a mulher de Libra, apesar de compartilhar com o libriano o amor à beleza, à classe e à elegância, tem também uma mente que parece forjada em aço. Essa não é aquela mulher doce e fofinha, que fica estarrecida, boquiaberta, diante de suas acrobacias mentais. Ela provavelmente tem um diploma universitário e a capacidade de concluir em dez minutos o que você levaria duas horas para fazer.

As mulheres de Libra podem ser bastante desconcertantes. Elas mostram um enorme paradoxo do signo, na contradição entre sua aparência e sua verdadeira natureza. Algumas vezes você encontra uma mulher de Libra que se bandeou para o polo oposto e não dá o menor valor à beleza física; você as encontrará em profissões (assim chamadas de) masculinas, preferindo encontrar beleza e elegância no mundo das ideias. Mas mesmo aqui você pode ver classe e diplomacia em ação. A mulher de Libra tem consciência sobre sua aparência. Mas essa aparência pode mascarar a capacidade e a potencialidade de seu intelecto.

Há um forte anseio pela intelectualidade, que se evidencia por meio do amor ao conhecimento de maneira teórica, ou do amor à organização. As mulheres librianas precisam geralmente seguir carreiras de peso que lhes permitam expressar seus dons, que são em geral uma grande habilidade de trabalhar em grupo, de agregar pessoas numa ação cooperativa. Às vezes, manifestam verdadeira habilidade política e uma viva preocupação com a condição humana. O polo masculino da vida se expressa na mulher de Libra como uma habilidade de trabalhar com estruturas, formas, organizações e conceitos. Isso é desconcertante para alguns homens, pois esse é o tipo de mulher que também passará tranquilamente um dia inteiro enfiada num salão de beleza e gastará com prazer uma fortuna em roupas. Mas nenhuma mulher ou homem de Libra é simples.

A tendência a reprimir emoções existe tanto na mulher como no homem de Libra. Isso, em certo sentido, traz dificuldades, pois a sociedade sempre acha que as mulheres têm de demonstrar sua afetividade. A exuberância com que as mulheres de Libra exibem seu intelecto é apreciada pela parte masculina de seu signo, mas quase sempre é reprovada pelas outras mulheres de Libra. A verdadeira libriana não é terna e, seja qual for a diferença biológica ou sociológica entre os sexos, em geral é mais fácil para ela raciocinar a respeito das coisas do que reagir instintivamente a elas. Isso pode ser excelente, mas ao mesmo tempo causar grandes problemas. É bom no sentido de ela dispor de potencial para se realizar; e é um problema porque, no âmbito doméstico, lidando com crianças e em outros relacionamentos, a mulher de Libra pode se sentir deslocada e achar difícil demonstrar sua emoção de maneira espontânea ou corresponder a explosões e demonstrações de carência afetiva dos outros.

Mais uma vez, a chave para ela é o romance. As emoções firmemente controladas de Libra podem ser desmontadas pelo clássico ritual do romance; se seus sentimentos forem filtrados por essa fina lente e conseguirem alcançar outras alturas, Libra se sentirá segura e permitirá que alguns de seus sentimentos sejam expressos. E a mulher de Libra é, sem dúvida nenhuma, uma romântica, mesmo quando tenta impingir a imagem de suas tendências racionais, clamando ser uma pessoa lógica e racional. Uma rosa é eficaz; um elogio, muito mais.

Na verdade, parece haver dois tipos de mulher libriana: aquela que despudoradamente mostra as inúmeras contradições que o signo contém e a outra, a que compensa sua enorme necessidade de se relacionar se refugiando em seu intelecto. A segunda é em geral uma libriana assustada, que acha penoso demais lidar com suas necessidades emocionais. Amor e aceitação fazem milagres com Libra, e mesmo a mais amarga e fechada libriana, cujas emoções estão guardadas numa caixa-forte com fecho de segurança, pode fazer aflorar o lado gentil e afetuoso da natureza libriana. O problema é que um bom intelecto assusta quando aparece em alguém que deveria estar coberta de peles caras e iluminada por vê-las perfumadas; parece que, se você quiser se relacionar com uma mulher de Libra, terá de aceitar os dois, o homem e a mulher que existem dentro dela, pois ela possui os dois, e a mulher de Libra que encontrou seu próprio equilíbrio se sente bem nos dois mundos – o da mente e o de sua própria feminilidade.

# AQUÁRIO

*Quando a Lua estiver na sétima casa*
*E Júpiter, alinhado com Marte,*
*Reinará a paz entre os planetas*
*E o amor regerá as estrelas.*
*Esta será a aurora da Era de Aquário...*
James Rado e Gerome Ragni, *Hair*

Estes são versos de uma canção da ópera-rock *Hair*, que se tornou sucesso enquanto reinava o *flower power*, o poder das flores, nos Estados Unidos, no fim da década de 1960, e que – talvez um pouco anacronicamente – virou filme no fim da década de 1970. Por uns tempos, todo mundo falou a respeito da Era de Aquário como de uma espécie de "Nova Revelação", um tempo em que cessariam as guerras, todos se amariam e uma Nova Utopia chegaria, vista através de uma fumaça de maconha e de um arco-íris de ácido lisérgico.

Mas será que a era de Aquário é mesmo a era do amor, da fraternidade e do *flower power*? Em partes, Aquário é amor e fraternidade, sim, ou quem sabe devêssemos dizer com mais propriedade: Aquário está relacionado com ideais, e os ideais de amor e fraternidade estão entre os formulados pela mente avançada de Aquário, principalmente ideais sobre o grupo, o bem-estar da humanidade, o futuro da sociedade.

Aquário é também amplamente atraído pela ciência, pelo conhecimento, por invenções e descobertas, o que tem potencial para melhorar a condição humana nas gerações por vir. *Liberté, Égalité, Fraternité* – o grito da Revolução Francesa – é o grito de coração dos aquarianos. Os mais nobres anseios humanos têm origem neste último signo de ar, cujo significado mais profundo simboliza o gênio humano inventivo levado a seus limites extremos, aplicado ao controle da natureza pela vontade do homem e à estruturação da humanidade numa sociedade civilizada.

Então, o que aconteceu à era de amor e fraternidade? O mesmo que acontece a muitos aquarianos. O ideal estava muito à frente do seu tempo, como os ideais dos aquarianos com frequência estão. O ideal se choca de frente com a realidade da natureza humana, que não pode ser governada e explicada apenas por ideais. Sem ideal, nenhuma espécie de progresso poderia acontecer. Mas o embasamento de um ideal leva tempo, requer flexibilidade e sensibilidade quanto às limitações da natureza humana. Aquário não é muito versado em nenhuma dessas três coisas. Na maior parte das vezes ele é impaciente e quer ver o ideal tomar forma imediatamente. Não é dado à flexibilidade, embora seja um grande amante da verdade. Tem também pouca compreensão ou paciência com os aspectos inferiores da natureza humana.

Aqui percebemos o dilema de Aquário, seus dons e seus defeitos. Seu símbolo é o aguadeiro. Note bem que o aguadeiro carrega seu cântaro para oferecer a água da vida à humanidade – mas não molha as próprias mãos. Como signo de ar, Aquário encontra sua realidade nos ideais. Por estar mais preocupado com o que acontece ao grupo do que com o que acontece ao indivíduo, você verá o tradicional aquariano mais envolvido com o bem-estar dos homens e com os direitos humanos do que com seu filho ou marido. Campos como ciências sociais, educação e política são naturais ao aquariano futurista, que quer pôr o mundo em ordem. Este é, de fato, o signo da liberdade, da democracia e da igualdade. E, quanto a seus mais altos ideais, Aquário é geralmente um verdadeiro democrata. Duas de suas melhores qualidades são o seu senso de justiça e sua integridade. Ele tem uma consciência tão aguda e sensível, que torna sua vida insuportável. Ele com frequência tem horror de ser o que se chama de "egoísta", o que é muito nobre mas nem sempre saudável do ponto de vista psicológico. Deixando de lado suas preferências, o aquariano tem uma convicção inabalável, e sua dedicação tem um objetivo, um código ético e de princípios que ele acha que deve seguir. E, naturalmente, é sempre dedicado à Verdade. Sim, Verdade com letra maiúscula. Para Aquário, em geral, existe uma só Verdade.

Não se preocupe se ele odiar você. O que é justo é justo, e Aquário vai se relacionar com integridade porque, por mais vil que você seja, não deixa de ser humano, e todo ser humano tem certos direitos básicos inatos. Às vezes você até gostaria que ele se mostrasse um pouco menos justo. Mas não. O que é justo é justo.

Atente para algumas famosas figuras aquarianas do passado. Abraham Lincoln é um dos mais conhecidos. É claro que tinha de ser um aquariano a declarar a igualdade entre brancos e negros em uma era de escravidão, abolindo-a, o que resultou na Guerra Civil Estadunidense. E acabou sendo assassinado por isso. Há aquarianos que sofrem represálias de elementos mais conservadores da sociedade, que consideram suas contribuições suspeitas. Você também encontrará entre eles figuras que se distinguiram como Thomas Edison e grandes pensadores e inventores cujas descobertas não visavam satisfação pessoal ou ganhos, mas sim o benefício da raça humana. Sua dedicação era absoluta; tente encontrar algo sobre sua vida pessoal e vai ficar espantado ao descobrir que eles parecem não ter vida pessoal. Toda a sua energia e sua habilidade se destinavam a um único objetivo: o ideal.

A lista de nobres, corajosos e dedicados idealistas é bastante grande quando chegamos a Aquário, bem como a lista de cientistas e filósofos. Será que existe alguma coisa ruim que possamos dizer deste signo?

Claro que existe, pois quanto mais perto do final do zodíaco mais complexos se tornam os signos. Seus extremos se tornam ainda mais extremos. Quanto mais nos aproximamos de Aquário e de Peixes, maior número de habilidades e de fraquezas humanas teremos para desvendar. Há um elemento em Aquário que só pode ser descrito como fanatismo intelectual. A corajosa fixidez de ideais pode se transformar em fanatismo teimoso – o rígido cientista racional sem coração, uma das caricaturas da época moderna. Esse é o indivíduo que inventa uma nova arma porque ela é cientificamente interessante e eficiente, sem a mínima consciência de que as pessoas não possuem maturidade psicológica para manipular tal arma de maneira responsável. É o tipo de pessoa que não se incomoda com os poucos que podem ter sofrido algo com um vazamento de energia nuclear – ou que manipula os dados sobre a real porcentagem de radioatividade na atmosfera – porque, afinal, trata-se de algumas poucas pessoas, e elas não têm nada a ver com grandes coisas como o "Poder" e a "Defesa do Nosso País".

No íntimo de qualquer aquariano você encontrará um comunista desenfreado que acredita num Estado utópico em que toda riqueza é nivelada e todas as pessoas são iguais – sem levar em conta o fato de as pessoas serem fundamentalmente diferentes e emocionalmente incapazes de enfrentar isso. O livro de George Orwell – *1984* – é uma história de horror em que a Era de Aquário corre solta. Esse livro, que já foi considerado de ficção científica, agora nos parece mais uma horripilante profecia.

E o que dizer do aquariano como indivíduo? Bem, tipicamente, ele engloba dois extremos: o verdadeiro amor a tudo o que diz respeito ao bem-estar do grupo e um fanatismo intelectual bastante pessoal. O que se nota de imediato é seu ideal, seu verdadeiro senso democrático. Mesmo o aquariano alienado politicamente, que leva uma vida comum e que não está ligado a nenhum movimento, estará em seu escritório defendendo os menos favorecidos. Seus ideais o fazem destacar-se na multidão porque pensa nos outros, em suas necessidades e potencialidades. Talvez devêssemos dizer apenas que ele *pensa* – um raro feito na era dos *slogans* e das opiniões.

Por outro lado, ele não gosta muito de gente. O aquariano é um indivíduo que gosta da humanidade mas não das pessoas. Ele pode ser brusco, frio, insensível, duro, dogmático e terrivelmente estúpido quando lida com as sutilezas do relacionamento humano. Ele sabe se ater a princípios quando estes são a última coisa que deve ser levada em conta na situação. Seu senso de justiça pode deixá-lo furioso em situações em que era preciso apenas um pouco de tolerância. Nesses casos, você é alvo de uma observação rude quando procura empatia do aquariano e ouve uma dissertação racional sobre o ponto em questão.

O aquariano fica desconcertado ao lidar com emoções e as acha de mau gosto, tanto no que se refere a si mesmo como aos outros. Conheço mulheres aquarianas que têm vergonha de chorar; este é um signo orgulhoso, controlado, que considera a manifestação de uma emoção uma fraqueza. Derramar lágrimas, o que, segundo os escritores românticos, derrete o coração do mais empedernido dos homens, não funciona com os aquarianos. Depois de ter assoado seu delicado narizinho num lenço de rendas, ao levantar os olhos ainda molhados pela última lágrima que lhe escorre pelas faces, você descobre que durante sua encenação ele deixou o aposento em silêncio ou então apanhou o jornal, sentou-se calmamente em sua poltrona favorita e está lendo a respeito da situação política de Uganda. Ou talvez esteja calmamente sentado, observando-a. E se você acha que ele vai dizer que a ama apesar de tudo, ou que ele entende e sente muito por tê-la ofendido, o que ele diz é: "Bem, agora que você terminou sua cena, nós podemos discutir os fatos. Detesto quando você faz isso". Então, quando você está a ponto de atirar o bule de café na cabeça dele, gritando que ele não entendeu nada, ele vai olhar para você friamente e dizer: "Agora chega, você só pensa em si mesma? Não sabe pensar em outra coisa? Não sabe falar de outra coisa? Há pessoas sofrendo e morrendo no mundo inteiro. Você sabia que as tropas tanzanianas ficaram três dias nos arredores de Kampala para dar tempo a seus habitantes para fugir? Esse é um ato realmente humanitário". Tendo feito você se sentir a última das criaturas e terrivelmente culpada por ter-se deixado levar pelas emoções, ele então mostra um pouco de indulgência misturada com a satisfação de ter podido manter sua mente ligada, nas palavras dele, a "coisas realmente importantes".

Sem dúvida, nem todos os aquarianos são tão insensíveis. As mulheres de Aquário, principalmente, têm uma imensa capacidade de devoção e lealdade. Mas aqui também tudo está ligado de tal modo a seus ideais e à moral que nem sempre elas se ajustam de maneira correta às flutuações de um relacionamento. E o mais importante, no meio de toda essa obsessão sobre direitos é que elas se esquecem de si mesmas – a tal ponto que pulverizam suas próprias emoções pelo simples fato de não saberem como expressá-las.

Este pequeno diálogo ilustra bem esse ponto. Poderíamos chamá-lo de a Síndrome da Alma Nobre.

AQUARIANA A UM AMIGO: Eu estou bem, obrigada, só um pouco cansada. Deu um trabalhão mudar para a casa nova e preparar as crianças para irem à nova escola.

AMIGO: Mas da última vez que a vi pensei que você tinha dito que não gostava da casa e que não ia ficar com ela.

AQUARIANA: Sabe o que é? Meu marido leva só vinte minutos para chegar a seu local de trabalho. Se estivéssemos morando na outra casa, ele levaria uma hora e meia.

AMIGO: Mas e você? Você disse que detestava a vizinhança e que era difícil fazer compras ali por perto, e...

AQUARIANA: Sabe, eu só estava pensando em mim e sendo egoísta. Eu sou muito egoísta. Não deveria ser assim. Meu marido deve vir em Primeiro Lugar. Afinal, onde iríamos parar se eu só pensasse em mim? Minha mãe sempre me ensinou que não devo ser egoísta. É a pior coisa que se pode ser. Uma boa mãe sempre pensa primeiro no marido e nos filhos. E a casa é ótima para ele.

Tudo isso é muito nobre, mas essa aquariana, se você a encontrar alguns anos mais tarde, poderá estar um pouco perturbada, tomando calmantes para acalmar os nervos, com pressão alta, ou terá desenvolvido alguns hábitos nervosos como tiques ou mania de limpeza. Toda a sua agressividade natural foi sufocada e, se a encontrar bem mais velha, vai achá-la uma pessoa muito amargurada por ter reprimido suas emoções e seus desejos durante tantos anos. E terá se tornado uma pessoa fria, tal como o aquariano quando se torna fanático, depois de anos e anos sem nunca pensar em si mesma e de ter arrasado sua espontaneidade e seu amor à vida.

O aquariano tem o maravilhoso dom da lógica. Ele sabe discutir de maneira racional e quase sempre com brilhantismo. Quando você o desafia – ou o ofende emocionalmente –, ele não se abate, pois ele vai lidar racional e analiticamente com a situação e apresentar todas as respostas. Ele tem o dom de analisar o temperamento humano – aquarianos são preeminentes no campo da psicologia – de modo a lhe dizer exatamente quais são seus motivos, os do outro, por que você disse isso, por que ele disse aquilo e qual a solução para o problema. Ele é tão perfeito e justo que você acaba o admirando. Só que em sua análise não cabe nenhuma emoção. Já tive oportunidade de discutir com aquarianos psicologicamente "informados", interessados na psique humana. Eles sabem enumerar seus complexos, empregar a última gíria em moda, traçar os mais modernos mapas psicológicos. O ser humano, tal como um avião, um automóvel ou uma sociedade bem construída, age com base em certos princípios. Não há lugar para o acaso ou para a imprecisão, e emoções são imprecisas. As pessoas de Aquário são mecanismos – maravilhosos e divinos mecanismos, mas nada além disso. O aquariano que lê muito, que sabe as últimas novidades sobre a psique, enquanto a discute com desenvoltura, é provável que nada saiba a seu próprio respeito. Isso porque ele não sabe o que sente – tudo são ideias. Sua ideia do que ele pensa que sente, o que ele pensa que deveria sentir e o que ele pensa que você pode pensar que ele pensa que sente. É confuso? Você tem de ver o aquariano no meio disso tudo. Frases simples como "Eu te amo" ou "Eu te odeio" ou "Estou furioso com você" são muito difíceis para ele.

O fato é que os aquarianos têm uma natureza emocional profunda e complexa, mas eles se assustam com seus próprios sentimentos. Aquário é um verdadeiro signo de ar. Tudo o que pode ser entendido pela mente é seguro, e o que não pode é temido, sendo relegado ao campo do "imaginário" ou do "emocional" – ou simplesmente "não existe". Será que existe lugar para o romance num temperamento formidável como este? Sim, mas na maior parte das vezes no nível do inconsciente. Aquário fica bem sem graça – pode até ficar ruborizado – quando o assunto é romance. O aquariano é uma pessoa que, por simples vergonha, não oferecerá flores à sua mulher durante vinte anos de casamento. Ele não entende a necessidade de um elogio, de um galanteio ou de uma demonstração de carinho. Tudo tem de ter uma razão. Ele pode amar profundamente, mas vai demonstrá-lo poucas vezes, e nunca da maneira como todo mundo o faz e que torna o romance tão gostoso. Ele é capaz de dar a vida pela pessoa amada, mas ela às vezes gostaria de ter podido dizer: "Flores teriam tido melhor efeito".

Conheci um aquariano cuja mulher o havia abandonado após seis anos de casamento. Eles tinham dois filhos, uma casa grande, uma vida opulenta e ele era bem-sucedido em sua profissão. Seu trabalho exigia que ele viajasse muito, e ele passava longos períodos fora de casa, deixando a mulher sozinha. Ele nunca achou que ela se preocupasse com isso e nunca lhe ocorreu perguntar como ela se sentia a respeito. Ele simplesmente se desligava nessas viagens, coisa que os aquarianos fazem com muita facilidade; eles apenas entram em outra sintonia. Ele também achava difícil mostrar alguma afeição pela mulher numa situação normal. Para ele isso era supérfluo. Ele havia provado seu amor ao se casar com ela, ao lhe dar dois filhos, cuidar dela e sendo razoavelmente fiel. Durante uma dessas viagens, ela fugiu com um amigo que lhe escrevera um poema de amor. Meu cliente aquariano ficou em estado de choque, aflito e completamente desnorteado. "Ela insistia em me dizer que foi por causa dos poemas de amor", dizia ele. "Mas por quê? Que diferença faz se alguém escreve versos de amor para ela?" A mulher nunca mais voltou para ele. Até hoje ele acha impossível entender que aqueles versos simbolizavam alguma coisa para ela – um reconhecimento de que ela tinha sentimentos, de que era romântica, de que tinha coração. Para ele era tudo tão sem lógica...

Vi alguns casamentos de aquarianos acabarem desse jeito. Quando acontece com a mulher de aquário, tudo fica diferente. Aí, a maior queixa do homem é: "Ela é tão boa, tão justa, tão disciplinada! Ela faz com que eu me sinta irresponsável e egoísta". E, infelizmente, a parte que não foi dita é que ela deve ser uma grande chata. Qualquer pessoa não egoísta e movida por princípios elevados pode levar um outro simples mortal a tomar atitudes até vergonhosas só para conseguir uma reação humana bem normal.

E o que a aquariana pode fazer? Talvez reconhecer que seu amor abstrato por toda a humanidade deveria incluir a si própria e aqueles a quem ama, mas esse ponto lhe escapa. Generosidade de sentimentos para consigo mesmo e o próximo faz parte do ideal de amor, e o aquariano constantemente se esquece disso. Alguns signos do zodíaco são hábeis em seus relacionamentos pessoais, outros não. Aquário tem talvez maior dificuldade que os outros signos, pois ele tem pouco senso do "pessoal", inclusive de sua própria "pessoa". E é por isso que seus ideais significam tanto para ele. Do ponto de vista histórico, podemos arrumar desculpas para os Lincolns e os Edisons do mundo. Na verdade, até agradecemos por terem sido um fracasso em sua vida pessoal, porque seus feitos humanitários foram proporcionalmente grandes. Quem sabe não é esse o papel dos aquarianos na família humana, só que com um pouquinho de equilíbrio, pois, se você não é nem um Lincoln nem um Edison, você também pode ser humano.

## O MITO

Existe uma figura na mitologia antiga que sintetiza o destino e o significado de Aquário. Essa figura é Prometeu, aquele que roubou o fogo dos deuses. Sua inspiração e seu sofrimento fazem parte do mito aquariano.

Zeus, o rei dos deuses, tinha ciúmes das aptidões e habilidades do homem mortal e recusou-lhes o uso do fogo, pois este – símbolo do espírito criador – os deixaria muito semelhantes aos deuses.

Mas Prometeu, ele mesmo um deus, ou melhor, um Titã, teve piedade dos homens, pois percebia seu potencial e sabia que a atitude de Zeus era intrinsecamente errada e injusta. Então ele roubou o fogo do Olimpo e o ofereceu ao homem. Zeus ficou furioso, mas o presente já havia sido dado e não podia ser tomado. E Zeus se vingou de Prometeu amarrando-o a um rochedo. A cada dia uma águia vinha devorar seu fígado, e toda noite o fígado voltava a crescer, de tal maneira que sua agonia continuou até que Hércules o libertou.

Esse mito contém temas de grande importância para a profunda compreensão de Aquário. O nobre impulso é a face mais brilhante do signo – um impulso generoso, a semelhança de Prometeu, que não esperava nenhuma recompensa pessoal. Ele deu seu presente porque via os potenciais da ainda subdesenvolvida raça humana e achava injusto que lhe fosse negada sua própria divindade potencial. Seu pagamento também é importante para entender o lado psicológico do presente, pois implica que o dom do fogo – seja ele interpretado como conhecimento, poder criativo ou o reconhecimento da divindade – custa caro. A natureza se ressente de ter seu segredo revelado ou, explicando de outra forma, os deuses não gostam de compartilhar sua divindade. Um eco do mito de Prometeu pode ser encontrado no mito do Jardim do Éden, onde Deus zelosamente guarda sua divindade, proibindo Adão e Eva de comer o fruto da Árvore do Conhecimento do Bem e do Mal – da Árvore da Vida –, com receio de que se transformem em deuses. Prometeu é também a serpente, o estímulo que insiste que o conhecimento é melhor do que a fé cega. Para Aquário, o conhecimento é sempre superior à fé cega. Aquário não dá chance à devoção supersticiosa e não tem paciência com a autoridade arbitrária. Para ele, todo indivíduo deveria ser seu próprio juiz. E ele, se necessário, desafiará os deuses para obter seus segredos.

O cientista dedicado, que se dispõe a desvendar os mistérios da matéria e do universo, é um verdadeiro aquariano. Antigamente, por sua mente prodigiosa, dedicada à verdade, teria sido queimado na fogueira como herege por seu desafio à autoridade religiosa. Para o mundo moderno, desafiar a crença religiosa ainda é uma heresia, se bem que os tempos estejam mudando agora que estamos entrando na Era de Aquário. A exigência do homem para saber mais a respeito do universo que o rodeia, para penetrar os segredos do significado da vida, faz parte do que há de melhor em nossa Era de Ciência. E Prometeu prazerosamente faz o sacrifício e suporta sua agonia, que, afinal, não é eterna.

Há uma mensagem ainda mais profunda na figura de Prometeu. Correndo o risco de sobrecarregar o mito, podemos simplesmente sugerir que o sofrimento que Prometeu chama para si sai de dentro dele mesmo. Em outras palavras, o preço que o aquariano paga por sua procura da verdade é um profundo e arraigado complexo de culpa. Isso porque há um lado aquariano convencional que se atém à lei e à ordem. Aquário tem dois regentes planetários: Saturno e Urano. Saturno, o símbolo da estrutura e da ordem, mostra suas qualidades na mente aquariana. Assim, pois, Aquário gosta de princípios e precisa de um rígido código ético no qual basear sua vida. Eis por que tantos aquarianos podem ser intelectualmente tão rígidos em suas ideias, bem como disciplinados. Saturno estrutura os seus pensamentos e lhes oferece devoção ao passado, à tradição e à ordem.

O outro regente, Urano, é o inventor, o mágico, o libertador. Esse é o planeta que simboliza o forte anseio de liberdade de Aquário por transpor o véu dos mistérios, para derrubar estruturas preconceituosas. O lado uraniano de muitos aquarianos predomina, e eles são iconoclastas, de uma maneira ou de outra. Fomentam rebeliões – em sentido figurado ou literal – porque Urano os leva a procurar a liberdade. Não é de admirar que Aquário seja um signo tão complexo. Esses dois regentes planetários colidem um com o outro, e Aquário fica dividido entre o amor à verdade e o respeito pela tradição. Temos de mencionar mais um mito de bastante relevância para Aquário. É o mito de Pandora, que abre a caixa proibida e solta todo um cortejo de doenças e sofrimentos humanos, junto com a Esperança. Aqui também podemos ver um significado mais profundo de

Aquário. Com seu espírito de busca e curiosidade a respeito da vida, ele usualmente causa mais destruição do que benefícios, pois suas invenções e sua perspicácia nos outorgam poderes que ainda não sabemos manejar. Mas com Aquário vem sempre a esperança, pois ele tem uma profunda e arraigada fé no potencial humano e em sua natureza. Essa é uma das razões pelas quais os aquarianos apoiam um sistema de governo democrático ou socialista – pois eles acreditam definitivamente que o indivíduo é capaz de fazer suas próprias escolhas e têm um nobre sentimento para com seu próximo. Se Aquário está certo ou errado é coisa que ainda vai ser discutida por muito tempo em muitos países do mundo; mas, do ponto de vista deste signo idealista, sempre haverá esperança.

## A SOMBRA

Como você bem pode imaginar, a face sombria de Aquário, o lado secreto que ele nem sempre pode enfrentar deriva de sua completa dedicação a seus códigos de ética. Enquanto seu lado consciente o leva a um total desinteresse por si mesmo, seu lado sombrio é completamente egocêntrico; enquanto sua dedicação aos outros é perfeita, sua sombra se dedica ao apoio de sua posição de controle.

Você pode ver essa sombra espreitando especialmente naquelas situações em que Aquário está montado em seu cavalo de pau imaginário. Observe-o conquistando o centro do palco e empurrando para o canto qualquer outro que não concorde com ele. Geralmente razoável com relação a um erro, toda a vontade de ser alguém especial o leva a tomar atitudes estranhas. O resultado disso é que ele nem sempre pode pôr em prática aquilo que prega, sobretudo quando se trata de relacionamentos pessoais. Igualdade é bom para a humanidade, não para ele.

Há também outro lado da sombra aquariana. É seu desejo secreto de que todos gostem dele e o admirem – a tal ponto que ele pode agir contra seus próprios princípios por medo daquilo que os outros possam pensar. Pode ser fraqueza de caráter ou falta de personalidade, e isso é mais desconcertante quando comparado à firmeza de convicção que em geral caracteriza seu comportamento.

Tudo isso pode ser colocado numa palavra bem desagradável: hipocrisia. Esse é o maior perigo e a maior fraqueza do temperamento aquariano. Ele diz uma coisa e faz outra, e na maior parte das vezes os mais chegados são os que mais sofrem. Peguemos, por exemplo, seus ideais de igualdade. Você ouvirá os aquarianos discorrerem eloquentemente sobre um tema, seja a igualdade de raças ou de direitos entre homens e mulheres, ou a liberdade de culto. Enfim, depois de tomar impulso, o aquariano pode falar horas seguidas sobre um mesmo tema. Mas, por sua vez, você verá uma pronunciada disparidade em sua vida pessoal – sobretudo com relação àqueles que manifestam emoções ou irracionalidades que ele tanto teme e despreza. Muitas vezes ele não confere verdadeira "igualdade" à esposa, pois não pode ser incomodado por algo que não é apresentado de forma lógica. A seus filhos ele também não dá verdadeira "igualdade" – seus pedidos são egoístas demais, ou muito emocionais para o seu gosto. Seu verdadeiro sentido de igualdade fica reservado ao debate, no qual ele sempre dará ao oponente o direito de falar. Mas igualdade no âmbito do coração é difícil para ele, pois seu conceito de igualdade fica limitado ao mundo das ideias e do intelecto.

A esse aspecto da sombra de Aquário vem se juntar a sua tendência a reformar todo mundo. Isso também contradiz sua convicção de que todos têm direito às suas próprias crenças. Isso quer dizer que todos têm direito à liberdade de escolha, desde que concordem com ele. Observe atentamente um aquariano ao defender seu tema favorito – seja numa assembleia feminista, seja sobre socialismo, distribuição de riquezas, ecologia e outros. Seu cavalo de batalha será sempre o benefício de um ou outro grupo. Mas, se você não concordar com aquilo em que ele crê, vai ignorá-lo. Não há igualdade para você, já que discordou. É claro que só existe uma verdade, não é? Aquário não consegue ver o paradoxo de seu comportamento. O resumo de tudo isso está naquilo que Marx chamou de materialismo dialético. Ou talvez na democracia, um ideal cujo alvorecer coincidiu bastante com a descoberta do regente de Aquário, Urano, bem no meio da

Revolução Francesa e da Guerra Civil Estadunidense. Democracia, o governo do povo, pelo povo, para o povo, se você não concordar, bem, azar seu. Você tem de entrar nela. O espírito aquariano elucida facilmente a contradição inata disso tudo. O operário, para o qual foi feita a revolução, é coagido a ficar dentro de um padrão de comportamento e de vida no qual não tem um mínimo de liberdade – seja para seguir suas próprias inclinações religiosas, para expandir sua criatividade ou manifestar sua liberdade de expressão; no entanto, a batalha foi travada em nome da liberdade do operário. É bem difícil deixar de comentar a hipocrisia dessa atitude.

Bem, a hipocrisia da sombra do aquariano não é deliberada. Ele sinceramente não a percebe, não sabe nada a respeito. Se agisse de maneira consciente ficaria terrivelmente chocado – pois ele não tem a intenção de ser injusto. Esse estranho aspecto da sombra aparece porque ele é rígido em suas expectativas, com respeito a si mesmo ou aos outros. Suas tentativas de reformar a natureza humana são, de muitos modos, uma projeção daquilo que ele acha que deveria mudar em si mesmo. O que ele não percebe é que essas tentativas, tais como a caridade, têm de começar em casa.

Outra faceta disso tudo é o exercício do faça o que eu digo. Os aquarianos em geral não o fazem. Esse tipo de aquariano aparece mais no exercício das diversas profissões. Ele tem um conhecimento profundo de mapas, modelos, técnicas, mecanismos e padrões de comportamento de seu objeto de estudos favorito: o homem. Só que é difícil para ele aplicar o que sabe a si mesmo. Por estar dissociado de suas próprias emoções, elas se esgueiram até ele, gerando atitudes que ele não percebe nem entende. Raiva, ressentimento, ciúme, saudade, necessidade, desespero, medo – o que há de normal em matéria de fraquezas humanas – são coisas das quais ele simplesmente não toma conhecimento porque elas o deixam nervoso. Ele as tem como qualquer outra pessoa, mas não as vê; isso é típico da sombra de qualquer signo. Você nem sempre olha para a sombra que se forma atrás de você, pois a luz está na sua frente e você está ocupado em olhar para ela.

Ninguém conhece qualquer testemunho deixado pela sra. Lincoln sobre o marido, nem da sra. Edison sobre o seu. Só podemos fazer conjecturas e ver a sombra aquariana numa porção de lugares: o aquariano político que faz campanha pela igualdade mas que nem se preocupa em dar qualquer liberdade à sua família; o aquariano psicólogo que sabe todas as teorias mas que não resolve seus próprios desejos afetivos; o aquariano médico que devota todo o seu tempo e sua energia aos pacientes, enquanto seus familiares têm de procurar uma clínica para se tratar... A lista é longa. A solução? A mesma que resolve os problemas de todos os signos: a tomada de consciência. Os ideais, para terem alguma validade, devem ser temperados não só com compaixão, mas também com realismo. A natureza humana ainda não é perfeita – certamente não tão perfeita para se comportar da maneira que muitos aquarianos exigem. A total falta de egoísmo é simplesmente impossível. Como outros signos de ar, o aquariano nem sempre se lembra de que, enquanto nossas cabeças estão no paraíso, nossos pés estão na terra e nossos corpos evoluíram a partir do reino animal. Para ele, o homem não é uma criatura dupla; é um filho dos deuses. Como disse Menandro, o intelecto que existe em cada homem é deus. Quando o aquariano entender que os sentimentos, as esperanças e o corpo de cada homem também são deus, então poderá se transformar naquilo que ele é de verdade: o visionário e o profeta, o benfeitor da raça, aquele que contribui para o bem-estar da humanidade, em pequena ou em grande escala.

## AQUÁRIO E O AMOR

Já falamos um bocado das tendências emocionais de Aquário. Talvez fosse interessante recapitular um pouco. Lembre-se daquilo que falamos dos signos de ar em geral: eles vivem no mundo das ideias e tendem a ter medo da emoção. Isso é mais verdadeiro para Aquário do que para os dois outros signos de ar, pois ele é o que chamamos um "signo fixo". Fixidez pode ser traduzida como força, determinação ou firmeza, dependendo do grau de força e do modo como essa fixidez se harmoniza ou não com você.

Aquário tende a reprimir suas emoções e com frequência as encara como fraqueza, como algo embaraçoso. Por aí pode-se deduzir que ele não é o mais efusivo nem o mais romântico dos amantes. Pode ser charmosamente ingênuo em assuntos do coração e mostrar uma encantadora falta de jeito completamente contrária às suas ideias, quase sempre sofisticadas. Isso é delicioso, pois em geral ele é incapaz de se passar por um Don Juan, a menos que de fato o queira, e nesse caso ele se torna muito agradável. Os dons do aquariano não estão no reino da cortesia e do romance.

No entanto, podemos colocar a sinceridade e a lealdade entre suas virtudes. Por ser, em geral, desajeitado ao lidar com emoções, se ele alguma vez disser que a ama, estará dizendo o que pensa. Ele também é fanático pela verdade. Isso quer dizer, primeiro, que, como ele não gosta de mentir, você pode acreditar quase sempre nele, e, segundo, que você deve ter cuidado para não o obrigar a fazer aquelas pequenas declarações de amor tão ao gosto dos apaixonados. Em vez de uma declaração, você poderá ouvir algo como: "Bem, para falar sinceramente, neste momento não posso dizer que a amo". Conheci um aquariano que se sentia na obrigação de anunciar, várias vezes ao dia, que me amava ou que não me amava, sem nenhuma razão plausível, a não ser porque ele achava que eu deveria saber a verdade a toda hora. O mínimo que posso dizer é que meu ego recebia duros golpes.

A lealdade de Aquário tem duas origens. Ele é, com certeza, mais capaz do que qualquer outro signo de manter uma promessa. Então, se ele promete fidelidade, provavelmente será fiel, pois ele é leal ao ideal e tem autodisciplina. Por outro lado, sua lealdade tem origem no fato de que escapadas românticas não fazem seu gênero. Como ele é desajeitado e inseguro, acha mais fácil e menos problemático ser fiel, pois nesse caso ele pode ficar com aquilo de que mais gosta, ou seja, as coisas do espírito. Não que falte paixão ao aquariano, nada disso. Mas ele não é muito sensual e também não fica horas e horas perdido em suas fantasias eróticas da maneira que se poderia esperar de um Touro, um Escorpião ou mesmo um Peixes. Ele se ocupa pensando no mundo e no que poderia ser feito com ele.

Para equilibrar os pratos da balança mais a seu favor, Aquário é um companheiro de fato interessado e, mais do que qualquer outro signo, sabe ser amigo, o que não deve ser subestimado. A amizade significa mais do que o amor para Aquário, em parte porque ele não entende o amor – é complicado demais, problemático e ele não consegue defini-lo – e porque os ideais de amizade são mais fáceis de manter. O aquariano, tanto o homem quanto a mulher, é um maravilhoso amigo no sentido mais lato da palavra. É leal e honrado, capaz de se impor sacrifícios, de se preocupar com os outros e, desde que você não espere que ele participe de cenas emocionais, é um maravilhoso ouvinte e um conselheiro cuidadoso e objetivo. Ninguém poderia ser mais tolerante, compreensivo e amigo. Num casamento ou num relacionamento amoroso, essa qualidade de desapego ou amizade desinteressada é, com efeito, abençoada. Significa que você pode ter ideias próprias, pensar o que quer, discutir qualquer assunto, ter seus amigos, sem esperar que ele reaja a isso ou que ele se mostre possessivo. Apesar de Aquário ser tão ciumento quanto qualquer outro signo, ele raramente o demonstrará. E raramente o admitirá. Parecerá o menos possessivo dos amantes, mas não se deixe enganar. Ele apenas não interfere. Se acha que deve dar liberdade ao parceiro, ele fará tudo para isso, nem que inconscientemente tenha de fazer das tripas coração.

Se o que você está procurando é afeição, carinho e romance, fique longe de Aquário. Você ouvirá longos discursos sobre política e ideologia e poucos sussurros de amor. Mas se você está procurando um amante e companheiro, Aquário põe os outros signos no chinelo. Ele de fato se interessa pelas pessoas e por você; só não tente uma aproximação carregada de emoção. E compre flores para si mesma.

## O Homem de Aquário

Parece que a psicologia masculina combina muito bem com Aquário para realçar a tendência intelectual do signo. O que melhor define o homem de Aquário é o pensador, o sonhador, o filósofo, o cientista. Assim, o problema que todo homem encontra em nossa sociedade quando é confrontado com situações emocionais é intensificado em Aquário. A mulher de Aquário, desde que não tenha que lidar com suas próprias emoções, pelo menos sabe que elas existem. Mas ninguém está mais alheio a seus sentimentos que o homem de Aquário.

Assim, o homem de Aquário é aquele que a deixará mais furiosa se você tiver uma relação amorosa com ele. Antes de mais nada, a frieza de suas atitudes a deixará louca de raiva – e decepcionada. Lembre-se de que este é um signo orgulhoso e de que controle emocional é fundamental para Aquário. Não interessa o quanto ele a esteja ferindo – a menos que esteja a ponto de sofrer um colapso, ele nunca vai lhe dar a satisfação de saber disso.

Outro problema próprio do aquariano é que considera o sentimento uma exigência, o que pode lhe parecer um atentado à sua liberdade. Isso o leva a extremos ridículos em seus relacionamentos pessoais. É típico do homem de Aquário se recusar a lhe dizer quando você o verá de novo – ele não "acredita" no tempo. Ou então o aquariano que "acredita" em relacionamentos abertos e lhe conta confiantemente (pois acredita na verdade e acha que deve haver franqueza quanto a tudo entre vocês) sobre suas outras três amantes. Não que você tenha lhe perguntado algo. Ele apenas acredita na verdade e não entende por que você deveria ficar magoada e fazer uma cena. Isso é irracional e possessivo, e você não deveria ser tão egocêntrica. Todo mundo, ele lhe dirá, é beneficiado com isso. Não deveríamos todos nos amar uns aos outros? Se você o ama, deveria amar também suas outras namoradas, pois elas o amam e ele... Bem, o resto da história você já sabe.

Você pode também encontrar o tipo de aquariano que simplesmente se recusa a discutir seus sentimentos, ou que lhe diz que você está sendo "intrometida" e emocional demais. O problema é que, muitas vezes, ele está sendo indecorosamente hipócrita e, quando você vira a mesa, ele é capaz de se comportar como um Otelo, à maneira de um Escorpião. Só que não será tão íntegro, pois irá desenterrar coisas como honestidade, lealdade e outros conceitos que condenam seu comportamento, sem reconhecer que são seus próprios sentimentos que o perturbam, e não seus princípios.

A única maneira de lidar com essa espécie de Aquário é extirpar o Aquário de dentro dele, o que significa desafiar suas crenças para que ele descubra se de fato acredita nelas. Você deve ser um pouco imprevisível ou, pelo menos, reivindicar sua própria liberdade de comportamento.

Lembre-se de que este é um signo fixo. Signos fixos não se adaptam; eles não se ajustam facilmente a outras pessoas. Eles têm seu próprio mundo, seus valores, e não gostam de ser empurrados. Esse instinto de reforma no aquariano simplesmente não funcionará se você tentar reformá-lo. Você terá que possuir uma boa dose de desapego e alguma criatividade se quiser levar adiante seu relacionamento com um aquariano. Ele não está preparado para enfrentar um relacionamento no plano emocional. Você tem de se acostumar com ele e aprender a ler seus sinais, não suas palavras. Boa parte daquilo que Aquário diz a respeito de seus próprios sentimentos não deve ser tomado ao pé da letra. Você pode fazer isso quando ele fala de sua ideologia ou de um estudo específico que realiza. Nesses casos ele é de confiança e sabe o que está fazendo. Sobre suas emoções, em geral, sabe muito pouco. Aprenda a usar seus instintos e aprenda um pouco de telepatia. Mas não espere que ele se expresse de forma honesta; você receberá o que ele chama de honesto, o que em geral nada tem a ver com honestidade, pois nesse campo ele não é muito honesto consigo mesmo.

No entanto, você pode esperar uma boa dose de dependência emocional inconsciente. Esse espírito independente, que tem a cabeça nas nuvens e os olhos no futuro, é mais sensível do que ele jamais poderia imaginar. Ele é muito vulnerável do ponto de vista emocional, quase infantil, o que ocorre porque ele se angustia tentando esconder suas emoções de todo mundo, inclusive dele próprio. Ele as considera uma fraqueza. Se você precisa de manifestações claras de sentimentos, evite Aquário. Se você tem bastante confiança em si mesma para saber que vale a pena amá-lo e sabe apreciar a amizade que esse homem lhe oferece, você está bem. E, quem sabe, talvez até consiga "reformá-lo", por meio da razão.

## A MULHER DE AQUÁRIO

Existem dois tipos de mulheres de Aquário. Ambas têm as qualidades básicas do signo: força, independência e pensamentos originais. Um dos tipos emprega a enorme autodisciplina e dedicação inerentes ao signo no âmbito puramente pessoal. O outro sai pelo mundo, para experimentar sua força na sociedade. Em qualquer dos casos, fica patente que ela não é uma criatura fácil nem maleável. Seu autossacrifício é inteiramente motivado por seus princípios e ideais, não os de outrem.

Aquarianas acham a esfera do lar e da família insuficientes para exercitar suas habilidades emocionais e seus interesses por um grupo maior. Há inúmeras mulheres de Aquário na política e em sociedades beneficentes, onde elas podem combinar suas grandes ideias com sua dedicação ao bem-estar do próximo e sua inata feminilidade. A profissão típica para elas é a de assistente social ou psicóloga. Também pode ser professora ou educadora. Lembre-se de que podemos também estar falando de um Aquário ascendente. Mas, em qualquer ramo da vida profissional, esta mulher estará motivada por seus ideais.

Como se poderia esperar, Aquário não é exatamente o tipo de signo que coloca o sexo entre suas prioridades. As mulheres aquarianas são dedicadas colaboradoras dos movimentos feministas, por ser isso algo natural para seu signo. A lógica e a necessidade disso são óbvias para Aquário, o que não acontece com os signos mais orientados para o individual, como Câncer, Touro ou Virgem. Grande parte das aquarianas, em algum momento de suas vidas, tem de se envolver com uma causa de qualquer espécie, mesmo que seja a defesa de três famílias que moram no fim da rua. E essa espécie de dedicação a uma causa exprime o que há de melhor nesse signo.

No nível emocional, a coisa é um pouco mais difícil. As mulheres de Aquário em certas ocasiões têm tanta dificuldade em expressar seus sentimentos quanto o homem aquariano. Às vezes, o sentimento é até reconhecido, mas contido – e aí aparece uma espécie de obstinação, de rigidez, um orgulho intratável. Outras emoções são completamente inconscientes. E então você vê uma aparência de frieza, de reserva e de distância nos relacionamentos amorosos. A Síndrome do Me Larga é tão típica da mulher de Aquário quanto do homem aquariano. Por serem favoráveis à liberdade sexual, muitas mulheres de Aquário evidenciam essa liberdade. São essas as mulheres que francamente confessam sua própria bissexualidade, sua necessidade de ter mais de um relacionamento, que precisam de casos apenas sexuais e de aventuras fora do casamento. Aquário é um signo masculino; ele combina, com mais ou menos graça, com a psicologia feminina, seja em casamento, que produza um pensador que também tem coração, ou em uma união difícil em que a mulher está sempre às voltas com os problemas de sua própria feminilidade. Esse pode ser o problema com a mulher de Aquário, uma vez que "fêmea" também pode ser sinônimo de fraqueza, de emoção à flor da pele ou de vítima da dominação masculina e da extinção. Para a mulher, este não é um signo fácil, mas com esforço você tem a mulher que pode ser os dois, homem e mulher, fiel à sua própria feminilidade e dotada de uma forte qualidade masculina que lhe permite se interessar por questões além de sua própria satisfação pessoal.

Depois de tudo isso ficou óbvio que a aquariana não é a mulher a ser escolhida se você quiser: a) a companheira devotada e silenciosa que vai adorá-lo e ouvir tudo o que você tem a dizer sem criticá-lo; ou b) a criatura doméstica que só está interessada em você, em suas refeições, em seu trabalho, em seus filhos, em sua roupa lavada e passada. Por outro lado, para os que sabem realmente aceitar uma mulher como pessoa, a aquariana pode ser uma mulher inspiradora, uma esposa e amiga, uma pessoa com todos os seus direitos. Vista desse ângulo, a Era de Aquário tem muito a ver com os movimentos de liberação da mulher – e nenhum outro signo está mais próximo da vanguarda desses movimentos que Aquário, em suas manifestações mais violentas e nas mais razoáveis. E, qualquer que seja sua queixa a respeito da mulher de Aquário – sua rigidez, sua dedicação aos próprios princípios, sua teimosia, seu desprendimento ou sua recusa em ver o amado como o maior dos heróis –, você tem de admitir que essa mulher é interessada e interessante. Homens que têm medo de mulheres inteligentes devem ficar longe dela.

# 9
# O ELEMENTO ÁGUA

*A pessoa sentimental pensa que as coisas duram;*
*a pessoa romântica espera, contra toda*
*esperança, que elas não durem.*
F. SCOTT FITZGERALD

A ciência nos conta que a Água é o mais simples dos elementos: dois átomos de hidrogênio e um de oxigênio e pronto, temos a água. A Água é também o mais adaptável dos elementos. A temperatura pode alterar sua constituição desde gelo até vapor, e os objetos impõem a ela a sua forma. Uma grande porcentagem do corpo humano – algo em torno de 85% – é composta de água. A água está sempre à nossa volta, como a fonte da vida. A água cobre três quartas partes da superfície da Terra e o Alcorão nos diz que toda vida começa na água.

Na astrologia, o elemento Água é o mais enigmático de todos. É o mais "primitivo", no sentido de ser o mais distante do mundo racional que temos o prazer de chamar de pensamento humano. Veja o simbolismo dos três signos de água: Câncer, Escorpião e Peixes. Os três são criaturas de sangue frio, bem afastados, na escala da evolução, do reino dos mamíferos de sangue quente – que produziu seu fruto duvidoso, o homem. Os três habitam áreas da Terra onde o homem não pode viver: as profundezas do oceano, a areia das praias e o deserto. Quando examinamos o simbolismo do elemento Ar, vimos que não há figuras de animais entre eles: os Gêmeos, a Balança, o Aguadeiro. Agora, olhando para o elemento Água, vemos a ausência do "humano". Isso não quer dizer que os signos de água sejam de "sangue frio"; longe disso. Mas pode significar – entre outras coisas – que as estruturas, as teorias e os princípios do pensamento humano não são a maneira de operar desses signos. Os signos de água se movem como no reino da natureza: pelo instinto, à vontade com o irracional, com o inexplicável e às vezes com o mágico. Eles são completamente motivados pelos sentimentos – e sentimentos, como todos admitirão, exceto algumas pessoas obsessivamente científicas e materialistas, não são algo que se possa medir por meio de estatísticas, definir com hipóteses ou colocar dentro de leis racionalmente compreensíveis.

*Onde se encontra a realidade? No maior*
*encantamento que você jamais experimentou.*

Essas são palavras do poeta Hugo von Hofmannsthal. Elas descrevem uma das atitudes básicas dos signos de água diante da vida: o que é sentido é real. E, como tudo o que é sentido é algo terrivelmente íntimo e subjetivo, sua realidade só aparece para a pessoa que a experimenta. As pessoas de signos de água nunca são muito boas para se explicar aos outros. Em geral, elas nem tentam, mas confiam em seus seguros instintos para sair de situações complicadas. Elas raramente conseguem lhe dizer "por que" fizeram alguma coisa de um ponto de vista racional. Quando obrigadas a se explicar, o temperamento de água se torna intratável e não diz uma palavra; ou então começa a dar explicações sem pé nem cabeça, de fato absurdas. A linguagem do coração não pode ser traduzida.

É divertido especular sobre coisas como o desenvolvimento da linguagem e do pensamento racional. Nós, ocidentais, damos grande importância ao processo intelectual. Nossa herança vem da Grécia antiga, com seu interesse por filosofia, equilíbrio, raciocínio. Vem da Antiguidade Clássica que inspirou o nosso sistema de leis e educação, que é um fenômeno de signos de ar. Esquecemos que existem outras linguagens, outras maneiras de comunicação. O toque, por exemplo, sentimentos, imagens, símbolos... Cor e música. Tudo isso pertence ao universo dos signos de água. Pessoas de água não pensam de maneira conceitual, mas por meio de imagens em movimento, com a imaginação. Você pode vê-las, quando crianças, destacando-se em línguas, arte, história e encontrando grande dificuldade em aprender álgebra, lógica, química e física. Não que lhes falte inteligência. Ocorre que elas estão voltadas para outras áreas. Hoje, considera-se uma criança "esperta" aquela que passa bem em seus testes de QI; mas, como um amigo meu de signo de água disse certa vez, testes de QI são excelentes para determinar a pessoa que passa bem num teste de QI. Nada mais que isso.

Para os signos de água, a coisa mais importante no mundo é o sentimento e, em particular, o objeto desse sentimento – que em geral é o ser humano. Para os signos de água, se relacionar é como respirar. Mais do que qualquer outro elemento, eles temem a solidão e o isolamento. Eles precisam do constante contato com outras pessoas, do constante fluxo de sentimentos, da segurança do amor e do relacionamento. O signo de água que se fecha em si mesmo e se afasta dos outros é uma criatura triste. Para muitos signos de água, os outros são a coisa mais importante na vida; daí sua tendência quase sufocante para viver por intermédio dos outros, custe o que custar.

Vejamos um exemplo típico dessa tendência de viver por intermédio dos outros. Carl Jung usa uma interessante analogia em sua obra, dizendo que um relacionamento é a combinação de dois fatores: o recipiente e o conteúdo. Imagine uma pessoa que é como uma casa grande, com muitos aposentos, alguns inexplorados; outra pessoa é uma casa pequena, confortável, bem fechada. Por algum tempo, as duas pessoas estão contentes de poder permanecer no calor de suas casas. Lá estão a salvo, é confortável, e os perigos do mundo exterior não entram ali. É seguro e imutável. Você conhece seus limites.

Mas a pessoa que é o recipiente toma consciência de que a casa é na verdade bem maior do que imaginava – e começa a ficar nervosa. O que existe dentro dos quartos inexplorados? Como é o mundo lá fora? É desconhecido e provavelmente inseguro, mas é fascinante só por isso. O recipiente não se contém mais, se arma de uma tocha e de um bom pedaço de corda e vai explorar o porão. O conteúdo entra em pânico. Será que ele volta? Será que ele vai estragar a paz e a segurança de seu mundo? O que vai acontecer?

Nos relacionamentos, os conteúdos são geralmente os signos de água. Dentro de seu próprio mundo, eles podem criar qualquer coisa, pois a imaginação é, em geral, um dos mais fortes dons deste elemento. Pessoas de água têm uma imaginação maravilhosa. Elas são também sensíveis, receptivas e profundas. É raro encontrar alguém com ênfase em signos de água que seja frívolo e superficial. Mas elas têm medo de tudo o que possa pôr em perigo a paz de seus ninhos. Não que pessoas de água nunca mudem. Elas mudam o tempo todo – com uma rapidez que deixa os signos de ar desnorteados. Mas são seus sentimentos que mudam. Um dia para cima, outro dia para baixo. A maioria das pessoas de água é instável; e instabilidade é algo que temos a tendência de ver como neurose. Eis outra vez a presença da nossa educação voltada para os signos de ar, que estabelecem padrões de comportamento racionais e equilibrados como os mais aceitos. De fato, a natureza sentimental de uma pessoa não pode ser medida. O sentimento é como a água. Ele corre, escoa, muda e toma uma nova forma, dependendo do que encontra, e as pessoas de água, pelo menos as corajosas o bastante para exprimir o que corre dentro delas, são fluídas como a água. Por isso, têm humor instável. E isso não as incomoda. Elas estão acostumadas com altos e baixos, a raiva e o medo, o amor e o ódio; não se assustam. Coisas essas angustiantes demais para tipos mais racionais, que não sabem lidar com as mudanças de suas próprias emoções.

A Água é também um elemento sutil. Nada é simplesmente preto ou branco para os signos de água. Se você assistir a um faroeste de dez anos atrás na televisão, observe a espécie de valores de um signo de ar: há os bons e os maus. Para água, as coisas não são tão simples assim. Os tipos bons têm um traço de maldade escondido, e os maus são capazes de nobres gestos. Para água, as pessoas são complicadas e têm de ser vistas como elas são, não como se gostaria que elas idealmente fossem. Nesse pormenor da natureza humana, os signos de água são os mais realistas de todos. Eles podem não se vangloriar disso, mas eles sabem – uma pessoa não é inteiramente uma coisa só. É por isso que há uma espécie de qualidade relativa quanto aos valores dos signos de água. Eles têm fortes simpatias e antipatias – essa é uma de suas características. Pessoas de água reagem instantaneamente aos outros. Sim, gosto dele. Não, não gosto. E muitas vezes não sabem explicar por quê. Eis aqui um típico diálogo ar-água:

AR: Bem, o que você acha do meu irmão?

ÁGUA: Eu não gosto dele.

AR: Não gosta? Mas ele é meu irmão! Por que não?

ÁGUA: Não sei. Só sei que não gosto dele. Prefiro não o ver muito. Há alguma coisa nele de que eu não gosto.

AR: O que você quer dizer com "alguma coisa nele"? Que espécie de comentário é esse? Você tem que ter um motivo. Olhe, ele é um cara muito bom. Sempre me ajudou quando precisei dele. Ele também faz suas caridades. Como você pode não gostar dele?

ÁGUA: Não gosto dele, só isso. Não me importa o que ele faz ou deixa de fazer, e sinto muito que ele seja seu irmão. Eu não acho que ele seja muito honesto. Talvez sejam os sapatos dele, sei lá.

AR: Mas que observação mais tola e irracional!

Tola e irracional! Essa é a qualificação que gente mais racional usa quando um signo de água manifesta suas opiniões emocionais. Mas o elemento Água é bastante democrático para saber que sua própria resposta não é universal. A maioria dos signos de água nunca diria "Ele é uma pessoa má" – pois sabem que estão falando apenas de seus sentimentos. É só "Eu não gosto dele". E ponto-final.

No entanto, sentimentos têm sua própria lógica, e os valores dos signos de água são tão complexos, tão sutis, tão cuidadosamente construídos com associações e nuances quanto as teorias e o ideais das pessoas dos signos de ar. Só que esse processo não se dá em sua cabeça. Para dizer mais claramente, ele se passa nas entranhas. Normalmente, a pessoa de água não se dá conta do seu processo. Todo o intrincado mecanismo para fazer uma avaliação e medi-la com outras avaliações se forma em algum lugar nas profundezas da psique. Elas não sabem por quê; elas só sentem uma coisa ou outra. Prazer ou desprazer, feio ou bonito, confortável ou desconfortável, é como o resultado aparecendo numa janelinha do computador. A coisa se passa lá dentro, em processos que desafiam o intelecto. O pior é que, em geral, eles estão certos em seus julgamentos.

Outra faceta dessa peculiar habilidade de "sentir o cheiro" da qualidade dos sentimentos de uma pessoa ou de uma situação é o que chamamos de gosto. Entretanto, gosto é difícil de definir. Está ligado à estética, à arte e à beleza, e tudo é tão relativo que você pode entrar numa discussão a esse respeito a qualquer hora sem nunca sair. Gosto é muito pessoal, e bom gosto é algo que os signos de água possuem em abundância. Conhecimento de teorias de estética podem ajudar a explicá-lo, mas conhecimento de teorias de estética também podem resultar em terrível mau gosto.

Certa vez, assisti a uma palestra com *slides* sobre o trabalho de uma escola de arte. Ela mostrava os "modernos" produtos de uma determinada turma, com todas as explicações sobre cada trabalho. Essas obras de arte – pela definição dos artistas – eram, em princípio, comentários sobre a situação social e política. Faziam importantes declarações a respeito da despersonalização da sociedade urbana, da opressão das classes trabalhadoras e de outras atitudes ideológicas. Eram terrivelmente feias. Pior; eram de mau gosto. Houve um violento debate entre a plateia depois dos *slides*. Muitos protestaram, dizendo que aquela era uma válida e importante declaração sociopolítica. Mas defini-la como arte era meio perigoso. Poderia ou não ser, dependendo de quem a via. Quatro pessoas na plateia demonstraram seu desagrado. Depois, perguntei-lhes as datas de seu nascimento. Eram todas de signos de água. Os "objetos de arte" haviam ofendido seu gosto. Elas poderiam aceitá-los no âmbito de declarações políticas ou sociais, mas eram feias e ofendiam os olhos. Aqui está o julgamento subjetivo. Eu não gosto, não me agrada. Trata-se de uma ilustração simplista mas conveniente sobre essa diferença.

Água e ar veem realidades diferentes e dão valor a coisas diferentes. Para os signos de ar, a ideia é tudo. Os sentimentos devem estar sujeitos ao domínio da ideia. Para água, os sentimentos são tudo, e a ideia tem de se curvar diante deles. Por essa razão, o ar tende a ser mais liberal no campo político – às vezes até demais. A humanidade é uma questão muito séria para os signos de ar. A tendência de água é ser mais conservador nesse particular – às vezes até em excesso. "Humanidade" não é um conceito relevante para os signos de água. Não significa nada. A sra. Thomas, que mora na casa em frente, tem 80 anos e não consegue pagar seu aluguel porque a pensão que recebe é muito pequena. Bem, isso é realidade, contanto que você conheça a sra. Thomas. Uma só sra. Thomas é bastante para influenciar o ponto de vista político de um signo de água.

Você pode discutir com esses dois até a eternidade. Ambos estão certos; eles veem os dois lados da moeda. Água vê o aqui e agora; a realidade da dor, o sofrimento, a solidão, os sonhos e as necessidades dos outros seres humanos. Ar vê o que deveria, o que poderia ser, de um ponto de vista idealista. Como os signos de água não conseguem entender facilmente grandes princípios, eles de certo modo podem se tornar intolerantes, mas nunca em exagero, porque não se preocupam com grandezas.

Os signos de água conhecem bastante bem o lado sombrio da natureza humana, pois são empáticos, e as pessoas se abrem com eles, e eles aprendem uma porção de segredos. São particularmente sensíveis a todo fluxo de sentimentos que existe dentro de uma pessoa, quer eles sejam revelados ou não. Eles têm uma estranha maneira de sentir o que os outros sentem e de entrar em estados emocionais com facilidade. Por essa razão, os signos de água são ótimos padres, médicos, advogados e professores. Seu toque delicado e gentil jamais espeta ou empurra. Mostra apenas simpatia e compreensão e abre corações. O ponto é que precisa haver um contato direto e pessoal. Discutir o sofrimento humano de modo abstrato não significa nada para água. Mostre-lhe um indivíduo em dificuldades, e ele reagirá.

Com todas essas virtudes, você está esperando vícios bem fortes. Eles podem ser resumidos numa simples palavra: razão. Os signos de água têm problemas com o raciocínio. Devo dizer mais uma vez que isso nada tem a ver com inteligência. A inteligência tem muitas maneiras de se manifestar. Você pode encontrar uma pessoa que seja um matemático brilhante mas que seja completamente tolo a respeito de outras pessoas. Um outro pode ter uma maravilhosa perspicácia sobre o que se passa dentro das pessoas mas não sabe como ajudar. Há muitas espécies de inteligência, e uma não é melhor que a outra. Nos signos de água a inteligência está no coração. Eles entendem as pessoas, suas necessidades, como se sentem. Mas Água não é um elemento objetivo. É difícil enxergar além do muro do jardim.

Consequentemente, pessoas de água muitas vezes são irracionais. São também injustas, o que enfurece os signos de ar. Elas estabelecem uma escala de valores para si mesmas e outra para os outros, e não dá para discutir com elas, pois não sabem argumentar. Se tentar, você vai ouvir um monte de opiniões de segunda mão, de ideias pré-concebidas, de "dizem que", "todo mundo sabe", de citações de jornais velhos não lidos, todo tipo de declarações completamente irresponsáveis, que na realidade podem ou não existir. Enfim, o elemento Água é capaz de distorcer a verdade, pois "verdade" como algo abstrato só é conhecido do elemento Ar. Para os signos de água, há uma porção de verdades, dependendo do lado da maçã que você morde.

Alguns signos de água são encantadoramente infantis no que diz respeito ao mundo das ideias abstratas. Esse é o "tipo desamparado", de ambos os sexos, aquele que "nada sabe a respeito de política" porque tudo é tão complicado e aborrecido! Essas pessoas – e não só as mulheres estão incluídas, pois já ouvi muitos homens de signos de água dizendo: "Sou um simples operário que trabalha para ganhar a vida" – se recusam a reconhecer que a "sociedade" não é uma coisa abstrata que bate à sua porta quando é hora de pagar impostos, mas é um conglomerado de indivíduos. Em uma palavra, as pessoas de água podem ser irresponsáveis quando se trata de problemas sociais. Alguém me contou uma história de uma mulher de signo de água que fez amizade com um terrorista do IRA procurado pela polícia. A princípio, ela não conhecia suas atividades extracurriculares. Quando descobriu, não fez absolutamente nada, apesar de ter uma vaga e desagradável sensação de que ele era um dos responsáveis pela morte de 12 pessoas. Quando lhe perguntaram a razão, ela disse: "Mas ele é tão bom, sempre foi gentil comigo. Se o que dizem é verdade, isso não é da minha conta, não é?" Encantador. Mas dá o que pensar...

Em vez de pensamentos racionais, você recebe opiniões. Em vez de conversas objetivas, você ouve fofocas. Em vez de observações desinteressadas, você vê intolerância. Essa é a face mais feia dos signos de água. E tudo isso coexiste com a compaixão, a gentileza, a simpatia, a sabedoria e a compreensão; mas, como qualquer signo de água poderá lhe dizer, ninguém é só uma coisa.

O grande problema nos relacionamentos dos signos de água é que eles não veem nada além de um relacionamento. Isso se traduz em uma solicitude sufocante, uma possessividade quase pegajosa. É claro que tudo depende do seu gosto. A constante atenção que o signo de água dá aos seus amados não é um presente a ser desvalorizado. Signos de ar, gelados por natureza, veem essa ternura e essa preocupação como uma enorme possessividade – não que realmente seja assim, mas porque não sabem corresponder a ela ou recebê-la bem. Mas, na verdade, às vezes a pessoa de água é um pouco "pegajosa" demais. Se o amado é a coisa mais importante de sua vida, isso fica difícil para o amado – primeiro porque ele não pode se afastar dela e, depois, porque o fez responsável pela sua própria felicidade. É um fardo bem pesado. O signo de água que detesta ver os filhos crescerem é típico. Quando são bebês, eles precisam de amor e de atenção, e os signos de água têm necessidade de que precisem deles. Esse é um traço básico de sua natureza. Eles dão o melhor de si quando alguém precisa deles. E literalmente sacrificam sua própria vida pela de seus entes queridos. Pessoas de ar se sacrificam por um ideal, as de água, por uma pessoa amada. Mas, quando a criança cresce e quer respirar ar fresco, ter seu próprio mundo, é aí que o signo de água começa a se apavorar e a grudar mais nela. O quê? Você vai me deixar sozinho? Depois de tudo o que fiz por você? As pesadas obrigações que os signos de água jogam sobre os ombros das pessoas que amam podem ser mortais. Se você sacrifica sua vida por outra pessoa, ela vai se sentir culpada por isso. A maioria vai pagar com ressentimentos, porque ninguém gosta de se sentir culpado. Para o signo de água é importante aprender a soltar as rédeas de vez em quando; e mais importante ainda é libertar a si mesmo, para equilibrar os pratos da balança. Se você é sempre aquele que dá, alguma coisa está desequilibrada nesse arranjo. A outra pessoa nunca tem oportunidade de se dar, e, depois de algum tempo, ela vai ficar desgostosa consigo mesma por ser tão egoísta.

Podemos colocar a coisa de outra maneira. Água tem a tendência de gerar culpa nos outros, por se doar tanto no plano sentimental; é longa a lista daqueles que são magoados por filhos, amantes e maridos que não aguentam carregar a culpa e os tratam com frieza e insensibilidade. Isso é conhecido como chantagem emocional, e água é mestre nessa arte.

Mesmo estando sempre pronto a ajudá-la numa necessidade, a pessoa de água às vezes se sente rejeitada quando você não tem nenhuma necessidade. Uma situação perversa e difícil. Quando ela não é necessária, é como se seu sangue não estivesse circulando. O que ela pode fazer? Talvez desista desse relacionamento por causa da "frieza com que tem sido tratada" e caia nos braços de outro amante – só para descobrir que, infelizmente, o novo amante tem a mesma cara do antigo. Signos de água tem tendência a se sentirem tanto fascinados e atraídos como irritados pelos signos de ar. Água admira o desapego de ar, sua frieza, sociabilidade, distância e reserva. Pessoas de água imaginam que esse parceiro tão à vontade e desprendido é, secretamente, uma criança que esconde seus sentimentos e que por esse motivo necessitam de muito amor. Isso é até bastante verdadeiro, mas pode ser ofensivo se você já tem 30 ou 40 anos e seu parceiro ainda o trata como se você fosse uma criança.

Sem água não haveria relacionamentos humanos, nem afeição, nem amor. Mas água demais pode nos afogar. Talvez pudéssemos até nos afogar um pouco, uma vez que, nos dias de hoje, basta uma atitude inconsistente para nos sentirmos culpados, pois fomos educados a nos envergonhar de nossas necessidades e emoções. Quem sabe um pouco de modéstia faria bem a todos nós. E, com tudo isso, os signos de água têm uma importante mensagem a nos transmitir. Um cérebro sem coração, como o Homem de Lata de *O Mágico de Oz*, ou enferruja e fica paralisado, ou destrói o mundo.

# câncer

"Não jogue fora essa velha garrafa de plástico", disse-me um dia um amigo de Câncer, "ela ainda pode ter utilidade". Essa advertência é um paradigma (uma réplica em miniatura de uma realidade muito maior) de Câncer. Seja uma velha garrafa de plástico, um velho amante, uma velha casa, uma velha crença, um velho pedaço de corda, uma velha recordação... fique com ela, diz Câncer. Você nunca sabe quando vai precisar dela de novo. Não que Câncer seja um signo prático, no sentido da praticidade que vimos no elemento Terra. Câncer tem muita imaginação, está imerso demais num mundo de sonhos, de desejos, de sutis correntes de emoção para dar a cada coisa seu real valor. Mas o que há de mais forte nos signos de água é a necessidade de segurança por tudo o que é conhecido e familiar, reconfortante e seguro. Trata-se de uma motivação emocional, não prática. Conheci um senhor que guardava uma velha caixa de sapatos fechada à chave numa gaveta de sua escrivaninha. Nela havia a mais bizarra coleção de bugigangas que eu jamais tinha visto:

velhas embalagens de chicletes (ainda bem que as gomas não estavam mais lá), pedaços de barbante, velhas fotografias, laços de fita, nozes e parafusos, pregos velhos, recortes de artigos de jornais, uma flor seca de origem desconhecida e outras bugigangas mais. Como eu já estava familiarizada com astrologia, nem me abalei para perguntar o porquê de tudo aquilo. Eu sabia a resposta.

Nesse exemplo extremo, mostro o lado quase patológico que Câncer tem de guardar coisas. Mas você pode ter certeza de que todo canceriano tem uma caixa de sapatos metafórica guardada em algum lugar, cheia de lembranças do passado. Por trás dessa tendência peculiar e desconcertante de Câncer de não deixar escapar nada, está um dos mais sensíveis e vulneráveis signos do zodíaco. Câncer é regido pela Lua, e suas fases, em constante mudança, dão uma imagem bem real das marés de humores, desejos, sentimentos, temores e intuições que varrem constantemente este signo de temperamento aparentemente sólido e conservador. Sim, conservador. Pense no que a palavra significa. Câncer conhece tudo a respeito de conservar. Quem guarda tem. Com toda essa mania de guardar de um escocês (dizem que a Escócia é regida por Câncer), o canceriano nutre e protege com muito cuidado seus meigos sentimentos por trás de uma muralha fortificada de lembranças, mementos, ações da Bolsa, apólices de seguro, velhas fotografias, tradição e uma forte tendência para preservar o *status quo* da família. Isto é, desde que o *status quo* proteja "a mim e aos meus".

Câncer é tradicionalmente o signo da família. Isso não quer dizer que todo canceriano deseje ou deva ter uma família no sentido convencional. Muitos cancerianos, contrariando a concepção popular, não são caseiros. Eles não precisam ter laços de sangue, mas o sentimento de continuidade com o passado é importante para eles. O passado é, em geral, mais real para Câncer do que o presente, pois ele já é conhecido e, portanto, seguro. As raízes de Câncer estão profundamente fincadas na terra. Onde há passado tem de haver um futuro seguro. Com as raízes firmemente presas à terra, Câncer pode manifestar seu amor à exploração, ao seu instinto de andarilho, à sua mutabilidade. Ele sabe que, na volta, há algo à sua espera. Câncer tem muito senso de linhagem em suas atitudes. Ele é consciente de descender de algo maior e de sua própria responsabilidade de deixar descendentes. O amor pela história, típico deste signo, faz parte dessa necessidade de continuidade. Um canceriano sem raízes é uma criatura lamentável – até que aprenda a lançar suas próprias raízes, seja criando uma nova família, um grupo de amigos ou mesmo um projeto de trabalho. Qualquer coisa. Sem isso, o Caranguejo se enfia ainda mais dentro de sua carapaça, até ficar prisioneiro de seu próprio medo do futuro e de seu horror ao desconhecido.

O Caranguejo é um animal instintivo, e é preciso observá-lo se quisermos aprender algo a seu respeito. Primeiro, ele nunca vai direto ao que quer. Ele dá uma volta a seu redor como se estivesse indo em outra direção. "Quem, eu? Interessado nisto? Não seja bobo! É a última coisa que poderia me interessar." Mas quando consegue agarrar a presa e a segura com suas possantes garras, você tem de, literalmente, matá-lo para que ele a solte. Ele não vai lutar. Caranguejos não são animais agressivos. Eles aguentam tudo, puxões, empurrões, enfim, qualquer tratamento que você lhes dê. Eles esperam, até que você se canse e vá embora.

Observe uma mulher de Câncer numa festa, quando ela vê alguém que a atrai. Ir até lá e iniciar uma conversa? Nunca. Ela vai circular pela sala afetadamente, ignorando o objeto desejado. Conversará de bom humor com todos os que estejam perto dele. Vai achar um jeito de chegar a um grupo bem próximo. Ela pode até conseguir derrubar sua bebida a dois dedos da calça dele, sem perceber o que está fazendo e sem ter calculado as consequências. Câncer é um signo instintivo e não gosta de analisar seus próprios motivos. Mas tomar uma iniciativa direta? Jamais. Isso a exporia a uma possível rejeição, a uma humilhação, ou poderia fazê-la parecer ridícula. Se você quiser ver um canceriano verdadeiramente atemorizado, trate-o com rejeição, humilhação, ridicularize-o. Câncer é tão sensível, tão vulnerável à opinião dos outros sobre sua pessoa, tão fixado em sua imagem pública, que raramente se exporá a uma situação dessas se puder evitá-la. É aí que aparece a tal frieza, muitas vezes mal-interpretada. Câncer não é frio; ele apenas exagera em sua autoproteção. Câncer nunca ficaria bêbado com uma melancia no pescoço, se exibindo; isto é, a não ser que confie cegamente em todos os presentes. Então, tudo pode acontecer.

Câncer tem a reputação de manipular as pessoas, e isso é bem verdade. Vamos ver como funciona essa manipulação. Suas origens são complicadas. Câncer é um signo de água, e seu grande dom é agir sutilmente sobre os sentimentos – sejam os dele ou os dos outros. Ele não planeja os acontecimentos, como uma estratégia, da maneira como o faria um signo de ar. Opera com uma maravilhosa graça instintiva, que o adapta imediatamente a uma situação. Em vez de ir com agressividade atrás de sua presa – lembre-se de seu medo de rejeição e humilhação – ele trabalha a atmosfera e os sentimentos das pessoas, orientando-as para seus próprios objetivos. Seja qual for o pensamento que possamos ter com relação ao presidente Jimmy Carter, suas simpatias políticas ou religiosas, temos de admitir que ele é um bom conciliador. Ele é de Câncer. Essa facilidade para conseguir apartar brigas e reunir as pessoas é um dom maravilhoso quando empregado com crianças. Câncer jamais agiria de modo brutal com uma criança ou usaria sua autoridade de maneira injustificada. O "Faça isso porque estou mandando" não é um instrumento de convicção do canceriano, como o seria de um escorpiano, de um ariano ou de um leonino. Câncer mostra gentilmente o caminho, de tal modo que você ficará pensando que a ideia partiu de você. Sutileza é uma de suas principais qualidades.

Isso, como todos os outros dons da natureza humana, é como uma faca de dois gumes. O aspecto mais desagradável aparece quando Câncer exerce uma leve pressão de chantagem emocional para levá-lo a fazer as coisas como ele quer. A maioria das pessoas em nossa cultura são terrivelmente vulneráveis a culpas. Isso está muito enraizado em nossa herança judaico-cristã. Ser egoísta é um pecado quase tão grande quanto o Pecado Original. E Câncer é mestre na arte de estimular sentimentos de culpa. Um Câncer inseguro, ansioso por se ligar a uma pessoa ou situação que lhe dê segurança, empregará esse terrível artifício para atingir seu objetivo. Podemos chamar isso de "representar o mártir". A coisa acontece mais ou menos assim:

ADOLESCENTE PARA A MÃE CANCERIANA: Bem, mãe, eu finalmente decidi o que vou fazer no ano que vem. Vou para o exterior, para Paris, estudar línguas na Sorbonne.

MÃE CANCERIANA *(depois de um silêncio durante o qual ela digeriu: a) que seu filho quer "deixá-la"; b) o que ela pode fazer para impedi-lo)*: Paris? É, Paris deve ser uma cidade maravilhosa. Eu nunca fui a Paris. Nunca tive tempo nem dinheiro. *(Um olhar de mártir aparece em seu rosto. O sofrimento do mundo acaba de desabar sobre seus ombros.)* Vai ser ótimo para você. Eu teria gostado de ir a Paris quando tinha sua idade, mas tive que criar vocês, meus filhos, e trabalhar ao mesmo tempo. Seu pai nunca teve muito dinheiro e nunca me levaria a parte alguma. Fiz das tripas coração para sustentar vocês quando crianças e manter a casa. Depois veio a guerra e, enfim, bem que eu teria gostado de ir a Paris.

FILHO *(começando a se sentir meio culpado por estar feliz e ter um futuro, mesmo sem saber bem por quê)*: Bem, quando eu estiver instalado lá, você pode ir me visitar.

MÃE CANCERIANA: Visitar Paris? Eu não poderia. Não tenho o que vestir e estou me sentindo tão cansada estes dias, limpando a casa, lavando e passando roupa... Se você esperasse mais um ano, Júlia já teria idade suficiente para conseguir um emprego... Mas você tem que ir no ano que vem, é claro. Seria muito bom, mas vou ficar aqui e tomar conta de seu pai. *(Longo suspiro, conhecido como o Suspiro de Câncer.)* Vou ficar muito sozinha aqui, mas a vida é um sacrifício, não é mesmo? Se você ama de verdade, tem de se sacrificar.

FILHO *(sentindo-se ainda mais culpado)*: Você não quer que eu vá?

MÃE CANCERIANA *(protestando vivamente)*: Claro que quero! Como você pode fazer uma pergunta dessas? Eu acho ótimo que vocês, jovens, tenham liberdade e dinheiro para fazer o que querem. Não é mais como era no meu tempo, quando os pais vinham primeiro... Acho que as pessoas são mais egoístas hoje em dia... Eu estava pensando nas longas noites de solidão aqui em casa. Nos últimos tempos o telefone tem tocado bastante para você. Todas as minhas amigas se mudaram da cidade e eu nunca tenho tempo de visitá-las, estando tão ocupada em limpar e fazer compras...

É desnecessário dizer que o fim desse diálogo não foi uma viagem a Paris. Nem naquele ano, nem no seguinte nem no outro. Mas, se o filho voltasse a fazer a mesma solicitação, essa espécie de canceriana não hesitaria em desenvolver uma doença cardíaca, enxaquecas violentas ou aquela velha e honrada frase: "Você quer me matar!". Antigamente, isso também era conhecido como a Síndrome da Mãe Judia. Qualquer pessoa sensível já entendeu que você não precisa ser nem judia nem mãe para fazer esse jogo. Maridos, filhos, esposas, namorados e namoradas também o fazem. Quando alguém de Câncer é ameaçado de isolamento ou de perda de um de seus entes queridos – por independência, distância ou por qualquer outro motivo – ele começa a fazer o papel de mártir, o que não é nada bonito.

O problema é que Câncer quer que precisem dele. Tem necessidade de amar, de nutrir, de acarinhar e de fazer o papel de mãe, de uma maneira ou de outra (isso inclui o homem de Câncer também). O importante é encontrar o filho em outros níveis que não o puramente biológico. Uma vez que os filhos tenham crescido, Câncer precisa de outras saídas, de preferência criativas. A sensibilidade, a gentileza, a delicadeza deste signo profundo e sutil podem ser usadas objetiva e produtivamente em um projeto, um negócio, uma casa, uma obra de arte, um poema, um animal ou um jardim. Tudo isso que foi inteiramente investido na pessoa amada, e é muito natural que ela se rebele ou seja invadida por ressentimentos sem mesmo entender bem por quê. Câncer paga um alto preço pela sua chantagem emocional: recebe a hostilidade do ente amado.

Há mais duas coisas a observar sobre o caranguejo para completar o quadro inicial do signo. O caranguejo se desenvolve de maneira cíclica, e isso também é verdadeiro para as pessoas de Câncer. Tive uma vez um casal de caranguejos-ermitões como bichos de estimação. Essas criaturas são fascinantes, pois não têm carapaças duras e usam as conchas de moluscos mortos para se camuflar. Há um tipo de canceriano cuja concha é roubada de outros e um tipo que cresce dentro de sua própria concha. Então, quando um caranguejo-ermitão cresce além da sua casca – o que inevitavelmente vai acontecer –, ele tem de procurar uma nova e fazer a mudança em total segurança. Por baixo da concha, o caranguejo é uma criatura indefesa e totalmente vulnerável. Existe um período de tempo em que os caranguejos têm de se esconder na areia enquanto sua concha cresce novamente e endurece. Eles têm de ficar escondidos ou podem virar jantar de alguma gaivota esperta. As pessoas de Câncer também têm ciclos, durante os quais devem se isolar após uma mudança e um período de crescimento. Se você as surpreender ou se intrometer quando elas estiverem passando por um período íntimo, você pode lhes fazer um mal irreparável. Se forem feridas na infância, elas podem se encolher sob uma concha pequena demais, muitas vezes não conseguindo sair. O caranguejo leva muito tempo para esquecer uma ferida.

Por fim – e talvez a parte mais importante de nossa discussão, já que ela nos leva à explicação do mito de Câncer –, consideremos o ambiente natural do caranguejo. Ele não é nem uma criatura da água nem da terra; ele habita a fronteira entre os dois mundos. Vamos traduzir isso em termos humanos. De um lado, está a terra seca do mundo real – contas, heranças, propriedades, responsabilidades, fatos. Essa é uma das necessidades de Câncer. Do outro, as profundezas insondáveis do oceano de sua imaginação. Câncer pertence aos dois mundos. Ele tem de dar seu tempo a cada um deles – tempo para alimentar seus sonhos e seus desejos secretos na água que se move em sua profunda natureza interior; tempo para construir um abrigo seguro no mundo. Um signo complexo, Câncer. E uma personalidade complexa. É quase impossível conseguir que um canceriano se analise ou que revele seus segredos mais profundos. A astrologia do senso comum considera Escorpião o mais secreto dos signos, mas ele faz isso de propósito, já que sabe que sua segurança repousa na cortina de fumaça. Já Câncer está cheio de sementes meio germinadas, que precisam de escuridão e segurança, de quietude e privacidade. Sua reserva não é premeditada e tem de ser respeitada. O fruto criativo que ela vai germinar é digno de ser esperado.

## O MITO

Podemos resumir o mito de Câncer em uma palavra: Mãe. E que palavra mais complicada! Mãe não é só a mulher que nos trouxe ao mundo, nos amamentou e nos viu crescer. Mãe é aquilo que a psicologia profunda chama de arquétipo – isto é, um símbolo de uma experiência inata de vida comum a todos nós. Mãe significa coisas diferentes para pessoas diferentes: a segurança, o prazer e o aconchego de uma infância tranquila. Um sentimento devorador e possessivo que pode ser sufocante. Algo forte, que ampara, ou algo destrutivo e sombrio. De qualquer maneira, todos nós viemos de mães. Para o canceriano, a experiência da mãe, em todas as formas, está arraigada em sua vida interior. Ele nunca escapa por completo dela. No fim, como no começo da vida, lá está a figura poderosa representando os sentimentos, o passado, a infância e a segurança, à qual aspira tão intensamente a retornar. Mãe é sempre um enigma para o canceriano. Você pode encontrar cancerianos que não têm nenhum sentido de família – família é algo incômodo para eles, algo a que eles não se prendem de jeito nenhum. Você pode ter a certeza de que, nesses casos, a infância guarda algumas lembranças que o canceriano gostaria de esquecer. Há cancerianos que são perpétuos andarilhos, sempre tentando deitar raízes em outros lugares. Muitas vezes estão fugindo – do passado, da infância, da mãe.

Vamos observar um pouco mais de perto os antigos mitos que falam da mãe. Antes dos deuses no Olimpo ou dos heróis na Guerra de Troia, havia a Deusa Mãe. As religiões mais antigas do mundo começaram adorando a Mãe. Para os povos antigos, mãe significa a Mãe Terra. Significa os frutos da colheita e a própria terra, de onde o homem tira o seu sustento. Em todos os países do Mediterrâneo e do Oriente Próximo, onde nasceu nossa civilização ocidental, o culto à mãe era a adoração do poder da terra de dar e tirar a vida.

Tendemos a encarar com certa arrogância a "superstição" com a qual nossos ancestrais adoravam a terra e faziam preces para poder trabalhá-la e ter uma boa colheita. Atualmente, dispomos de uma avançada e moderna tecnologia com a qual acreditamos poder controlar a terra. Não apaziguamos mais a mãe com ritos misteriosos e elaborados. O homem acha que é um ser supremo; a terra está aí para ser conquistada, e o céu também. Agora, pensemos na infância. A mãe é tão poderosa para a criança como a Mãe Terra era antigamente para nossos ancestrais. Ela é enorme, vasta, misteriosa – a fonte de alimento e de vida, aquela que dá e que tira o amor e o conforto. Nada do que o homem encontre no transcorrer de sua vida será tão grande quanto fora a mãe quando ele era apenas um bebê. Você pensa que nós esquecemos facilmente as coisas? Se essa criança foi de Câncer – sensível, aberta, consciente de todas as correntes emocionais secretas que passam como um fluxo e um refluxo por ela e sua família –, ela provavelmente nunca esquecerá. Poderá obliterar esse sentimento de algo tão poderoso que se torna assustador. Mas a mãe continua sendo um mistério tão grande quanto o mistério do crescimento das plantas. Essas são coisas que nós realmente não podemos abordar com nossa mente bem-treinada e racional.

Há alguns aspectos menores e interessantes a respeito do mito da Grande Mãe. O primeiro é que ela sempre tinha um companheiro, que era ao mesmo tempo seu filho e seu amante. Na mitologia há muitos temas sobre o incesto. Se os tomarmos simbolicamente, significa que a Deusa e seu Amante tiveram origem na mesma fonte. E esse filho-amante é representado com frequência nos mitos como a criatividade da natureza – o artista, o maravilhoso e jovem deus que, com sua respiração, faz crescer as plantas; o deus-sol que traz a luz para o mundo na primavera. A Páscoa, a grande festa religiosa que celebra a Ressurreição de Cristo, tem suas raízes em um passado mais remoto: a celebração da ressurreição do jovem deus que retorna para trazer vida à terra, depois de um frio inverno. No outono, de acordo com o mito, ele morre – e a terra fica deserta, nada cresce nela e o mundo fica envolto em um frio estéril. Em todo o Mediterrâneo, os festivais da morte do deus eram celebrados por milhares de mulheres que se lamentavam, chorando e oferecendo sacrifícios. Na primavera, era só alegria.

    Como isso se relaciona a Câncer? Em primeiro lugar, trata-se de um mito cíclico. Se esses mitos foram criados para explicar a natureza ou tinham um significado mais profundo, é assunto de debate entre arqueólogos e psicólogos; o que vemos aqui é um mito que trata do eterno crescer e minguar da vida – análogo ao ciclo da Lua, regente de Câncer. Câncer é um signo de fases, de ciclos. As experiências individuais de Câncer, as marés altas e baixas da força da vida, da criatividade, da alegria e da tristeza, são perpétuas durante a sua vida. Ele está mais próximo do processo natural da Mãe Terra do que qualquer outro signo; cancerianos são extremamente vulneráveis a mudanças de clima e de estação e entram numa espécie de hibernação durante o inverno. Podem ficar meio deprimidos, apáticos ou carentes de energia; mas quando chega a primavera eles voltam à vida.

    Há um significado ainda mais profundo com relação a esse mito. Com a mãe e o jovem deus, que simboliza a vida criativa, temos um quadro da maneira como se dá a criatividade artística. Cancerianos são pessoas altamente imaginativas e criativas, como os escritores Proust e Guimarães Rosa e o pintor Van Gogh, que tem ascendente em Câncer. De certa maneira, o canceriano criativo é uma espécie de parteira: ele cria algo que vem de profundezas que mal compreende, fazendo algo vir à luz por meio de seus sonhos, de suas visões, de suas fantasias, de seus sentimentos. Depois que toda essa criação toma forma, essa fase passa. Por um certo período, ele vai se sentir deprimido, vazio. É o inverno. Em seguida, sua criatividade, cuja origem é um mistério, emerge novamente. Nenhum verdadeiro artista sabe explicar onde fica a sua fonte de inspiração. Ela é como o oceano – imenso, insondável. Como o caranguejo, que habita o pedaço de areia que fica entre o oceano misterioso e a terra seca da vida normal. Ideias e imagens vêm a ele, que lhes dá vida. Depois a maré recua e, durante certo tempo, ele permanece na praia. Depois o mesmo processo recomeça.

Câncer é um signo de grande complexidade e profundeza. Na superfície, você pode surpreender o canceriano fazendo qualquer papel – ele é um ator nato e seu sentido de camuflagem e de autoproteção sempre o compelem a interpretar algum papel em qualquer situação social. Ele pode ser frívolo, engraçado, emburrado, chorão, lunático, carrancudo, afetivo, apaixonado, reservado, estático. Você nunca sabe como ele vai acordar pela manhã. Mas, sob esse caleidoscópio de sentimentos e humores cambiantes, sob a dura carapaça mostrada a este mundo hostil, existe um perpétuo ciclo de morte e renascimento, de inverno e primavera, de verão e outono. Por isso é tão importante para Câncer ser criativo e se expressar emocionalmente de alguma maneira. Ao retomarmos o mito em seu mais profundo significado, entendemos que Câncer é os dois, a mãe e o filho, e não consegue explicar a ninguém o misterioso ritmo interno – o ritmo do mar, da Lua, das marés. Não espere que Câncer seja lógico; ele nunca o será, a menos que tenha escolhido a lógica como máscara, por pressão das opiniões alheias. O verdadeiro canceriano é uma criatura de humor variável, e ele é incapaz de explicar por que é assim. Mas, também, por que deveria explicar? A natureza não nos deve explicações. Ou nós gostamos dela ou perdemos algo muito precioso.

## A SOMBRA

É tempo de olharmos para o lado menos agradável do caranguejo. Já vimos alguns truques que Câncer usa para manter seus relacionamentos. Mas a maioria dos cancerianos é consciente, ainda que de modo obscuro, de que às vezes eles representam papéis no campo afetivo. Podem não admitir nem discutir isso. Uma das expressões favoritas de Câncer é: "Será que temos que falar sobre tudo? Certas coisas não se deve dizer". Mas o canceriano não é cego. Com um instinto infalível, ele pode interpretar muito bem as correntes emocionais – inclusive as próprias.

Como já vimos, o lado desconhecido de qualquer signo está no elemento que lhe é antagônico. Orientados para os sentimentos, os signos de água têm um lado secreto que se assemelha aos signos de ar. A simpatia, a gentileza e a sensibilidade, que são as melhores qualidades deste signo, trazem consigo uma estranha sombra. Podemos sintetizá-la em uma expressão: crítica destrutiva.

Ouça por algum tempo uma conversa banal e corriqueira de um canceriano típico. Na maior parte das vezes eles são bastante afáveis – "Oh, não seja dura demais com o pobre homem! Ele não sabe o que está fazendo". "Como você pode enxotar um gatinho tão indefeso e tão pequeno?", "Sim, sei que ela está te explorando, mas, coitada, ela é tão sozinha!..." etc. Câncer é rápido para achar desculpas para o pior comportamento dos outros, em especial da própria família, por ter facilidade em reconhecer os motivos de cada um. Mas, de vez em quando, ouça um canceriano fazendo uma fofoca. Você ouvirá as piores maldades saindo de sua boca. Sutilezas, coisinhas sem importância – não discordância de opinião, discussões honestas ou aversões reconhecidas... Esse lado de Câncer é bem representado pelo clube de senhoras que jogam buraco e que se juntam para falar mal de uma amiga em comum pelas costas – e que sorriem docemente quando a encontram de novo, espantadas se ela estiver ofendida, pois, afinal, não tinham a intenção... Ou o pai canceriano que, sem a mínima intenção de ser grosseiro, diz a seu filho como ele deve ser: "Por que você não é como o Joãozinho, que nunca falta com o respeito a seu pai?". Ou a mãe canceriana que, um pouco ciumenta de sua filha, lhe diz, antes de um baile importante: "É, você está linda, querida... linda dentro do possível...". Esse é um velado insulto, uma crítica disfarçada. A sombra de Câncer pode ser representada por algo que incomoda, como uma vespa com um pequeno ferrão. E a maioria deles é completamente inconsciente disso. Criticar? Nunca. Quando você lhes mostra suas sombras, eles protestam. Os cancerianos gostam de pensar que são gentis, simpáticos e compreensivos, mas a sombra de qualquer signo de água é impiedosa, podendo ser cruel ou fria, o que é verdadeiro para os três signos de água. Em Câncer, a sombra fala pela boca.

Quais são os verdadeiros motivos escondidos por trás disso? Uma vez que estamos navegando por águas tenebrosas, vamos observar tudo mais de perto. Lembre-se do que dissemos sobre os signos de água: o mais importante para eles é seu relacionamento com os outros. Os signos de água não gostam de ficar sozinhos; não suportam isolamento ou rejeição. Câncer, um signo intensamente sentimental, tem forte tendência a viver por intermédio das pessoas que ama. Fidelidade eterna. Câncer é um signo possessivo – tão possessivo quanto Escorpião é tradicionalmente. Mas Câncer é mais sutil. Para resumir, podemos dizer que Câncer encontra um significado para sua vida por meio das pessoas que lhe são próximas. Mas algo oculto no seu íntimo se revolta.

Ressentimento – tranquilo, efervescente, discreto, silencioso – é um dos maiores problemas emocionais de todos os signos de água. Em Câncer, o ressentimento pode se tornar uma verdadeira arte. Em algum lugar, bem no íntimo, junto com todas as emoções e os amores, está a nítida impressão de que ele não está vivendo sua própria vida. Isso é ainda mais verdadeiro quando Câncer se doa e se sacrifica e a pessoa amada não está preparada para chegar até ele, mesmo quando a corda é puxada até o fim. E o ressentimento se transforma em crítica negativa. Trata-se de um ato de vingança. Lembra-se da tendência dos signos de água a ter ideias fixas arraigadas no fundo da mente? Bem, a ideia é esta. Eu dei a ele (ou a ela) tudo, e agora ele (ou ela) tem que me dar alguma coisa em troca. E, se o presente não é devolvido, então, bem, ele merece umas bordoadas para se colocar em seu devido lugar.

Isso pode parecer meio maldoso, e realmente é. Mas, se Câncer conseguisse atingir o âmago de seu ressentimento e agir sobre ele – positivamente, não com crítica negativa –, seus relacionamentos poderiam se tornar mais saudáveis e seguros. Agir positivamente significa não se fazer de mártir. Nem todo mundo é uma criança que precisa ser ferozmente protegida. Algumas pessoas – talvez todas – têm de se soltar de vez em quando. E Câncer tem de aprender a se alimentar, a atender às suas próprias necessidades e a seus próprios desejos. Quanto mais ele age assim, menos ressentimento carrega dentro de si. Dessa maneira, a sombra fica no porão, que é o seu lugar.

Outra faceta interessante de Câncer – e que pode se voltar contra ele – é a maneira de aceitar a opinião alheia sem verificar em que ela se baseia. Dê-lhe um ou dois fragmentos de informação e ele irá julgá-lo e trazer à tona todo o peso de seus próprios sentimentos, preconceitos e pré-julgamentos. Crítica negativa também implica julgamento, e o julgamento de Câncer, quando baseado em opiniões mal digeridas, pode ser não só errado, mas destrutivo. Isso poderia ser chamado de "opinionite". "Andam dizendo" ou "Todo mundo sabe" serão as frases mais comuns desse aspecto da sombra de Câncer. E o verdadeiro objetivo desse exercício é: "Eu me protejo, e aos meus. Tudo o mais é suspeito".

Como lidar com uma sombra de Câncer quando ela está à solta? Às vezes é melhor ignorá-la; afinal, ela não tem malícia. Às vezes é bom enfrentá-la e trazer um pouco de honestidade e de verdade para a conversa. Mas o mais importante é saber que essa sombra existe. As pequenas farpas e inferências não notadas desaparecem. Câncer tem um imenso poder emocional, por poder ler tão bem os sentimentos alheios. E, seja qual for essa sombra, a luz também está ali – e com ela a compaixão, a sutileza, a gentileza, o carinho e a atenção. Tudo isso é muito precioso.

## CÂNCER E O AMOR

Para o legítimo canceriano, o amor tem muito a ver com segurança. Está também muito ligado a afeição, gentileza e simpatia e tem uma estreita relação com a Mãe.

Câncer é capaz de tanta paixão quanto Escorpião; mas, por ser um signo mais vulnerável, tende a ser mais perspicaz ao dar rédeas às suas paixões. E leva também tempo para se conectar com alguém, pois a confiança é terrivelmente importante para todos os signos de água.

Em princípio, todas as pessoas se comportam de maneira semelhante; mas, se o canceriano se apaixona de fato, é bem provável que o mito da mãe comece a aparecer. Isso pode se refletir na necessidade de carinho maternal, o que se aplica tanto às mulheres como aos homens. Há mulheres cancerianas que procuram homens maternais, carinhosos e gentis. Da mesma maneira, pode ser que ele queira dar esse carinho maternal. Mostre seu sofrimento, sua fraqueza, seu desespero, suas necessidades, e você conquistará esse signo de uma maneira que não conseguiria se mostrasse sua força. Lembre-se de que o canceriano quer que precisem dele. E não espere que tudo seja dito. É raro o canceriano se mostrar apaixonado. Ao se relacionar com caranguejo, você terá de aprender seus sinais e se tornar um bom intérprete de seus humores. Enfado e mau humor significam que ele se sente rejeitado. Apego quer dizer que você tem que lhe dar novas provas de amor. Lamentações querem dizer que ele está magoado consigo mesmo nesse dia. Impertinência quer dizer que ele acha que ninguém gosta dele. E assim por diante. Mas tente lhe apresentar a questão de frente, e o caranguejo andará para longe de você. Em geral, nem ele entende o que está se passando. É só um humor passageiro.

O canceriano tende a ser leal em seus relacionamentos e, por isso, a segurança é importante para ele. É notória sua preocupação com a preservação da base do lar e sua mania de colecionar aventuras em sua jornada. Por outro lado, se ele é bastante confiável, consciente de suas prioridades, não dará sequência a nada que possa abalar a segurança de um relacionamento.

O divórcio é uma experiência horrível para Câncer. Eles podem manter seus relacionamentos porque pressentem que toda a carga de uma separação seria uma experiência desagradável demais. A ruptura de um ninho é um verdadeiro trauma, enquanto um sagitariano alegremente faria suas malas e iria embora ou um virginiano colocaria todos os assuntos financeiros em dia antes de partir. Nenhuma separação é fácil para Câncer, por mais que ele anseie por liberdade. Mais uma vez, é preciso aprender a ler os sinais. Falta de demonstrações afetivas, frieza sexual ou impotência são maneiras de Câncer dizer: "Deixe-me sair daqui". Mas raramente será ele que tomará a decisão de partir. Em primeiro lugar, o confronto emocional seria terrível demais. Em segundo, a opinião dos outros também seria difícil de enfrentar. O canceriano preferirá se tornar cada vez mais insuportável para que você o coloque na rua. Então, ele não terá por que se sentir culpado.

Mas isso leva muito tempo e só acontecerá se você pisotear seus sentimentos, for insensível ou frio, despedaçar seus sonhos, provocá-lo para que ele seja forte, quando sua força reside na camuflagem e na tenacidade. A traição da confiança penetra fundo nos signos de água. Do ponto de vista racional, eles podem até desculpar isso, mas, do emocional, nunca.

Sem dúvida, o ninho é importante para Câncer, é uma questão de hábito. Mesmo um canceriano que não tenha se casado, mas mantenha um caso, vai cair sempre na mesma poltrona da sala de estar e praticar sempre o mesmo ritual para comer e beber. A ligação pode não ser permanente, mas a necessidade de raízes e segurança pode dar ao mais casual de seus romances uma sensação de continuidade maravilhosa.

É fácil amar um canceriano por sua gentileza, sensibilidade, imaginação, sutileza e pela coragem que ele demonstra quando aquilo que ele ama é ameaçado. O difícil é aguentar seus humores e o inato egocentrismo da criança, sempre presente nesse signo complexo. Seja qual for o papel que Câncer esteja desempenhando, de mãe ou de filho – ou os dois –, a eterna necessidade de afeição e de demonstração de carinho estará sempre presente. Se você é uma dessas naturezas friamente autossuficientes e que se irritam ao demonstrar sua afeição – sobretudo quando ela pode não ser retribuída por causa de um mau humor – então, o melhor que você tem a fazer é ficar longe de Câncer. Se você tem um coração caloroso e uma certa compreensão do que pode ser a vida vista pelo lado interno desse sonhador alternadamente frágil e resistente, você pode ter uma surpresa. O maior presente que Câncer pode oferecer num relacionamento é uma profunda e instintiva compreensão da natureza e do sofrimento humano. E não se pode dizer que, nos dias de hoje, se encontrem facilmente pessoas assim andando por aí.

## O Homem de Câncer

"Não pense jamais", escreveu o poeta Rainer Maria Rilke, "que existem mais coisas na vida do que aquilo que se guardou na infância". Para Câncer, poderíamos dizer mais acertadamente que não existem mais coisas na vida do que aquilo que lembra mamãe. É aí que residem a maior força e a maior fraqueza do homem de Câncer num relacionamento amoroso. Esse homem está amarrado – de um jeito ou de outro –, seja por amor ou por ódio, às vezes pelos dois, à mãe.

Pode parecer um pouco simplista dizer que todos os homens de Câncer são ligados às mães. Mas isso poderia estar bem perto da verdade. Lembra-se do que dissemos a respeito dos mitos ligados a Câncer? Em particular do mito da Grande Mãe? Mais cedo ou mais tarde, todo canceriano terá de se confrontar com ele. Ele pode tanto personificar a mãe – o que não tem relação com a sua sexualidade – como pode procurar uma mãe durante toda a sua vida. Em um mundo patriarcal, com a pouca atenção que é dada à vida interior e às motivações das pessoas, a maioria dos cancerianos prefere a segunda opção.

Se você pensar no assunto, verá que isso é natural. Câncer é um signo de sentimentos, de profundas necessidades emocionais e, com frequência, de dependência. Ele se apega, não gosta de ficar sozinho. Na infância, essa necessidade de atenção e carinho se concentrará naturalmente na mãe. O problema é quando ele se torna adulto e continua procurando por essa mulher para que cuide dele, o proteja e esteja sempre disposta a perdoá-lo, compreendê-lo e abrigá-lo. Você pode até perguntar: e por que não? Mas Câncer, sendo um signo feminino, choca-se de frente com a psique masculina. No inconsciente de cada homem, profundamente entranhado, está o mito do herói. Como pode um herói ficar correndo de volta para a mamãe, em busca de conforto e compreensão? A psicologia considera o laço mãe-filho uma das coisas mais difíceis que um homem tem de enfrentar na vida. Se ele não souber lidar com o problema – e grande parte dos homens de Câncer não sabe –, então seus relacionamentos sofrerão com isso.

Há um enredo que frequentemente se segue a esse tema e que é muito comum nos casamentos de cancerianos. Os homens de Câncer em geral se casam jovens, isto é, aqueles que não nutrem ódio pela mãe. Estes costumam se casar muito tarde, quando se casam. Eles não sabem que odeiam suas mães. Eles têm medo de mulheres – e não se comprometem. Mas essa é uma espécie distorcida de Câncer, um homem que tenta escapar de sua própria dependência emocional. Você pode encontrar muitos deles com uma carapaça bem reforçada, nunca deixando aparecer a pessoa vulnerável que há sob ela. Se você tentar descobri-la, eles investirão contra você com suas possantes garras, como bons caranguejos que são.

O mais aberto homem de Câncer constituirá família por volta dos 25 anos. Devido à sua natural afabilidade, será excelente pai – isso enquanto não tiver ciúme dos carinhos maternos que seus filhos recebem. Porém, mais tarde, aos 30 ou talvez aos 40 anos, os padrões que Câncer se impõe são outros. Ele normalmente vai ser atraído por uma mulher forte – um desses tipos competentes, muitas vezes uma mulher intelectualizada, que não suportará a carga emocional do relacionamento. Seus humores, sua mutabilidade, suas agressões e seus medos – tudo tem de ser compreendido e tratado com carinho.

É natural que jovens adolescentes se rebelem contra a mãe. Faz parte do processo de crescimento. Isso acontece também com o canceriano, pois ele é homem. Você pode imaginar o que acontece? Quem se rebela contra quem? Bem, a mãe substituta é que leva o tranco. Se isso acontecer com você, não será nada divertido. Embora Câncer não seja o maior expoente em matéria de divórcios – afinal, o casamento é uma forma de segurança, não é? –, o homem de Câncer pode ser um andarilho por excelência. Ele sempre volta, mas a questão é saber se você vai acolhê-lo quando ele voltar.

Este é um signo imbuído de diversos conflitos para um homem. Sua sensibilidade e sua imaginação não se conciliam com o que a sociedade espera de um homem. Será que ouvi que os tempos mudaram, que as mulheres estão liberadas etc.? Talvez em Londres, em Paris, em Amsterdam ou em Nova York, mas o resto do mundo continua na mesma. Excluindo sofisticadas cidades cosmopolitas, ainda é difícil para um homem sensível, introvertido, imaginativo e instável conseguir ser ele mesmo. Ele precisa aprender a se camuflar. Os dois disfarces mais comuns de Câncer, como já vimos, são sua dura carapaça e o "bom companheiro de copo" de rosto alegremente extrovertido. Mas essas coisas cortam sua comunicação com seu ser interior, a menos que ele tenha muita confiança em si mesmo. Quantas pessoas que você conhece são assim?

Existe outro motivo pelo qual o problema da mãe não é de fácil solução. A maternidade é ao mesmo tempo sagrada e profana; é também um fato biológico e uma experiência arquetípica. Traçar uma linha entre a mulher repressora e a mãe perfeita, de tal modo que nunca faça nada errado, é uma tarefa difícil. Viver à sombra da mãe, em tão íntimo contato com as forças e as correntes que inundam as praias da vida comum, é, para o homem de Câncer, um enorme e perturbador desafio psicológico. Muitos preferem nem pensar sobre isso. Mas a profunda criatividade desse signo não pode emergir de seu mito sem algum entendimento. O homem de Câncer nunca é um amante ou um marido fácil. Para uns, ele é complexo demais e desafia a imagem masculina estereotipada da sociedade. Para outros, é evasivo e indireto, e, quanto mais profundo for o sentimento ou o problema, menos você o ouvirá falar dele. Num momento, ele pode ser taciturno e agressivo e, no instante seguinte, efusivamente sentimental e afetivo. Mas, acima de tudo, ele tem sentimentos e está vivo. O curioso é que o canceriano quase nunca é rigorosamente intelectual, mas armazenará em sua extraordinária memória tudo o que ouvir, para extrair dela o que interessar na hora de contar uma piada ou de ilustrar um fato.

Donald Sutherland é um ator tipicamente canceriano. Ele é conhecido por não gostar de dar entrevistas, pois é muito evasivo, inatingível e de humor instável. No entanto, é extremamente masculino, à sua maneira. Talvez não do tipo de Burt Reynolds. Bem, as qualidades mais apreciadas num canceriano são a ternura e a gentileza. Hoje em dia elas são raras. Deposite nele sua confiança e verá o que resultará disso. Afinal, quem quer Burt Reynolds?

## A MULHER DE CÂNCER

Existem dois tipos de cancerianas. As Mães e as Eternas Crianças. É comum elas se alternarem; então, ambas estarão numa só. Câncer é, usualmente, o resumo do feminino, e a mulher de Câncer se mostra assim: de humor instável, não racional, amando e sendo cruel alternadamente, imprevisível, gentil, carinhosa, capaz de fazer belas surpresas, enormemente enigmática e cheia de mistérios.

Não pense que, por gostar de cozinhar, ela seja doméstica, ou que, por gostar de crianças, seja dócil e não tenha suas próprias ambições. Mulheres de Câncer podem ser intensamente possessivas, autoritárias e ambiciosas; só que têm tendência a viver tudo isso por meio de outra pessoa, por exemplo, o marido, o amante ou o filho.

Há cancerianas que escolhem deliberadamente o papel de mãe. Elas têm um dom especial para formar um lar, criar um ambiente quente e cheio de amor, para lidar gentilmente com todos os machucados – físicos ou emocionais – daqueles que amam. Mas não esqueça que a Deusa Mãe do mito tem mais de uma face. Sua face doméstica cura, provê, mantém. Sua face sombria é selvagem como as bacantes, que dançam a dança sagrada de Dionísio no alto da montanha e esquartejam o fauno que apanham. Há profundezas secretas e tempestades emocionais, além de uma estranha e matriarcal consciência dentro da mulher de Câncer. As mulheres de Câncer mostram essa atitude arcaica encarando os homens apenas como fornecedores de espermatozoides. Elas voltam para aqueles dias em que a Mãe reinava e o rei era sacrificado a cada cinco anos. Para esse tipo de canceriana, todos os homens são, na essência, crianças a serem mimadas e amadas, criados para engravidá-las.

Um relacionamento com essa espécie de canceriana é ao mesmo tempo assustador e estimulante. Assustador porque pode castrar um homem. Se você sempre é tratado como um menino, acaba virando criança. E se antes você não era tratado assim, acabará virando uma criança. Por outro lado, esse constante desafio à sua masculinidade pode levar a um amor maravilhosamente dinâmico, apaixonado e sempre estimulante. Nos mitos antigos, o herói é quem desafia o poder da mãe – não desvalorizando ou subjugando seus direitos, mas simplesmente afirmando a própria masculinidade e seu próprio destino – como o faz o verdadeiro herói. Há uma fascinante qualidade nas mulheres de Câncer por causa desse seu aspecto sombrio. Ela atrai, fascina, repele. Mas segura e doméstica ela não é mesmo. Pense mais um pouco. Ela poderá ser ótima cozinheira, mas você precisa compreender essa mulher.

A mulher de Câncer também tem necessidade de criar. Na maior parte das vezes, sua criatividade se expressa por meio da geração de filhos. Na meia-idade, quando as crianças já estão crescidas e precisam mais de uma amiga do que de uma mãe, muitas cancerianas sofrem profundas crises de identidade. Quem sou eu? O que é a minha vida? Esse é o maior desafio para a mulher de Câncer. Em certo sentido, a vida da canceriana só começa nesse trecho do caminho. A primeira parte de sua vida é toda dedicada ao lar e à família, expressão natural, certa e instintiva de toda a feminilidade e criatividade do signo. Porém, mais tarde, o mundo tem de se tornar maior e a família tem de aumentar – razão pela qual muitas cancerianas se tornam tão boas professoras, conselheiras e terapeutas. A criatividade tem de ser dirigida a outros níveis além do biológico. Talvez seja essa a razão pela qual cancerianas são excelentes pintoras, romancistas e atrizes, com muita profundidade e sutileza na meia-idade. A profundidade e a riqueza da canceriana só aparecem depois dos 35 anos. Este é um signo que amadurece devagar. Caranguejos não correm como cavalos. Mas a mulher de Câncer, por vezes mais parecida com uma ostra do que com um caranguejo, pode levar metade de sua vida elaborando sua pérola – sua sabedoria a respeito da natureza humana, a profundidade do seu amor pelas pessoas e pela vida. Esta talvez seja a mais misteriosa de todas as faces da mãe: Sofia, que em grego quer dizer sabedoria. E a sabedoria vem do coração, não do intelecto.

# ESCORPIÃO

Dizem que o Escorpião pode ser reconhecido pela fixidez do seu olhar. Isso se tornou mais do que notório na astrologia em geral e nos horóscopos que circulam nos jornais e pela Web. Enigmático, penetrante, ele sonda sem nada revelar, aparentemente hostil e impiedoso. O homem da visão de raio X. Esse particular, junto com a infame paixão geralmente atribuída a esse signo, torna a vida muito difícil para as pessoas de Escorpião. Afinal, se numa festa alguém perguntar qual é o seu signo, e você, olhando fixamente para essa pessoa, lhe disser "Escorpião" e ela der um passo para trás e fugir com medo, ou se no mesmo instante perguntar o que você vai fazer mais tarde, bem... a coisa pode se tornar difícil.

Escorpião é, sem dúvida, o mais desconcertante e talvez o mais incompreendido signo do zodíaco. Os próprios escorpianos não ajudam, pois eles mesmos têm a tendência de se tornar enigmáticos e misteriosos quando se sentem inseguros, e ficam checando as opiniões dos outros. Mas vamos deixar de lado os preconceitos e começar do início. O que existe de real sobre este oitavo signo que parece provocar tanta confusão, fascinação e temor? Se você abrir um texto astrológico medieval e se for um escorpiano forte – seja de Sol, Lua ou Ascendente –, vai se sentir como um animal voando por cima da Golden Gate ou se transformar num policial muito antes de perpetrar um crime sexual ou assaltar alguém. As descrições são as piores possíveis. Prepotente, maníaco sexual, violento, briguento, vingativo, astucioso. A imagem é das mais pavorosas. O equivalente moderno não é muito melhor. É uma desgraça ter de viver à sombra de uma Mata Hari (que era escorpiana) ou de um Don Juan. Cansa viver assim. Mas, afinal, quem é o Escorpião?

Como Câncer e Peixes, este é um signo de água. Já falamos sobre o elemento Água, que está mais ligado ao lado sentimental da vida. Deixando de lado todas as suas cortinas de fumaça – e não se engane, de todos, este é o signo que tem as melhores cortinas de fumaça –, Escorpião é profundamente sentimental e sensível, facilmente afetado pelas correntes emocionais que fluem nele e à sua volta, suscetível aos sentimentos alheios, facilmente magoável, empático, compassivo, por vezes muito solitário e dotado de uma necessidade quase voraz de relacionamento. Não repare na plaqueta de "solitário" que penduraram neste signo. Escorpião não é solitário em seu coração: ele anseia por uma união profunda e íntima, só que escolhe muito bem quem vai deixar entrar em seu domínio psíquico, uma vez que é tão intensamente sensível. Também poderíamos dizer que ele é um pouco desconfiado com relação às pessoas.

Falemos da desconfiança. O escorpiano poderá preferir chamá-la de precaução realista. Como todos os signos de água, Escorpião não se ilude com a ideia de que tudo o que se mostra na vitrine é igual àquilo que se compra. O Escorpião tem uma maneira esquisita de perceber aquilo que as pessoas não querem que os outros saibam. É provável que nem eles saibam, o que torna as coisas ainda mais embaraçosas. Pode ser desagradável encontrar alguém que sabe a seu respeito alguma coisa que você próprio desconhece. Desde a mais tenra infância o escorpiano consegue perceber a hipocrisia e a desfaçatez com esse seu curioso faro para as correntes subterrâneas.

Sendo de água, em geral ele não será capaz de formular essas percepções. O mais provável é que tenha reações viscerais e violentas, e você pode ter a certeza de que, onde ele sente cheiro de enxofre, esse cheiro de fato existe. O problema é que ele sente cheiro de enxofre em todo mundo.

Como você pode constatar, Escorpião tem conhecimento de um dos mais profundos e confusos segredos da natureza humana: todos os indivíduos carregam dentro de si um lado sombrio. Escorpião não pode se dar ao luxo de ser romântico, pois sabe perfeitamente que junto da nobreza e grandeza da raça humana existe um animal, e não o melhor de todos. Já mencionamos que o elemento Ar é idealista. Em princípio, o homem é fundamentalmente bom. O elemento Água é mais realista. Princípios são maravilhosos, mas a vida é diferente. Não admira que o escorpiano pareça por vezes profundamente cínico. E como poderia ser de outra maneira, se é constantemente envolvido e confrontado com o espetáculo da roupa suja de todo mundo, inclusive a sua?

Uma das maiores dificuldades de Escorpião é aprender a ser tolerante. Compaixão ele tem bastante, embora possa se mostrar impiedoso quando necessário; mas, ao contrário dos seus colegas piscianos e cancerianos, não será muito influenciado por uma história triste se achar que quem a conta não fez de tudo para se ajudar. Mesmo com toda essa compaixão, você quase sempre achará que o escorpiano é intolerante com a fraqueza. No entanto, ele é sensível ao sofrimento e à solidão alheios. Você pode encontrar escorpianos em profissões ligadas à assistência, como medicina e psicologia, porque são preocupados com a dor e o sofrimento que aprisionam alguns; mas preguiça e fraqueza são coisas que ele não admite. Sua atitude é a de que, não importa em que enrascada esteja metido, você pode sair dela e fazer de sua vida aquilo que quiser. Porém, na hora que estiver apto a viver sua vida, o escorpiano terá descoberto o segredo para realizar esse pequeno ato de transformação dentro de si mesmo. Se eu posso, raciocina ele, por que os outros não podem? O que ele não entende é que as pessoas são diferentes e que nem todos têm a sua capacidade de impiedosa autodisciplina, e, por isso, nem todo mundo tem de passar por isso na vida. O famoso orgulho luciferiano de Escorpião o impede de reconhecer que às vezes é necessário e até corajoso fraquejar.

Isso nos leva a outra importante faceta da natureza do Escorpião. Vamos discuti-la adiante mais detalhadamente. Por ora basta dizer que Escorpião tem um grande problema em relaxar, e isso significa o controle em vários níveis. Pode ser o controle da expressão espontânea de emoções – todos conhecemos aquele tipo que, mesmo depois de algumas garrafas de vinho e do quinto copo de uísque, ainda mantém sua garra de ferro sobre si mesmo e nunca, nunca mesmo, se permite parecer tolo ou sentimental diante dos outros. Pode ser o controle sobre as pessoas – e esse pode ser um verdadeiro problema nos relacionamentos mais íntimos do escorpiano. Pode ser o controle de sua própria vida, e você o encontrará manipulando os fios de todas as marionetes à sua volta para manter o mundo em seu devido lugar. E, seja qual for sua natureza, todo escorpiano, em sua vida, tem uma grande chave que abre uma enorme porta de aço atrás da qual se encontra... Bem, você não quer mesmo saber o que há ali, não é? Pegue toda essa introspecção e essa imensa sensibilidade, adicione uma boa dose de forte orgulho e determinação para traçar seu próprio caminho na vida, coloque ainda uma dose de desconfiança generalizada com relação aos motivos dos outros, e o resultado não vai ser exatamente uma pessoa conhecida como "relaxada". Às vezes essa mistura produz uma qualidade atraente e fascinante – sugerindo profundezas insondáveis. Sorte sua se conseguir sondá-las. Só que isso às vezes produz uma manifesta paranoia.

Já se disse que o escorpiano, graças à sua enorme força de vontade, paciência, persistência e introspecção, pode vencer em qualquer coisa que se proponha, e isso, em geral, é verdadeiro. O escorpiano é praticamente irrefreável quando decide empreender algo. Por ser um signo de sentimento, ele se entrega emocionalmente a tudo o que faz. Se não o fizer, ele se aborrece. Seja tornando-se um líder nacional (como Charles de Gaulle, um famoso escorpiano), seja trocando uma lâmpada queimada – se tiver interesse pelo que faz, seu trabalho não será uma coisa amorfa. Ele será feito com o coração, o corpo e a alma. Quando está de fato interessado, põe todos os seus talentos e sua energia naquilo que faz. Montanhas se movem sem esforço desse jeito. Essa introspecção possibilita ao escorpiano sair de lado e driblar – ou, se necessário, atacar – aqueles que querem derrubá-lo, antes que se perceba que algum tipo de confrontação está para acontecer. Martinho Lutero era de Escorpião. Quem, senão um escorpiano, poderia desafiar toda a Igreja Católica? Teddy Roosevelt, outro famoso escorpiano, tinha uma expressão favorita, que exprime bem sua fórmula de sucesso:

*Ande devagar e tenha sempre um bom porrete consigo.*

É o permanente controle desse signo estável que permite ao escorpiano esperar às vezes anos a fio para conseguir seus intentos, não perder nada, não esquecer nada. É uma notável fórmula de sucesso. O caso é que nem sempre é o sucesso que motiva o escorpiano. Certamente, há aqueles escorpianos que, frustrados em sua vida afetiva, fazem do poder absoluto seu objetivo final. Mas essa é uma expressão patológica do signo, não genuína. Faça alguém sofrer demais, e você o verá lançar mão do poder para compensar esse sofrimento. A verdadeira chave para a enorme determinação de Escorpião para fazer algo de si mesmo se encontra nas profundezas de sua própria alma. Seu coração é sempre um campo de batalha, pois os elementos masculino e feminino estão em constante combate, forçando-o a mergulhar em suas próprias motivações muito além do que nossa sociedade extrovertida considera sadio. Ele tem toda a sensibilidade feminina dos signos de água, mas é regido por Marte, o deus da guerra, e por Plutão, o senhor da morte. Em nossa cultura ocidental nos ensinam desde muito cedo que o excesso de introspecção é uma atitude negativa e que as pessoas que agem assim são neuróticas ou egoístas. Mas o escorpiano vê a coisa de maneira diferente e talvez até esteja certo, pelo menos em se tratando de seu destino. Para ele não se trata de uma incubação neurótica, mas de uma maneira de tentar achar a verdade sobre si mesmo e sobre a vida. Para Escorpião é ultrajante ficar na superfície da vida. Ele despreza a superficialidade quase tanto quanto a fraqueza de caráter. Ele tem de entender por que sente como sente, por que age como age, por que os outros agem e sentem como agem e sentem. Ele cava e explora regiões que qualquer outro signo abandonaria correndo para ir a uma praia ou balada. Afinal, o escorpiano tem de entender a si mesmo e fazer uma espécie de armistício com as forças guerreiras de sua natureza que não lhe dão trégua.

Todo escorpiano traz dentro de si uma ferida de algum tipo, um problema emocional ou sexual, um conflito ou uma frustração para o que – não importa o quanto ele o tente – não encontra solução. Normalmente, quem cria o problema é ele; afinal, ele tem uma queda para criar crises e em seguida se lançar contra o inimigo em grande estilo dramático. É mais do que uma simples encenação: é o segredo da tendência autodestrutiva de Escorpião. Esse é o motivo pelo qual ele se fere, aguilhoa a si mesmo com algo que não pode dominar. Isso o estimula a conseguir algo de si mesmo, o que na verdade é bem mais importante para ele do que outras realizações.

Ele poderia recitar para si mesmo estas linhas do poema de William Ernest Henley:

> *Eu sou o dono do meu destino,*
> *Eu sou o capitão da minha alma.*

## O MITO

Primeiro, vamos observar a figura que simboliza o Escorpião. Nos primórdios da astrologia – nas civilizações egípcia, caldaica e hebraica – o Escorpião não era representado pelo nosso escorpião, mas sim pela serpente. Esse é um símbolo muito profundo, que nos revela muito a respeito de Escorpião. Em primeiro lugar, a serpente troca sua pele ciclicamente, e os antigos a consideravam imortal e capaz de constante autorrenovação. Esse exemplo da serpente, de crescer além da pele, deixá-la cair e criar uma nova acontece na vida do Escorpião. Sua vida constantemente se fragmenta em diversos capítulos à medida que passa de um ciclo para outro, progredindo à última destruição. Aí ele reconstrói e começa tudo de novo.

Na mitologia antiga, a serpente é também o símbolo da sabedoria da própria Terra – eterna, antiga, conhecedora do segredo da vida de todas as coisas. Ela se move junto ao solo e ouve o segredo das raízes das coisas. Na Bíblia, a serpente é o Diabo, o pai da mentira, aquele que tentou Eva no paraíso. Ela é Lúcifer, o anjo caído. Você pode ver que ela tem duas caras. Você pode tomá-la pelo escuro ou o claro, o bem ou o mal, pois ela contém os dois. E o mesmo acontece com Escorpião. Ele tem grande poder tanto para o bem como para o mal, tanto para salvar como para destruir. Goethe (Escorpião ascendente) criou uma figura tipicamente escorpiana em Fausto, preso entre os extremos do céu e do inferno.

O escorpião que se encontra na mitologia grega é, sob certos aspectos, um animal menos representativo, mas pode nos dar algumas indicações válidas sobre o temperamento das pessoas de Escorpião. Primeiro, ele é um animal que vive isolado. Você não encontra hordas de escorpiões errando no deserto, comendo moscas juntos. O escorpiano também não é uma criatura coletiva. Ele normalmente não gosta de multidões, detesta festas barulhentas e prefere um pequeno círculo de amigos de confiança ou apenas um amante. Apesar de Escorpião ser uma criatura mortal (nem todas as variedades têm uma picada fatal, mas todas dão mordidas perigosas), ele é completamente desprovido de agressividade. Os escorpiões não atacam outros animais. Por outro lado, se você for bobo o bastante para pisar num deles – bem, o problema é seu, não é? Você deveria ter olhado por onde pisava. Ataque essa pequena criatura e ela irá atacá-lo para matar, não importa o seu tamanho. As pessoas de Escorpião têm um senso acurado de justiça. Elas não acreditam nem um pouco nessa história sentimental de dar a outra face. Você deve devolver do jeito que recebeu, pois essa é a única maneira de sobreviver. Os escorpiões não dão bons mártires – a não ser alguém como Gandhi, cuja postura era necessária para provar algo.

Existe uma lenda fascinante a respeito do escorpião: se você o cercar e não lhe deixar saída, ele ferroará a si mesmo para morrer. Isso parece um tanto duvidoso, mas eu mesma já o presenciei. Certa vez, no sul da França, um bando de crianças rodeava um pequeno escorpião marrom com pedaços de pau, de maneira que ele ficou completamente cercado. Ele se suicidou. A mensagem aqui é que o escorpião prefere se destruir e se consumir em chamas por sua própria mão – literal ou psicologicamente – a se submeter ao ultimato ou controle de alguém. Eis novamente seu maldito orgulho. "Antes reinar no inferno", como diz Lúcifer no *Paraíso Perdido* de Milton (Milton tinha ascendente em Escorpião), "do que servir no paraíso". Se Escorpião realmente chegar a baixar a cabeça, isso quer dizer que ele aprendeu uma das mais valiosas lições de sua vida. Provavelmente, se ele fizer isso, mais tarde vai se vingar três vezes. Em geral, ele se submete àqueles que tem como seus deuses. E às vezes esse camarada enigmático tem uns deuses muito peculiares. Se você encontrar um escorpiano apático e submisso, terá diante de si alguém que se corrói por dentro de furioso ressentimento e inveja que ele próprio desconhece. É aí que se encontra a verdadeira destrutividade, do pior tipo – como as "felizes" famílias em que a mulher calmamente sabota a masculinidade do marido e sobrecarrega os filhos de culpa, vingando-se de uma vida não vivida. A raiva reprimida de um escorpiano não é coisa boa. Ninguém prometeu que seria. Mas todo Escorpião tem coragem de encarar aquilo que está dentro dele e transformá-lo. Como já dissemos, o escorpiano não tem ilusões sobre a vida.

Existe um célebre mito que se adapta a Escorpião. É um dos doze trabalhos de Hércules. Num dos trabalhos, ele é enviado para matar a Hidra de Lerna; além de conseguir êxito e poder, esse mito descreve o verdadeiro destino de Escorpião. Hércules é mandado para destruir uma enorme e perigosa criatura que mora numa caverna escura no meio de um pantanal e que devora gente. A Hidra é uma besta parecida com uma serpente, tem nove cabeças, cada uma dotada de dentes com veneno mortal. É como se fosse uma cobra múltipla. E tem mais um detalhe: corte uma dessas cabeças, e nascerão três no seu lugar.

Primeiro Hércules tenta abater mortalmente a Hidra, para depois cortar suas cabeças. Ele está quase terminando seu trabalho, só que o resultado é a proliferação de cabeças. Então, ele se lembra de um conselho de um sábio professor. A Hidra não suporta a luz. Hércules se ajoelha e levanta a criatura até a luz do sol. Ela se contorce e começa a morrer. Só resta uma cabeça, que é imortal, e dentro da qual há uma joia preciosa. Lidar com uma só cabeça é fácil para Hércules. Ele simplesmente a enterra sob uma rocha.

A explicação desse mito não é de fato necessária para Escorpião. Mais cedo ou mais tarde na vida eles geralmente descobrem a Hidra dentro de si. Mais algum esclarecimento se faz necessário para signos menos introspectivos. Podemos dizer que a Hidra significa uma série de coisas: ciúme, vingança, inveja, raiva, sexualidade frustrada, violência. Escorpião é um signo de desejo intenso, e as cabeças da Hidra podem significar os desejos de um coração humano incivilizado. Se o deixarmos crescer na escuridão, ele pode se tornar venenoso e começar a destruir os outros. Mas eles não podem ser reprimidos, têm de ser entendidos, levados para a luz e respeitados. E, mesmo quando vencidos, é bom lembrar que uma cabeça é imortal. Para Escorpião, todo ser humano carrega dentro de si as sementes do bem e do mal. O mal não é algo abstrato, nem culpa de outro; ele está em todo mundo. Não se pode culpar a sociedade pela brutalidade humana, mas apenas a cada um individualmente. É interessante notar que Freud, o grande fundador da psicologia moderna, tinha seu ascendente em Escorpião. É aí que se encontra o mais profundo significado do mito do Escorpião: chegue a um acordo com a Hidra que existe dentro de você e redima o mundo.

## A SOMBRA

O que poderíamos dizer a respeito do lado sombrio de Escorpião, uma vez que ele já está tão acostumado com suas próprias trevas? Este é um signo de água, cheio de sensibilidade, subjetivo ao abordar a vida e as pessoas. Escorpião tem a coragem de enfrentar toda espécie de coisas, mas estas estão geralmente situadas no plano emocional. O que ele não consegue enfrentar é o grau em que suas reações são governadas por suas opiniões. Dissemos antes que os signos de água, como um grupo, tendem a se manter estritamente dentro de suas opiniões, porque muitas vezes eles não têm consciência de seu próprio processo de pensar. Como são muito subjetivos e preocupados com seus próprios valores pessoais, é difícil para eles ter uma visão clara e justa das coisas. E essa é uma das maiores cegueiras de Escorpião. Ele pode ser rigidamente fanático em suas opiniões sobre as pessoas e a vida, e esse fanatismo, na hora e no lugar errados, pode lançá-lo em ações bastante desagradáveis baseadas num julgamento parcial ou distorcido.

Tomemos um exemplo na vida de cada dia. Vejamos uma mulher de Escorpião magoada por uma sucessão de relacionamentos. Apesar de toda a sua perspicácia e sua sensibilidade, você encontrará muitas mulheres de Escorpião com opiniões fixas e cristalizadas sobre o sexo oposto. Generalizações como "Todos os homens são iguais", ou "Não se pode confiar em nenhum homem", ou "Todos os homens são infiéis".

Eis aqui um diálogo típico. Nós podemos chamá-lo de a Síndrome de Otelo.

MULHER DE ESCORPIÃO: Onde você esteve até agora? Você disse que ia chegar às oito. É meia-noite. *(Isso é dito, invariavelmente, em tom acusatório, deixando perfeitamente claro que, seja qual for a explicação, ela só vai acreditar no que quiser.)*

HOMEM DE AR: Desculpe, querida, eu tive um dia terrível no escritório. Depois o carro quebrou e eu levei duas horas para consertar um vazamento no radiador. Hoje era meu dia! *(Uma nota de defesa apareceu em sua voz. Ressentimento pela desconfiança. Preparação para se fechar, se pressionado.)*

MULHER DE ESCORPIÃO: *(Silêncio. A atmosfera se torna visivelmente fria. Floquinhos de gelo aparecem nos pratos à mesa. Quando ele tenta tocá-la afetuosamente, ela recua. Ela pensa consigo mesma: ele está me enganando. Cachorro! Todos eles acabam fazendo isso, mas ele não vai me usar desse jeito. Muito bem. Nada de sexo durante um mês!)*

HOMEM DE AR: Qual é o problema, querida? Eu lhe contei o que aconteceu.

MULHER DE ESCORPIÃO: Não é nada, querido. *(Olhar glacial. Ela imagina que ele sabe que ela sabe e tenta fazê-lo sentir-se envergonhado. Ele não tem a mínima ideia do que está se passando na cabeça dela.)*

Dê a esse casal uma semana, um ano, dez anos, e você terá um verdadeiro *show* de horror tirado diretamente de *Quem Tem Medo de Virgínia Woolf?*. O escorpiano consegue arruinar um casamento, um caso de amor, um lar com esse tipo de comportamento. Não basta dizer que este é um signo ciumento. Há muitas espécies de ciúme. Possessivo, sim, mas todos os signos de água são possessivos, todos têm necessidade de companhia e todos temem a solidão. Porém, o ciúme patológico de Escorpião não é um simples medo de perder a pessoa amada. Todos temos esse medo. Por trás desse comportamento encontraremos uma visão amarga da vida, uma crença sombria na podridão dos homens e mulheres em geral. A sombra de Escorpião é sua negatividade, calcada em opiniões rígidas que fermentam sob a superfície das coisas e que o atormentam nos momentos em que ele poderia se sentir mais feliz.

Leva tempo para que o escorpiano aprenda a confiar e a perdoar. Normalmente ele aprende essa desconfiança desde cedo, vendo as sombras escuras de seus pais, dos ensinamentos religiosos e de sua educação, e a ferida leva tempo para cicatrizar.

O problema não é a vingança em termos clássicos. Mesmo que nos tenham ensinado que não é cristão, às vezes uma pequena vingança é mais saudável do que mostrar uma submissão apenas aparente e reprimir uma raiva que vai explodir em canais indiretos nem sempre "bons". Além disso, às vezes é bom uma pessoa receber de volta aquilo que acabou de despejar em alguém; isso pode impedi-la de fazê-lo novamente. O errado aqui é que o Escorpião nunca concede aos outros o benefício da dúvida.

Sua opinião já está formada, pré-embalada, como comida congelada, pronta para ser atirada sobre o agressor, seja ela verdadeira ou não e sem prévio conhecimento dos fatos. Os fatos são desagradáveis para os signos de água. Fatos confundem tudo, pois para água o primordial são os sentimentos, não o que realmente aconteceu. A sombra de Escorpião ignora por completo o ponto de vista das outras pessoas.

É penoso conviver com isso. Traços dessa natureza podem ser vistos não só nos indivíduos como também em ideologias políticas e religiosas. Certos astrólogos consideram a Alemanha tradicionalmente regida por Escorpião. Em que outro país não regido por Escorpião você veria uma simples ideia fanática – o antissemitismo – nascer com tamanha força e tomar posse de uma nação com tal poder de destruição? O escorpiano que não consegue lidar com a Hidra que tem dentro de si a projeta no mundo e a vê nos outros. Aí aparecem os perseguidores, que acreditam ser sua missão redimir a humanidade na ponta dos seus fuzis. São Paulo é tido como de Escorpião. Sua interpretação do cristianismo fez correr muito sangue em nome de Cristo. Nunca esqueça que Escorpião é um signo de grande poder, para o melhor e para o pior. Nenhum Escorpião, por mais insignificante que seja sua aparência, deixa de ter influência sobre os que lhe são próximos. Você vê aquele simpático baixinho de terno cinza lendo o *Wall Street Journal*? Ele pode não pensar em coisas como a caça às bruxas e o paradoxo da violência em nome de Jesus. Ele pode não ter lido *Fausto* ou o *Paraíso Perdido*, mas ele é de Escorpião. Ele tem perspicácia e poder, ainda que reprimidos. E ele pode fazer de sua vida o que quiser.

## ESCORPIÃO E O AMOR

Muito já se escreveu a respeito da famosa sensualidade e das tendências eróticas de Escorpião, e não vamos fazer aqui descrições redundantes. Além do que, elas nem são muito certas. Paixão, Escorpião possui em abundância. Nem sempre essa paixão se exprime de maneira evidente. A sexualidade para Escorpião é mais uma questão de emoção – um símbolo, uma maneira de alcançar um tipo diferente de experiência, não só um relaxamento físico. O verdadeiro signo da pura sensualidade é Touro, não

Escorpião. Escorpianos têm um sentimento profundamente místico da sexualidade, e para eles sexo e amor estão ligados ao intenso desejo de viver uma experiência que um relacionamento normal nunca poderia fornecer. Chame-a como quiser – uma experiência mística, profundidade, rendição, ou seja lá o que for. Isso tem menos a ver com o corpo e mais com a alma.

Você pode chamar Escorpião de erótico, mais que de sensual. Há um mundo de diferenças. Pegue qualquer página da revista *Playboy* e você verá sexualidade crua levada ao extremo. Erotismo é diferente, implica cores, nuances, atmosfera e sensibilidade subjacente. Veja um filme como o japonês *Império dos Sentidos*; ele não é sexual, é erótico. Quando você perceber essa diferença, entenderá a sexualidade de Escorpião. Às vezes aparecem traços mais sombrios, como crueldade, um toque de masoquismo, certas fantasias que envolvem coisas que nossas avós fingiam não existir. Experiência é algo que atrai Escorpião, contanto que seja erótica, não mecânica. Publicações do tipo "Como fazer" o aborrecem. Ele não precisa aprender isso. Sua curiosidade se acende normalmente a partir dos 3 anos. Ele está atrás de algo mais. Como Escorpião é um signo fixo, ele é capaz de amor e de fidelidade duradouros. Isso pode significar um grande ato de autossacrifício. O mesmo fanatismo que se vê nas atitudes políticas e religiosas dele também pode permear seus relacionamentos. De maneira negativa, essa atitude fixa pode se tornar possessão absoluta. De qualquer modo, não há nada de indiferente num escorpiano apaixonado. Se ele não estiver amando e se o portão mágico de acesso ao reino superior (ou inferior) não se abrir, você vai ter de enfrentar aquela atitude fria que todos os signos de água mostram quando seus sentimentos não estão envolvidos. Sinto muito. Ninguém em casa.

O maior problema de Escorpião como amante – seja homem ou mulher – é, você adivinhou, sua necessidade de manter o controle. Isso inclui o famoso ciúme, quando se trata de um amor profundo e duradouro, mas o tempo todo ele tem de ser o dono do jogo. Isso pode aparecer em algumas situações insignificantes, por exemplo, quando ele se mostra orgulhoso demais para pedir desculpas ao fazer algo realmente estúpido, porque isso significaria confessar que você está por cima; ou quando procura jeitos maliciosos de testá-lo, de maneira que você se sinta dispensável. Paradoxalmente, ele terá pouco respeito por quem não o enfrentar; afinal, isso é fraqueza. Assim, você fica entre duas espadas. Ele tem de ganhar, mas não gosta de vencer quem não briga. Brigas são comuns nos relacionamentos de Escorpião, isto é, se você não caiu nas mãos de um desses escorpianos reprimidos, em que tudo ferve dentro deles como se fosse um vulcão prestes a explodir, embora tudo o que você veja seja uma fumacinha no alto da montanha. Se for esse o caso, cuidado: mande seu escorpiano para uma terapia em grupo a fim de baixar a pressão. Não será nada agradável quando ele explodir com você.

Crises e estouros são jogos comuns nos relacionamentos com Escorpião. Uma demonstração de ressentimento implacável e a tentativa de fazer você pagar por qualquer insulto – real ou imaginário – são mais alguns bônus que podem gratificá-lo. Mas quais são as vantagens?

Escorpião, quando ama, possui uma verdadeira capacidade de compreensão para com o parceiro. Já que perde pouco, ele em geral fica sabendo muitas coisas sobre você, e bem rapidamente; para os que não gostam desse tipo de honestidade, escolha outro signo. Mas se um relacionamento significar mais para você do que ficar dançando juntos na balada, tente um escorpiano. Essa maneira de viver um relacionamento – no caso de se tornar realmente um relacionamento sério, não apenas a aventura de uma noite – é sempre profunda. Ele sabe como ler as necessidades da outra pessoa – e, se não for ameaçado, fará o impossível para encontrá-las. Todos os signos de água gostam que os outros dependam emocionalmente deles. E Escorpião não é exceção.

Admitamos que você não goste muito que alguém saiba tanto a seu respeito; porém o que Escorpião gosta de fazer é observar. Você não deve esperar que esse signo brinque com aparências. Ele pode guardar seus segredos, mas não vai permitir que você guarde os dele. O escorpiano não deixa de examinar os números de telefone de sua agenda enquanto você toma banho, nem deixa de olhar o que há dentro de sua carteira. Tanto o homem quanto a mulher de Escorpião fazem isso. Essa atitude primitiva de "Você é minha e pronto" pode ser muito lisonjeira. O escorpiano é considerado, principalmente pelos signos de ar, uma pessoa "pesada", mas essa espécie de peso é uma questão de gosto. Não importa o que mais esteja acontecendo, você sabe que um relacionamento é coisa realmente importante para Escorpião. O trabalho, os divertimentos e os amigos do clube não vêm em primeiro lugar. E há muito o que dizer a alguém que considera o relacionamento importante, em vez de algo que se coloca na prateleira enquanto se faz qualquer outra coisa.

Há muitas opiniões e definições correntes sobre o ciúme. Desde a revista *Cosmopolitan* até livros eruditos de psicologia: o ciúme é uma das mais intrincadas e sempre presentes emoções humanas. Há quem ache que o ciúme é o sabor natural da vida, o azedo e o doce. Outros acham que é patológico, um sinal de insegurança. Uns ainda acreditam que ele está relacionado a antigos padrões de moral. E outros, ainda, acham que é moralmente errado e que não faz parte do estado idealizado de amor abnegado, que diz: "Tudo aquilo que te faz feliz me faz feliz".

Você nunca vai ouvir frases desse tipo da boca de um escorpiano. É mais provável que ele lhe diga: "A felicidade que você tiver sem mim você me pagará". Em algumas pessoas, o ciúme é sem dúvida sintoma de profundas insegurança e desconfiança. Como aquela linda modelo que veio ler seu mapa comigo e que achava que seu namorado se sentia atraído por qualquer mulher, justamente porque ela não se achava lá grande coisa. Por outro lado, a possessividade em certo grau é bastante natural. Ninguém gosta de perder aquilo a que está ligado. Para Escorpião, a possessividade é tão natural quanto a respiração. Seus sentimentos são intensos. Ele não se solta facilmente por causa da maneira como são construídos. Você não encontra escorpianos praticando *swing*, a não ser que eles, com medo de se envolver, tenham deliberadamente endurecido seus sentimentos. Se você encontrar um, pode estar certo de que ele está fugindo de sua profunda capacidade de amar porque tem medo de ser ferido.

Duas escalas de valores fazem normalmente parte do jogo do escorpiano – homem ou mulher. O que é bom para ele, em você ele não tolera. Escorpianos acreditam – com toda a fixidez emocional de que são capazes

– que eles podem flertar ou ter casos, mas você não. E isso também não é machismo ou chauvinismo. Eu já ouvi isso até de mulheres de Escorpião. Se você quer igualdade de condições, terá de educar o seu escorpiano. Isso significa se enfiar numa armadura com capacete e lança. Também significa se preparar para aguentar cenas terríveis, muitas lágrimas, palavras amargas para, no fim conseguir, quem sabe, um pouco de compreensão. Na pior das hipóteses, aceite o *status quo*. Será que não vale a pena? Conheci uma mulher casada com um escorpiano que tinha de lidar com o ciúme, a dupla escala de valores, a má-fé, os maus humores e tudo o mais. Eu lhe perguntei por que ela ficava com ele. Ela respondeu: "Porque ele é excepcional. Ele é ele mesmo. Ele é fiel a si mesmo. É claro que às vezes é um ordinário, mas ele é uma pessoa, e eu respeito isso". Aí está. Para muitas pessoas, reclame quanto quiser, a forte individualidade de Escorpião só pode inspirar respeito e, muitas vezes, amor.

Ninguém vive um relacionamento com um escorpiano sem mudar. Podemos sair mais conscientes de nós mesmos, às vezes um pouco assustados, mas encarando a vida mais profundamente. Não espere jogo leve, doçura e facilidade. Lembre-se do Lúcifer de Newton: antes reinar no Inferno do que servir no Paraíso. Porém pessoas sábias de todas as épocas disseram que a vida é feita de luz e sombra, e só um louco acredita que não seja assim. E Escorpião não é nenhum louco.

## O HOMEM DE ESCORPIÃO

Agora vamos tirar o charme que emana do escorpiano e ver o que ele tem por baixo. Lembre-se de que este é um signo de água. Apesar de sua grande força e coragem, as necessidades afetivas do escorpiano são muito parecidas com as dos piscianos e dos cancerianos. Afeição, aceitação, reafirmação, amor e companheirismo, tudo em grande quantidade e sem críticas. Como signo de água, Escorpião não suporta a frieza. Eles são terrivelmente sensíveis. A aparência fleugmática e indiferente é só uma máscara. Lembre-se disto: nenhum Escorpião anuncia o fato de estar ferido ou de se sentir negligenciado. Você tem de se tornar um telepata, não esquecendo nunca que este é um signo de água, feminino e vulnerável. Você pode perguntar: mas como, feminino? Como pode uma criatura dessas ser feminina? Existe um curioso paradoxo a respeito de Escorpião. O elemento sexual oposto é muito forte nas pessoas dos dois sexos. Os humores, a emotividade, o erotismo e a subjetividade são aspectos típicos da face feminina do escorpiano, assim como a possessividade, e muitos homens estranham a presença de tanta afetividade dentro deles. É neste ponto que eles se tornam os escorpianos ambiciosos, impiedosos e duros que aparecem nos manuais de astrologia. Mas pense um pouco no que foi que os levou a isso. Será que você poderia libertá-los? Talvez sim, talvez não. No fim, isso provavelmente dependerá deles mesmos.

Ele não é um homem de fácil convivência. Você não receberá respostas diretas a perguntas como "Você me ama?". Por outro lado, poderá enfrentar discussões brutais quando menos esperar – talvez sob a forma de uma análise maquiavélica de seus motivos de flertar com uma determinada pessoa numa festa e por que isso deriva de sua inadequação sexual e da rejeição de seu pai por você. Ele sabe ferir fundo quando quer, e sua franqueza exclui toda compaixão. É a resposta direta que você não quer ouvir – especialmente se por algum motivo ele se tornou destrutivo e decidido a devolver alguma grosseria que você lhe fez mesmo sem perceber. Diga-lhe que ele está ferindo seus sentimentos, e ele nem vai lhe pedir desculpas. Para viver com esse homem, você terá de entendê-lo e, para verdadeiramente o entender, você terá de gostar dele. Sim, gostar dele e respeitá-lo – saber como ele é feito, conhecer seus impulsos, o que significa sua solidão, o que a profundidade de seus sentimentos lhe causa numa sociedade que requer dos homens capacidade de desprendimento, num mundo em que o sentimento não é valorizado. Se não puder gostar dele, deixe-o em paz, pois nunca conseguirá mudá-lo. Só um Escorpião pode mudar, e, provavelmente, se você lhe pedir isso, ele vai fazer justamente o contrário.

Se você não é do tipo submisso – ou não gosta de dar a impressão de submissão –, fique longe dele. Esse não é homem para mulheres independentes, nem do tipo vociferante. Por outro lado, ele respeita a força, e, se você fizer concessões ao seu orgulho – que nunca lhe permite perder uma batalha –, nenhum amante será mais devotado, apaixonado, complacente ou gentil que ele. Mostre sua dor a um Escorpião e ele fará qualquer coisa por você. Mostre sua arrogância, sua frivolidade, ataque-o, e não receberá nada além do seu desagrado, que pode ser bastante detestável. E não brinque com ele. Um escorpiano que percebe estar sendo motivo de zombaria é a pessoa mais difícil do mundo. Seu orgulho não tolera esse tipo de coisa.

E o ciúme? Bem, sejamos realistas: ele não vai desaparecer. Nem o sentimento de que tem prerrogativas – como flertes, casos ou qualquer coisa que ele queira –, ao passo que você não tem, pois você é dele. Se você tem outro relacionamentos, seja extremamente prudente e discreto, senão você vai ter problemas, pois é difícil para esse homem perdoar uma traição. É a pior coisa que você pode fazer a ele. O melhor é acreditar nele e ficar ao seu lado quando ele estiver atravessando uma de suas fases do tipo "ninguém me entende". Escorpião confia em pouca gente, porque pouca gente confia nele. Isso começa já na infância, pois ele nunca é verdadeiramente uma criança – mesmo que o tratem como tal, muitas vezes bem além do razoável.

## A MULHER DE ESCORPIÃO

A respeito da mulher de Escorpião há duas palavras-chave que é preciso lembrar: profundidade – seu temperamento é sutil, complexo e jamais óbvio – e vontade – essa mulher não se curva diante de ninguém e de nada, a não ser que isso seja temporariamente necessário para atingir alguma finalidade. Tenha em mente outras características de Escorpião: a famosa possessividade, a intensidade, o orgulho e a lealdade. Nenhum Escorpião é fácil de entender ou conviver; mas se você queria algo mais leve, mais fácil e fútil, estaria com outra pessoa, não é verdade?

Vamos estudar agora sua profundidade. O Escorpião é um signo que nunca considera a vida de um ponto de vista superficial. É quase impossível para a mulher de Escorpião aceitar qualquer coisa pelo seu valor aparente. Isso pode ir desde a caricatura da escorpiana que, quando você diz "Bom dia", quer saber o que você quer dizer exatamente com isso, até a escorpiana cuja motivação e profunda necessidade é entender tanto a si própria quanto as pessoas que estão à sua volta. Enfim, essa é uma mulher que espera mais de um relacionamento do que lembranças superficiais. Amor, para Escorpião, é mais do que demonstração de afeto ou segurança, mais que gratificação sexual ou mesmo camaradagem intelectual. É um laço que – felizmente, do seu ponto de vista – toca a alma e não permite segredos. Não ter segredos, não no sentido superficial da palavra, como saber onde você esteve na terça-feira às cinco horas da tarde. Isso quer dizer que ela espera honestidade de caráter. Sendo um signo de água, Escorpião possui muita compaixão, que geralmente tem origem em sua própria tendência a se atormentar. A mulher de Escorpião é, provavelmente, mais capaz do que qualquer outra de entender e aceitar as fraquezas e a cegueira das pessoas. Ela não tem medo de feiura, seja interior ou exterior, porque para Escorpião a sombra e a luz tornam a vida interessante. O que ela não suporta é a hipocrisia, uma pessoa que viva simulando. Se você precisa de suas máscaras e muletas, afaste-se dessa mulher, pois você não vai escapar de seu olhar de raio X. E ela não vai parar de olhar. Escorpião tem uma forte tendência a modificar os outros, e a escorpiana, consciente ou inconscientemente, tentará transformá-lo, sobretudo se você tiver coisas a esconder.

Infelizmente, para ela, há no mundo um grande número de homens que têm horror de ser emocionalmente honestos ou de revelar com franqueza suas ideias. Não que isso seja repreensível, mas não é fácil encarar o espelho do modo como Escorpião acha que você deve olhá-lo, e essa é uma área onde a mulher de Escorpião mostra sua intolerância. Ela pode aceitar qualquer coisa em qualquer pessoa, exceto aquilo que ela considera uma fraqueza de caráter – isto é, a pessoa que não tem a força de encarar a si mesma. E ela pode se encher de desdém e ser mordaz ao perceber isso.

Essa propensão a se aprofundar nas coisas é uma faca de dois gumes. De um lado, faz dela uma mulher de raras qualidades, porque é capaz não só de ver mas também de compartilhar seus sofrimentos, sonhos e problemas. Sua enorme força de vontade e, lealdade são inabaláveis, mesmo quando ela não está lá muito bem. Porém, suas expectativas são grandes e não é fácil satisfazê-las. O que ela espera de você, assim como dela mesma, é nada menos do que querer estar constantemente envolvida num grande trabalho alquímico de transformação. Se você preferir velejar ou ver filmes de faroeste em vez de se entregar à introspecção, terá de se explicar. Sua única chance é conseguir convencê-la de seu direito de ser você mesmo. Direito é algo que a mulher de Escorpião entende. Seu senso de justiça é tão aguçado e tão sensível que se torna praticamente inflexível. Se ela achar que você está no seu direito, será capaz de sacrificar por completo seus próprios desejos e opiniões. Se ela achar que você está errado, e você não se desculpar nem mudar seu ponto de vista, ela se vingará.

Falemos um pouco de vingança, uma vez que, se você estiver envolvido com uma escorpiana, terá de se familiarizar com esse conceito. O senso de justiça de Escorpião, como já mencionamos, é muito aguçado. Ele não tem um fundamento intelectual, como Libra. Trata-se de uma reação emocional poderosa, visceral, a qualquer situação em que ela tenha a impressão de estar sendo enganada ou tratada de maneira injusta. Isso pode ir desde uma simples rejeição ou um simples insulto – que, no caso de um Escorpião mais paranoico, pode significar uma rejeição ou um insulto imaginários – até uma verdadeira traição. Traição talvez seja a coisa que ela mais teme e odeia. E se ela se sente traída, é mais capaz de devolver na mesma moeda do que de oferecer a outra face. Sentimentos cristãos como docilidade e paciência não são, em absoluto, qualidades que você deveria procurar em Escorpião. É aquele velho, bom e primitivo ditado: olho por olho etc. Tudo sem rancor nem crueldade. Só o suficiente para lhe dar uma boa lição.

Isso deixa seus cabelos em pé? Bem, tudo depende de como você encara as coisas. Os sentimentos da mulher de Escorpião são profundos e intensos, e ela não gosta que eles sejam considerados levianamente. Ela se magoa com facilidade por causa dessa intensidade e sensibilidade, embora não se sinta ofendida por qualquer pessoa, mas apenas por aqueles a quem considera. A mulher de Escorpião é extremamente seletiva no amor e na amizade. Tudo o mais pode ir para o inferno. Ela não se intimida com a opinião pública, com os comentários ofensivos ou com fofocas. Só as críticas e a rejeição daqueles que ela ama e respeita podem feri-la; mas então ferem fundo. E todos os argumentos filosóficos sobre o certo e o errado, usados para fazê-la mudar de opinião, serão inúteis. Ofenda-a e receberá de volta uma ofensa maior, a não ser que o tenha feito sem querer, é claro. Nesse caso, ela vai esquecer tudo imediatamente, pois não se trata da mesma coisa.

Escorpião tem uma memória de elefante, tanto para o bem como para o mal. Ajude-a, encoraje-a, e ela vai se lembrar sempre do seu gesto. Engane-a, e ela nunca mais vai confiar em você. Na verdade, ela nunca vai confiar em você no primeiro momento, nem em ninguém, porque sua sensibilidade e sua verdadeira percepção psíquica do caráter humano lhe dizem que ninguém, mas ninguém mesmo, é um santo de verdade. Ela está sempre em guarda, se preservando da vida e do lado sombrio dos outros, dos mais intrínsecos medos e desejos que há dentro dela. A mulher de Escorpião leva muito tempo para se entregar a um romance. Ela pode dar a impressão de estar apaixonada, mas vai observar durante muito tempo para ter certeza de que você é o que diz ser.

E você pode até perguntar: para que serve toda essa hipersensibilidade? Por que não apenas sair e aproveitar a vida e engolir o doce junto com o amargo? Tudo bem, se você for sagitariano ou geminiano, mas não se for escorpiano. E qual é a vantagem (se é que "vantagem" é a palavra certa)? A vantagem é que, se ficar algum tempo junto dela, vai aprender a ser mais consciente: de si mesmo, de seus próprios motivos, de suas próprias necessidades, dos anseios dos outros, de todo um incrível mundo invisível da psique que nós, geralmente, não enxergamos nesta nossa conturbada cultura ocidental. Mas por que estar prevenido? Bem, se você não estiver, coisas bem desagradáveis poderão acontecer – como, inadvertidamente, fazer mal aos outros e a você mesmo ou, num plano maior, coletivo, ser destrutiva com associações e grupos inteiros. Se nós todos tivéssemos a perspicácia do Escorpião, provavelmente não teríamos enveredado tanto pelo caminho da crueldade humana, pois primeiro a sentiríamos dentro de nós mesmos.

Mas, por esse tipo de profundidade, a mulher de Escorpião paga um preço: para ela é difícil ser frívola e despreocupada. É aí que ela precisa de um parceiro, de muita ternura e compreensão. Ela sempre vai ter seus segredos, como todos os escorpianos. Mas observar um Escorpião saindo do emaranhado de seu ninho para a luz do sol é maravilhoso, pois, nesse momento, o verdadeiro calor humano e a generosidade do elemento Água ficam ao alcance das outras pessoas.

Há aquela outra palavra: vontade. É bom lembrar que, se você tem de lidar com um escorpiano de qualquer dos sexos, é melhor pedir do que ordenar. Isso é importante lembrar se você tiver um filho de Escorpião, um colega de Escorpião; se você tiver uma mulher de Escorpião também, pois (lembre-se, por favor) os dois regentes planetários de Escorpião são Plutão, senhor do submundo, e Marte, deus da guerra.

Não que Escorpião não seja um signo feminino. Lembra-se de Mata Hari? Ela foi um autêntico Escorpião. Existe uma qualidade misteriosa e fascinante nas mulheres de Escorpião. Elas irradiam certa sensualidade e uma paixão meio velada e um pouco controlada, que pode ser intensamente magnética. Também inspiram medo e desconfiança, pois você nunca tem certeza do que se passa em seu interior. Mas a influência desses dois planetas regentes realça, além da intensa feminilidade deste signo, muito fogo, muita coragem e uma boa dose de orgulho. Não tente dobrar seu orgulho, você pode se arrepender profundamente. Escorpião exige respeito, e isso vale tanto para as mulheres quanto para os homens. Ela é uma pessoa por si mesma, não a namorada de alguém, a empregada ou a propriedade. Mas, se você lhe der a oportunidade de oferecer-se espontaneamente, ela será capaz de devotar-lhe a vida. Mas, se você lhe der ordens ou achar que ela lhe deve algo, pode encontrar uma barreira fria e gelada, exatamente o contrário daquilo que você esperava ou, de repente, defrontar-se com uma Valquíria enfurecida, atirando-se sobre você com uma lança. Ela pode ser bastante temperamental.

A mulher de Escorpião precisa de uma arena onde possa liberar as forças belicosas de Marte. Numa relação amorosa, isso nem sempre é agradável, e ela precisa de umas boas brigas de vez em quando. Essa qualidade de guerreira do signo a leva a defender causas e a entrar na briga dos outros; a mulher de Escorpião é com frequência o ídolo dos fracos e oprimidos, seja na arena política, médica ou psicológica. Mas ela precisa de um teatro para trabalhar. E, como se enriquece com suas crises, ela precisa de espaço para vivê-las e acalmar sua sede de mudanças e transformações. Se isso não acontecer, adivinhe quem terá de aguentar o choque de suas explosões?! A mulher de Escorpião não suporta por muito tempo a placidez; ela desconfia de muito contentamento. Está sempre procurando o verme dentro da maçã, e, se as coisas permanecem calmas por muito tempo, ela começa a desconfiar de que alguma coisa está acontecendo por trás dessa calma. Ela então se põe a descascar a maçã, começa uma discussão ou uma cena, ou provoca uma briga, a fim de achar o verme. Mas não faça caso. Quando ela vê que, afinal, não havia verme algum, ela nem fica chateada, pois acabou conseguindo o que queria: uma mudança no relacionamento, um olhar mais profundo, uma nova expressão de emoção. Ela o prefere furioso a vê-lo calmo e indiferente.

Os signos de ar acham-nas fascinantes, mas também um tormento, pois elas parecem conter toda aquela profundidade que tanto os fascina mas temem enfrentar; e ela os empurra para dentro de suas emoções, que é o lugar mais difícil do mundo para um signo de ar ficar. Os outros signos de água, em geral, entendem-na; mas eles também tendem a temê-la, por causa daqueles olhos que veem demais. O elemento Terra, impassível e realista, não a entende; pessoas de terra podem amar sua perspicácia e profundidade, mas não compreendem o ponto fundamental. E, de repente, são sacudidos por uma descoberta e obrigados a encarar uma realidade que eles nem sabiam que existia. Fogo responde imediatamente à sua inata teatralidade, mas entra em cenas dramáticas reais que se tornam verdadeiras conflagrações. Nenhum outro signo consegue realmente domar ou subjugar a mulher de Escorpião; tudo o que você pode fazer é decidir se ela é uma pessoa que você consegue compreender e amar, e, se assim for, acompanhe-a em sua jornada, pois ela poderá levá-lo a lugares bastante estranhos. De uma coisa você pode estar certo: nunca vai se aborrecer ou ter uma companheira superficial.

# peixes

Desde Einstein até o bando de drogados que fazem fila à meia-noite no Piccadilly Circus para receber sua dose semanal de metadona existe uma boa gama de amostras piscianas. Essa gama vai desde o peixe que, durante dois mil anos, simbolizou o mistério de Cristo até a figura triste e inútil que Vivian Robson descreveu num livro de astrologia como sendo "a lata de lixo do zodíaco". Mas essa exótica combinação de coisas paradoxais é típica de Peixes.

E numa tentativa de entender as verdadeiras motivações do pisciano (coisa impossível de se começar pelo lado de fora, mas que é preciso, sem dúvida nenhuma, continuar tentando), uma vez perguntei a um amigo pisciano o que ele pensava a esse respeito.

"Bem", respondeu ele com a cara mais séria, "sabe-se, há muito tempo que todo pisciano intimamente quer ter seu direito de pescar em todas as latas de lixo da Oxford Street".

Aí está. Você pode tomar as latas de lixo no sentido literal ou simbólico, como quiser. Tudo o que o resto da humanidade descarta, desdenha, joga fora, ignora ou não compreende, Peixes aceita. No meio da névoa dos vastos destroços dos sonhos humanos e no meio das fantasias desfeitas, podemos pescar... pescar... e pescar.

Peixes é regido por Netuno, que na antiga mitologia é representado pelo deus dos oceanos e das vias submarinas da terra. Emergindo coberto de algas e brandindo o tridente, seu comportamento é imprevisível; algumas vezes, é amigo dos marinheiros, oferecendo-lhes mares calmos e ventos agradáveis; outras, é estranhamente hostil, provocando tempestades destruidoras e invocando os monstros das profundezas. A figura de Netuno nos mostra algo de Peixes à primeira vista. Esse signo está em conexão com um reino que não tem limites ou profundidade mensuráveis. "Toda vida vem da água", nos diz o Alcorão. E Peixes pesca, nada mais nada menos do que para encontrar o verdadeiro segredo da fonte da vida. Não admira que ele não consiga, que se torne desiludido e se transforme num escapista.

Dizem que Peixes, sendo o último signo do zodíaco, contém um pouco de cada um dos outros signos. E, se você observar um típico pisciano, terá a impressão de que a afirmação é verdadeira. Ninguém é mais camaleão do que Peixes, um ator nato. O teatro e o cinema estão cheios de Peixes, cada um representando seu papel. Há neles uma maravilhosa fluidez e complexidade, que tanto podem encantar como irritar, pois eles são, ao mesmo tempo, tantas pessoas, que você começa a se perguntar quando é que o verdadeiro Peixes vai se mostrar. O segredo é que não existe esse "verdadeiro" pisciano. Ele é todo mundo. E se você acha que é fácil viver com essa espécie de empatia e de identificação com a raça humana, é melhor pensar mais um pouco.

Dizem também que Peixes vive para servir ou para sofrer. Isso também parece ser uma parcela da verdade, embora um pouco exagerada. Essa tendência que os piscianos têm de se transformar na pessoa a quem estão intimamente ligados faz com que sejam subestimados pelos outros. Alguns textos de astrologia se referem aos piscianos como sendo "insípidos" por causa de sua passividade, uma espécie de inércia que eles demonstram claramente quando atravessam períodos de crise. Observe um pisciano quando um dilema requer decisão e ação rápidas. Seus cabelos ficarão brancos antes que ele dê um passo. Uma decisão que tem de ser tomada rapidamente significa escolher algo em detrimento de outra escolha. O problema de Peixes é ter muitas escolhas, umas tão válidas quanto as outras; e todas contêm alguma verdade, se você as observar mais profundamente. Como se pode escolher se toda escolha é a escolha certa – e também a errada?

Essa é uma das chaves do comportamento enigmático de Peixes: tudo é relativo. Como todos os outros traços zodiacais que exploramos, este é uma faca de dois gumes. Poder ver a relatividade da verdade é um grande dom, pois gera tolerância. Se o homem, ao longo da história, tivesse alguns traços a mais do verdadeiro pisciano, não teria havido uma Inquisição espanhola, nem um Holocausto nazista, nem a caça às bruxas em Salem, nem fanatismo e perseguições. Se tudo é relativo, você não pode condenar os outros por causa de seus pontos de vista. O problema é que tal atitude pode ser incrivelmente vaga. Peixes é acusado com frequência de ser imoral, o que não corresponde à verdade. Para ser imoral, você tem de ter uma moral para transgredir. E a tranquila e sábia indiferença com que Peixes considera as transgressões humanas não é aplicada somente a si mesmo. Peixes ficará tranquilamente sentado enquanto a mulher o abandona, os filhos o insultam, o patrão lhe suga o sangue e o dono de seu apartamento o põe para fora de casa. Isso pode deixar você furioso, observando essa total e muda aceitação do infortúnio que Peixes tem – como se eles tivessem nascido para isso, estivessem esperando isso de braços abertos. Talvez eles saibam algo que nenhum outro signo saiba – que todo esse sofrimento e esse infortúnio significam pouco se você não estiver fortemente ligado à vida.

Peixes é o signo do misticismo, e isso quer dizer uma porção de coisas. Uma delas é o profundo sentimento religioso de Peixes – não forçosamente no sentido ortodoxo, mas eles aspiram e desejam a uma outra realidade, transcendental, mágica, intangível, que faz com que a vida normal seja amorfa e sem significado. Um verdadeiro vale de lágrimas. Por outro lado, Peixes tem uma profunda sabedoria a respeito da futilidade de muitos desejos humanos. Ambição frenética, paixão pelo poder, cobiça, avidez – motivos comuns que nos impulsionam – passam por ele, de um lado para outro, pois não oferecem um grande atrativo. Peixes é tão capaz quanto qualquer outro signo de sentir essas emoções; mas, de algum modo, no fundo, ele não as leva muito a sério. Afinal, tudo é *maya*, como dizem no Oriente – apenas ilusão.

Peixes parece possuir essa estranha e cínica sabedoria a respeito da vida e das pessoas desde a infância. Por pertencer ao elemento Água, do mesmo modo que Câncer e Escorpião, é profundamente sensível às correntes invisíveis que se encontram por trás da máscara do comportamento humano comum. É difícil enganar um pisciano. Mas a diferença entre Peixes e seus dois outros companheiros de água é que Câncer e Escorpião, estando mais fortemente ligados às suas próprias emoções, reagem. Câncer, quando acha que alguém não merece confiança, reagirá para se proteger e àqueles a quem ama. Escorpião, ao sentir a mesma coisa, em geral ataca o inimigo para lhe dar uma lição ou então o deixa sozinho, depois de ter mostrado todo o seu desgosto. Peixes vai olhar, ver, sentir, ficar triste e perdoar, e, em geral, deixar que o outro se aproveite dele ou o destrate, apesar de toda a sua perspicácia. Por quê? Bem, já perguntei a muitos piscianos a razão disso, e, quando se tratava de verdadeiros piscianos, a resposta era: "Sabe, na verdade isso não tem grande importância", ou "Bem, ele precisava mais daquilo do que eu" – e outras respostas que nos lembram, mais uma vez, que este não é um mundo real para o pisciano. Ele ouve outra música.

O pisciano é uma criatura que vive debaixo da água. Para você que é um tipo racional, de ar ou de terra, ele se move nas profundezas de um mundo inatingível. Tudo é visto dobrado ou quadruplicado; nada é simples e claro. Qualquer pensamento ou ação tem milhares de associações que vibram ao infinito. Peixes não conhece limites. Isso você pode ver em seus hábitos. Frequentemente come até passar mal, bebe até cair ou faz tanta algazarra que ofende todo mundo, ou fica tão quieto e esquisito que assusta todo mundo. Tudo em excesso. Isso porque ele não entende como diferenciar, como limitar ou como escolher. Se você tem um aquário com peixes tropicais, sabe que não pode simplesmente se ausentar, deixar a comida de uma semana dentro dele e sair de férias. O peixe vai apenas comer, comer e comer tudo aquilo que encontrar na sua frente até morrer. Não há senso de moderação em Peixes. Mas como poderia haver? Ele é uma criatura de um outro mundo, inseguro e não acostumado com as leis que regem o nosso claro e frio mundo de matéria e de fatos.

Para compensar essa falha, ele usa uma imaginação ilimitada, pois também nesse particular Peixes não tem limites. Ele pode imaginar o que quiser. Einstein era de Peixes e um bom exemplo do que um intelecto brilhante pode produzir quando não é reprimido por convenções e dogmas. Muitos dos grandes músicos e pintores são piscianos, e sua imaginação não tem limites. Tudo é possível. Peixes tem o segredo da fonte da vida e do reino dos sonhos e da fantasia. A psicologia chama isso de inconsciente. Peixes tem a chave para esse mundo – ele a recebeu de presente ao nascer. Ele pode entrar e sair como e quando quiser. O problema é que ele acha difícil voltar de lá.

Peixes tem um sério problema no que se refere a enfrentar a realidade, isto é, a realidade limitada por tempo, espaço, estruturas e fatos. Mesmo com uma intuição rápida como um relâmpago e um brilhante intelecto, ele sempre vai deixar de ver coisas simples, tais como a conta da luz para pagar. Peixes tem má reputação em assuntos de dinheiro. Não que eles não tenham senso prático, mas, de vez em quando, podem se mostrar mesquinhos e ter ideias meio esquisitas quanto à maneira de conseguir dinheiro. Isso se prende mais ao fato de que eles não podem – e não querem – sofrer limitações. O próprio conceito de serem limitados por tempo, espaço e pelas outras pessoas é terrivelmente irritante para Peixes. Sua mente está em coisas bem maiores.

Isso pode enfurecer os tipos mais ligados à terra, ou ao ar, tipos que gostam de tudo planejado, estruturado e explicado. Como signo de água,

Peixes muitas vezes se relaciona afetivamente com os signos de ar, que veem a realidade sob outros ângulos. Para Peixes essas coisas não são importantes. Ele prefere decidir num minuto tomar um avião para o Taiti, ou, de repente, comprar um Porsche, em vez de ficar seis meses fazendo planos para uma viagem ou a compra de um Fusca, que consome menos gasolina e paga um prêmio de seguro menor. Tudo isso levou Peixes a ser chamado de Criança Irresponsável, o que é bastante injusto. Ele é muito responsável com relação àquilo de que gosta; só que talvez sua concepção da realidade difira da das outras pessoas. Completa e radicalmente.

Peixes é também um romântico incurável. Ele pode ter muitas defesas para esconder essa sua tendência inata, mas ele nasceu romântico e assim há de morrer. E romance para ele não são só casos de amor. Significa tudo. A casa em que ele mora tem de ser um castelo com fosso e ponte levadiça; o carro tem de ser um modelo especial; a cama tem de ser redonda, giratória, com plataformas e luzes coloridas... Bem, você já entendeu. Ele vive em sua imaginação. E em sua imaginação nem tudo é como um cenário de *Guerra nas Estrelas*, mas tudo se move constantemente. Peixes se aborrece mais depressa do que qualquer outro signo. A constante mudança de paisagens das profundezas não é facilmente trocada pela banalidade imutável da vida em terra firme. Peixes precisa de um pouco de teatro em sua vida. Se você não puder lhe oferecer isso, ele mesmo se encarregará de providenciá-lo, muitas vezes para sua própria destruição. Mas isso também faz parte do drama.

Se você gosta de segurança, de pessoas resolvidas, que sempre pensam o que dizem e mantêm sua palavra nesta semana, na próxima e além, fique longe de Peixes. A única coisa verdadeira para ele é seu amor pelas mudanças e sua aspiração por elas. Esse anseio e a intimidade que ele tem com o mundo dos sonhos, coisa muito mais importante para ele do que as "realidades" do bem-estar, da comida, do teto sobre a cabeça, do atendimento médico gratuito e da ida a uma boate a cada dois dias, são sinônimos de felicidade. Dê-lhe rosas para alegrar a alma a qualquer hora. Ele é tremendamente adaptável, e pode viver muito bem num sótão. Um sótão é romântico, conjuntos habitacionais não são.

## O MITO

Nos contos de fadas, há uma figura encantadora, às vezes chamada de ondina ou melusina, outras de sereia, que vive nas profundezas do mar ou de um grande lago e se apaixona por um mortal. A história aparece também na história do *Príncipe Cisne* – embora aqui a criatura do "outro mundo" tenha penas e não escamas. Todas essas antigas histórias, com todas as suas variantes, têm o mesmo tema básico: a união de um mortal, de um ser humano normal, de carne e osso, com alguém de outra dimensão. Esse encontro é cheio de dificuldades. Existem sempre condições a serem preenchidas, e, normalmente, termina em desastre, não porque esteja condenado desde o princípio, mas por causa da inaptidão do mortal, que tenta impor suas próprias leis ou valores a esse parceiro misterioso, de um mundo diferente.

Geralmente, a sereia concorda em viver em terra firme e encarnar um corpo, caso o parceiro cumpra um pedido especial. Ele não pode fazer a ela uma determinada pergunta, nem olhar determinada caixinha, nem entrar em determinado quarto a uma certa hora. Em outras palavras, é preciso respeitar os mistérios do outro reino. Mas o mortal, induzido pela curiosidade normal de um ser humano e pela falta de respeito por essa dimensão mágica, inevitavelmente faz a pergunta ou abre a caixinha proibida. Assim, o encanto se desfaz, a sereia desaparece outra vez nas profundezas e ele é abandonado ao seu próprio sofrimento. Ou, às vezes, ela o leva consigo, afogando-o no seu abraço.

Esse tema, que podemos encontrar em diversos mitos e contos de fadas, tem um significado especial para Peixes. Como vimos, Peixes é o último signo, aquele que completa o ciclo zodiacal. Todo signo deixa seu traço em Peixes. Na verdade, o problema não é somente e apenas de Peixes, mas ele encarna todos os dilemas humanos. Neste último signo do zodíaco está representado todo o sofrimento do homem, seus anseios, seus sonhos, suas necessidades, sua impotência diante do universo, suas desilusões, seu anseio por amor, seu sentido por uma misteriosa e divina fonte, que ele reivindica com toda a sua força, mas que não consegue alcançar sem fazer grandes sacrifícios.

Pode-se dizer que em cada pessoa de Peixes, simbolizado por dois peixes que tentam nadar em direções opostas, mas presos por um cordão de ouro, está o dilema do encontro de duas dimensões. Há o lado mortal, acostumado aos fatos e à realidade tangíveis: comer, dormir, fazer amor e morrer – ou pão e circo, como diziam os romanos. E há a sereia – ou, no caso da mulher de Peixes, o boto, equivalente masculino – que habita as profundezas escuras e que ocasionalmente abana a cauda acima da água, fazendo-a brilhar ao sol e encantando o mortal que se encontra na praia. Como se processa esse encontro é a história da vida de cada pisciano. Alguns piscianos simplesmente seguem a sereia por debaixo d'água, esquecendo que os pulmões humanos não sobrevivem dentro da água; aqui temos os delinquentes da humanidade, a legião de drogados e de alcoólatras, os desesperados, os desqualificados, os abjetos. São eles a quem Cristo, na mitologia cristã, declarou bem-aventurados, pois sacrificaram tudo e, pelo sofrimento, mereceram a chave de um outro reino.

Para outros piscianos, o conto de fadas tem um outro final. É aqui que podemos ver o gênio de homens como Einstein – em que a sereia, o brilho de outros reinos e de um universo quase incompreensível à mente humana em sua majestade e imensidão, é traduzida pelo cérebro humano, que oferece ao mundo um mapa de águas desconhecidas.

É claro que nem todo pisciano é um Einstein ou um bêbado, mas talvez a tarefa de todo pisciano seja chegar de alguma forma a um acordo com o reino transpessoal e ter a coragem de ser seu porta-voz. Aqui nós encontramos os poetas e os músicos, os grandes atores e dramaturgos, os visionários e os místicos, que tentam trazer para a vida do dia a dia uma visão de algo maior, seja por meio de uma obra de arte ou da expressão mais humilde do amor humano.

Talvez não seja fácil ter nascido Peixes. Há piscianos que não conseguem aceitar a grandeza do desafio. Mas, afinal, quem pode censurá-los? Não é fácil fazer as pazes com uma sereia, e nossa educação não ajuda em nada, uma vez que tende a enfatizar que qualquer um que possua essa vida de Peixes seja, na melhor das hipóteses, um preguiçoso que sonha de olhos abertos ou, na pior, alguém emocionalmente desequilibrado. O mundo de contos de fadas em que vivem as crianças de Peixes é criticado, massacrado, ridicularizado ou extirpado de suas vidas. E é importante lembrar que Peixes é um signo mutável – isto é, maleável, facilmente influenciável, muitas vezes desejoso de agradar. Peixes é mais facilmente distorcido e pressionado por um ambiente hostil do que qualquer outro signo. Assim, a sereia o chama para as profundezas de sua alma, e o pisciano médio se esconde de si mesmo, adotando uma postura racional perante a vida.

Outro tema mitológico que nos revela aspectos importantes de Peixes é o próprio mito cristão. Quando uso aqui a palavra "mito", isso não implica que se trate de algo verdadeiro ou não; significa apenas que todos os mitos são aberturas que conduzem a um outro mundo. Se a pessoa é cristã, então o Novo Testamento é verdadeiro, enquanto os símbolos religiosos das outras religiões são apenas mitos; se a pessoa não é cristã nem livre-pensador, poderá ver que todos os mitos descrevem Deus. Bem, vamos ver o que é o mito cristão.

A Era Cristã às vezes é conhecida como a Era de Peixes. Sem nos alongarmos demais sobre a precessão dos equinócios e outros fenômenos astronômicos, vamos só dizer que a cada dois mil anos um novo signo astrológico colore a história e a cultura dos homens. Você pode ver os traços desse signo principalmente nos símbolos religiosos que aparecem durante a época em que ele está no poder. O peixe é um dos grandes símbolos da cristandade, e nesse símbolo podem ser encontrados importantes temas pertinentes a Peixes, tanto nesse amplo contexto quanto na vida individual de cada pessoa nascida sob este signo.

Em primeiro lugar, está a aspiração. Antes do advento da cristandade, o homem e Deus eram duas coisas diferentes; poderia haver ligação entre eles, inimizade ou amizade, mas o homem não era como Deus, e Deus não era como o homem, e os dois nunca se encontravam. Mas um dos significados essenciais do mito cristão é que Deus encarna como homem; é um ponto médio, intermediário, uma ponte entre os dois mundos. E aqui voltamos à nossa amiga sereia. Mas, em vez de sereia, leia alma ou espírito.

E então podemos dizer, se quisermos considerar o aspecto religioso de Peixes, especialmente dos mais místicos, que existe nele uma forte consciência de si mesmo – e de toda a raça humana –, porque, de certa maneira, ele é um intermediário entre o animal e o divino.

Você pode imaginar que isso gera problemas. Ser assim consciente de duas dimensões é bem confuso, especialmente quando uma aparece no momento em que a outra é que deveria estar em evidência. Não é de admirar que Peixes tenha a reputação de estar sempre confuso.

A segunda aspiração fundamental deste signo é o autossacrifício, que pode se apresentar em seu aspecto mais nobre e ser encontrado na vida dos santos. Essas figuras – quer se acredite ou não em santos – são, em certo sentido, a essência dessa segunda aspiração de Peixes. Tudo é devotado ao ideal – seja ele Deus, um país, uma pessoa, os pobres, os que sofrem, ou seja lá o que for. Você encontra piscianos muitas vezes procurando desesperadamente uma causa a que se devotar ou se sacrificar. Esse é um êxtase do qual nenhum outro signo participa, uma vez que estão por demais ligados a um sentido pessoal e ao seu próprio eu. Peixes, não. Peixes é a consumação do ciclo, o fim. Daí deriva essa forte tendência a querer renunciar a tudo, se oferecer em sacrifício, desintegrar, desaparecer.

Compaixão e amor impessoal são virtudes também exaltadas na era de Peixes. Ama o teu próximo como a ti mesmo, oferece a outra face – são aspirações piscianas. Mas é preciso lembrar que Peixes são sempre dois, e a história da religião nesses últimos dois mil anos esqueceu o segundo. Ele está trancado nos porões e é popularmente chamado de Diabo.

Acho que você já percebeu. Podemos olhar objetivamente os mitos dos gregos, dos romanos e dos egípcios, ou de quem quer que seja, e ver como alguns desses heróis e temas mitológicos cabem dentro de cada setor zodiacal. Se conseguíssemos nos despir de todos os nossos preconceitos e lembrar que cada era sempre considerou seus ensinamentos como os únicos verdadeiros, perceberíamos que na figura de Cristo temos um modelo de Peixes – como o signo gostaria de ser. E, na figura do Diabo, temos a sombra de Peixes, o outro peixe, de que vamos tratar agora.

# A SOMBRA

Como todo mundo sabe, nada é só luminosidade. Com todas essas maravilhosas aspirações e desejos de pureza, devoção, bondade, clemência, compaixão e autossacrifício deve haver uma belíssima e grandiosa sombra por trás. É sempre assim. E essa regra básica da vida – que tudo tem o seu contrário – é mais do que verdadeira com relação ao signo de Peixes.

Lembra-se de que dissemos que Peixes não conhece limitações? Ele aspira a nada menos do que a união com o divino, a fonte da vida. Se isso é alcançado por meio da aspiração religiosa, da expressão criativa ou das drogas, não importa. O importante é a experiência em si. Certo? Para Peixes, sim. E a sombra de Peixes também não conhece limites. Seu nome é Poder.

Em situações normais, a tendência de Peixes é ser a vítima. Podemos encontrar essa figura em muitos piscianos – aqueles de quem se aproveita, dos quais se abusa, se extorque piedade, dinheiro ou simpatia, que são escravizados pela sua simpatia por serem feitos para se sentirem responsáveis, porque tendem a se culpar pelos pecados de todo mundo. É quase inevitável que Peixes fique com um marido violento, cuide de uma esposa esquizofrênica, crie uma pessoa com deficiência, cuide de uma mãe doente, renuncie a isto e àquilo para poder ajudar alguém. Às vezes é difícil dizer se estes são os mais nobres ou os mais bobos dos seres humanos; se são verdadeiros santos ou se exercem um tremendo poder fazendo com que os outros se sintam desesperadamente agradecidos. Ninguém tem tanto poder quanto um mártir. Talvez haja um pouco dos dois dentro dele.

Em uma peça de Eugene O'Neill, *The Iceman Cometh*, há um personagem chamado Harry, um homem normal, com vícios e virtudes. Harry tinha uma mulher: mesmo sem sabermos se Eugene O'Neill tinha algum conhecimento de astrologia, ele colocou aí uma pisciana. A mulher de Harry perdoa tudo. Não importa como ele a trate, que abusos cometa, ela nunca levanta a voz com raiva, nem se revolta ou lhe faz qualquer maldade. Ela perdoa sempre, sempre, e isso torna Harry cada vez pior. Se você faz uma pessoa se sentir culpada, ela vai ficar ressentida, e, ficando ressentida, vai tratá-lo ainda pior na próxima vez. E, assim, o tratamento que

Harry dispensa à mulher vai piorando, chegando de ruim a abominável. Logo ele está batendo na mulher, trazendo amantes para dentro de casa e se entregando a outros passatempos. E sua mulher faz o que naturalmente faria qualquer pisciana: perdoa, entende, tem compaixão. Ela faz com que ele se sinta tão culpado, tão abjeto, que afinal ele tem de matá-la. Ele simplesmente tem de fazer isso. E esse é o motivo pelo qual os santos sempre são martirizados. Eles podem ser santos – mas fazem o resto da humanidade se sentir culpada. E todos os que se fazem de santos desejam se evadir do mal comum a todos nós, e o recebem em triplo.

Na história de Harry há uma interessante moral sobre Peixes. Ela mostra quanto poder este signo "impotente" pode exercer e mostra o quanto Peixes o deseja. Passividade deliberada é um bicho perigoso, tem de escapar por algum lado. Então encontramos piscianos estranhos como Atatürk e Júlio César, que, sem limites como sempre, têm de conquistar o mundo.

Há piscianos com esse tipo de fantasia. Como se sentem os mais impotentes dos mortais, eles se veem, em segredo, como governantes do mundo. E é compreensível. Mas isso pode ser problemático e até perigoso se essa fantasia imperiosa não for conscientemente considerada. Quando tomou o poder na Turquia, em 1930, Atatürk, massacrou todos os armênios que encontrou pelo caminho. Essa espécie de imperador do universo, que quer exterminar todo um povo, é exatamente o oposto do cristão que os leões devoravam nas arenas. Quando piscianos muito sensíveis são brutalizados – e eles muitas vezes o são, pois as pessoas veem neles o reflexo de sua própria fraqueza, seu temor e sua vulnerabilidade – eles, como escape, podem se tornar cruéis. É algo muito desconcertante e do qual não se fala em livros de astrologia, pois esse é um aspecto que perturba demais as pessoas. Mas essa crueldade é bastante conhecida, desde a criança que fica atormentando seus colegas de escola ou os animais, até o grande exemplo do psicótico. Mas que espécie de crueldade é essa? Mais uma vez temos de lembrar que Peixes não representa somente um tipo de pessoa, mas a redenção da natureza humana. Peixes somos todos nós. E isso explica por que ele é a vítima. É exagerado, mas ele é assim. Observe o modelo de vida de Peixes e verá o reflexo humano, distorcido, exagerado da vida de todo ser humano, um verdadeiro espelho. Dizem que piscianos dão excelentes terapeutas, padres, médicos e advogados, e isso sem dúvida é verdade, pois eles possuem compaixão, sabedoria e perspicácia inatas. Eles também sabem curar, pois já foram feridos e porque não existe nada na natureza humana que eles ainda não tenham encontrado em si mesmos.

Um pisciano passivo demais é uma criatura perigosa. A sombra é capaz de escapar, mais cedo ou mais tarde, seja pela psicose ou pela autodestruição – de forma rápida ou devagar, pelas drogas ou pelo alcoolismo – ou na sutil e sorrateira destruição de outra pessoa, como a mulher de Harry na peça *The Iceman Cometh*. Raramente isso se apresenta de modo aberto, a não ser que Peixes tenha um Ascendente mais agressivo, como Áries ou Leão, ou um Marte forte, tudo estará nas correntes subterrâneas, pois Peixes tem o gênio das correntes submarinas.

Existe um outro lado da sombra de Peixes ligado a esse primeiro. Podemos chamá-lo de a Síndrome do Gênio Incompreendido.

AMIGO PARA O PISCIANO: O que você anda fazendo? Nós não nos vemos há alguns anos.

PISCIANO: Bem, estou trabalhando num grande romance. Só escrevi vinte páginas, por enquanto, mas já posso ver tudo em minha mente. Vai ser a maior obra literária do século. Sempre soube que tinha de escrever um grande romance.

AMIGO: Mas você não tinha três outros começados quando eu o encontrei da última vez? Eu pensei...

PISCIANO *(sem graça e sentindo como se o amigo o estivesse acusando de alguma coisa)*: Oh, aqueles eram só uns ensaios. Esta é a obra-prima. Eu já poderia até tê-la terminado, não fosse o maldito emprego de meio período que arranjei na biblioteca. Fico tão cansado que não consigo escrever à noite.

AMIGO: Como, você trabalha lá?

PISCIANO: Ah! Só uma vez por semana. Mas, você sabe, há tanta coisa para fazer no apartamento e, com tudo o que eu tenho que ler... Afinal, você não pode escrever um romance sem ler as obras de outros autores, ver televisão, filmes e...

AMIGO (*começando a não acreditar*): Bem, então, boa sorte com seu trabalho.

PISCIANO (*na defensiva*): Você acha que não vou terminar, não é? Você acha que não tenho talento, mas tenho, fique sabendo. Espere só para ver. Ninguém me entende. Eu escrevi algumas peças para revistas, mas os editores são uns idiotas e só publicam porcarias. Eles não sabem reconhecer algo bom quando veem. Espere só... Um dia você vai ouvir falar de mim, e então vai se arrepender.

AMIGO: Claro, meu amigo, eu não queria... Bem, em todo caso, boa sorte.

O Gênio Incompreendido, Peixes ou ascendente em Peixes, certamente não carece de talento. O que lhe falta é realismo. Peixes, com tal riqueza e ilimitada imaginação, ressente-se amargamente das limitações normais de tempo e espaço. E as brilhantes ideias que aparecem em sua mente como *flashes*, como o brilho do dorso de um peixe na superfície da água, são realmente brilhantes. O que lhe falta é perseverança, disciplina, continuidade e dedicação ao trabalho árduo e de fôlego, que permitiram a numerosos escritores medíocres e de bem menos habilidade alcançar fama e fortuna. Peixes se apresenta como o novo Poeta, o novo Escritor, o novo Cineasta, o novo Profeta. Um dia... quando o mundo vier a compreendê-lo... Mas o mundo é tão chato que espera que ele se vire como qualquer um, tenha um emprego como qualquer um, pague aluguel e contas de luz, faça um seguro, colabore para a campanha de saúde pública. Tudo seria mais fácil se afinal soubessem do talento que ele tem, do que pode fazer pelo mundo... Uma história bem conhecida e muito triste. E o mais triste de tudo é que Peixes não é capaz de achar o ponto médio, o equilíbrio entre a importância de seus sonhos e o tempo necessário para lhe dar forma. Ele simplesmente se torna amargurado, desiludido e se deprime. Assim, o visionário se torna o mais prosaico e o mais cínico dos homens e nunca mais escreve uma linha sequer, nem pega na paleta e na caixa de tintas, que fica esquecida com as velharias empoeiradas do quartinho dos fundos. E ele poderá contar a seus netinhos: "É, uma vez, eu quis ser pintor... mas... mas... alguma coisa deu errado". O quê? O confronto com a realidade, o encontro da sereia com o mortal! Ou ele realmente se afogou, perdeu a fé no sonho, ao tê-lo revelado antes que estivesse pronto.

Peixes às vezes é chamado de o signo do "não feito", e é importante lembrar que ele próprio é a causa disso, e não os outros. Os piscianos são tão ricos em talento e criatividade que são os mais abençoados dos homens. No entanto, com frequência sua vida é um fracasso. E isso se deve à sua sombra. Suas visões de autoengrandecimento são tão grandes e desmesuradas para poderem ser concretizadas, que eles próprios se condenam ao desapontamento e ao desgosto. E essa amargura pode corroê-los por dentro, pois eles se sentem traídos. Se não conseguirem entender que são os causadores disso, que não existe nenhum mundo de sono, que eles simplesmente têm de entender tanto o lado divino como o mortal de si mesmos e cuidar dos dois, eles romperão todos os limites. Que filhos fascinantes podem nascer de um casamento com uma sereia!

## Peixes e o amor

Depois de todas as qualidades que acabamos de enumerar, poderíamos esperar que Peixes tivesse uma vida amorosa rica, já que está sempre amando. Se não está amando uma pessoa, está amando uma causa, a Deus, mas está sempre amando. Dar está em sua natureza, e, sendo um signo de água, um signo de sentimento, é impossível para Peixes conceber a vida em solidão – a não ser que seja do tipo de solidão que um monge ou uma freira elejam em troca de uma união de essência diferente.

Vemos em Peixes sensibilidade, gentileza e tendência ao devotamento total. Ao exibirem frieza ou deliberado desapego – atendendo aos desejos dos outros em primeiro lugar quando recebem uma pequena demonstração de afeto ou carinho – notamos a suprema compensação pisciana para sua necessidade de contato com as pessoas. Você poderá ver sua sombra aparecer, ocasião em que o seu parceiro tem de estar sempre na posição de servo de seu Mestre e Senhor. Nos dois casos, o fundamento é o mesmo. Se Peixes puder confiar, dará tudo; talvez não amanhã ou no ano que vem, pois fidelidade e planejamento não fazem parte de sua natureza. Mas hoje, agora, este é o momento. E se você ligar todos esses momentos, poderá descobrir que a corrente que se forma dura por toda uma vida.

Uma das qualidades mais desconcertantes de Peixes é que ele se relaciona com qualquer pessoa tão rapidamente e em níveis tão superficiais, que as pessoas entendem mal seus motivos. Na verdade, ele não está se envolvendo; está apenas ouvindo com simpatia. Ele também se deixa seduzir facilmente, não só no sentido literário. Você não pode aprisionar Peixes; seu lado extrovertido flui e se estende a outras pessoas, e você acaba até se acostumando. Mas lembre-se de que ele tem uma alma sábia. Ele vê através das pessoas num relance. E mesmo quando seu julgamento estiver envolvido por simpatia, flerte ou por uma personalidade mais forte, ele tem a capacidade de reconhecer aquilo que realmente tem valor.

Peixes não se atrai por um só amante, mulher, homem, namorada ou namorado. Isso é impossível para esse tipo de amante. Ele não está apenas interessado em todo mundo, mas também atraído por todo mundo. Ele tem sua própria moral, e é melhor você descobrir antes que moral é essa para não ter surpresas mais tarde. Mas não leve tudo muito a sério. O curioso desprendimento desse signo fica em evidência mesmo quando ele é pego no pulo; quando ele diz que alguma coisa não significava nada para ele, provavelmente não significava nada mesmo, e seria melhor que acontecesse o mesmo com você. Se você é uma pessoa possessiva, isso pode significar um sério problema. Ele pode ser tecnicamente fiel, mas sua imaginação nunca o será, ele tampouco. Isso depende também se você prefere fidelidade ou uma profunda compreensão, uma tácita comunhão que nenhum outro signo pode oferecer.

Há também em Peixes uma qualidade, como em Virgem – seu signo oposto –, de permanecer intocável e não ser possuído, não importando o tipo do contrato ou há quanto tempo você o conhece. Alguma parte de Peixes sempre irá pertencer ao cosmos, ao seu eu interior, e nunca a você. Diferentemente de signos mais simples, como Áries ou Touro, Peixes simplesmente não é capaz de dizer: "Estou aqui de corpo e alma; sou seu". Ele vai lhe contar 45 das 68 descobertas da semana, mas não espere que ele conte tudo. Entre elas vai haver sonhos e visões que ele jamais revelará. Se a cada vez que Peixes se tornar um tanto vago e ficar com um olhar sonhador você lhe perguntar o que ele está pensando, vai deixá-lo louco e enlouquecer também, e jamais vai ouvir uma resposta que satisfaça. A pura verdade é que provavelmente nem ele saiba; ele apenas foi embora. E se você o deixar em paz, ele com certeza voltará.

Peixes tem outros meios de se comunicar além do verbal; este não é um signo conhecido por se sair bem em debates e discussões. Muitos piscianos são completamente incapazes de se explicar ou de explicar os próprios sentimentos. Eles contam com o contato direto, com a atmosfera, com a sutil comunhão que é quase uma telepatia. Tente forçá-los a dar explicações corretas e definições e será como tentar segurar uma mão cheia de água; a água escorre pelos seus dedos e desaparece.

Esquivo é uma palavra bastante usada para definir Peixes. Criador de ilusões também é um termo apropriado. Mas não é como Capricórnio, cujo gosto pelo poder o torna calculadamente evasivo; nem como Escorpião, que preserva deliberadamente seus segredos; nem como Gêmeos, que adora a ginástica mental. Se você vê 30 coisas diferentes, como pode explicar uma só? Especialmente se a outra pessoa não consegue nem compreender o que seja ver 30 coisas? E o que dizer de emoções ambivalentes – bem, isso também é tão difícil! Como explicar que você ama e odeia alguém, algo que é feio e bonito ao mesmo tempo, que tudo muda continuamente tão rápido que nem dá tempo de dizer "bom dia"? Por essas e por muitas outras razões, o pisciano é um parceiro esquivo. Deixe os sentimentos surgirem e passarem. Seria besteira tentar defini-los ou estruturá-los. Muitas pessoas se sentem profundamente magoadas com Peixes, não por ser ele um signo frio e sem sentimentos, mas porque a outra pessoa espera uma declaração de amor convencional, como: "Eu a amo e sempre vou amá-la" – quando uma frase desse tipo é absolutamente ridícula para o pisciano, que sabe que amor é um estado de alma variável, que tem muitos sentidos que mudam o tempo todo, que tudo é relativo, que você não pode planejar o futuro etc. etc...

Mas, se você sabe o bastante sobre o mundo e sobre si mesmo para preferir a mudança ao que é estático, mergulhar nos mais profundos sentimentos de Peixes pode ser a mais salutar e regeneradora relação amorosa que você jamais teve. Quem sabe o segredo é não ficar sempre espezinhando os sonhos dele, nem ficar pensando que você o entende perfeitamente. No momento em que você pensar nisso, ele já terá mudado. Se você não gosta de mudanças, fique com um taurino ou um leonino. Mas se gosta de regiões inexploradas e mistérios, de castelos mágicos com tesouros inexplorados, então não tenha medo de Peixes. É só não pensar que você conquistou apenas uma pessoa. Conquistou todas. Que melhor caminho existe para aprender tudo a respeito da vida?

## O Homem de Peixes

Você já deve ter notado que Peixes é um signo superfeminino. Feminino considerando sua sensibilidade, imaginação, docilidade, ternura e compaixão. É claro que há homens de Peixes supermasculinos e perfeitamente capazes daquilo que Jung chama de "Saber o que quer e fazer o necessário para obtê-lo". Mas, no final das contas, a combinação homem e pisciano é meio difícil, sobretudo por causa das pressões coletivas e das expectativas da sociedade.

Há muitos homens de Peixes que rejeitam seu signo e compensam isso de mil maneiras diferentes. Alguns correm apavorados de suas visões submarinas se precipitando num racionalismo excessivo e frágil ao mesmo tempo que se apegam a estatísticas, definições e provas. São os cientistas do materialismo dogmático, que tentam abafar nos outros aquilo que tememem si mesmos. Eles não toleram nada do que chamam de "emocional" e não suportam as mudanças de humor dos outros, porque para eles isso representa uma ameaça.

Mas se um homem de Peixes tem a coragem de encarar sua própria vulnerabilidade e perceber que pode conviver com ela e ao mesmo tempo com sua virilidade, então você encontrou uma pessoa rara e maravilhosa. Isso se ele mantém essa virilidade sem fugir para o reino submarino. É o herói de tantos livros e filmes, o anti-herói, o lutador gentil, o amante sensível. Talvez ele esteja mais próximo do nosso mito moderno de homem que qualquer outro signo, por causa do estranho casamento entre o feminino e o masculino. O homem de Peixes que consegue isso tem um maravilhoso carisma, algo dramático, que o torna fascinante, tanto para os homens quanto para as mulheres.

Infelizmente, homens de Peixes caem mais nos extremos. Mencionamos o racionalista, o pisciano que rejeita seu signo e quer desesperadamente proteger sua sensibilidade. O outro tipo também é bastante comum. É o tipo que gosta de mulheres fortes, em especial aquelas que podem sustentá-lo financeiramente, que tomam conta dele enquanto ele está escrevendo aquele eterno romance sempre pela metade, ou enquanto ele medita a respeito daquele emprego que nunca vai aceitar. Ele é a vítima passiva, abusada e traída por uma esposa fria e brutal, procurando piedade, simpatia e apelando ao instinto maternal de qualquer mulher meio louca que pensa que todo esse romantismo é verdadeira ternura e carinho. Esses são os patéticos piscianos, e suas mulheres e amantes são criaturas frustradas, que quase sempre têm que se portar como homens e se irritam com essa situação. Piscianos desse tipo são atraídos por mulheres de signos poderosos, como Leão, Áries, Escorpião e Capricórnio. Como eles próprios não têm força, procuram-na na companheira.

O homem de Peixes, antes de mais nada, precisa se sentir "compreendido". Este não é um signo de forte paixão física; é antes um signo sensual, um signo dionisíaco. Puxar a mulher pelos cabelos para dentro da caverna não faz seu gênero. Ser envolvido numa agradável conversa, seduzido por um bom vinho, música suave, lençóis de cetim e camisolas transparentes faz muito mais. Como amante, ele também se sente tão feliz quando é passivo como quando está, literal ou figuradamente, por cima. Essa é sua marca particular de masculinidade. Algumas vezes ele fará o papel de bufão, de palhaço, de vítima, só para atrair simpatia e compaixão. As mulheres adoram protegê-lo. Ele sabe se proteger muito bem. Mas nem sempre é de seu interesse que você saiba disso.

Confie nele e você despertará o melhor que existe dentro dele. Veja seu lado sombrio e ele vai ter uma dificuldade infernal de confiar em si mesmo. Ele não confia em si, pois é brutalmente realista, apesar de todas as suas visões. Ele precisa da confiança e da lealdade de outra pessoa para libertar a sua própria. Acuse-o de qualquer coisa, e ele sai feliz da vida para fazer aquilo que você disse, só para agradar. Sua maneira de lutar é não lutar; ele se esquiva tanto para trás que quem cai de cara no chão é você. A impotência também é uma maneira de lutar, e é aí que você vê o lado feminino do signo em cores brilhantes. Resistência pacífica é uma técnica cara ao coração pisciano.

Você deve pensar que ele pode ser dominado facilmente. Pense mais um pouquinho. A verdade é que o mundo de Peixes não inclui domínio ou submissão. Ele se rebaixa superficialmente porque é mais fácil, porque nem sempre é tão importante derramar sangue. Por baixo dessa superfície que se curva ele não perde o controle; ele apenas quer ser deixado em paz. Tente dominá-lo e acabará de mãos vazias. Ele simplesmente escapou para longe, sem fazer barulho.

Se você é do tipo que gosta que os outros tomem atitudes por você, não escolha Peixes. Se você gosta de alguém de quem possa fazer gato-sapato, siga em frente. Uma hora você o vê, e na outra não o vê mais. Nenhuma promessa ou contrato de casamento vale alguma coisa para ele se os valores fundamentais da relação não forem respeitados. E ele percebe esses joguinhos de maneira muito clara. Só que, na manhã seguinte, ele não estará mais com você, e não deixará um bilhete, não dará um telefonema. Simplesmente terá partido, como um peixe.

No entanto, se você procura uma relação que se aproxime da visão ideal que a chamada mulher "liberada" procura (e esta também é rara), descobrirá que Peixes não é daqueles machos chauvinistas. Sendo fortemente emocional, ele em geral tem imensa simpatia pelas mulheres, e se dá melhor com elas do que com os homens. E com seu profundo conhecimento da natureza humana, ele não vai tratá-la como uma simples dona de casa, nem como um objeto sexual. Você tem de ser uma pessoa, e isso vale um bocado.

## A MULHER DE PEIXES

Muitos cantos de glória já foram escritos para a mulher de Peixes, por seu mistério, sua gentileza, sua compaixão, seu charme atraente, seus silêncios cheios de significado. Ela pode efetivamente representar o arquétipo da feminilidade. A amada e graciosa princesa do castelo dos contos de fadas, que espera que seu Príncipe Encantado a venha salvar, a leve em seus braços e a proteja, foi inspirada na pisciana. A mulher de Peixes tem uma maneira toda dela de fazer um homem se sentir terrivelmente masculino, pois ela parece sempre estar precisando de proteção, de ternura e de ser carregada em braços fortes. Por causa de sua mutabilidade e profundidade de sentimentos, ela pode passar a impressão de ser amorfa, e isso atrai os pigmaleões da vida para moldá-la. Muitos homens acham que podem dar-lhe a forma que querem, e, em parte, isso é verdade. Mulheres de Peixes têm dentro de si, em abundância, as qualidades de gentileza e devotamento, mas elas certamente não são folhas em branco sobre as quais se possa escrever qualquer coisa.

Como o homem de Peixes, ela é insondável e possui uma alma que ninguém consegue alcançar. Querendo sempre agradar e discutindo raramente, ela também tem o dom de submergir para se defender. Agora você a vê, daqui a pouco não a vê mais. Ela pode desaparecer fisicamente, em geral com um amante, mas o mais comum é ela estar de fato presente e simplesmente desaparecer psicologicamente, indo para algum reino submarino ou para alguma outra fantasia. É uma sensação muito esquisita quando ela se vai. Aquela de que ninguém está em casa.

A mulher de Peixes dá grande valor ao romantismo. Ela espera a poesia, a ternura e a classe que qualquer princesa de contos de fadas merece, e tem necessidade delas. Prive-a disso e você a levará direto para os braços de outro amante ou para dentro de si mesma, transformando-se então em mártir. Dê-lhe tudo isso, e sua princesa se tornará rainha. Simples, e no entanto um bicho de sete cabeças para muitos homens, uma vez que Peixes, como signo de água, parece atrair tipos de ar que acreditam poder impressioná-la com sua inteligência brilhante e anseiam pelas exibições de sentimentos que ela oferece naturalmente, sem perceber que devem dar algo em troca.

E não se engane: quando a mulher de Peixes se desaponta, ela não hesita em decepcioná-lo. Você se lembra de Elizabeth Taylor e Richard Burton? Ser bom para ela não é o suficiente. Você precisa entrar junto nos sonhos dela. Se você os ignorar ou for apenas condescendente com eles, isso ficará por sua própria conta e risco. Há dentro da mulher de Peixes um elemento fortemente teatral. Ela tem um dom muito dela de se meter em grandes conflitos e crises dos quais ninguém acreditaria que ela pudesse sair. Ela sai para pedir aos amigos conselhos que nunca ouve, pois sua necessidade de sofrer e de se sacrificar se alimenta de seus próprios conflitos. Ela é verdadeiramente uma criatura desconcertante.

Mas encontre-a bem mais tarde na vida e verá que toda compaixão e toda sabedoria que ela adquiriu durante esses anos todos, vendo quase todas as coisas pelo avesso, lhe conferem um brilho e uma suntuosidade mais significativos que o mármore informe que Pigmaleão contemplava quando ela tinha 18 ou 20 anos. É dessa mulher, do último signo, que emerge a Mulher Sábia – com toda a sabedoria instintiva de seu sexo e toda a perspicácia humana do seu signo. Ela é quase mediúnica, preferindo resguardar-se da vida, pois esse dom é muito incerto e difícil de assumir. Há algo mais nela do que feitiçaria; se essa feitiçaria será negra ou branca, depende de como ela foi tratada pela vida. Quando a mulher de Peixes se volta para o mal, ela se torna um vampiro, brincando com a vida imaginária dos outros e captando suas forças. Nunca a subestime, pois ela pode ter dificuldade em se explicar e pode relutar em fazê-lo. Netuno é um deus enigmático; amá-lo significa amar o oceano, com todo o seu temperamento e suas mudanças, suas cóleras e sua serenidade, sua destruição e sua beleza.

# 10

# OUTRAS PALAVRINHAS A MAIS...

Vamos ver o que acontece em um relacionamento típico de ar e de água. Poderemos chamá-lo de Intelectual, e ela, de Fiel Esposa. Ele, em geral, começa, como em todo bom romance, com muitas promessas. O Intelectual normalmente tem uma boa opinião a seu respeito, porque o resto do mundo fica lhe dizendo como é maravilhoso ser um intelectual. Ele talvez tenha aprendido a controlar ou a reprimir sua inata solidão e sua habilidade de se relacionar com as pessoas. E aprendeu – lá pelos 25 anos – a viver tudo por meio da cabeça. E que cabeça impressionante! Ele pode ser um conferencista de uma boa universidade, um economista ou um político. O que ele faz é Importante. Pelo menos é isso o que as pessoas lhe dizem o tempo todo. Seus pais já diziam, porque se sentiam importantes por haver um Menino Prodígio na família. Seus professores, porque lhes foi ensinado que Inteligência é sinônimo de Intelectualidade. Ele é completamente inábil nos relacionamentos humanos, de uma insensibilidade brutal. Ele não sabe fazer um elogio, ainda que seja para salvar a própria vida. É tímido, desastrado e sem jeito com as mulheres, de maneira que compensa tudo isso sendo arrogante e achando que elas são burras. Afinal, ele tem um trabalho Importante a fazer.

Não se pode dizer que seja um animal muito atraente. Na verdade, ele pode não saber tudo isso. Ele não comparece às suas festas de sábado à noite. Está ocupado cuidando do governo, fazendo as leis do país em que vive, definindo a política educacional, esclarecendo programas de saúde e, geralmente, controlando tudo o que nos rodeia. Como eu disse, ele tem um importante trabalho a fazer. O fato de não ter a mínima ideia de como as pessoas se sentem não tem importância. Ele tem diplomas de 14 universidades e pode provar tudo com estatísticas. Que Deus nos ajude!

Bem, um dia, nosso "Garoto Prodígio" encontra a Esposa Fiel. Ela é, em geral, alguém que a família arranjou para conhecê-lo, se bem que às vezes pode acontecer de o Garoto Prodígio se casar "fora de sua classe", ou seja, com alguém que não foi arranjado pela família. A nossa Esposa Fiel é geralmente doce, calorosa, simpática e charmosa. Ela, por ser primordialmente um tipo sensível, não foi encorajada a fazer nada de sua vida. Afinal, só Garotos e Garotas Prodígio devem seguir carreiras. Ela deve se casar bem, ser uma boa esposa e uma boa mãe, sacrificando seus próprios desejos e a sua individualidade enquanto o marido vai fazer o seu trabalho importante.

Pelo fato de ser a esposa fiel, ela sempre irá subestimar a própria inteligência – uma característica dos signos de água, que são rápidos em observar a opinião popular sobre o que faz uma pessoa inteligente –, ela vai se colocar nessa posição sem fazer muitas perguntas. Além disso, ela só tem 19 anos! O que se pode esperar? Portanto, uma vez que para ela seus sentimentos são tão importantes, vai fazer qualquer coisa para manter esse relacionamento. Em geral, ela é devotada à família, detesta ferir alguém e já pensou em ter uma profissão em que possa ajudar os outros, como enfermagem, fonoaudiologia ou um trabalho social, ou mesmo se formar em psicologia. Diploma?, você perguntará. Sim, ela é perfeitamente capaz de conseguir um, mas os signos de água estão convencidos de sua falta de aptidão intelectual. "Oh, não!", você poderia ouvir deles, "estou certa de que nunca seria capaz de fazê-lo. Todo esse trabalho acadêmico parece tão difícil!".

Bem, de qualquer jeito, eles se casam. Ele, porque acha que ela é a escolha certa. Primeiro, porque ela é atraente; segundo, porque é desejável e, terceiro, porque ela idealiza a sua brilhante inteligência e ouve tudo o que ele diz, e tudo o que ele diz é tão importante! A conversa deles em geral versa sobre as perspectivas das mudanças do mundo ou sobre a fórmula química que produz mutações em mosquitos, ou sobre a reinterpretação das teorias políticas de J. D. Smith. Os comentários dela se resumem a "Verdade? Que maravilha!", com a nítida impressão de que ele é uma criança crescida demais brincando de ser adulto. E é o que ele está fazendo. Ela está cheia de ternura e de amor ideal.

Vamos vê-los alguns anos mais tarde. Muitos anos mais tarde. Tiveram obrigatoriamente de dois a cinco filhos – em parte porque ela de fato gosta de crianças –, afinal são desprotegidas, adoráveis e necessitam dela! Mas ela começou a perceber que o Garoto Prodígio não tem os mesmos sentimentos que ela. Pelo menos não de maneira evidente. Seu trabalho importante o ocupa durante muitas horas, e isso lhe serve de desculpa para estar cansado e se mostrar insensível, aborrecido e sem consideração quando chega em casa. Quando ele chega, espera que ela esteja bem arrumada e que se comporte de maneira calorosa, meiga e charmosa, como quando ele a conheceu, tudo acompanhado de uma refeição bem preparada, uma atmosfera aconchegante, crianças sempre atentas a seus desejos e disciplinadas – que não lhe peçam muita coisa e que se mostrem sempre gentis e apresentáveis. E espera que ela esteja disponível quando, e se, ele estiver sexualmente interessado. (Garotos prodígio não são conhecidos pela sua paixão, e esta tende a se fixar nos sábados à noite, exceto antes de eleições ou jogos de futebol.)

E ela? Bem, ela está quase explodindo de ressentimento, suas mãos estão até tremendo. Será que ela sabe? Provavelmente, não. Em primeiro lugar, seria doloroso demais reconhecer que há algo errado nesse relacionamento. Suas necessidades afetivas não foram preenchidas; ela tem segurança material, mas nenhum afeto. Isso significa que ela deveria partir. Mas romper uma relação, em especial de muitos anos, é uma verdadeira agonia para os signos de água. Melhor suportá-la e fazer sacrifícios. Em segundo lugar, isso significaria uma confrontação, e os signos de água não são muito bons em argumentos e confrontações, em grande parte por causa de sua sensibilidade a tudo aquilo que paira no ar e pela sua necessidade de harmonia, que fazem de tudo isso um pesadelo. Mesmo uma pequena discussão é fonte de angústia.

E assim se passa mais um pouco de tempo. Os amigos do Garoto Prodígio são na maioria ligados ao seu trabalho importante; ele apenas os traz para casa para jantares importantes, em que ela é relegada ao papel de boa anfitriã. As amigas dela são em geral outras mulheres casadas, com as quais ela conversa sobre crianças, roupas, fofocas e o trabalho importante dele (que ela de fato nunca se deu ao trabalho de entender, porque ele também nunca se deu ao trabalho de lhe explicar).

O desfecho é previsível. Acontece o inevitável. Ela tem um caso.

O Garoto Prodígio, por sua vez, nunca teve nenhum "caso". O que ele teve foi o que se chama de "uma aventura passageira" – em geral durante viagens de negócios, sem importância, triste cenário em que se acorda na manhã seguinte com uma desconhecida no mesmo travesseiro, saindo sem sentir nada. Dentro dele não há lugar para emoções – só para sentimentos. A Esposa Fiel, no entanto, tem tendência a se envolver em situações complicadas com pessoas como o vizinho ou os amigos do marido, isso porque eles são compreensivos – conhecidos, familiares e simpáticos. O vizinho vem um dia (para pedir uma xícara de açúcar emprestada) e ela cai em prantos, e tudo vem à tona ("Ele não tem sensibilidade com as crianças", "Como ele me trata mal...", "Como ele é frio"). No instante seguinte eles chegam ao quarto e, bem, você pode imaginar o resto. Vizinhos, em geral, também são casados... Mas essa é uma outra história.

Se ele não é casado, surge o longo e torturante processo de "Como é que vou deixá-lo? E as crianças?". É sofrimento e sacrifício para todo lado. A verdade em tudo isso – a fria e cruel verdade – é que ela não quer abandonar o Garoto Prodígio. Ela quer que ele lhe dê tudo aquilo que ela precisa e que ele é incapaz de oferecer, mas tem que abrir os olhos. Em geral, seus olhos são abertos pela descoberta do caso ou pelo abandono dela, e aí ele se faz de marido traído. O marido traído já sabia desde sempre que as mulheres eram fundamentalmente indignas de confiança, exigentes, possessivas etc. Na verdade, ele está falando da mulher que há dentro dele – a reprimida, o sentimento natural que ele sempre sufocou e com o qual nunca lidou. Ela é a mulher que se enganou – e se torna o bode expiatório por tudo o que não fez em sua própria vida. A isso se segue o divórcio, a pensão alimentícia, a guarda das crianças – assuntos muito desagradáveis até para se escrever sobre eles.

Isso soa muito cínico? Tem toda a razão. Muitos casamentos entre pessoas de ar e água acabam assim. Existe outra alternativa? Claro que existe. Veja.

O Garoto Prodígio, em primeiro lugar, pode se conhecer ao longo dos anos e descobrir uma perspectiva diferente daquela em que foi educado. Será que seu excelente intelecto é uma boa desculpa para o completo desequilíbrio de sua natureza? Não, não é. Pode ser socialmente aceitável, mas é doentio do ponto de vista psicológico, e, mais cedo ou mais tarde, ele terá de pagar por essa violação da natureza. Ele pode tentar, e tentar significa entender seus próprios sentimentos, assim como os sentimentos dos outros. Isso para ficar mais atento ao grau de sentimento da vida e para respeitar aquilo que ele não entende como seus próprios valores. Ele pode aprender a reconhecer que a necessidade de afeição durante o café da manhã é um trabalho importante, tão importante como qualquer outra coisa que ele vá fazer para salvar o mundo. Importante porque o que é o mundo senão aquilo que vemos através de nossos olhos? E ele também pode fazer um esforço para gostar das mulheres e compreendê-las como amigas e companheiras intelectuais, sem exprimir o desprezo característico desse tipo.

A Esposa Fiel, por seu lado, também pode perceber que ela é uma pessoa, que pode ser interessante como tal e ter igualmente uma vida interessante. Ela não tem de justificar sua vida pelo fato de amar; ela também pode pensar, trabalhar, criar, viajar e descobrir sua própria individualidade. Ela também pode fazer algo a respeito de sua preguiça mental, em vez de ficar esperando que alguém o faça por ela. Poderia descobrir o que pensa a respeito das coisas em vez de deglutir ideias meio digeridas pela opinião dos outros. Ela pode fazer um esforço para ver que o Garoto Prodígio, apesar de seus defeitos, tem ideais que são realmente importantes para ele e que é mais do que uma criança crescida que precisa das refeições na hora certa. Ele tem necessidade de amizade e de companheirismo, não só de carinhos maternais.

Coisas simples, mas difíceis, porque significam que cada uma dessas duas pessoas tem necessidade de entender alguma coisa sobre a realidade do outro. E o que mais eles podem dar um ao outro? A água pode dar cura e amor, calor e afeição, relacionamento e realidade humanas para equilibrar o intelecto cristalino do ar com valores humanos e um coração. O ar pode dar à água objetividade, a visão de um mundo maior, o estímulo para ideias e discussões e a descoberta de que as pessoas são diferentes, pensam de modo diferente e têm necessidades diferentes. Se você olhar para eles alguns anos mais tarde, não os encontrará polarizados, mas juntos, em algum ponto mediano, um enriquecendo a vida do outro. Por que as coisas têm de ser tão duras? Provavelmente porque a maioria de nós não se dá ao trabalho de perder tempo.

# 11

# CONCLUSÃO

Esta pequena pesquisa astrológica não foi sempre condescendente. Em muitos pontos foi cínica e, espero, profundamente esclarecedora. Nos tempos que correm não podemos nos dar ao luxo de manter vacas sagradas, ainda mais depois de dois mil anos de cegueira, que nos empurraram para um mundo em que a taxa de desequilíbrio mental, distúrbios emocionais, crises de relacionamento e sexuais é terrivelmente alta. Não adianta nada culpar os tempos, o governo ou a sociedade. Como escreveu Jung:

> *Se há algo errado com a sociedade, há algo errado com o indivíduo. E se há algo errado com o indivíduo, há algo errado comigo.*

Mas o cinismo com que os tipos astrológicos foram retratados não é um cinismo verdadeiro. É apenas uma colírio poderoso para estimular a visão.

A astrologia, como vimos, é um guia, uma bússola do comportamento humano. Nós não chegamos ao mundo como papéis em branco para serem escritos por pais, pela sociedade e pela educação. Nós chegamos como indivíduos – por menor que seja a faísca. Algo dentro de cada pessoa é especialmente seu, único, e de mais ninguém. É, se você quiser, divino. Se preferir um modo mais prosaico de ver, a vida de cada pessoa tem um significado ou propósito que cabe somente a ela explorar e descobrir. Trabalhar pelo lado de fora nunca ajudou muito em 7.000 ou 8.000 anos de história. Trabalhar de dentro para fora nunca foi realmente tentado. Talvez seja essa a única solução que nos resta.

E a astrologia não é uma questão de moral. Não é nem bom nem mau ser de Áries ou de Touro, ser de um signo de água ou de um signo de ar. Cada um tem uma parcela da verdade, uma parcela da realidade. Cada um é incompleto. Tudo aquilo que você começa, onde termina é sua responsabilidade. Alguns dos padrões típicos descritos nos diálogos apresentados não são pura fatalidade. Eles mostram o que fazemos com aquilo que temos quando estamos cegos, ignorantes, humanos. Todos aqueles diálogos podem de alguma forma ser reescritos. Qual será a razão pela qual nos assustamos tanto ao reconhecer que temos um papel no cosmos e que o cosmos tem um plano para nós?

Um dos axiomas da moderna Psicologia profunda é o de que todo indivíduo tem dentro de si uma inata necessidade de ser inteiro, de ser completo. Quando você olha para as pessoas é evidente que elas não são completas. Vivemos em uma época de especialização – o Homem Universal da Renascença foi um ideal que desapareceu rapidamente no meio da fumaça a que erroneamente chamamos de o Século das Luzes.

Nós também somos educados para não ser um todo. Ao contrário: nós ainda aumentamos o desequilíbrio com que nascemos acentuando aquilo que fazemos bem e tentando ignorar aquilo que fazemos mal, e nos apaixonamos por pessoas que talvez substituam aquilo que nos falta. Como diziam os antigos, os opostos se atraem. Isso poderia ser um casamento maravilhoso. Poderia, se não nos esquecêssemos do fato de que os opostos também se repelem. Quando somos confrontados com um oposto, temos um grande desejo de convertê-lo e de nos fundir com ele. Mudar a pessoa para que ela veja a vida como nós a vemos.

Talvez a melhor solução não seja se anular para agradar ou proteger (como a Esposa Fiel) o outro só porque você se acha frágil ou tolo demais.

E talvez também não seja uma boa ideia esperar que o outro seja nosso funcionário, limpando a sujeira que deixamos (como o *Puer Aeternus*), ou acreditar que o único significado de nossa vida seja tomar conta de alguém (como a Mãe Terra). Ambrose Bierce escreveu:

> *Um egoísta é alguém que tem a audácia de*
> *pensar que é mais importante do que eu.*

Quem sabe a saída não está em encontrar um ponto intermediário? Mesmo que você não tenha um relacionamento de contos de fadas – pois diante da complexidade dos relacionamentos humanos os contos de fadas não se sustentam –, pelo menos sua vida terá se enriquecido na tentativa.

Os outros são um mistério. Eles se comportam de acordo com sua própria lógica, que não é a sua nem a minha. Realidades, corações e ideais são diferentes. É claro que alguns nos agradam mais. Afinal, nós não podemos amar todo mundo, mas podemos compreender, e é aqui que a astrologia fala alto e bom som. Mais do que tudo, a astrologia ajuda na compreensão, e é da compreensão que nasce a verdadeira tolerância (não a condescendência). Dela também nasce a compaixão, que é uma das pedras fundamentais na construção do amor. Aprenda algo a respeito dos outros signos, dos outros elementos, e você descobrirá que o mundo é muito maior do que imagina, e muito mais interessante.

E para aqueles que não desejam expandir seu mundo, que querem mantê-lo pequeno e exclusivo, de maneira que haja uma só verdade e uma só realidade – bem, não culpem o destino pelo que lhes acontece. Eu lhes desejo boa sorte, mas a própria vida está contra vocês.

Impresso por :

gráfica e editora

Tel.:11 2769-9056